剝奪的悲傷

─新生兒死亡父母親的悲傷與輔導

黃菊珍、吳庶深　著

作者簡介

黃菊珍

現職
長庚技術學院兼任講師

學歷
◎陽明醫學院護理系學士
◎台北護理學院生死教育與輔導研究所碩士

經歷
◎台北市立仁愛醫院肝膽腸胃內科護理師
◎桃園縣平鎮市民社區大學講師
◎林口長庚醫院一般外科護理師
◎長庚技術學院產科、一般外科臨床護理實習指導教師

吳庶深

現職

國立台北護理學院生死教育與輔導研究所助理教授

學歷

◎國立台灣大學社會學系社會工作組學士

◎私立東海大學社會工作研究所碩士

◎英國伯明罕大學（The University of Birmingham）教育博士

經歷

◎曾任國立台灣師範大學衛生教育學系助理教授、台灣安寧照顧基金會學術委員、台北市社會局殯葬業諮詢委員、得榮社會福利基金會生命教育專案諮詢委員、台北市政府教育局生命教育推動委員會委員、教育部高中生命教育選修類課程大綱制定委員、教育部高中健康與護理科課程大綱制定委員

◎現任教育部生命教育諮詢小組委員、台灣安寧照顧基金會常務理事、台灣生命教育學會理事、雙福基金會董事、得勝者教育協會常務理事、小羊月刊社務顧問、香港循道衛理聯合教會優質生命教育發展計畫首席顧問等

目 錄

CₒNₜₑNₜS

謝辭：允許喪慟的悲，面對失落的傷，守候彼此的愛　　　　ix

序　：你是我的心肝，你是我的寶貝～你是我唯一的唯一　　xi

01 PART　導論

Chapter 1　失去新生兒失落的內涵　　　　　　　　　　　003

　　壹、周產期新生兒死亡的獨特面貌：即使沒有活下來，還是出生了！　004

　　貳、被社會文化遺忘的悲傷：四位父母親的生命故事　　006

　　參、關鍵字定義　　016

　　肆、新生兒死亡剝奪的悲傷探討動機與目的　　021

Chapter 2　新生兒死亡悲傷的理論基礎　　　　　　　　　033

　　壹、悲傷反應的定義　　033

　　貳、悲傷歷程相關理論及模式　　039

　　參、悲傷的反應　　052

　　肆、家庭生命週期　　058

　　伍、周產期新生兒死亡對父母親家庭生命週期的衝擊　　063

02 PART　悲傷的調適歷程及影響因子

Chapter 3　懷孕的潛在壓力　　　　　　　　　　　　　　069

　　壹、對胎兒健康的不確定感　　071

貳、初獲胎兒異常的衝擊　　078

Chapter 4　悲慟的選擇　　091

　壹、難以承受的告別：生命不再值得活下去！　091

　貳、保留與捨棄抉擇擺盪　094

　參、引產的衝擊　115

　肆、產前遺傳檢測之諮詢與倫理議題　120

Chapter 5　被社會文化剝奪的悲傷　　143

　壹、生命中最沉重的擔子：說不出口的悲傷　146

　貳、被社會文化剝奪權利的悲傷　149

　參、文化差異在死亡與悲傷議題上的意涵　152

　肆、新生兒死亡父母的悲傷是不被社會文化認可的次文化　162

　伍、文化與悲傷之處遇基本原則　179

Chapter 6　父母親悲傷反應及相關影響因素　　185

　壹、周產期新生兒死亡父母親悲傷反應　186

　貳、影響周產期新生兒死亡父母悲傷反應相關因素　199

　參、周產期新生兒死亡父母整體悲傷反應調適歷程　232

Chapter 7　喪慟父母親的罪惡感　　243

　壹、罪自何來：「選擇」後投擲的陰影　244

　貳、喪子父母親的罪惡感模式　249

　參、看或不看新生兒的兩難　253

　肆、扼殺生命的罪惡感　261

伍、惦念嬰靈的去處 262

陸、因果業報 265

Chapter 8　象徵性的療癒 271

壹、民間宗教信仰 274

貳、民俗信仰：儀式結構與功能分析 277

參、惦念世界「嬰靈」的安置象徵意義 288

Chapter 9　生活的重新適應與情感的投注 303

壹、重新適應失去孩子的新環境 304

貳、對逝去胎兒的定位 308

參、再次懷孕的壓力與調適 311

Chapter 10　生命意義的建構與詮釋 331

壹、生產對女性的意義 331

貳、死亡與生命意義的關聯 335

參、成熟的靈性 339

肆、喪慟父母生命意義的追尋 340

03 PART　面對失落時的服務與資源

Chapter 11　周產期新生兒死亡的喪慟關懷服務 369

壹、醫療機構的喪慟關懷服務 369

貳、周產期失落常見悲傷的迷思 383

Chapter 12　周產期失落國內外相關資訊與支持團體　　389

　　壹、情緒與感覺一覽表　　390

　　貳、我有悲傷的權利　　392

　　參、相關諮詢輔導單位一覽表　　393

　　肆、台北市立聯合醫院附設門診部社區心理諮商門診心理師　　396
　　　　服務時段表

　　伍、青少年生育保健親善門診「Teens' 幸福9號」時段表　　398

　　陸、宗教心理輔導機構　　400

　　柒、行政院衛生署評估通過之人工協助生殖技術機構　　401
　　　　（以台北市為例）

　　捌、優生保健服務項目補助及服務處所　　402

　　玖、人工流產諮詢／諮商服務機制簡介　　404

　　拾、周產期失落國內外相關資訊與支持團體　　406

參考文獻　　417

　　中文部分　　417

　　英文部分　　430

表次

表1-1	四位主要受訪者之基本資料	017
表1-2	胎兒及嬰兒死亡時間定義	020
表1-3	台灣地區歷年新生兒及嬰兒死亡概況	025
表2-1	悲傷歷程的理論彙總表	046
表2-2	悲傷歷程階段模式彙總表	049
表2-3	家庭生命週期和家庭發展任務	061
表4-1	妊娠前期、中期唐氏症篩檢之優點比較表	137
表6-1	國內周產期失落研究碩士論文彙總表	186
表6-2	創傷性悲傷評估	198
表6-3	受訪者對周產期新生兒死亡的悲傷反應	235
表6-4	你何時應該向外求援？	237
表10-1	四位受訪父母親生命意義分析結果對照表	361
表11-1	對周產期失落父母親適當與不適當的反應	386

圖次

圖1-1　台灣地區歷年新生兒、嬰兒及孕產婦死亡概況　024

圖2-1　雙軌歷程模式　051

圖2-2　我國家庭週期與職務　060

圖4-1　父母親保留與捨棄胎兒相關考量因子圖　114

圖4-2　父母親生育抉擇輔導流程圖　139

圖7-1　喪慟父母罪惡感理論模式圖　252

圖8-1　靈性溝通要素與彼此間關係　285

圖10-1　周產期新生兒死亡父母親悲傷調適歷程關係圖　363

圖12-1　Teens'幸福9號服務流程圖　399

謝　辭

允許喪慟的悲，面對失落的傷，守候彼此的愛

　　在撰寫本書的過程中，總是不斷的藉由文字描述去重溫與受訪者的對話，這種經驗互動之旅，感動了彼此生命的交會，每每低迴盪漾不已。誠如作者之一於序中一文所寫：失去孩子的我們，總是陷入「沉默的悲傷」漩渦裡，久久無法釋懷；就是因為有如此親身、深刻的喪慟體驗，更能瞭解「經驗受苦者更能感同身受」之意涵。雖然看似已事過境遷的失落，但要再次與他人分享這心路歷程時，就像是重新揭開那個看似癒合但卻常常隱隱作痛的傷口般；這對於飽嘗喪子之痛的父母來說，卻是需要無比的勇氣。

　　因此，每位受訪個案都是本書的主角，由衷感謝個案願意和我們分享在生命轉彎之處那最深沉的悲慟，以及如何在困頓的悲傷軌跡中撫平內心的顛簸，其超越的信心及感恩惜福的生活態度令人十分感動，他們對生命的熱力，不只豐潤了我的生命，更也帶來許多啟示，亦是生活中永遠的生命導師，在此致上萬分之敬意與謝意。

　　此外，本書能順利完成三十餘萬字的寫作，除了歷經兩位作者不斷的共同討論外，亦是受到許多專家的協助，感謝李佩怡老師、林綺雲老師、張學善老師、李玉嬋老師、曾煥棠老師、范瓊芳老師的鼓勵與關懷，好友Jon Reid提供許多國外相關資訊，以及林君好副秘書分享臨終關懷的相關臨床經驗；集合大家的智慧及關心，方能將其發展成學術專書，讓我們共同完成了這篇被社會文化所遺忘周產期失落的悲傷研究，而留下有意義的生命探索。雖然這本研究著作只是個拋磚引玉的開始，但仍期待能引起醫療界及社會大眾對新生兒死亡父母親的關懷……。

　　最後，本書得以付梓，衷心感謝本書的出版者對我們一路鼎力支持，在過程中給與我們建議與指導，在此表達謝意。我們也竭誠地歡迎

並感謝來自讀者們的指教，這些意見將幫助我們持續地對本書進行改進的工作。最後，期盼能有更多的臨床醫護人員、學者及專家參與關於周產期失落的教學與研究工作，讓周產期失落關懷的目標能確實落實在避於哀慟幽谷的父母們，協助他們允許喪慟的悲，進而面對失落的傷，最後將能守候彼此的愛～

黃菊珍　吳庶深

序

你是我的心肝，你是我的寶貝
〜你是我唯一的唯一

　　這是一本關於周產期失落父母親悲傷的書，醫護人員在提供照護過程中，所遭遇父母親的孕育抉擇衝突問題，莫不與其臨床後續處置息息相關；在歐美、日本等先進國家，其專業人員對於如何幫助父母與孩子面對「生離死別」，及予以周產期失落父母親喪慟之關懷已行之多年，然而國內這方面充分細緻的探討卻十分稀少。

　　長久以來，懷孕後期「人工流產」、「墮胎」在台灣本土文化中一直是極為私密的事，也是長期被忽略與漠視的議題，仍然相當缺乏嚴謹的回溯性研究。社會媒體不但以「批判」的眼光窺視著，傳統觀念也認為毋須為此悲傷，因此很難以實質行動去幫助這些父母親走過喪慟，故協助自己或人們處理周產期失落及悲傷情緒的心理輔導總是習慣地被忽略，導致其身心靈長期處於脆弱、受傷害的狀態。20世紀以來，當代一直以醫學、科學與科技來檢視死亡，對於墮胎、代理孕母、複製人與安樂死……等的辯論，增加大家對於生命／死亡倫理與權利、善終、悲傷治療等特殊議題的關注及興趣；而從墮胎婦女、醫師、宗教界等各個角度來探討，明訂「三天墮胎思考期」是否恰當的問題，更開展出對選擇性墮胎的看法受到了挑戰；也提出一些問題，讓原來被視為禁忌的死亡相關問題紛紛被提出來討論。

　　本書作者之一是個在醫學中心癌症外科、產科工作十年的護理人員及臨床護理指導教師，具有在產前門診提供健康指導、產房直接照顧產婦、協助醫師接生，以及產後家庭訪視的豐富經驗。在臨床的實務經驗中，每每看到許多抱著期待與欣喜之情迎接新生命到來的父母，卻在經歷過漫長產痛之煎熬後失去孩子，父母的靈魂瞬間隨著孩子的失去而死去大

半，當下的悲慟心情也令在場的醫護人員深感不捨與鼻酸。而本書另一作者則是有深刻的生命體驗，他於1998年在英國伯明罕大學的求學過程中，與太太滿懷欣喜的準備迎接家中新成員的到來，但卻在懷孕六週進行產檢時，發現胎兒已經沒有心跳反應，當時的情緒是複雜的，兩人更陷入於「沉默的悲傷」漩渦裡無法釋懷；幸而當地的基督教華人教會除了表達關心及醫療機構提供良好的照護外，也以溫暖同理的態度進行悲傷輔導，才讓這段傷慟之情得以平復。

畢竟，不管是父母離世、孩子離世或配偶離世都是世界上最難以忍受的喪慟。每一位新生命都是上天賜與人類的恩賜，孩子的「出生」帶給家庭希望、喜樂和感恩，但仍有些孩子無法順利平安的來到這世上，而「胎兒死亡」卻是分離、斷絕，更是震撼，是一種終極的失落和悲傷；此時身為父母的，除了面對心靈和生理上的創痛外，如何共渡悲傷、心靈修復，則是周產期失落後的重要課題。

其實，悲傷需要得到適當的釋放，因餘留未解決的悲傷往往會造成生理或心理的疾病，帶來極大的情緒困擾；而人工流產絕對不是一個輕率隨意的抉擇，它是一件關乎「生命」相依的降臨或離去，很少父母親能夠在面臨不得不取捨的兩難抉擇中，理性安然渡過這種衝擊，而不在心裡烙印下傷痕；可能多年之後會在某個經驗中又再度被勾起，不僅會引起強烈的悲傷反應，也會引起一連串的身心傷害。由於人們對自我身體及心理的疏離，使得父母親在面對失去胎兒時，往往茫茫然而無所適從。

人工流產後的情緒是複雜糾結的，但在中國傳統的醫療體系中並不強調失落後心理方面的專業照護，所以對於周產期失落問題之處理方式與西方社會的醫療體系有所差異。根據本書研究顯示，許多個案在面臨墮胎難題時，家人態度常是不去談論，甚或責備，以致家庭關係衝突不斷。尤其，女性很多時候都須在很難與家人充分討論，以及缺乏社會支持等情況下，倉促地做出決定。同時，喪慟可能是增加心理和身體疾病，甚至死亡率的危險因子。在一般的死亡情境中，係經由社會儀式來進行哀悼的過程，以接納、支持、同理喪慟者的方式陪同共渡悲傷，但可惜卻沒有任何習俗或儀式，是為新生兒死亡事件發生後的父母親所舉行；在缺少了這種

社會、心理、家庭支持的情況下，極可能會「無聲無息」的發生複雜性悲傷和抑鬱的情緒。

　　除此，當醫療機構未能給與適當的協助或是缺乏人性化的照顧下，總是讓這些父母陷入孤立無援的困境而久久無法釋懷，女性更可能陷溺在失去胎兒的陰影及恐懼中生活著，甚而產生對「嬰靈」的懸念而有莫大的罪惡感、遺憾、悲傷和自責，這些複雜的情緒一直在心底翻滾著而不得安寧，若是處理不好，可能將陷落谷底難以走出悲情，並也間接的導致家庭關係、婚姻關係、親子關係、再次懷孕的壓力……等問題深受衝擊。更礙於傳統社會「家醜不可外揚」的價值觀，導致僅有少數個案會在出現嚴重身心症後尋求精神科治療，或願意接受輔導人員的諮商與協助。因此，醫療體系建立女性在人工流產前、後的心理諮詢流程，實為刻不容緩的課題。

　　此外，對於遭逢人生重大創傷的人而言，特別是周產期新生兒死亡，其醫療情境與倫理問題常涉及國內外醫療與文化之差異，因此無法僅移植一些國外的倫理守則、照護原則即可解決，可惜市面上少有本土性關於面對周產期失落的自我幫助與療癒相關書籍。除了讓同樣身受周產期新生兒死亡之苦的父母們有能量繼續邁向自癒的歷程外，也可讓身旁關心他們的親友們學習該如何同理與接納他們，因此本書主要分成三大部分以供參閱：

　　第一篇「導論」，共分成兩個章節，第一章探討的是失去新生兒失落的內涵；第二章則整理國內外相關學術論文，彙整新生兒死亡悲傷的理論基礎。

　　第二篇「悲傷的調適歷程及影響因子」，共分成兩個部分，以概括描繪周產期新生兒死亡父母親對於悲傷事件的不同反應、適應程度之整個過程為主，如：第三章探討「懷孕的潛在壓力」、第四章「悲慟的選擇」、第五章「被社會文化剝奪的悲傷」、第六章「父母親悲傷反應與相關影響因素」，與第七章「喪慟父母親的罪惡感」；由於不同的悲傷反應仍會有一些共同的基本特徵，因此部分復原的過程亦會遵循類似的途徑，基本的復原階段如：第八章「象徵性的療癒」、第九章「生活的重新適應與情感的

投注」與第十章「生命意義的建構與詮釋」，重建悲傷故事。

第三篇「面對失落時的服務與資源」，共分成兩個章節：第十一章「周產期新生兒死亡的喪慟關懷服務」與第十二章「周產期失落國內外相關資訊與支持團體」。作者藉由國內外相關學術論文、實證研究（empirical study）之彙整，瞭解國內做法可能不足或忽略之處，思索國外經驗可供本土學習與有待依國情而修改之處，希望整理出可供專業人員參考的豐富文獻，包括：國內個案真實的生命故事訪談，闡述面對失去新生兒的反應、痛苦、紊亂的感受經驗，並針對其抉擇擺盪上常面臨的典型情境（特別是在涉及道德兩難、價值衝突的情境中），許多倫理難題展現在書頁的隻字片語之間，以及如何渡過艱難的時刻，藉此認識喪慟父母親的生命內在、危機與潛能，尋求適當的管道或方式來解決懷孕失落當事人不敢或不願意去談論的問題。在每個章節（第三章至第十一章）後面，亦提出了一些思考議題，類似問題引導的「自我評量」，這些問題並沒有所謂的「正確」答案，讀者可根據自己閱讀的內容提出自己的看法。

於此，也特別提出說明的是，本書對於個案姓名、可資辨識的特徵與其他細節，為了保護個人與其家庭的隱私，以及守護他們所吐露的生命經驗而有所更動。其編寫內容盡可能不含主觀之價值觀判斷（value free），撤出敏感議題；架構是訪談過程的剖析，無關乎生育自主權利批判、不做倫理道德、宗教或政治的任何評價，也不討論對錯爭論的解答，人工流產的正確與否，產生「贊成」或「反對」偏見立場及聯想，亦不涉及「超自然」靈界或是與怪、力、亂、神相關的價值觀；而是拋磚引玉喚起對胎兒生命議題之重視，以及弱勢胎兒的生存權益，正視及關懷那些抉擇引產、墮胎或不預期流產當事人的需要、面臨抉擇之處境與因應懷孕失落後的狀況，以幫助父母面對悲傷為其主旨，關心他們真實的處境與深刻的需要，希望透過個案生命經驗的分享，能夠帶給有著同樣經驗的父母親情感的提攜。我們希望這種面對也是自我的療癒過程，也能讓社會大眾瞭解這種抉擇的痛苦、承擔的責任，以及可能會造成的困擾；人工流產或失去新生兒後是否讓父母親失去安全感、信任、原來擁有的自我價值、能夠掌控能力及與他人親密關係的態度……等。

　　本書的臨床資料，是採用立意取樣深入訪談法，訪談的對象爲懷孕週期五個月以上，主要以面臨先天基因異常缺陷或原因不明（例如：早產兒）之新生兒死亡父母親爲收案對象，以遭逢新生兒死亡當下及未滿十年者，共蒐集四位父母親爲回溯性訪談對象，以及臨床照護個案經歷治療性人工流產與引產失落當下經驗，以現象學取向的深度訪談法進行資料蒐集。以受訪者觀點，經過對資料的重新分析、整理和詮釋，再加上新聞案例，來深入探討父母親面對周產期新生兒死亡的悲傷反應、影響因素與心理調適歷程，並提供專業人員與社會大眾如何眞誠地給與關注，釐清抉擇背後的意義而能夠面對情緒、得到釋懷，幫助父母親重新使家庭由失衡狀態轉爲平衡。

　　雖然國內有許多悲傷輔導的書籍，但多半以翻譯國外書籍爲主，而缺乏本土的經驗及例子。本書編寫的時機，正逢婦女墮胎是否需要接受諮商、有幾天的思考期成爲社會大眾共同爭論話題的時候，若是墮胎諮商只在意專業技術或技巧，忽略了碰觸「人」的文化與心靈時，在不同的文化脈絡下，即無法達到眞正的「同理心」（人同此心、心同此理）；因此，諮商倫理及助人者本身價值觀的澄清更顯重要。

　　我們希望這本書的出版能實質帶來以下四點貢獻：

　　1. 期待藉由本書的研究結果，可使護理人員瞭解周產期失落之父母親面對胎兒異常終止孕育與否時的不確定感及其影響因素。

　　2. 因爲本書是由父母親現身說法的觀點所撰寫，許多與婦女健康息息相關的政策、計畫，或者醫界現象，都看不到太多女性或當事人經驗的參與，也聽不到他們的聲音，婦女的健康問題仍然隱身於主流醫學中。

　　3. 它能對現有的文化對早夭胎兒悲傷觀念以及輔導體制提出挑戰。

　　4. 是爲最重要的一點，盼從喚起國人對此周產期失落悲傷輔導的關心與探討，並當做照護失落個案時的參考依據，以提昇照護品質及增加個案之調適能力，因爲它是可以談論的悲傷事件，而悲傷事件往往沒有人知道該是如何去傾聽。

　　於是乎，本書試著找出一些語言、文字來表達作者的看法（既忠於作者專業上的倫理、理性的傳統，也能忠於父母親的悲傷原貌），重建悲

傷在公眾與私人的世界，個人與社會或男人與女人的連繫。

什麼時候需暫時擱下這本書呢？

愛自己就是重拾這些被我們遺忘的心理需求，讓那些應該存在卻被壓抑而「不在」的需求，能夠在自我探索與成長的過程中，因為「再現」而重新回到內心裡的世界，而更加完整融合成為一個完全的人。

閱讀這本書，有時候可能會觸動難以承擔的感受和情緒，如果書中的部分內容揭開了您內心的喪慟，喚起您曾經遺忘卻又「銘記在心的」強烈而不愉快的悲傷記憶，伴隨著難以承受的情緒時，請您一定要寬容自己。這並非反映您的意志力或是軟弱，而是您面對悲傷經驗的正常反應。然而您可能會發現這些內容會令您痛苦，甚至是彷彿回到了生產當時的悲傷困境，一旦發生這種狀況，例如：失去胎兒的瞬間影像開始闖入您的腦海，愈來愈頻繁而揮之不去，產生似乎難以掌控或者被情緒（憤怒、沮喪、恐懼、焦慮、悲傷或其他感受）淹沒的感受，超越了自己可以掌控的極限，如果發生這種狀況，請您暫停下來，中斷閱讀這本書，注意這些不舒服的感受，好好照顧自己，或許您會發現很難做到，此刻您可能需要更長的休息時間、自我照顧或其他心理專業協助。

最後，作者二人能在巧妙的機緣下相遇並完成此書是件美妙的恩典，期盼在個人生命失落體會與臨床實務經驗相融合之下，能邀請讀者以更開放、坦然的心來面對「被剝奪的悲傷」，並「寬容與善待悲傷」，進而「活出生命的光采」。

黃菊珍　吳庶深

導　論

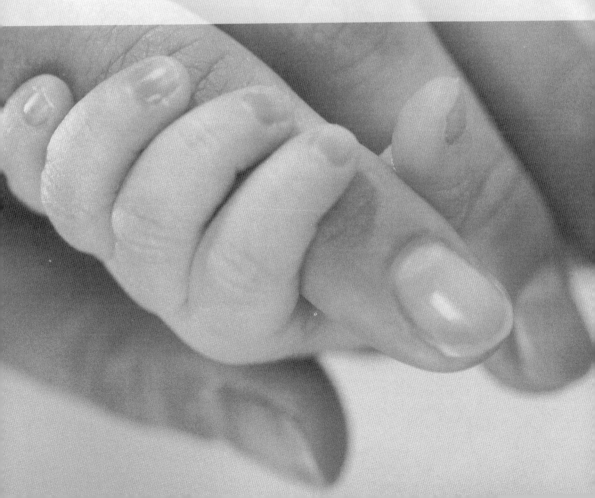

Chapter 1
失去新生兒失落的內涵

　　在本章的內容中，我們將探討周產期新生兒失落的內涵。失去孩子是人生中的至慟，隨著醫療科技的進步，周產期失落與胎兒死亡仍難以避免，在醫院裡「悄悄」進行但並沒有引起外界「廣泛」關注，由於無法言說、分享其孤立和寂寞的脈絡，突顯出被社會文化遺忘的悲傷獨特面貌。在以父子軸為中心的漢人家庭中，懷孕及生產是女性生命中與生俱來的普同（universal）現象，自古已然，「成為母親」是女性生活史中的主要轉捩點，兒女儼然是父母生命及意義的延續，傳統女性的桎梏，在進入婚姻後，為人妻、為人媳、為人母，生命拓展延續。台灣俗語：「吃甜甜，乎你生後生。」吃個甜的，祝福你能夠生男孩，強調雙方姻親殷切期待「早生貴子」，上以事宗廟，下以繼後世，以彰顯家庭內部權力實踐，為家族興旺的象徵，從生活空間的架構、轉換、配置及安排，讀出婦女在社會體系中所賦與的階段任務，此階段任務在老一輩人的觀念中最重宗嗣延續，「千枝萬葉」家道傳承，子孫是福氣，所謂：「多子多孫多福氣」為承繼氏族家庭價值體系的主要實踐方式，若未能達成使命，會使女性自覺愧疚蒙羞，承受極大的壓力。

壹、周產期新生兒死亡的獨特面貌：即使沒有活下來，還是出生了！

現代夫妻對於養兒防老已較不期待，然而子女的價值與生命的延續依然持續傳統的觀念，唯有經過生殖繁衍，才能達到無限的生命，認為子女可促進婚姻關係的維繫，並且是家庭的努力目標。社會經濟及家庭結構的變化，使得大家對生育一事，重質而不重量，所有夫婦於懷孕時皆期待兒女是父母的延續，幻想生下健康完美的孩子；但隨著台灣人口數量成長的速度急速減緩，生育率一路下滑，甚至進入超低生育率國家的行列，理想子女數降低使得人們對每一次的懷孕投注更多的心力，當分娩和死亡同時降臨，父母的內心將面臨強烈的危機與悲傷，不論這個孩子活了多久、多重或是死產，是否如計畫中產下的，皆會有類似反應。

一般人普同的觀念裡，認為產房是個喜氣洋洋的地方，因為它傳承了生命血脈的延續。其實，醫院產房裡的「生命」是多樣貌的，有即將生產倍受考驗耐力、毅力的人、有剛剛生下孩子升格為父母欣喜的人、有極盡所能安胎，擔心隨時會流產的人、有基於各種理由不得已墮胎的人、有為求一子費盡心思治療不孕症的人，或是接受人工輔助生殖科技高胎數多胞胎懷孕施行減胎術（fetal reduction）的孕婦，也有歷經了像打了一場仗的生產過程……等；關於女人子宮內的生與死，一應俱全，在沒有區隔的情況下，來往紛雜家屬的言談舉止中，一張張無奈、徬徨與淚水盈眶的臉孔，早已讓人愁苦萬分，什麼情況都能一眼看穿，是最常出現一簾之隔死之慟與生之喜交會共存的方寸之地，記錄著各種真實的生命痕跡：

失去胎兒總是讓人覺得既心疼又惋惜，使原本充滿喜悅及期待的產程充滿了失落的情緒，那是一種自己要去經歷的苦，那是一種只能自己承受的痛。產台上一樣是歷經極大陣痛，耗盡全身力氣的生產過程，當布簾的另一端，傳來別的產婦生出哭聲宏亮健康的胎兒時，瓜熟蒂落的那一刻起，粉嫩舞動的寶貝身軀呈現在準媽媽眼前，懷胎十月的辛勞隨著新生命的到來甘之如飴，準爸爸

拿著攝影機一面溫柔細心地擦拭準媽媽臉龐上泛著的汗水與淚珠，一面興奮的迎接新生命的到來，醫護人員鼓勵恭喜聲音不斷……。而自己卻無法聽到胎兒哇哇落地的哭聲，無法享受到護理人員抱孩子給她看一起拍照的喜悅感，無法享有在產台上哺餵母奶的幸福，面對的是醫護人員不知所措，冷漠逃避的回應，情何以堪？

回到產後病房，只能沉浸幻想孩子如果是正常情境，平安出生，現在應該也是……等。不知情的推銷員帶來各種祝賀滿月的禮品廣告、胎毛筆、蛋糕、油飯……；隔壁病室終日傳來新生兒宏亮的哭聲，產婦們母嬰同室親暱逗弄餵乳，沉浸在有小孩的歡樂中；親朋好友探訪道賀喜氣洋洋，有時候誤以為一樣是順利生產而道出祝福賀詞，也有人突然就問：「生男孩，還是女孩啊？」坐困愁城、家人間彼此刻意迴避，悲傷的產婦卻苦不堪言，「心碎」是對悲傷者的一種最古老的隱喻，事實上也是如此；甚至產後身體正常的變化，有豐盈的乳汁，卻沒有吸吮它的嬰兒，生產傷口陣陣的刺痛，產後子宮的間歇性強烈收縮引起的疼痛，一再會被提醒孕育失敗的傷痕。

出院時別人抱著孩子歡天喜地，自己卻只能兩手空空，默默地帶著失去孩子的悲傷返家，面對滿屋子精心準備的嬰兒用品再次睹物思人，觸景傷情，牽引著母親敏感且喪慟的心靈，困坐於悲傷失落不完滿的月子……。

因為生兒育女是一個發展任務，經驗胎兒失落、子宮內胎兒死亡的母親其悲傷會向內移動，身體功能可能會有空虛感，而失去身體形象和自我價值感（Adolfsson, Larsson, Wijma, & Bertero, 2004; Talbot, 2002）。周產期失落是一個獨特的悼念局勢，父母在期望、喜悅和展望新的生活中變成絕望和悲痛，對於一般人而言，也許只是一個流產現象，但對於許多年輕夫婦來說，他們是唯一知道胎兒的人，這可能是他們第一次經歷的喪慟，不是歡慶新的生命，是出生在一個深刻誕生悼念的經驗，而引產後乳房充血脹奶更會放大此失落感。

貳、被社會文化遺忘的悲傷：四位父母親的生命故事

故事乃是人類思維之根源，編織生命故事可以瞭解人生的意義（Randall & McKim, 2004）。學者亨利・克羅斯（Henry T. Close）在《故事與心理治療》一書中引述依薩克・帝內森的觀點提及：「其實所有的悲傷都可以承受，只要你將悲傷織進故事裡或說一則有關悲傷的故事」（劉小菁譯，2002：33）。王行（2002）談到：「後現代的治療認為，每一個症狀都有一個故事，治療則是另一個故事，人生本來就只是一些故事。我們面對『當事人』，不是要判斷哪個『事實』是『真』的，而是重新改變一個建構，來形成另一個『事實』」（頁218）。

Atkinson（2002）提到，「人生故事」敘說的過程無非在於幫助個體，可以和自己、他人、生命的神祕性及我們周遭的世界有更深入完整的聯繫，以達到心理、社會、神學宗教及宇宙哲學等四方面的功能。「敘說」能讓生命展延出一種連續性「揭露」的渴望，透過對自己所「記憶」內容的存取，重新建構自己所瞭解的「事實」面貌，將斷裂的故事，組織成線性的描述，由「混亂」逐步轉向「秩序」的方向。在悲傷的歷程中，喪失子（女）的父母需要談論到他們的愛子（女），喪子之慟不論是失去任何年齡層的孩子，其感受都很沉重。然而，失去新生兒的經驗與痛苦是個別性的「生命難以承受之重」，同時也是非常被隔絕的，這樣的聲音在我們的社會價值中呈現了一個「被遺忘、被扭曲、被靜止停格」的生命，文化脈絡裡「不具有悲傷意義的失落」，是一種「我被排除在外」的孤獨感，突然落到「無事」的狀態，目的不外是為了讓自己「看起來正常」，悲傷之餘還要與情緒思潮掙扎，或許笑容底下的悲傷更深，儘管世代交替、物換星移，然而聲音的存在，就是生命的印證，是一股被壓抑在內心底層的真實，而藉著聲音來想念，藉著文字來紀念。

本書主要呈現四則有關於周產期新生兒死亡父母悲傷的心情，到底是怎麼樣的處境，在哪裡尋求依靠？值得我們細細描述，他們用日常生活的語言來談生命中必須面臨的改變，輕描淡寫地說出心中不可言喻的痛，千絲萬縷，字字

句句都深深敲動您的靈魂，包括基因異常選擇性引產或是早產死亡，一個個被社會文化遺忘卻永遠埋藏在父母親內心深處情感牽繫，從不遺忘的故事。也許，這些故事對其他人而言沒有這麼典型，因為這個世界上是沒有任何一個「生命離開生命」的故事能夠說是「完全典型」於他人的故事。

悲傷中的父母需要感覺到他們有被聆聽和理解，雖然受訪者再三強調他們所感受到的痛苦是旁人無法體會的，很多敏感的課題像是擔心、悲傷、盛怒、恐懼、羞恥和對自我的疑惑等，都是「冷暖自知」的不可說；但當我們更深入的進入他（她）們的世界，置身處境與他（她）共在，產生一種存在者存在的關係，無人能共享的沉重，當這些父母願意敘述和重說他們在社會文化壓迫下消隱已久的故事，讓原本被忽略的觀點得以發聲，將此沉重與他人分享的時候，此沉重即是有人可以感同身受，同時他們也已經開始重整改寫自己的生命經驗腳本，重新解釋過去，從失落的遺憾中暢所欲言，以打開生命視框的各種面向，讓原本被忽略的觀點得以發聲，可以成為一座橋樑，連接那恐懼、隔離和孤單的世界，找到「生命改變」契機與採取積極行動的可能，為現在找尋意義，重新建構產生意義的新故事，並將自己向可能的未來開放。

新生命誕生與死亡的確是一種生命的難以避免，大眾的緘默卻是不對的。現在的社會習俗讓逃避變得非常容易，隱而不談的忌諱，幾乎看不見受苦，透過訴說、回憶、分享，悲傷可以找到一個宣洩的出口，即使勾起強烈的情緒，如此的面對仍是絕對必要。許多喪慟的父母親也許不願和他人談及這悲傷之事，因為這只會讓他們覺得不被瞭解而更加難過，不要屏棄可以安慰和給與悲傷者精神上的支持，藉著這樣的經驗也許可以幫助一些喪慟的父母親開始去敘說他們的故事，同時也幫助其他人可以閱讀他們的故事，能讓我們更貼近生命的某一個面向，在存有中讓字裡行間的語言在故事裡繼續存有，邂逅相逢，共話人世喪慟。在此，來聽聽「他們是如何走過的？」邀您一起來傾聽……。

一、A父親的生命故事

A父親為了孕育健康的孩子，回顧孕育過程所做的努力，包括生育計畫與健康檢查，他把太太的意外懷孕視為老天爺的禮物，而努力尋求信任的專業醫

療以確保胎兒健康；他在太太懷孕中期，頻繁胎動的過程中，與胎兒互動產生了依附連結，期待孩子的出生。後來Ａ父親由於太太出現莫名的知覺壓力感，為了讓太太心安而決定讓她做羊膜穿刺；當他初獲胎兒異常時的驚駭衝擊出現震驚、不相信的反應，開始尋找胎兒異常的「因果關係」，結果卻「無以名之」。他甚至擔心是醫院誤診，而處於保留與捨棄的抉擇中擺盪，但迫於時間無法讓孩子做基因複檢，徬徨無助中他只好傾聽家庭成員的意見、信任醫療專業權威建議與理智衡量孩子福祉，迫於遵循既定的法則，做出捨棄並承擔內疚與罪惡感的抉擇，他認為唐氏症是人為抉擇可預期的失落，而產生預期性悲傷。

　　Ａ父親對於引產未知的壓力充滿煎熬，生產過程中強迫截斷太太與胎兒肉身共在，身心連結造成重創讓他感到不捨，而出現對自我能力的質疑；當他看到孩子長得眉清目秀，生命力旺盛，更產生對檢查結果質疑，內心感到遺憾、愧疚不安出現罪惡感。Ａ父親同理太太不看新生兒的兩難，突顯她傷心欲絕的脆弱無法再受刺激。當Ａ父親身處孩子引產出生後死亡急迫性的臨界點時，他認為孩子旺盛的生命力是在等待一個存活人為的抉擇而難以割捨，由於他考慮照顧的龐大醫療費用，將孩子的存有投射到未來的時間，擔心會是整個家庭的受害，而再一次放手。他對孩子一息尚存的牽掛湧上心頭，只能一直詢問護理人員；他回想孩子長相可愛、長得像自己而產生認同，經驗到轉換為人父的欣喜知覺，但生死一線之隔的抉擇，瞬間讓他墜入萬丈深淵，浮現失去父親角色的挫敗感。

　　護理人員告知Ａ父親孩子沒有心跳，他經由看孩子最後一眼與處理孩子後事，接受新生兒死亡的事實而內心感到難過，體會到白髮人送黑髮人之苦，難以割捨，產生關愛的衝突，他呈現出一種想要「遺忘」卻又「記得」矛盾的複雜纏繞，考慮把孩子火化後骨灰放在靈骨塔，但想到每隔一段時間就要去紀念他，就會心痛一次，悲從中來；或依照家人的看法把孩子遺體交由醫院處理，而採取逃避，決定讓痛苦不見！經過反覆匑思，重新定錨，他認為應該是自己做抉擇。

　　產後太太在醫院裡休養期間，親朋好友的探視把失去新生兒的痛苦分享出

去，隱私的失落，再度引發刺痛受傷，A父親認為這是無法分享的生命痛苦經驗，他強調這種痛苦無法分享，只能自己調適，他們需要的是關懷。他對於醫院資訊不足導致沒有機會複檢，經驗到孩子被棄置的等待死亡、被當作廢棄物缺乏臨終安置的處理方式、剝奪與孩子相處的最後時間讓他感到不滿；他指出中國傳統社會文化認為孩子早夭是不名譽而不被提及，而剝奪喪嬰悲傷；他期望有更尊重生命存在的對待儀式，透過專業簡單隆重的方式改善，可以陪伴孩子走完人生最後一段路途。A父親認為引產比一般生產更傷身體，坐月子期間太太心情沉重，勞保休息僅約二十幾天，顯示社會福利不足；A父親申請孩子死亡，保險公司拒絕理賠的二次傷害，他用因果的省思合理化達到調適，但太太把生下唐氏症孩子，亦歸因於因果業報，讓他對「因果業報」感到矛盾疑惑。

　　社會、風俗與法律聯合扼殺生命，迫使A父親依循法則合法捨棄孩子，他在墮胎權力化凝視下追溯認同宗教珍愛生命的看法，認為這是一種不合乎人性、道德合法的殺人，產生罪惡感與惦念嬰靈去處的省思，夜裡持續夢到自己獨自一人半夜一、兩點帶著孩子遺體走到火葬場的影像，時間長達約一年。因此，他一直擔心孩子會受到沒有儀式保護和超渡亡魂的痛苦，下地獄或成為孤魂野鬼，透過持續性的連結獲知孩子到西方的極樂世界，得到適當安置，他與太太的內心才得到平安，緩和喪慟及愧疚的情緒。他藉著歸返日常生活、調養太太的身心及出遊，以重新適應失去孩子的環境，採隱藏情緒、扛下責任以行動來表現，他認為悲傷是個人的事而不再提及，透過時間、夢境慢慢釋放悲傷，但對未來仍抱持希望。

　　A父親悲傷感受的主觀知覺認為喪子之痛對太太傷害較大，痛苦更沉重，其太太看到同事懷孕、小孩又很可愛會觸景傷情，出現自我的身體心像受損，期待用第二個孩子來證明自己正常。對於太太再次懷孕他既期待又怕受傷害，夫妻兩人出現焦慮反應而讓胎兒提早做篩檢，一直到結果正常才放下內心沉重的巨石；而隨著新生命的來臨，他感受到新生命帶來沖喜的感覺，沖淡他與太太先前失落的痛苦，體驗到當父親的成就感，對於沒有給逝去孩子的愛，他要珍惜現有，加倍給之後的這個孩子，孩子的陪伴也讓太太產生替代補償而淡化

剝奪的悲傷
——新生兒死亡父母親的悲傷與輔導

失落悲傷。

　　A父親懷念逝去的新生兒，因為長得像自己產生認同，覺得是他生命的延續，給與名字並定位家庭中長子的地位，他因為沒有留下逝去新生兒的照片，只能儲存回憶，把記憶放在第二個孩子身上，因而感到遺憾。現在當他看到唐氏症孩子宛如天使般，更體會照顧者如「菩薩」般自承大愛與苦受。他以孩子沒有痛苦感知，死亡過程平靜，生命是一種適者生存、不適者淘汰的自然過程，合理化反應，面對死亡就是人生達到悲傷的超越轉化。他體認夫妻共同一起走過黑暗幽谷後關係會變得更好，認為孩子是自我心性的修鍊，人生的樂是去經歷不是結果，是持續的修正而慢慢達到調適，唯有經過孩子與家庭的萃鍊思想才能成熟，用愛溶化負擔與悲傷，而更加惜福。

　　積極理性、正向感恩人格，使得A父親在痛失愛子後，在悲傷歷程中，充分體驗個人內在與社會要求間的衝突，而在衝突中尋找出超越衝突的出處，追求人生境界的圓滿，帶來智慧成長的力量，展現人生意義。

二、B母親的生命故事

　　B母親第一胎懷孕，唐氏症血液篩檢正常，她一直預期胎兒會安全順利出生，加上五、六個月的孕育，明顯胎動的生命感而期盼孩子的到來。基於好朋友的姊姊年齡與自己相差一、兩歲但卻生下唐氏症孩子，於是她執意做羊膜穿刺，等待過程充滿煎熬，檢查結果發現染色體少一條，讓她感到震驚、難過，覺得為什麼會發生在她的身上?!對於與先生討論後捨棄孩子的決議，她感到悲傷不捨。她的婆婆到廟裡求神問卜，不相信孩子異常的事實並對她指責怪罪，帶來認知的衝擊更是痛徹心肺，婆婆強烈認為是醫師診斷錯誤，要求她重新做羊膜穿刺再次確認，以尋找胎兒異常的「因果關係」。她為了讓婆婆安心，前後到三家不同的醫院再次檢查，然而對她而言，複檢一次、傷害一次，她除了必須承受情緒上的悲慟外，還要面對傳統家庭及婆婆的壓力，讓她難以承受。醫師解釋若要留下孩子，B母親與先生必須做心理輔導，以面對未來的狀況，醫師認為留下孩子不是很好的抉擇，她的婆婆才接受必須捨棄胎兒的事實。

　　B母親雖然認為胎兒是一個生命，但是不能陪伴孩子一輩子，將來會產生

非常大的問題，造成更大的痛苦。所以，她與先生決定採引產方式結束孩子生命，她指出，生產過程非常痛苦，認為只要看到孩子，她就會無法忘記孩子的臉，是一輩子的業障。因此，她決定不要看孩子並事先告知醫護人員；但生產當天，三、四個不同護士一直重複問她要不要看孩子，讓她感覺很受傷。醫院制式化的護理，沒有給與她特別的心理安慰和多一份關懷，她認為是因為護理人員沒有看過她失去孩子的病歷，才會被當成一般的產婦對待。B母親恐懼接觸孩子，她選擇將孩子遺體交給醫院處理，覺得沒有什麼問題。她在產後看到別人的孩子在旁邊或經過育嬰室，但她卻是失去孩子的產婦，以致住院期間的整個睡眠、食慾都很差，心情上感到難過痛苦。

　　婆婆的不諒解，認為失去孩子是她的過錯，甚至在家人安慰她不要悲傷，把身體養好避免將來的病痛的時候，婆婆卻是缺乏同理心的回應，讓她難以承受，她認為唯有血脈相連的親人，關懷才是最真。失去孩子後，B母親、先生與公婆三角關係的互動容易產生摩擦，生活上容易產生衝突，她雖然想試著把這些不愉快跟先生溝通，但礙於先生的角色尷尬，態度難以中立與支持，她只好退讓使關係緩和。。

　　B母親感受胎兒在她身體裡面的一體感，認為結束孩子的生命後，她心理的障礙與恐懼是一輩子無法忘記的，而出現罪惡感，所以她到廟裡超渡嬰靈，告訴孩子這麼做是情非得已，留在世上是受苦，老天會安排孩子到另外一個世界投胎，反而是一種重生，她的心裡因此感覺比較平靜而減少陰影。B母親悲傷感受的主觀知覺認為先生比較理性堅強，他只是經歷一段不愉快的過去事件，影響不大，先生親身體驗、擔心顧慮的陰影沒有像自己這麼深刻。雖然後續她跟先生檢查的結果正常，她的心裡依然留下失落的恐懼感，甚至不敢想要再有孩子，經由先生不斷的鼓勵她：「醫師也說基因的缺陷比例非常低，他們只是比較不幸運，上帝不會把同樣的靈運放在他們的身上」，這給與她很大的支持。第二胎懷孕，她出現嚴重的失眠、做惡夢情形，她常常夢到孩子異常而無法入眠，甚至情緒失控，她懷疑自己可能有憂鬱症，所以到精神科門診求治，醫師診斷認為她有憂鬱症傾向，因為懷孕期間無法服用藥物，故採用心理輔導以渡過懷孕期。她強調情緒的紓解，若家人的回應不是預期的回饋會更受

傷，跟陌生人（心理醫師）講內心恐懼、焦慮或難過，透過專業心理治療，她比較容易往不一樣的角度看待事情。

第二個孩子出生後，B母親即搬出公婆家尋求生活的和諧，雖然醫師告訴她孩子很健康，她依然擔心孩子有潛在的疾病被醫生忽略掉，而持續缺乏安全感；她無法控制幻想萬一孩子生病、她抱著孩子從樓梯上摔下，並會在晚上孩子睡著的時候，持續觀看孩子，出現害怕再一次的失落的焦慮反應，而一直在慢慢自我調適中。B母親現在的生活重心以孩子為重，讓孩子好好成長為首要。B母親結婚前對自己很有自信，婚後她以家庭為重，在意與考慮的事情太多，也因此帶給她不必要的情緒困擾，經過這件事情以後，她認為不能改變別人的想法，但可以改變自己的想法，學會把事情都分成輕重緩急，回復可以做選擇的自我，因此鬆綁而釋懷。

B母親將悲傷的不確定性，反思到未來的不確定性，所引發的焦慮與擔憂，一直存在內心世界，讓她的情緒重複在與世界有所牽連的生存論上，此存在引發對此在的沒有安全感，生活中產生了更多的不安與恐懼，透過自我覺察，不僅產生了較大的信心，情緒也趨於穩定，以現存的孩子存有為重，帶來生命的行動力量；然而對孩子的存有仍缺乏安全感，需要更久的時間去沉澱激烈的悲傷反應與詮釋生命意義，以求其真正放手與放心的自由。

三、C父親的生命故事

C父親於太太懷孕二十四週時，獲知太太羊膜破裂，因胎兒還在母體內，他考慮孩子或許可以放在保溫箱繼續成長，抱持還有機會的一線希望。太太被送到醫院後，他對於無法保住胎兒深感可惜，懷疑是太太懷孕二十一週闌尾炎開刀提早出院，抗生素療程不足導致羊膜感染，因而早產。當太太出現發燒菌血症狀，他站在自己是醫療專業者的判斷，評估孩子的保留已非首要，太太的平安與健康才是最重要的選擇，且孩子早產的週數、體重及存活機率太小，加上婦產科醫師專業評估判斷，C父親理智衡量孩子福祉，後續可能造成的問題與家庭負擔，以及未來生命品質與處境，對孩子也是不公平而放手。

孩子生下來後，C父親看、抱、觸摸並與孩子說話，留下一息尚存的印

記，同時看到孩子長得像自己而產生認同，他認為這或許是一種象徵式儀式，深刻而難忘，特別失去的是長子。他考慮孩子的喪葬事宜需耗費許多時間與精力，於是拜託同事後交由醫院處理，沒有留下任何東西以避免觸景傷情，同時他擔心會造成心裡的負擔而不想知道醫院實際處理孩子遺體的方式，他認為本土的簡略處理形式比不上先進國家，若有更好的選擇可以考慮嘗試。C父親沒有宗教信仰且孩子的週數太小，他在意識及心理層面無太大的負擔，強調與胎兒的情感依附比不上三、五歲的孩子予合理化。但是，對於早產兒存活破紀錄的相關報導，內心的負擔依然會被勾起，認為潛意識或許仍然在意。C父親察覺太太面對傳統壓力、擔心沒有孩子會導致婚姻問題，難過、自責的心理負擔沉重壓抑而暗自哭泣。

　　C父親僅陪伴太太一、兩天，隨即把焦點投入繁忙的工作，生活作息無太大的衝擊影響。期間家人朋友大都很同理支持（或擔心講錯話而保持緘默），主要勸說安慰的對象是太太，但是他認為安慰的本身，有時會引發太太更難過的情緒。孩子過世後兩個月，他帶太太出國旅遊，看到太太出國後立刻轉換悲傷心境而認同自己的出遊安排。

　　再次的懷孕，太太經歷孕吐等孕期不適後，卻又發生第二次流產，其失落感令人難以承受，C父親則扮演支持的角色。接下來長時間不孕，太太考慮使用中藥，C父親強調中藥不可亂吃，此舉不該做。回想太太盲腸炎開刀後未事先知會他而辦理出院，當時他壓抑不高興的情緒，認為應該事先溝通。C父親偶爾會想起逝去的孩子，現在如果依然存活，會是什麼樣子？報戶口時孩子若有取名字，夫妻倆會告知現在的孩子，他有一個哥哥，並將他定位為家中的長子。他對太太沒有什麼責備、不諒解，他指出失去孩子情非得已、沒有對錯，且自己也不認為非要有後代不可，他覺得是跟逝去的孩子無緣。

　　C父親以工具性的角度看待宗教儀式，當時覺得沒有這個需要所以就不會採用；對於孩子遺體的處理方式，雖然有時候他在心裡會略有疑問，但是沒有太大影響。他認為是「醫生」這項職業，面對許多生死歷程而形塑的生死觀，覺得人生有得有失，對自己而言塵歸塵、土歸土，回歸自然就好，不需要什麼葬身之地，以緣起、緣滅，超脫的角度轉換成正向觀念，積極的個性，投入工

作，增加自身對於挫折衝擊的承受度而達到調適階段。

四、D母親的生命故事

　　D母親於懷孕二十週時因為盲腸炎（闌尾炎）開刀，她認為是小毛病，且過程順利而執意出院，她經過主治醫師評估後回家休養幾天後即上班。上班後突然懷孕早期破水，她對於要放棄結婚三年得來不易，經過二十三週的孕育，有呼吸、心跳的孩子，而感到難過、自責、充滿罪惡感。然而，醫院細菌培養結果無法證實盲腸炎與她孩子的早產有關，若能證明不是她的錯，罪惡感會減少。D母親懷孕期間沒有禁忌，她認為早產原因要用科學的理由解釋。對於先生建議不要保留孩子，她因為先前做羊膜穿刺得知是男孩，家裡阿嬤也期待男生，她面對傳統壓力，更覺可惜、不捨，在情感上欲保留孩子，由於當時醫療水準不足，醫師認為是盲腸炎感染，勉強保留對孩子有不良影響，後面會有問題而不希望施救，D母親告訴自己，如果她硬把孩子保住，說不定彼此會痛苦一輩子，只好放手。

　　D母親對於引產指定醫師都是認識的朋友，在選擇上左右為難，先生進產房陪產，她反而會有壓力，所以沒有進產房，引產過程生理上她不覺得很疼痛，但是在情緒上卻很難熬，只能流淚忍耐。D母親認為醫護人員的態度形式化，語氣不帶任何情感，未給與她任何的安慰和幫助，孩子生下後沒有任何包裹，她認為應該用包巾將孩子包著，由於她的眼角餘光看到孩子還有心跳、呼吸，留下一息尚存的印記，產生對孩子的虧欠感，讓她不敢看也不想看，她認為看了以後會有更深的情感，腦海會一直浮現孩子的模樣，情緒可能會因此崩潰或失控，但是她又愧疚於覺得孩子需要擁抱、愛撫，跟他講講話會比較舒服，所以她請先生去看、抱小孩。

　　D母親由於情緒低落不想動，產後病房身體護理讓她感到很舒服。她覺得母親的陪伴會有壓力，而比較可以面對先生，她更希望能獨處，唯有如此才可以盡情自在掉眼淚。她認為，孩子是在出生後，才會建立愈來愈深的情感，因此，推測先生也是如此。在懷孕過程中，先生並沒有跟胎兒建立很深的情感，所以能坦然地接受這件事情，孩子引產後立即投入工作，印象中先生不曾掉過

一滴眼淚或表現很難過的樣子，覺得畢竟自己才是生兒育女孕育角色的主體。D 母親偶爾在獨處、看到街上的小狗跟母狗在一起、幼小、老弱婦孺，或在特別的日子裡會觸景傷情；她選擇隱藏情緒而暗自哭泣，認爲是自己個性使然，而避免弱者的表現，除非是要好的朋友，才會顯露難過之情。

報戶口時孩子有取名字，認爲孩子是一個眞實的存在，她反覆地想爲何這麼無緣，難過哭泣的情緒至少持續一年；她不斷地告訴自己不需要一直沉浸在悲傷裡而避免去回想，加上先生也不再提起的態度，反而讓她得到很大的支持，認爲内心的平靜，唯有靠自己才能走出來；她強調與胎兒情感依附互動，比不上五、六歲的小孩或長時間相處的親人，合理化以減輕心理負擔。

由於私立學校的流產假只有七天，學校建議她用請事假或病假的方式補其不足。D 母親覺得流產後的兩個禮拜最難過，她維持吃、睡正常，因爲醒著的時候，她反而會想起這件事而難過、掉眼淚，獨自在家時情緒更低落；因此她很快的恢復正常的生活作息，上班後有好朋友提供支持，減短悲傷的情緒。家人雖沒有責怪，然而「可惜、沒關係、可以再生、運氣不好……」這類安慰的話語，對她内心難過的情緒，無法提供支持，她認爲不是當事人，很難瞭解當事人的感受，包括家人、先生也一樣，所以很少提及。她強調難過的情緒需要講出來，跟好朋友討論對她幫助很大；她回憶與先生去芬蘭、巴黎的時光，當時的感覺是非常愉快的。

D 母親不知怎麼辦理孩子喪事，爲了省麻煩，便直接交給醫院的葬儀社處理，同時也指出習俗規範父母不該祭拜早夭的小孩，雖然她不信鬼神，心裡卻仍惦念著嬰靈的去處。有時她會跟孩子對話，希望他在天上要好好保佑其他家人，把他當成是一個過世的家人。雖然她不迷信，但由於沒有好好的埋葬孩子，不知道靈魂是否存在，她擔心孩子變成孤魂野鬼會怨恨她，而一直有愧疚感。第二年她看到廣告，由於先生不信這一套所以未讓先生知道，她在同事陪伴下參加七月的超渡亡魂法會，透過儀式她覺得孩子因此得到安息、有個交代而減輕罪惡感，她認爲民間的儀式、習俗對自己有幫助。

D 母親擔心自己能否再生出一個寶寶，情緒自責、內疚、覺得丢臉；別人不知情問起逝去的孩子時，亦讓她無言以對，百感交集，淚水只能往肚裡吞。

她把重點放在再生一個寶寶，若無法再懷孕她會焦慮，覺得是很大的遺憾，先生不注重傳宗接代是支持她的重要力量。D母親第二次懷孕流產，她以「畢竟才七週」合理化，所以不覺得很難過。第三次懷孕（目前的老大），由於一般懷孕前三個月容易流產，她比較忐忑不安，她覺得自己不是很容易流產的體質，一直希望懷孕成功，懷孕的第四個月，學校舉辦萬里長城旅遊，她一直很想去，考慮大陸醫療不發達，萬一又流產……，為了不落人口實，她決定不要冒險，避開可能造成流產的危險因子。

新生命的到來，取代的是高興、正向積極的行動，不再停留在悲傷無助中，D母親生活重心放在現在的兩個小孩身上而重新寄託，戶口上定位逝去孩子是家中長子，她會跟現在的老大講有一個哥哥及發生的事情。D母親強調經驗苦受者更能感同身受，而關懷捐款給棄嬰，由陷落的傷慟者角色轉向關心他人，認為小孩只是她生命中的一段重要插曲，自己的一輩子也很重要，自己的健康若出現問題，人生觀才會影響，與其他更不幸者比較後，就感覺自己還好，她藉由「無緣」來詮釋生死永別是因緣盡，已償還兒女債，放棄孩子情非得已，不是不可寬恕的，來經驗喪慟，同時感受到個人的自控能力，使其能從原先跌落悲傷的谷底中走出來，經過長時間的沉澱，悲傷感覺已微乎其微，走向復原之路。

參、關鍵字定義

1. **妊娠／懷孕**（pregnancy）：由受孕（conception）、胚胎（embryo）、胎兒（fetus），至分娩的期間，大約是二百六十六天或三十八～四十週；受孕是卵子（ovum）在輸卵管內發生受精（fertilization），再移植至子宮部位形成胎盤（placenta）和胚胎，再發展成胎兒。懷孕九個月通常分為三個階段：第一個「三月期」（trimester）是零～十二週；第二個「三月期」是十三～二十八週；第三個「三月期」是二十九～四十週（鄧樹楨，2005）。

2. **胎兒**（fetus）：懷孕第八週以後，一直到生產的期間稱為胎兒（陳迺莊等譯，2001）。所謂胎兒早期死亡（early fetal death）就是懷孕在二十～二十七

表 1-1　四位主要受訪者之基本資料

受訪者資料	A 父親	B 母親	C 父親	D 母親
個案別	單一個案	單一個案	夫妻	
訪前準備（關係建立及知情同意說明）	訪談前六個月至一年電話連繫，「知情同意」説明，取得同意			
	前二個月電話拜訪		前一個月登門拜訪	
個別訪談次數	一次	二次	一次	
訪談時間	一百八十分鐘	五十、三十分鐘	六十分鐘	九十分鐘
年齡	四十三歲	三十七歲	四十一歲	四十一歲
教育程度	碩士	三專	碩士	學士
職業	公務人員	服務業	醫療人員	護理教師
宗教信仰	民間信仰道教	無	無	
結婚年數	八年	三年	十三年	
懷孕週數	二十三週	二十三週	二十四週	
胎次／性別	第一胎（兒子）	第一胎（女兒）	第一胎（兒子）	
計畫中懷孕	否	是	是	
孩子生產方式	自然生產	自然生產	自然生產	
失落發生場景	醫學中心	教學醫院	醫學中心	
醫療場景悲傷諮詢輔導	個案（無）太太（大學護生）	無	無	
死亡原因	唐氏症引產	基因異常	不明原因之早產	
再次懷孕失落	無	無	流產一次	
專業心裡治療	無	精神科門診（憂鬱症傾向）	無	
目前子女數與性別	一男（五歲）一女（三歲）	一男（三個月）	二男（七歲、三歲）	
失落事件至訪談期間	六年	二年	九年	

註：訪談期間由 2005 年 1 月至 2005 年 5 月。

週之間胎兒因為不明原因而死亡，也許是因為早產出生而死掉或是其它原因等等；胎兒晚期死亡（late fetal death）指懷孕二十八週以後的胎兒死亡。

3. **流產／墮胎**（miscarriage/abortion）：在胎兒發育完全之前，發生自然或使用人工方式停止懷孕，80% 的自然流產發生在懷孕十二週之前，染色體的

異常占早期流產的一半。人工流產（induced abortion or elective abortion）可在懷孕第一、二個「三月期」執行，在第一個「三月期」的方法包括：月經吸出法（menstrual extraction）、吸出刮除法（suction curettage）、非手術墮胎法（nonsurgical abortion）。「月經吸出法」是吸出子宮的內含物，但未擴張子宮頸，最好是執行於懷孕第五～七週，可不需麻醉，但失敗率高於其它方法；「吸出刮除法」類似前者，但子宮頸先經過擴張，通常在懷孕第六週後需要擴張子宮頸，或可使用真空抽吸法，再把子宮內層組織經過輕力刮除；「非手術墮胎法」是在懷孕七～九週前使用口服墮胎藥 RU-486，有時此方法不能成功時也需使用「吸出刮除法」。在懷孕第二個「三月期」執行墮胎則比較複雜，也具有較大的併發症危險，可經由擴張與吸出方法，通常需要麻醉，在懷孕第十六週後可注射鹽水（saline），或賀爾蒙、攝護腺素（prostaglandin）至羊膜袋內，過程是先由羊膜腔內抽取羊水 50～200ml，再注射入 50～200ml 高滲性（hypertonic）的鹽水（時間四十五～六十分鐘），鹽水造成胎兒死亡與子宮輕微的收縮，攝護腺素或催產素（oxytocin）可造成子宮較強力的收縮，而後進行胎兒排出過程，攝護腺素也可經由陰道使用以促使流產，墮胎後可服用藥物以控制子宮出血、收縮子宮，如果沒有併發症或術後感染，墮胎應不會妨礙再度懷孕生產（鄧樹楨，2005）。

4. **子宮內胎兒死亡**（intrauterine fetal death, IUFD）：是指體重超過五百公克以上之胎兒於生產之前或生產時發生死亡，也包含胎死腹中（吳淑玲、吳惠娟，2004）。根據 Karin 等人（2002）研究指出，胎死腹中的成因很多，可能源於胎盤、臍帶或子宮的相關合併症，感染、高危險妊娠與胎兒本身罹患先天性異常等。

5. **死產**（Stillbirth/Stillborn）：所謂死產就是在子宮內，不明原因的胎兒死亡或是生產當時因為某種特殊原因死亡，也就是還沒生出來就在子宮內死亡的胎兒即稱為死產。Cunningham 等人（2001）採用胎兒體重超過五百公克（或懷孕二十週以上）子宮內死亡做為死產定義界線。常見原因例如：胎兒臍帶繞頸、胎盤早期剝離導致胎兒缺氧等，通常母親會發現胎兒沒有胎動，並且經由超音波掃描確立診斷。

6. **周產期新生兒死亡**（perinatal death）：有廣泛的定義，Cunningham 等人（2001）根據國家中央健康統計（National Center of Health Statistics）的建議，採用體重超過五百公克（或懷孕二十週以上），以及出生後二十八天內的新生兒死亡稱為周產期新生兒死亡。因此，本書訪談對象主要以已婚父母，懷孕二十週以上新生兒死亡。例如：先天基因異常缺陷、先天性嚴重器官缺損、早產及原因不明之死產等。

7. **早期破水**（premature rupture of membranes）：指不論妊娠週數多少，在分娩過程開始前包裹胎兒的胎膜自發性破裂（陳酒荘等譯，2001），其中因為母親容易子宮內感染，胎兒感染的機會會增加，而造成新生兒早產或周產期死亡率增加。

8. **新生兒**（neonate）：出生到四週以後，這段時間的小孩子稱為新生兒（胡月娟譯，1998）。新生兒死亡（neonatal death）指新生兒出生後到第二十八天之間死亡（Layne, 2003）。新生兒死亡又分為：新生兒早期死亡（early neonatal death）是指從新生兒出生那一刻起到第七天內死亡；新生兒晚期死亡（late neonatal death）即新生兒出生後第七天到第二十八天之間死亡。

9. **嬰兒**（infant）：出生四週到兩歲的小孩子稱為嬰兒（胡月娟譯，1998）。

10. **唐氏症**（Down Syndrome）：俗稱蒙古症，唐氏症是最常發生的染色體異常症，也是造成智障最主要的原因之一，唐氏症兒的抵抗力差、易有呼吸道感染的現象。其他的合併症包含有胃腸道先天畸形、甲狀腺低能症、白血病……等，平均每八百個出生的新生兒中會有一個。其染色體異常的組合包括：(1)三染色體症（95%）：第21號染色體多出一個，也就是說細胞內有47個染色體，通常和母親年齡的增加有關，三十五歲以前孕婦產下唐氏症兒的機率是一千七百三十四分之一，到了三十五歲以後（高齡孕婦）生下唐氏症兒的機率增高為三百八十六分之一；(2)轉位型（4%）：兩個染色體之間發生構造上的斷裂及轉接，當中有四分之一是因為父親或母親其中之一帶有不正常的染色體；(3)鑲嵌型（1%）：人體細胞內同時混合存在46個及47個染色體（王瑤華，2004）。

剝奪的悲傷
——新生兒死亡父母親的悲傷與輔導

11. **悲傷反應**（grief reaction）：指父母在新生兒死亡後，所引起的痛苦反應。依據Worden（2002）的分類，將父母的悲傷反應分為「身體」、「心理」（情感／認知）、「行為」，而Corr、Nabe與Corr（2003）強調悲傷亦有「社會與靈性」等五個向度的反應。

12. **被剝奪權利的悲傷**（disenfranchised grief）：指個人在某個失落後，經驗到的悲傷是無法或不能公開被承認、公開哀悼或獲得社會支持。因為所處的社會環境不承認失落的重要性，以及拒絕給喪親者一個公開表達感覺的機會。

13. **悲傷的自我調適**（grief adjustment）：李佩怡（2000）指出，人是身、心、靈及社會層面的整合體，故對於因應悲傷，也分別由身體、心理、心靈精神與社會四個層面的自我調適：(1)身體層面的自我調適：悲傷時對自己身體的照顧是很重要的，在身體上給與滋潤和養份，能讓自己感覺到愛、舒適和溫暖。為了給與身體面的照顧，需要維繫自己日常生活的規律性，留意我們攝取的營養，偶爾也讓自己做做放鬆的活動；(2)心理層面的自我調適：需從想法、情緒及意念行為上做轉化；(3)心靈層面的自我調適：心靈層面包含宗教信仰，以及其他個人對生命意義與生活信念的哲理；(4)社會層面的自我調適：處於喪慟時期，最需要家人朋友或專業人士協助，如何運用自己的社會支持系統是很重要的。本書悲傷的自我調適是指，父母在失去新生兒後為了減輕不適的感覺，保持身、心、靈及社會層面上的完整所運用的策略。

表 1-2　胎兒及嬰兒死亡時間定義

20週	28週	出生	7天	28天	2歲
死產（Stillbirth/Stillborn）					
早期死產	晚期死產				
周產期新生兒死亡（perinatal death）					
		新生兒死亡（neonatal death）			
		早期	晚期		
				嬰兒死亡（infant death）	

肆、新生兒死亡剝奪的悲傷探討動機與目的

一、醫療科技進步，胎兒死亡率仍難以避免

　　每個準父母莫不殷切期待能夠平安順利地懷孕生產，雖然現今醫學進步，已明顯降低生產危險性，但早產、胎兒基因異常問題卻仍然處於灰暗地帶。以下三則為關於母親失落經歷的新聞案例。

案例一：K母親的故事

　　人工生殖科技提供不孕症夫妻「一線生機」，成為不孕症治療的標準之一，但若孕況生變，必須終止妊娠時，可能會功虧一簣，處境將更為艱困。K母親三十九歲，大學畢業，結婚三年不孕做試管嬰兒三次失敗，經過調養後，此次為自然懷孕，正當一家人都沉浸在盼望寶寶出世的喜悅之中，然而產檢的結果卻令她大吃一驚，因超音波檢查發現胎兒外觀嚴重畸形異常（無腦兒），合併先天性心臟缺陷，羊水檢查有基因異常，生下來也無法自主性呼吸，與先生商量考慮下，最後不得已決定放棄胎兒，選擇引產墮胎。住院期間她的心情如下：

　　　　花了這麼多錢做試管還是於事無補，先生五十歲是獨子，加上我的年紀為高齡產婦，不知道下一胎是否可以預防？親友之中也沒有生產過無腦兒的紀錄，醫生告訴我下一胎還是無法百分之百保證不會發生。因為寶寶才二十六週，我們（先生）決定讓她重新投胎！朋友都還不知道，相信大家聽到這樣的消息，一定覺得不可思議吧？！的確，到現在就連我的主治醫師也不可置信，懷孕過程中一直很順利，雖有點出血流產的預兆，但也很快安胎下來，也沒有嚴重的噁心嘔吐，產檢時醫師說寶寶很健康，還說年齡不是問題，鼓勵我採取自然生產！沒想到結果竟然是這樣……

剝奪的悲傷
——新生兒死亡父母親的悲傷與輔導

案例二

　　一位二十二歲婦人兩年前剖腹順利產下第一個心肝寶貝，因為喜歡小孩，跟先生經過一年多的努力，去年中傳出好消息，懷的是健康男寶寶，於是開心準備迎接新生兒的到來。一般人只要第一胎是剖腹，第二胎幾乎都會再選擇剖腹產；由於婦人有高血壓，又有癲癇症，加上現在衛生署又鼓勵自然產，有補助三千元，所以婦人才接受第二胎自然生；沒想到，卻發生子宮爆裂的悲劇，胎兒因而滑落腹腔內，缺氧而亡。開開心心準備迎接新生命，沒想到突如其來的意外，就連醫師都措手不及。痛失愛子的婦人，情緒很不穩定，院方和家屬極力安撫，目前身體狀況逐漸恢復，但心裡的創傷卻揮之不去（摘自劉錦源，2007）。

案例三

　　結婚三年懷孕九個月的孕婦，上班期間腹痛昏倒，送醫發現「胎死腹中」，醫師診斷「胎兒沒有心跳」、「胎盤剝離」，緊急開刀取出胎兒，保住母親一命……手術後在加護病房觀察，同事為她的認真感到難過，陪同前往的同事當場落淚表示其懷孕後，定期產檢也未傳出異狀。兩週前還曾到醫院產檢，為何會出現九個月胎兒胎死腹中的不幸？婦產科醫師表示因素很多，包括：產婦未充分休息、外力因素、高血壓、高危險性的孕婦都有可能。

　　根據國內外醫學界的觀察研究及衛生署國民健康局所做的年度婦幼衛生統計顯示，每年出生的新生兒當中，有2～3%罹患了嚴重的先天性疾病，此乃生命孕育過程必定會出現的風險；也就是說，在科學昌明、醫學發達的現代人類社會，經由仔細且規律的產前檢查及懷孕期的健康照顧，仍無法完全防範嚴重異常新生命的誕生（林炫沛，2004）。此外，早產兒出生的生存能力差，是新生兒死亡的主要原因。因此，醫療科技進步雖使胎兒死亡率降低，仍有孕婦要面臨子宮內胎兒死亡之情況（陳映燁、李明濱，1998）。

　　國民健康局（2005）針對國內的統計報告顯示，1998至2003年，台灣地

區婦女接受人工協助生殖的活產週期之多胞胎率約為40%。以2003年為例，治療的5,831個人工協助生殖治療週期中，懷孕的有2,167個週期，共1,569個活產週期，其中58.2%為單胎生產，39.8%為雙胎生產，2.0%為三胎生產。顯示不孕夫婦在生殖科技的進步中，增加了懷孕的機會，卻也使多胞胎妊娠的發生率攀升。而三胎生產中，體重小於1,000公克的新生兒占5.2%，體重介於1,000到1,499公克者占26.0%，體重在1,500到2,499的新生兒占62.5%，體重超過2,500公克者則只有6.3%。而單胎生產中，體重多超過2,500公克，占所有單胎生產之88.0%。雙胎生產則以1,500到2,499公克的新生兒占59.8%，為最大比例，其次為2,500公克以上者占32.1%；亦即胎數愈多，愈易產生低體重兒。因此，接受人工生殖技術使用排卵藥的婦女易懷有多胞胎，胎兒產生先天性畸形的機會、罹病率與死亡率會較單胞胎高，故醫學的進步，不孕婦女採人工生殖輔助技術將逐漸增加，故日後面臨胎兒先天異常的夫妻也會逐漸的增加（王慧蘭，2005；Armstrong, 2004）。就胎兒而言，因子宮的容量有限，早產的機率會增加，促使周產期胎兒的罹病率及死亡率提高（連義隆，1998）。

　　先天性胎兒異常之發生率約占2～3%左右，而周產期之死亡病例，約有25%起因於各種致死性胎兒異常（張炯心、唐訓翰，1995）。根據行政院衛生署（2007）衛生統計，台灣地區2005年新生兒人數有205,854人，其中新生兒（未滿四週）死亡人數為605人，粗死亡率為2.9‰；2006年新生兒死亡人數為554人，粗死亡率為2.7‰，未滿一歲嬰兒死亡人數為943人，粗死亡率為4.6‰，為近二十年來之最低（參見圖1-1；表1-3）。新生兒或嬰兒之主要死因有三種，依序為：(1)源於周產期之病態占51.2%；(2)先天性畸形占25.5%；(3)事故傷害占5.5%；三者合占總嬰兒死亡人數的82.2%。

　　因此，產前超音波檢查、母血唐氏症篩檢、羊膜穿刺、絨毛取樣等，應用這些方法，可進行染色體分析、生化分析及基因分析，讓產前診斷的準確率大幅提高，然而科技的先進與醫療的發達從未能使人倖免於死亡的厄運。新生兒或嬰兒死亡問題在現今的社會，已經不是罕見情況，也不是一個單純的個人危機調適問題，同時也是一個普遍存在的社會問題。

　　早期由於出生後二十八天內新生兒高死亡率，才會有滿月請油飯、蛋糕的

剝奪的悲傷
——新生兒死亡父母親的悲傷與輔導

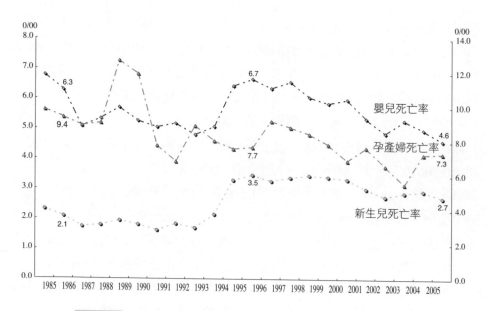

圖1-1 台灣地區歷年新生兒、嬰兒及孕產婦死亡概況

資料來源：摘自行政院衛生署（2007）

習俗，而從出生一個月到一歲的嬰兒死亡率也很高，故才有周歲請客的習俗。新生兒的周產死亡率往往被視爲一個國家的開發程度，同時也代表著該族群的健康醫療照顧是否充足之指標。1995年以後，新生兒死亡率較1991年以前明顯增加，主要係衛生署爲落實出生通報，尤其「源於周產期之病態」更爲明顯。周產期的病態包括：產科併發症受影響之胎兒與新生兒、胎兒生長遲緩、胎兒營養不良及未成熟、缺氧、溶血性疾病、基因異常、各種身體結構、智力或代謝方面的異常等；在死因百分比上，先天性畸形死亡率相對地仍在提高，整個新生兒、嬰兒死因變遷已由急性傳染性疾病，轉變爲以先天性畸形及源於周產期病變爲主之死亡型態。

台灣自1995年3月開始採行新修訂之出生證明書，並加強死產（懷孕二十週以上胎兒死亡）相關通報查核作業，致使原本低估之新生兒死亡率獲得改善。從2002年以後新生兒死亡數及死亡率持續下降的數據看來，可能原因是：產前產後醫療照護（例如：目前最新的胎兒手術）、健保制度提供早產預

表 1-3　台灣地區歷年新生兒及嬰兒死亡概況

年別	新生兒死亡				嬰兒死亡			
	計	男	女	死亡率 (0/00)	計	男	女	死亡率 (0/00)
1983 年	1,029	588	441	2.69	2,919	1,662	1,257	7.64
1984 年	933	531	402	2.52	2,536	1,384	1,152	6.86
1985 年	801	444	357	2.32	2,339	1,296	1,043	6.78
1986 年	642	355	287	2.08	1,938	1,050	888	6.29
1987 年	545	306	239	1.74	1,590	895	695	5.08
1988 年	611	338	273	1.79	1,820	997	823	5.34
1989 年	611	334	277	1.94	1,797	959	838	5.71
1990 年	605	319	286	1.81	1,765	965	800	5.27
1991 年	520	295	225	1.62	1,621	880	741	5.05
1992 年	589	355	234	1.84	1,664	972	692	5.18
1993 年	551	322	229	1.70	1,560	877	683	4.80
1994 年	693	395	298	2.15	1,636	940	696	5.07
1995 年	1,086	613	473	3.30	2,120	1,192	928	6.43
1996 年	1,129	621	508	3.47	2,169	1,183	986	6.66
1997 年	1,064	578	486	3.26	2,071	1,123	948	6.35
1998 年	918	546	372	3.38	1,784	1,015	769	6.57
1999 年	980	554	426	3.45	1,721	977	744	6.07
2000 年	1,038	575	463	3.40	1,789	992	797	5.86
2001 年	865	485	380	3.32	1,559	863	696	5.99
2002 年	745	415	330	3.01	1,325	721	604	5.35
2003 年	624	324	300	2.75	1,105	574	531	4.87
2004 年	623	358	265	2.88	1,146	645	501	5.30
2005 年	605	343	262	2.90	1,026	563	463	5.00
2006 年	554	304	247	2.70	943	524	419	4.60

註：本表資料自 1984 年起含金門縣及連江縣。
資料來源：整理摘自行政院衛生署（2005，2007）

防與治療的保險給付、生育醫療保健水平提高、出生數下降、優生保健政策推行之成效、衛生狀況之改善、公共衛生工作之進步，以及嬰幼兒營養之改善

等，使得新生兒其他死因大幅度降低，但是無論如何，周產期新生兒死亡的問題仍是難以避免的。

二、失去孩子是人生中的至慟

過去許多具影響力的研究由於理論基礎薄弱，而把周產期失落與胎兒的死亡視爲「非死亡」或「非人」（Deutsch, 1945）。然而，失去孩子是人生中的至慟，其所引發之悲傷反應爲最強烈、最複雜，並重創喪慟者心靈，其悲傷可能延續數年甚至終其一生（Harvey, 2002; Laakso & Paunonen-Ilmonen, 2001; Parkes, 1996; Rando, 1986; Sanders, 1980）。Wallerstedt 與 Higgins（1996）指出，一個人失去周產期孩子的悲傷，就像經歷截肢、喪失了自己的一隻胳臂一般，當父母喪失愛子時，如同喪失了自己的某一部分。而突發性死亡比預期性的死亡帶來更大的壓力（張淑芬，1996）。新生兒死亡若是發生在孕期當中、待產過程中或出生後不久，此種生之喜與死之慟的情緒衝突是最難處理的，將會是最大的失落與悲傷（高淑芬、李明濱，1991；Rubin, 1984），對產婦及醫護人員而言，均是一種駭然的經驗（張碧芬，1993）。即使失去的是周產期內的胎兒或嬰兒，這種失落特別劇烈並且症狀持久複雜，會危害父母親生理與心理的健康（Rando, 1986）。失去孩子對其家庭的完整性與情感依附性亦造成極大的威脅（Rando, 1991），同時也會影響家庭和諧與親密關係（Gottlieb, Lang, & Amsel, 1996）。

初次爲人父母對每一個人而言，可以說是經歷人生巨大的轉變及壓力，失去一個理想中的嬰兒對父母及其家庭是一個刻骨銘心、毀滅性的經驗，不僅影響個人自我概念、角色功能，也直接衝擊婚姻和家庭關係，更是對個人存在的勇氣和生存信念的打擊與挑戰，若缺乏專業人員提供靈性需求，會讓這些父母覺得醫護人員冷酷無情，無法得到情緒關懷與支持。

不預期的流產與死產總令人不忍，對於選擇性手術或藥物的人工流產更有一番矛盾糾結和難捨緣滅，親情在依附與解離之間擺盪；在婦產科不孕症門診、精神科或是婦女身心門診，常會見到因曾經有過選擇性墮胎病史而耿耿於懷、罪惡感深重，導致害怕再次懷孕失落的女性個案，因而焦慮憂鬱，甚至夜

裡彷彿會一直聽見嬰兒啼哭而無法入眠；或是將性視為延續香火的工具，即使外表看來解脫與輕鬆，滿不在乎，刻意遺忘並強顏歡笑，但在內心深處仍被墮胎後的痛苦纏繞，更以身體健康變差、身心症，突顯其因墮胎而引起之失落悲傷的反應。

三、被社會文化剝奪的悲傷

　　失去胎兒相較於其他關係之死亡，許多文化原本就將「喪嬰」當作某種「不名譽」，甚至不可說的狀態，在文字定義上：失去丈夫的女人叫寡婦（widow），失去妻子的男人叫鰥夫（widower），失去雙親的未成年子女叫孤兒（orphan），惟獨失去孩子的父母，在文化上卻沒有特定的名詞來定義這種失落身分。除此，在社會文化規範的悲傷模式下，一般社會大眾普遍缺少對周產期失落之痛的瞭解，常將失去胎兒的悲傷經驗窄化、擱置一旁而常低估其對父母之衝擊，故而承受喪慟之父母所得到之社會支持與資源相對減少，在不被瞭解與不可見及他人常不知該如何接近喪慟父母之情況下，骨肉分離、摯愛死亡之苦，喪慟父母常是孤獨地在經歷此哀傷歷程。

　　書店裡關於懷孕、生產的書籍堆積如山，國內外權威醫師著作，全部都是以孕前準備、妊娠的美麗與保養、強調如何「一人吃、兩人補」與平安順產與育兒為前提；由胎教、舒眠音樂、看可愛的娃娃照片等方式落實母職，從哺餵母乳到解決寶寶哭鬧不休，傾囊相授專業寶貴經驗，提供為人父母的每一關卡，優質實用的知識後盾；但是提及懷孕失落父母的悲傷「衝擊性」相關議題的書籍，就異常難尋，無處覓得。隨著產科醫療科技的儀器化、數據化與生物醫學模式，生產過程中醫護人員著重於完成病例紀錄，以及只關注在各種數據判斷的準則與資料面向的其中之一，將導致以下的危險：逐漸地去人性化，忽視人的整體性而看不見「產婦」的實際樣貌；缺乏對於周產期失落社會及文化面向的觀照；忽略了對瀕死新生兒最重要的事物——臨終觀照，也喪失了更多同理喪慟父母失落處境的機會，描繪出新生兒早夭的喪慟父母，處於特殊社會文化脈絡中的苦處。

　　Madelyn Cain 在《無子女浪潮——為什麼我沒有小孩》一書中，闡述不論

是由於自願選擇、機緣命運，或非預期的因素，沒有小孩的婦女不是受到指責或同情，就是少有人直接問其原因，以及為何他們能安於沒有兒女的生活？人們寧可對此視而不見，並且將它視為禁忌的話題。書中案例提及接受試管嬰兒治療失敗的唐娜，藉由在家中花園舉行喪禮來埋葬「夢想」：一個期待擁有自己小孩的夢想，並且還挖了墓地，埋葬了一封信，信裡面傾訴對孩子的摯愛、計畫、祖父母抱孫子的渴望，還有夢想中與孩子共度的各種節日與時刻（朱耘譯，2002）。因此，對父母而言，因為親子間強烈的連結，不論是失去幾歲的孩子，都是個人生命的重大失落（Stillion, 1995, 引自李開敏、林方晧、張玉仕、葛書倫譯，2004）。

醫藥科技的進步，父母親不僅能藉著胎動感受胎兒的存在，更透過清晰、明顯的動態立體超音波透視胎兒的成長脈動，正向引導孕婦瞭解胎兒的身體結構及外表特徵，將胎兒視為一個生命體，產生期待與生命體的依附連結（周雨樺、余玉眉、謝豐舟、蔣欣欣、蕭仔伶，2001；陳映燁、李明濱，1998），由於這種情感依附，同時也強化了周產期新生兒死亡父母的情緒反應。在少子化的現代社會，醫界努力研發優生保健、唐氏症篩檢效率及治療策略、接生科技及引產手術安全性提昇的同時，卻忽略從人文角度關心診斷結果異常，需要墮胎引產的父母親內心的衝擊，身、心、靈所承受的壓力。或許從旁人眼中看來，在母親腹中逝去的孩子，因為沒有很強烈的存在感，而不會覺得太過悲傷，甚至也不會在記憶中留下許多痕跡，但是這個孩子終究在母親的肚子裡存在過，是有血有肉有生命的；要談論死去的胎兒很困難，對母親而言，「沒有關於這個孩子的回憶，是最痛心的事」（金剛譯，2003：60）。

「周產期新生兒死亡」不同於其他的喪慟，從最初接到胎兒異常診斷到失落，一般來說歷時數小時至數天；此外，特別是在台灣地區，視為不祥與不幸，大多不舉行任何哀悼儀式或葬禮，社會文化更將孩子早夭的悲傷隔絕，而藉此放棄與胎兒重要的依附關係，要求喪慟父母要堅強，不能為此悲傷，認為「不應該提及」、「是忌諱」，應該要「趕快忘記，振作起來」，人為的加上一個蓋子封存起來，「現身」在生命的無言時刻裡。同時，醫療單位似乎很少注意到這些喪慟的父母，缺乏墮胎前後的專業諮商輔導策略，並且在照顧這些未出

生或一出生新生兒即面臨死亡的孕產婦時，也較為困難，無從敲起父母親悲傷的心門，因為不敢觸及而避而不談，未能給與適當的協助。缺乏人性化的照顧，讓孩子生下來就是「等死」，醫院對於新生兒遺體處理往往是簡單草率以廢棄物處理，使家屬「含慟而悲」，久久不能釋懷，以致讓這些父母常常陷入孤立無援的困境，產生對「嬰靈」的懸念而有莫大的罪惡感、遺憾、悲傷和自責。如果處理不好，將陷落谷底，難以走出悲情，導致家庭關係、婚姻關係、親子關係與再次懷孕的壓力……等深受衝擊，礙於坐月子及「家醜不可外揚」，僅有少數個案會尋求輔導人員諮商協助，或出現嚴重身心症尋求精神科治療，大多數父母親僅能以花錢到廟裡祭拜嬰靈方式，傳達「嬰靈獲得安置」，以降低罪惡感，寬恕自己。

我們會為寵物的死亡而傷心，甚至埋葬它們，至於被墮胎的新生兒，更會讓我們悲痛欲絕！即使外表看來滿不在乎，但在內心深處，仍會被惦念嬰靈的痛苦纏繞，身體健康因此變差而焦慮起來。然而悲傷是有轉機的，喪慟的父母親若可以完成哀悼的任務，相信就能夠促發正常及健康的悲傷過程，重建平衡、調適失落。

中國社會的特質是家族主義，也是個人遭遇人生不幸與困難支持的主要諮詢來源，而能渡過危機。隨著社會的轉型，文化的快速變遷以及工業化的結果，現代台灣家庭雖已快速地「核心化」、「小家庭化」，「個人主義」、「個體化」愈趨明顯的現代社會，高度發展的科技社會中，人們快節奏、流動快速的步調，隨著人口密集的都市化社會愈亦增俱，快速得讓人無法承接那陌生的悲傷世界。離鄉背井的外籍產婦由於文化與價值觀的差異，在此情境下，缺乏家族支持的喪慟心情，有苦無處訴，有話也不知道跟誰說，無人可分享的情況下，有時包括伴侶也無法提及，彼此片面認為事過境遷，深怕再次引發對方的喪慟而不敢再提起，必須孤單面對而有隔離感，常常會覺得他們不被他人瞭解和與眾不同，在此映襯之下，喪慟父母的孤獨感只會愈亦強烈；因此，根本沒有機會去處理悲傷，內心的喪慟可能被壓抑，轉化成身體的疾病或情緒障礙。伴隨著胎兒死亡而來的悲傷和喪慟通常是非常複雜的，而形成一個重大的生活危機，對夫妻雙方，尤其是女性的個人健康、婚姻及生活適應，皆有極大衝

剝奪的悲傷
——新生兒死亡父母親的悲傷與輔導

擊，突顯出對這些父母專業性的支持與協助不容忽視。

多元文化社會的來臨，使得過去「以某種意識型態」為中心或標準，來定義其他異於「標準化」者的特殊性及正當性，已經受到許多的質疑。「真正傷害人的往往不是事件本身，而是周遭人的態度與反應」（蘇絢慧，2004：25）。少數的父母親就算能夠見到死產的孩子，其時間也是非常短暫，既是最初也是最後，從此以後，他們再也無法照料這個孩子成長，如此寶貴的時光，叫我們的社會如何忍心殘忍的剝奪？

自921大地震後，悲傷的議題成為廣受重視的主題，悲傷諮商（grief counseling）更是新興的諮商工作領域，漸漸為心理輔導界所重視，其內涵主要是協助當事人如何有效面對失落，並在諮商歷程中重新再體驗悲傷歷程及未完成的悲傷任務，引發新的人際關係投注而重新生活。其次，相關單位也相繼成立喪親兒童的支助性團體、中華民國唐氏症關愛者協會及中華民國唐氏症基金會等；至於周產期新生兒死亡的父母支持性團體則相對缺乏，早產兒基金會亦開始關心這個議題。然而，目前學界對女性產前及產後的憂鬱關注甚多，醫護界研究都將焦點放在婦女懷孕失落本身，而較少從整體背景脈絡下關注懷孕失落的整體經驗，探索失去胎兒的婦女其悲傷經驗內涵與結構，其悲傷對婦女所造成的影響；而對周產期失落男性的悲傷研究卻付之闕如，對男性失去父親角色時身心的衝擊、心路歷程的缺乏瞭解，在傳統上不被關注，無形中忽略了男性在喪子生活中所扮演的關鍵角色。缺乏對這些父母喪子正、負面調適因素、矛盾點及生命意義層面的探討，但這些卻都是有意義且重要的。如果我們要積極關懷周產期失落，對男性及女性在此失落過程中的心理體驗，都應關注與瞭解。

處理周產期失落問題並非單單限定在喪慟父母親，面對胎兒死亡議題也是與此情境有關聯的其它人之挑戰，包括涉入此事件中的「每一個人」，如：其家庭成員、親戚、朋友、義工和專業照顧者；在此歷程中，對所有人深深產生共鳴的經驗，胎兒死亡也會給專業照顧者帶來挫折感。因此，本書將針對「周產期新生兒死亡父母的悲傷調適歷程」及影響因素，與有助於父母的悲傷調適策略，擬從下面幾個面向做深入的探討：

1. 瞭解周產期新生兒死亡父母的悲傷反應。

2. 探索周產期新生兒死亡父母悲傷調適歷程、有效因應技巧與家庭功能重整的運作模式。

3. 探討周產期新生兒死亡父母，性別及角色期待等相關因素對悲傷調適歷程的影響。

4. 探討周產期新生兒死亡父母，如何詮釋此失落經驗對其個人之意義。

5. 提供產、兒科醫療團隊、心理諮商、社工人員、神職人員與葬儀各專業人員，協助新生兒死亡父母悲傷輔導技巧之參考，提供醫療化觀點看待悲傷之反思，有更多人文處境的思考、更高的敏感度和更多面向的行動，亦可做為產科護理教學之本土化素材。

結　論

在講求全人、全家、全程的臨床醫療照顧理念中，醫院已開始以家庭為中心的照顧計畫。幫助新生兒死亡父母重新開啟「記憶之門」，瞭解其悲傷經驗、調適模式、人際脈絡及關係互動，因而，尋回當時所經歷的喪子事件對個人生命的意義及家庭發展的影響性具重要性。

藉著這些瞭解與認識之本土性資料，使從事產兒科醫護照顧的同仁能改變向來逃避的做法，正視新生兒死亡父母的悲傷問題，做為臨床照護醫護人員擬定照護計畫，以及產前遺傳診斷諮詢、心理諮商、社工及神職人員等相關領域協助個案之參考，面對非常態的死亡挑戰，提供正向訊息、技巧與照護的專業處遇，落實以家庭為中心的照護理念，讓喪慟的父母親保持一個好的自我形象，並發展未來適當的親子依附關係；喚起社會大眾重視新生兒死亡的喪慟事件，在關切這些母親身體之際，更應注意到這些父母的感受和實際需求，讓失去孩子的父母獲得實質的幫助，藉以呼籲更多女性朋友能更愛惜自己，更重視自己的長期身心健康。

剝奪的悲傷
——新生兒死亡父母親的悲傷與輔導

Chapter 2
新生兒死亡悲傷的理論基礎

關於悲傷反應的內涵與歷程，已有專家學者（Bowlby, 1969; Freud, 1917; Kübler-Ross, 1969; Lindemann, 1944; Parkes, 1972; Rando, 1995; Stroebe & Schut, 1999; Walter, 1996; Worden, 1982）等投入心力研究，本章中，我們將回顧喪慟者在面對死亡事件時，所經歷的失落與悲傷相關理論，並將過往研究結果分類整理，以悲傷反應的定義、悲傷歷程相關理論及模式（參考階段論、任務論、歷程論等相關理論文獻）與家庭生命週期發展等部分，分別探討之。

壹、悲傷反應的定義

英文裡loss、grief、bereavement 和mourning 等字，其意義略有不同，在臨床上，我們時常運用失落（loss）、悲傷（grief）、哀悼（mourning）及喪慟（bereavement）來形容悲傷反應，茲將其意義解釋如下。

一、失落（loss）

失落是個人經驗到屬於自己的某部分被搶奪，而這些部分是具有重要意義或是個人熟悉的（李佩怡，2000；Ashton & Ashton, 1996; D'Andrea, Daniels, Heck, & Whiting, 1990）。John Harvey 與 Ann Weber（1998）將失落定義為一個

人在資源上的任何損失，不論是關於個人的、物質的或象徵性的，只要是有情感依附的都包括在內（引自 Neimeyer, 2000）。

失落可分為具體的失落及象徵意義的失落、預期的失落及意外的失落、初級失落及次級失落等。具體的失落是指失去實際的物品、身體的部位（一個人身體上某個部分，例如：墮胎、流產、死產）或朋友家人死亡；象徵的失落是指社會層面的失落，如離婚、降職、落榜等。預期發生的失落多為生命發展過程中的「自然轉變」，通常是與代表安全感的人或物分離，如母親、家、結婚、出生時與溫暖的子宮分離等；意外的失落對個人造成的創傷較劇，因為事件來得突然且毫無防備。初級失落常會引起一系列次級失落，因而更加重個人的悲傷反應。有時次級失落所引起個人的痛苦比初級失落來得大（李佩怡，2000 ； LaGrand, 1986）。而分離就是主要的失落，這意味著依附或關係的終止；而次級的失落也會伴隨主要失落而來，面臨和所失去的人、事、物、階級、關係的分離，個人如何經歷失落，端賴其如何看待他所失去的部分（Corr et al., 2003）。

失落所引發的次級或象徵性失落可能包括下列四大類別（Humphy & Zimfer, 1996）：

1. **關係的失落**：失去所愛的人，以及與其互動所產生的情感內涵，最明顯的失落是在關係的改變上，例如：失去父母、孩子的關係。

2. **部分自我的失落**：發生在涉及個人自我認同形式中，與之交集的那部分自我，例如：失去最愛自己的人，就如同失去他所期待與肯定自己的部分。

3. **珍愛物品的失落**：失去親人可能伴隨著失去共同生活品質，例如：喪失一起參與之活動或嗜好。

4. **發展上的失落**：生命週期中的發展過程也意味著失落，失去一個重要他人，其影響會擴展到個人的發展階段上，而延伸、整合出新的意義。

失落是由情境引發，是經驗主體的主動感知，而且是循環不止的質變過程。失落事件對個人最主要的影響在於主體自我概念的改變，其中改變的向度包括：自我認同、家庭動力、人際互動以及生命觀（黃淑清，1998）。張英熙

（1998，2002）研究發現，父母親失落的種類有下列六項：

1. 父母期望的失落：懷孕時父母對孩子與未來的家庭生活都有美好的憧憬，並期待孩子的到來，想像著孩子的長相、性別，以及他將來可能有的成就。有些人希望藉由孩子維繫夫妻關係（或婆媳關係）或使夫妻感情更好。

2. 親職角色的失落：失去扮演父母角色的重要感、成就感及意義感。覺得自己是失敗的、無能的。

3. 父母自我的失落：孩子是父母的夢想，代表著許多希望，視孩子為自己的延伸，當父母發現自己的夢想無法在孩子身上實現時，感到自己的某一部分失落了。

4. 父母原有生存價值體系的失落：對自己的人生處境產生困惑，對世界失去信心，甚至折損自己的形象。

5. 原有家庭生活方式的失落：家庭原有生活方式的改變會帶來失落。家庭成員的過世會影響家庭氣氛，成員間的互動態度及自我形象不同往昔。

6. 父母社會隸屬感的失落：與親友、鄰居的互動關係改變，無法談論孩子而感到孤單、無助。

失落是人類共同的經驗，人的一生中「失落」無處不在，它可以在人的一生中遇到多次，它不分年齡、種族、性別、教育、經濟地位、宗教或國籍等，而失落的對象，不只包括了人，更涵蓋與人所產生的連結與互動、發展出的感情和交集的事物等。在成人的喪親經驗中，失去子女比失去配偶或父母來得更難以忍受面對，是最難過的失落（Parkes, 1986; Rando, 1986）。與子女死亡有關的失落常是無可避免的，而孕育過程中所感受的失落和悲傷，可能發生於懷孕任何孕期，其中包括了流產、子宮外孕、墮胎、胎死腹中、引產後新生兒死亡、早產及嬰兒先天性異常等因素，其牽涉了結束、分離及其他的失落。失去成人是失去了過去，失去胎兒是未來的失落，不僅失去希望也失去了未來的夢想，對父母而言更是自我認同的失落（Kellner & Lake, 1990; Rando, 1986; Robinson, Baker, & Nackerud, 1999）。

失去孩子在發展上是一項具高危險而難以忍受的，相較於其他類型的喪

剝奪的悲傷
——新生兒死亡父母親的悲傷與輔導

慟，周產期失落、胎兒死亡是一場深刻的失落，父母親的悲痛尤為激烈、複雜而持久，由於在懷孕的那一刻起，胎兒的身上即夾帶著許多父母親過去、現在與未來之意義，投射許多個人的情感、想法、關注、信念、希望、人生觀與夢想在胎兒身上，故承認父母親或家庭需要適當為寶寶傷心是重要的。父母幻想一個胎兒從證實懷孕那一刻起，即已建立了對胎兒的期望和理想，失去胎兒後，意味著父母親所面臨的是「多重性失落」（multiple losses），可能會失去的事物包括：

1. 孕婦與胎兒的一體感。

2. 女人的身體功能（失去懷孕的能力、無法依靠成功分娩）。

3. 喪失某些方面的自我（例如：個人原來的認同感）。

4. 自尊（胎兒畸形、攜帶有缺陷基因）。

5. 失去外部對象（例如：男性伴侶）。

6. 失去了一個重要的人。

7. 失去想像中的孩子（孩子的形象：希望小孩成為什麼……）。

8. 失去了人生階段（當個父／母親）。

9. 失去一個夢（例如：創造未來新生活的遠景、假設的世界被侵犯）。

10. 失去雙親的延伸（孩子如同父母之一部分，甚至代表父母）。

11. 失去創造力。

12. 失去家人的支持和關愛。

13. 失去整個未來。

14. 失去靈性（失去信仰的關係）。

15. 同時在文化上，一對夫婦在首次懷孕遭逢終止妊娠的失落，除了未完成生兒育女的成年禮外，也象徵成年地位的失落。而現在所遇到的失落是在為將來更大的失落準備，需要一段時間的調適和整理，方能再發展出新的意義或任務。

二、悲傷（grief）

悲傷又稱哀傷，對悲傷的定義，可以從兩方面來解釋：一為字面意義，另

爲其他專業領域學者的界定。根據高樹藩編纂（1993）《正中形音義綜合大字典》中的解釋：「哀」：本義作「憫」解，名詞之義爲喪，居喪中之憂傷，動詞之義爲悲傷、憂愁、悲苦、悲傷不已。「悲」：本義作「痛」，指心中哀傷至極之義，名詞痛曰悲，動詞作痛、傷心、顧念、懷想解。「傷」：本義作「創」，乃合受創於人和加創於人而言，創常顯露於外易爲人見，名詞之義爲皮肉破損處曰傷，動詞之義爲毀謗、損害、戕害、憂思、愍念。

　　悲傷是對失落正常、自然的情緒反應（James & Cherry, 1988; Menke & McClead, 1990）。Rosenblatt（1988）認爲，悲傷是個人掙扎尋求自由的歷程（struggle for freedom）。Archer（1999）指出，悲傷是人類經歷親人死亡、分離或被迫放棄生命中重要的事物所產生的自然反應，它是無關乎人類文化而普遍存在的特徵。李佩怡（2000）則指出，悲傷爲個人受到失落的影響，而在生理、情緒及精神（靈性）上都有痛苦的反應。國內尚有多位學者統整國外文獻指出，悲傷是失去對自己有意義的人、事、物所產生的生理、心理及行爲上的反應，是一種主觀的感受（高淑芬、李明濱，1991；莊小玲、葉昭幸，2000；陳映雪，1985；黃鳳英，1998）。

　　Worden（2002）將悲傷視爲一個人對於失落的內在和外在的反應，悲傷包含了身體、心理（情感／認知）及行爲的向度。Corr 等人（2003）的悲傷理論亦有社會與靈性的向度，如：社會性困難、靈性追尋。May（1992）之觀點指出，悲傷理論既不是一種失序也不是一種療傷歷程；它本身是一種健康的徵兆，是關於愛的一種整體與自然的表達，然而我們也不必把悲傷視爲是要讓自己更好的一步，無論它對我們可能的傷慟有多深，有可能是一輩子最大的痛，但悲傷自己會有其終點，那就是對愛的純淨表現（引自 Corr et al., 2003）。有四種失落會令人感到悲傷（廖珍娟，1998）：

　　1. **失去一個有意義的人**：例如嬰兒的死亡。

　　2. **失去自我的某一部分**：包括身體功能、心理的失落、個人的觀念及情感價值等。

　　3. **失去外在物體**：像失去財產或家庭。

　　4. **失去生命中重要任務發展時的成就感**：如同失去爲人父母的角色，無法

保護及照顧自己的孩子。

　　概括而言，悲傷常是各種生理及心理疾病的潛在原因，也是個人因失落而隨之產生的情緒、生理、認知和知覺反應、行為、社會與靈性的複雜交互過程，那是當我們失去最愛的人或最重要的物品時，會感到傷心甚至會有哭泣的表現，情感的流露則是悲傷中很顯著的要素，而這也是一種喪慟、哀悼的過程。

三、喪慟（bereavement）

　　喪慟是指個人經歷失落的客觀狀態，即個人被剝奪某些人、事、物的狀態；喪慟的經驗可能包括悲傷、寂寞及羞愧的反應（李佩怡，2000；Sanders, 1988, 1989）。喪慟（Bereavement）這個名詞和喪失親屬（Bereaved）的這個形容詞，同樣都源自於這個動詞字根（reave），它的意思是「奪取」、「搶奪」、「以強迫的方式剝奪」。造成喪慟三個主要的因素（Corr et al., 2003）：

　　1. 與所珍愛的人或事物的關係。

　　2. 失落：關係的結束、終止、分離。

　　3. 被迫與所珍愛的人或事物分離。

　　喪慟者所經歷的失落可能有許多種形式，這個辭彙常用來指稱與死亡相關的失落情境，而且當喪慟者所失落的人或物，對其具有特別重要的意義時，那樣的死亡往往伴隨著殘酷的打擊。父母面臨周產期新生兒死亡失落事件，比起其他情境或狀態的失落，都要來得強烈與撼動，遭逢喪子之痛隨之而來的情緒反應，有可能更為複雜，再加上缺乏處理的相關儀式及宣洩出口，對個人生活的影響更是巨大。

四、哀悼（mourning）

　　哀悼是指個人因應失落及悲傷的痛苦，而仍努力的活下來，即適應失去生命中重要的人、事、物的過程，個人把悲傷適應的經驗，納入自己新的生活中（李佩怡，2000）。為死亡事件發生後，在文化界定下所表現的行為（Kastenbaum, 1995; Rosenblatt, Walsh, & Jackson, 1976）。同時也是悲傷的信號

（mourning: a signal of distress）（Kastenbaum, 1991）。哀悼的表現方式，常受到社會文化、習俗之影響，不同的社會就有不同的哀悼習俗，通常是透過舉行儀式的方式，提供公開表達或分享悲傷的機會（林娟芬，1996；Hughes, 1995）。

對於經歷悲傷的人而言，哀悼為一基本重要的歷程，具有人際間的關係與社會性的悲傷表達兩個互補的形式，包含了內在、私密、個人內在的歷程，內在的掙扎，處理失落以及對於失落的悲傷反應，以及外在的、公開的、人際間的歷程，悲傷的分享表達以及努力去獲得社會支持（Wolfelt, 1996）。學者Freud（1959）、Lindemann（1944）與Stroebe（1992）稱此過程為悲傷過程或悲傷工作，Siggins（1966）認為，哀悼指的就是處理失落與悲傷的歷程，學著把那些經驗與未來的生活融合在一起（引自Corr et al., 2003）。

基於上述的文獻得知，哀悼是必須的，是對死者正式表示悲傷，大多數社會都有這種儀式，人在承受失落以後需要經過哀悼此一過程來重建平衡、調適失落，哀悼者通常為親戚，也有朋友或同一社會的人。學者將失落、悲傷、喪慟與哀悼展現其定義特質，許多研究論述亦常將這四個用詞概念交互使用。因此，本書著重於悲傷者所共同隱含的靜態性反應描述，以及動態性任務歷程，並藉此瞭解父母在周產期失落後，所可能產生的反應、改變及調適。

貳、悲傷歷程相關理論及模式

一、悲傷歷程理論

失落事件發生時，絕不只是一個單一的失落事件，因此失落與悲傷輔導單一理論是不夠的。本書將喪親及悲傷的理論，主要劃分為七類：(1)心理動力模式（psychodynamic model），代表學者為Freud為主；(2)疾病觀點模式（illness and disease model），以Lindemann為首；(3)依附關係模式（attachment model），以Bowlby為主；(4)個人對外在假設的認知架構改變模式（changes in the assumptive world, personal constructs, and cognitive models），如Parkes之觀

點：(5)階段模式（stage model），如Rando、Kübler-Ross；(6)社會學角度，如Walter；(7)任務模式（task model），如Worden。說明如下。

（一）Freud 的心理動力模式主張與逝者切斷連結

Freud（1917/1959）指出所謂的哀悼（mourning），是種與失落有關的正常反應。他認為人的原始慾望（libido）就是想要依附所愛的客體；所以當人知道自己失去所愛的對象時，現實會要求我們將原慾（libido）自失落的對象身上解離出來，要去掉所有渴望和所愛的客體有關聯的想法，這會產生矛盾衝突（ambivalence），此過程極端痛苦，所以會否認事實並與之對抗。當喪親者對失落的個體有極端複雜矛盾的情緒壓抑在潛意識中無法宣洩時，極可能向內攻擊自己，產生病理上的意義而造成憂鬱病態，否則悲傷的過程即為接受事實；將原慾撤回的過程，是一種因失落而引發的正常反應（Miles & Demi, 1994）。

失落和沮喪的處理，Freud 提及喪親者由逝者身上撤回依附（attachment），察覺對逝者的連結，並予以切斷，生命活力才得以重現。喪親者需要面對自己的連結、完成情緒處理過程，以達到不再依附，以及重新展開新關係；當悲傷者能撤回原慾並建立新的依附關係時，悲傷工作即完成。

（二）Lindemann 將悲傷視為疾病

Lindemann（1944）為麻州綜合醫院精神科主任的實務工作者，因與同事協助一次嚴重火災災難事件的喪親家屬，根據這次災難事件中失去親人的家屬資料中，寫出了著名的報告〈急發性悲傷的症狀及處理〉，並且歸納出正常的或急發性悲傷的病症：

1. **某種形式的身心症狀或身體不適**：如喉頭發緊、呼吸急促、肌肉無力。

2. **逝者影像縈繞腦海不去**：陷入回憶、看到死者的形象、聽到死者的聲音。

3. **對逝者或者死亡發生當時情境感到愧疚**：覺得自己原可努力避免死者的過世、覺得以前對死者不好。

4. **敵意反應**：憤怒死者為何拋去自己、責備他人要為死者的過世負責。

5. **失去遭遇失落前的生活功能**：日常生活習慣的改變。

6. **發展出逝者曾有的行為特質**：模仿死者的喜好、口頭禪的現象。

Lindemann（1944）描述的哀傷三階段論：

1. **震驚與不相信**：無法接受失落，甚至完全否認失落事件的發生。

2. **強烈的哀悼**：雖然接受失落的事實，但對日常事務缺乏興趣，常常強烈地思念死去的人。

3. **悲傷的淡化**：逐漸恢復日常生活的活動，慢慢地減少對死者的思念。在當時悲傷被視為是一種疾病，當一般人將悲傷經驗視為理所當然時，此派的觀點可以喚起人們對悲傷經驗的重視。

（三）Bowlby 從依附理論看失落與悲傷，彈性依附關係的重建

英國的精神科醫生 Bowlby（1969/1977/1980）以依附理論（attachment theory），來說明個體的悲傷反應。從發展的觀點來看依附，依附是來自人類在早期生命發展階段中對安全與保證的需要；從生物學的基礎解釋悲傷，認為悲傷是動物及人類的普遍行為反應，是一種分離的焦慮。人類天生有與他人形成依附關係的需求，而依附行為具有求生存的價值，當此依附關係受到威脅時，會引發個體的焦慮不安或反抗的情緒，特別是此關係因死亡而造成永遠分離時，會引發個體內在極深的悲傷。

很多孕婦在胎兒出生前彼此間已形成連結，媽媽可能常摸著肚子與胎兒說話、藉著解釋胎動與胎兒互動、學習如何扮演母親、幻想小孩外形及閱讀相關資訊來明瞭胎兒發展，與胎兒建立親密關係（Robinson et al., 1999）。父親則會貼著媽媽肚皮聽胎心音或感覺胎動，與胎兒互動（何美華，1997）。失落的潛在危機愈大，反應就愈強烈，變化就愈多。在這種情況下，所有最具力量的依附行為如哭泣、生氣等都會紛紛出籠。如果這些行為成功，連結關係回復，這種種強迫行為就會停止，壓力和沮喪亦較減輕；反之，若危險仍持續存在，就會產生退縮、冷漠、絕情等情緒。

Bowlby（1980）指出，在悲傷過程中的一些行為反應，其實是為了要和失落的對象重新建立關係；個人如果不能認知到環境的改變，修正逝者所代表

剝奪的悲傷
——新生兒死亡父母親的悲傷與輔導

的意義，並且重新界定生命的目標，可能會被矛盾所困而延緩成長。Bowlby
著重於幼童與母親或重要他人所建立的依附（attachment）與連結（bonding）
關係，早期的經驗，會內化成為個人處理各種分離情境的動力，悲傷（grief）
則被視為從小就學來面對失落（loss）的分離焦慮（separation anxiety）反應。
例如喪親者會經驗到：麻木、思念與尋找、解組與失望以及重組的不同階段，
這些都是孩童時代，面對分離情境以及避免再度失去依附對象的自我保護反應
（引自黃鳳英，1998；Sanders, 1989）。

1. **麻木階段**（numbing）：此為情感麻木的時期，喪親者會將情感封閉起
來。有些學者認為這也許是好的，因為它容許喪親者克服情緒的困擾，而有較
多的意向來安排喪葬事宜。

2. **思念與尋找階段**（yearning and searching）：尋找失落的一切，失落的
人、事、物會在腦海中盤旋，縈繞不去。有時喪親者會很渴望失去的親人能夠
回來，也希望「事情不是真的」或夢到死者等。

3. **解組與失望階段**（disorganization and despair）：此階段喪親者的希望已
經破滅，憤怒、絕望、沮喪的情緒起伏心中，有時會強烈到令人難以承受。

4. **重組階段**（reorganization）：此階段，喪親者已能明確知道失落什麼，
他們承認這個事實，開始接受情緒喪慟，從失序、瓦解的狀態進展至自我重
建，慢慢的面對和接納沒有逝者的生活而逐漸適應。

對於不同階段，Bowlby 認為與所愛的人分離所引起心理上的痛苦是有益
的，它能引起個體去尋找再連結，是一種身心的調整過程。

（四）Parkes 從依附理論觀點，強調喪慟中的認知重建歷程

Parkes（1972）受到 Bowlby 深刻的影響並擴張其理論，早期除了接續各
種喪親後心理歷程的研究之外，更大量地使用潛意識過程與心理防衛機轉，以
解釋喪親者可能出現的各種身心反應。Parkes（1988）強調，喪慟者之世界假
設、個人建構、認知模式的改變，而將悲傷分成四階段：

1. **麻木**（numbness）：在這個初期階段，倖存者難以處理與失落有關的訊
息，出現震驚和麻木。

2. **尋找與渴望**（searching and pining）：在這一階段，出現分離焦慮和漠視或否認失落，以及企圖繼續操作不想改變已經發生的事實中，產生尋找和回復失去的人之慾望，渴望失去的親人能夠回來，導致搜索失敗的挫折和失望反覆。

3. **憂鬱**（depression）：個人往往陷於憂鬱難以規劃未來的活動，容易分心，焦點難以集中。

4. **恢復階段**（recovery）：這個階段會與上述的三階段在某種程度上重疊，漸至恢復。

Parkes認為，麻木階段使得喪慟者得以有精力處理喪事，另外他亦認為要達到恢復階段至少要在一年以後。Parkes（1993）認為，悲傷是分離焦慮的表現，喪慟反應則是對分離作出本能的悲傷反應，在完全經驗其罪惡和憤怒感的宣洩過程中，漸漸走向復原；但是Parkes將悲傷歷程聚焦在認知重建的歷程上，做進一步的詮釋，他認為失落的分離就代表著一種挑戰個人對其世界的假設，試圖帶給人更深刻的生命意義（引自李玉嬋，2003）。

（五）Rando將正常悲傷的心理過程區分為三階段

Rando（1984, 1986）將正常悲傷的心理過程區分為三階段，說明如下：

1. **逃避階段**（avoidance phase）：會有震驚、否認、昏眩茫然、麻木、無法理解發生什麼事情、思考雜亂的反應。

2. **對抗階段**（confrontation phase）：通常在此階段會有恐懼、焦慮、憤怒及罪惡感、沮喪失望、分離及渴望、擺脫不了的情感、尋找意義、認同逝去的孩子、社會的悲傷表現形式、生理上的表現形式等強烈悲傷反應。

3. **重新建立階段**（reestablishment phase）：在此階段所有的悲傷反應將逐漸減少，學習與失落共存，悲傷者慢慢地對其他人、事、物產生興趣，並且允許自己發展新的關係。

（六）Walter從社會學角度出發提出個人建構理論

Walter（1996）為英國研究死亡學的著名社會學家，打破「喪親者需要與

亡者切斷連結關係才能走出悲傷」的心理學觀點。他提出有些不同於西方文化的社會中，喪親者是以建構逝者傳記的方式（constructing a biography of the dead person）走出悲傷，將對逝者的回憶重新整合於喪親者的日常生活之中，認為經由不斷地「談論」逝者，並從檢視與逝者的關係中尋得意義，而能夠幫助他「澄清思緒、處理未完成事件及走向未來」；因此而建議：心中常懷逝者，則能走過悲傷路（引自黃鳳英，1998）。

（七）Worden 提出哀悼四項任務論

Worden（1982, 1991, 2002）提出哀悼的四項任務（tasks）「並不需要按著一定的順序」，即使「在定義上有些建議的順序」，他認為在完成哀悼之前，哀悼者需要完成這些任務如下所述：

1. **接受失落的事實**（to accept the reality of the loss）：而這些努力在初始的悲傷反應可能不是明顯的，然而對於哀悼長期的工作卻是很重要的。當面臨到我們所愛的人死亡時，常常會立即感覺到不真實感。我們會說「那不可能是真的」、「這不可能發生在我身上」，此為面臨生活上重大的改變所產生的暫時性或過渡性質的反應。儘管如此，理解到失落是真實的，是承認與接受死亡的事實。若否認死亡或死亡的意義，常會導致延長、不健康的複雜性悲傷出現。

接受並面對胎兒死亡的事實，這是哀悼任務一開始時最困難的一件事，父母親必須承認孩子不會再重聚的事實。無法接受及面對事實的人常會幻想胎兒仍在肚子裡，對著肚子說話或錯認其孩子等。這情形在周產期失落後短期內不能說是不正常，但若維持數年之久，就是一個不能接受胎兒死亡事實的不正常反應了。

2. **經驗悲傷的痛苦**（to work through the pain of grief）：哀悼原則上是種健康且有益健康的歷程。逃避或壓抑悲傷的人，只會延長痛苦，為了完成悲傷工作，必須經歷並宣洩悲傷之痛，以免崩潰或陷入憂鬱。對表達悲傷感到不安的社會，可能會鼓勵喪慟者，藉由將自己抽離出悲傷，或者是讓他們自己確信其實失落不是那麼影響重大，而逃離喪慟。這些錯誤的引導訊息包含了：人們不需要哀悼和他們不應該屈服於悲傷，悲傷經驗是病態的、不健康的等等。

經驗悲傷需要有足夠的時間勇敢面對，有時候社會不願意去承認人是需要去哀悼的，習慣對哀悼者傳遞這樣的安慰：「人各有命，你不要這麼傷心」、「忘記孩子吧」、「還可以再生一個」等，人們應該要在獨處及私底下才可以哀悼，藉由評論、暗示喪慟者會因悲傷而「崩潰」，禁止人們去經驗悲傷及需要協助完成任務的需要，最後只有對身處疑惑中的個體與社會有害。常見的情緒轉移行為有喝酒、藥物濫用（包括鎮定劑）、到處旅行或安排各種社交活動，甚至過度工作和性等，都是喪慟者用以逃避悲傷痛苦的不健康策略。

3. **重新適應沒有逝者的新環境**（to adjust to an environment in which that which was lost is missing）：喪慟的存活者必須經歷發現之旅，決定現存關係的意義，確認死者在這樣的關係中所扮演的各種角色，以及適應死者已經不復存在，無法再擔任這些角色的事實。對許多存活者而言，發展新的技巧以及替代死者過去所擔任的角色，可以說是調適失落及在面臨死亡後成長的有益行為。

4. **重新定位逝者並且繼續迎向新的生活**（to emotionally relocate the deceased and move on with life）：「情緒上的重新定位」並不是要存活者去「忘掉」死者，和抹去一切有關他／她的記憶；同樣的，「迎向新的生活」並不一定非要發展新的關係。甚至當一個喪慟者進入到一個新的關係時，很重要的一點是：體認到沒有兩段關係可以是相同的。引導喪慟者重新體會他個人的生命定位，根據已發生的失落事實，重新建構與逝者的關係，避免因過往產生精神上的憂慮，而造成未來在生活上品質的降低，並且依然對新的依附與其他關係保持開放，面對人生更有意義的追悼。

在任務論模式中，喪親者需要有所行動，瞭解到悲傷終會結束，會感到有著力之處和有希望，因而有積極的行為反應，強調每一個任務都有連續性，必須建立在前一個任務的基礎上，雖然時間對於一個喪慟者很重要，但是單是以時間的經過來療癒悲傷，並不一定能使喪慟者順利的走過悲傷，唯有藉著任務的完成，運用正向的方法，在生理、情感、認知、行為及靈性上努力適應失落，繼續生活和對愛的投入，重新找到「控制」的感覺，才能讓哀悼進行得較具有建設性。

表 2-1　悲傷歷程的理論彙總表

學者	階段一	階段二	階段三
Lindemann	第一項任務： 體認失落 （Recognizing the Loss）	第二項任務： 體會悲痛 （Experiencing the Pain）	第三項任務： 體現新生（Relization of New Life）
Worden 哀悼四項任務論	接受失落的事實。	經驗悲傷的痛苦。	重新適應一個逝者不存在的新環境。 將情緒能量重新投注於其他關係上，情緒上重新定位死者，繼續迎向生活。 重建因失落被挑戰的信念與哲理系統。
Rando 六R模式	「逃避階段」 第一個R（Recognize承認）體認失落。	「對抗階段」 第二個R（React回應）是指，生者須充分經驗失落與分離帶來的痛苦，辨別和哀悼失落帶來的次損失，並為情緒尋求合適的表達。 第三個R（Recollect回憶）乃指，生者須透過回顧、追憶，經驗與逝者的關係。	「重新建立階段」 第四個R（Relinquish捨棄）放下與逝者舊有的依附，和對這個世界的一些假設。 第五個R（Readjusting再調整）適應一個新世界而不必忘卻舊的。 第六個R（Reinvesting再投資）將個人內在資源，例如時間、心力、情感等，再投入於其他對象或關係裡。

資料來源：Corr, Nabe, & Corr (2003: 222-227)

二、悲傷歷程模式

(一) 階段模式

　　1969 年精神科醫師 Kübler-Ross（1969）的著名著作《死亡與瀕死》（*On Death and Dying*）中，針對瀕死者的心理社會互動一系列訪談結果，將臨終病人的心理狀況、悲傷過程分為五個階段（stages or phases），她認為這些階段是「防衛機轉」，「將持續不同的時間，也會互相取代或同時存在」，階段論難以將各種可能出現的症狀截然區分，不同階段所描述的感受可能同時存在，或來來回回地一再重複，甚至不依順序地跳著進行，發生的時間也可能長短不一，敘述如下：

　　1. **震驚與否認**（Shock / Denial）：第一個反應是驚訝、退縮、瞳孔擴張，肌肉因悸怕而變得僵硬。驚訝的反應很快就會變成「有意識的否認」。他會否認說：「不！不可能！不可能是真的！不可能是我！」為暫時對抗痛苦，否認具有緩衝的功能，因為它可以將精神無法承受的震撼推遠一些，藉此使失落感的威脅性感覺較小而且較好掌握，是一種躲避現實壓迫之心理防衛機轉，此期常無法瞭解醫護人員所提供的資料，個案也常會有一種孤離或被隔離的感覺，大部分個案幾乎都能很快停止否認，開始接受部分的事實。

　　2. **憤怒**（Anger）：氣憤是個很重要的情緒表現，讓人能繼續走下去，他們總會問：「為什麼！為什麼是我而不是別人？」「為什麼我這麼倒楣？」會把憤怒遷怒於周遭人、醫護人員的身上，或責怪上天不公平，藉以發洩苦悶。

　　3. **磋商**（Bargaining）：討價還價、祈求奇蹟，試著想以任何東西來換取更長的生命：「假如再給我一些時間，我願意改掉以前的壞毛病。」「如果可以讓我的病好起來，我會多做善事。」為面對不可逆的死亡時，所做的一種嘗試。

　　4. **沮喪**（Depression）：當討價還價的嘗試失敗了，意識到奇蹟不可能出現，此時通常會快速地感到失落、悲傷及沮喪，情緒開始陷入最低潮。其沮喪分成兩種模式：(1)退化性的悲傷：個體本身已失去本來擁有的，例如因為手

術而失去的生理功能、疾病的限制而失去的自由；(2)預備型的悲傷：即將失去的能力，例如未來即將無法言行，也無法照顧所愛的人及自己，逐漸地失去他愛的每一個人、每一件事，而感到無限的感傷。

5. **接受**（Acceptance）：接受事實，執行應負的責任，能接受的人會在平靜中過世，反之則會有掙扎、反抗，想抓住不放的情形出現。

Elisabeth Kübler-Ross 與 David Kessler（2005）在其合著《當綠葉緩緩落下》（*On Grief and Grieving*）一書中重新檢視否認、憤怒、討價還價、沮喪與接受等這五個階段，澄清這幾個階段並不是直線進行，可能從一階段進入下一階段，然後又回到前一階段，這些階段的感覺可能只維持數分鐘或數小時，因為人們會因應不同的感受而陸續進出不同的階段。每個人不一定都完全符合每一個階段，或依序發生（引自張美惠譯，2006）。他們指出「悲傷者的否定心態一直受到誤解」（頁28），否定心態能幫助人不被傷痛擊倒，讓個體每次只感受到能承受的感覺，這些感覺是保護心靈的重要機制，若是讓所有的失落感傾瀉而出，必然會超乎情感的負荷，在個體接受失落的事實與問自己問題時，會不知不覺地展開治療的過程而變得更堅強；否定心態逐漸消失，也意味著原先被否定的許多感覺將一一浮現，首先是憤怒，然後是悲傷、驚慌、受傷、孤單等等，且漸次強烈。

如果要求一個人太快走出憤怒，要求他改變做法或感覺，結果會造成疏離，等於表示無法接納他或其立場……尤其是在悲傷的時候。因此，不要讓任何人貶抑充分感受憤怒的重要性，也不要讓任何人（包括自己）批判你的憤怒。討價還價的特色是「悔不當初」或「假如當初……」，愧疚也會伴隨而生，不斷自責，過程中幫助個體從一種失落狀態進入另一種失落狀態，或中間站的作用，讓心靈有時間慢慢調適。沮喪並非精神疾病的症狀，而是面對重大傷痛的正常反應，而陷入退縮、懷疑是否應該獨自活下去或活下去還有意義嗎？只要願意面對沮喪，它在任務達成後便會離去，當個體變得更堅強時，它偶爾還會回來，而這正是悲傷的過程，故治療沮喪必須講求平衡，一方面要認清悲傷是喪親之後的正常階段，另一方面同時也要避免長期陷入嚴重沮喪，侵蝕生活品質。

　　接受期是指接受親人已不在世，認清這是永遠無法改變的事實。悲傷與治療會讓個體與親人的距離更近，宛如展開新的關係，學會與逝去的親人共存，這是一種重新融合的過程，被撕裂的片斷又逐漸拼湊回來。接受現實並非喜歡目前的狀況，而是承認失去所愛且學習接受事實，這個過程可以說「沒有確切的終點，必須給自己充裕的時間好好悲傷。除此之外，階段理論從三階段至七階段都有，以下列出其它學者所提出的悲傷階段如表 2-2。

表 2-2　悲傷歷程階段模式彙總表

作者	階段
Lindemann（1944）	(1)震驚與不相信；(2)強烈的哀悼；(3)悲傷的淡化。
Bowlby（1969）	(1)麻木；(2)思念與尋找；(3)解組與失望；(4)重組。
Kübler-Ross（1969）	(1)否定；(2)憤怒；(3)討價還價；(4)沮喪；(5)接納。
Rando（1984）	(1)逃避；(2)面對；(3)適應。
Parkes（1988）	(1)麻木與遲鈍；(2)憂傷與思念；(3)瓦解與絕望；(4)重組與復原。
Silverman（1981）	(1)崩潰；(2)畏縮；(3)適應。
Sanders（1989）	(1)震驚；(2)覺知；(3)保留；(4)轉捩點；(5)重生。
Kavanagh（1990）	(1)震驚否認；(2)解組；(3)不安定感的情緒；(4)罪惡感；(5)失落與寂寞；(6)解脫感；(7)重新建立。

（二）雙軌歷程模式

　　在懷孕中期，經由產前檢查得知孩子有周產期異常的疾病（例如：唐氏症），依照《優生保健法》必須將胎兒引產，親情擺盪在依附與解離之間，父母常常會處於「接受失落事實」與「逃避失落」間來回擺盪，難以抉擇。

　　Stroebe、Schut（1999）透過雙軌歷程模式（dual process model）認為，喪親者不一定要接受失落的事實，才能走出悲傷，因為喪親者的日常生活，是處於擺動（Oscillation）的狀態。有時傾向於「失落導向」（loss oriented）（情感主導），有時候傾向於「復原導向」（restoration oriented）（認知主導），有時

則什麼也不進行，停置於中間地帶，也就是說，這個理論將個人長時間且反覆的調適過程，視為一個動態的、非線性的歷程。當喪親者沉浸於失落導向（情感主導）的狀態時，喪親者會專注於失落親人的悲傷，以及經歷悲傷歷程，情緒的發洩及與逝者之間關係、情感連結的處理，成為喪親者的需求主題，並且有否認、逃避與復原相關的任何行為改變。

一旦喪親者處在復原導向（認知主導）的情境時，所有的活力則專注在生活上的改變，嘗試新的活動使自己從悲傷中分散注意力，或發展新的社會角色、新身分與新的人際關係等。此向度的任務和 Worden 所提的任務論相似。

1. **接受現實**：個人必須於認知上、情感上接受已經產生改變的現實世界。

2. **經驗痛苦**：個人除了必須經歷心理上與逝者分離的痛苦外，還必須能夠逐漸擺脫悲傷的痛苦。

3. **重新適應逝者不存在的世界**：不只是外在客觀的世界，還有心裡內在自我的調適，以及靈性的調整（例如：個人如何看待世界等）。

4. **重新定位逝者，並繼續生活**：除了在情感上重新定位逝者之外，同時發展出新的角色與身分，讓個人與逝者能形成一個新的關係。

雙軌模式認為，男女兩性因從文化中得到不同的期待與學習，男性較傾向以復原導向處理悲傷的課題，女性則多用失落導向面對悲傷，但不管其中的差異為何，雙軌模式強調良好的悲傷調適，是讓自己有更好的擺盪空間，就是一種相互回應、拉扯，或者交會狀態。沒有認知的主導質疑和批判，情感容易流於沉溺、偏頗蒙蔽或者氾濫侷限；沒有情感的驅動和衝擊，認知過於理性容易自命權威或是僵化呆板，將情感扭曲失去同情。固著於某一邊都容易形成悲傷調適的困難，搖擺於兩者之間，有時過於肯定，有時卻又自我懷疑和推翻，往返調整和修正的時候，進退失據中尋找一個「擺盪」的立足點。

悲傷歷程的建立，並不是忽略其個別的差異性，將每一階段所出現的悲傷反應固定（fixes），也不是要迫使助人者嚴格的配合這些階段的反應，主要是用來做為諮商人員一般的指引方向（Sanders, 1989）。Horecek（1991）所言，目前的理論仍無法全然涵蓋悲傷過程的複雜實情（reality）。悲傷過程中會有許多因素干擾悲傷的過程，由以上的文獻探討可以發現，悲傷的相關理論眾多，

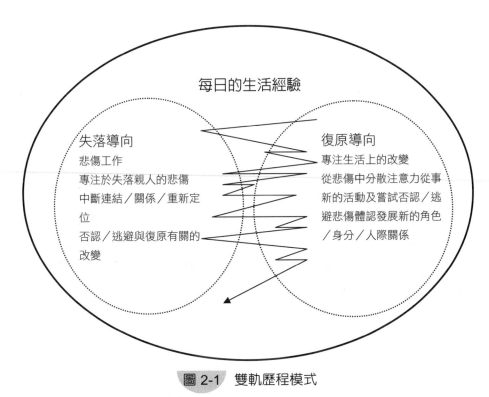

圖 2-1　雙軌歷程模式

資料來源：Stroebe & Schut (1999: 213)

　　個體悲傷時可能的反應內容不盡相同，國內目前周產期失落的研究，大多採取心理層面疾病觀點、依附理論與階段論的探討，然而正常悲傷或複雜性悲傷的區辨並不容易，精神分析學派認為將逝者的內化視為異常；而階段論將各種可能出現的症狀截然區分，最後總是以「接受」、「重組」等結束，假設喪慟者一定可以走出悲傷，事實上喪慟者的心境常是矛盾錯綜複雜，可能不依照一定的時間先後順序進行，而是跳躍式的、重複地一再出現，不同階段所描述的感受也可能同時存在，無法用這樣乾淨俐落的階段式來描寫，他們常會反覆不定，不見得是依照一直線往下走，最後到接受；即使已經接受了死亡降臨的事實，有時候仍須暫時否認讓自己再懷著希望。

　　雙軌歷程模式是喪慟者使用逃避或有目的地回憶悲傷事件，以漸進緩慢的

剝奪的悲傷
──新生兒死亡父母親的悲傷與輔導

步調、方式來調適失落所帶來的衝擊，重整斷裂後陷落的生活，認為喪親者不一定要接受失落的事實，才能走出悲傷，個人不應該沉迷於過去悲傷的經驗中，而沒有放鬆下來，讓過多負向的情緒阻礙悲傷處理的步伐，應從悲傷的情緒中休息一下，把失落處理與復原處理兩種向度轉換交替，有時瞥見它，有時移開注意力的擺動游走，使得悲傷隨著時間過去而真實到不需否認，在情感上對失落意涵漸漸有所領悟。若沒有擺動的發生，或是擺動期間遇上非自願的外來干擾，可能會導致複雜的悲傷（例如：長期否認或逃避喪親之痛，或是強迫自己停留在失喪的經驗裡）。

任務論的觀點指出，主張喪慟者在悲傷的歷程中需要有所行動，可以主動的面對與處理悲傷，而不是被動的經歷悲傷歷程，並不一定要經過各個階段才能邁向康復之路，為悲傷觀點開啟了新的視野，因此被廣泛地使用於實務界，使協助者有更多元的思考方向。

參、悲傷的反應

悲傷與喪慟的反應及過程是悲傷者必須經歷的過程，也是一種成長的經驗。死亡是人生最難以面對的狀況，失去懷孕中的胎兒更突顯人生最深層無力掌控的無奈。新生兒死亡會造成家庭失衡、夫妻間溝通障礙，並讓父母親經歷失落後的悲傷（Montigny, Beaudet, & Dumas, 1999）。面對這樣一個重大的打擊事件，父母的悲傷反應是很值得關切和注意的。

失去重要親人後，悲傷是正常的反應（李佩怡，2000）。大部分的悲傷是因應失落所產生的非複雜性悲傷且有益健康的行為（Corr et al., 2003）。然而，失落後的悲傷反應與憂鬱症的症狀相當類似，因此Worden（2002）在他著名的《悲傷輔導與悲傷治療》（*Grief Counseling and Grief Therapy*）一書中，將悲傷區分為正常的悲傷（normal grief），又稱為單純的悲傷（uncomplicated grief）與複雜性的悲傷反應（complicated grief）。

正常的悲傷反應是不需要專業協助，但複雜性的悲傷或病態的憂鬱症卻需要專業治療的介入，以協助其紓解相關症狀，恢復其調適功能（何志培，

2002；黃君瑜，2002；Corr et al., 2003; Worden, 1991）。個體若處在「複雜性的悲傷」狀態下，沒有適當的處理，悲傷就會以扭曲、誇大或脫離等極端的方式來呈現，阻礙喪慟者的適應功能，產生心身適應症狀，甚至對原有的社交或工作造成干擾，基於上述觀點，有必要瞭解「正常的悲傷」與「複雜性的悲傷反應」之特點。

一、正常的悲傷反應

周產期失落的悲傷反應是指，個體喪失有意義的人、事、物所產生的調適行為，為一種主觀經驗及反應，包括生理、心理及社會及靈性反應（莊小玲、葉昭幸，2000）。近年來學者傾向於認為，悲傷不只是一種情緒反應，涵蓋的的範圍很廣且種類繁多，多位學者都分別提出其理論模式。Worden（2002）的分類，將悲傷反應區分為正常與不正常兩類：正常的悲傷，又稱單純的悲傷，是指遭遇失落後常見的許多感覺和行為，包含了生理、心理（情感／認知）及行為的向度，說明如下：

1. **身體知覺**：如胃寒、喉嚨有痰、胸部鬱悶、肢體疼痛、對噪音太過敏感、呼吸短促、人格解離、缺乏精力、肌肉無力、口乾舌燥、肢體不協調等。

2. **情感**：如悲傷、憤怒、罪惡、自責、焦慮、寂寞、疲倦、無助、震驚、渴望、解除、解脫、麻木等。

3. **思考或認知**：如不相信、混亂、心神不定、感到逝者重現、些微異常（幻覺）經驗等。

4. **行為**：如睡眠或飲食困擾、心不在焉、社會性退出、對過去滿意感主要來源的活動失去興趣、夢到已逝者、哭泣、避免任何會想起逝者的事物、搜尋和呼喚、嘆息、躁動、舊地重遊等。

悲傷也有其社會與靈性的向度，如社會性困難：人際關係困難、組織內運作問題；靈性追尋：生命意義的追尋、對上帝存有恨意，或是明瞭到個人的價值體系無法應付特殊性的失落（Corr et al., 2003）。此外，Lindemann 的研究也指出，面對親人過後的家屬也會產生一些所謂正常的或急發性的悲傷病徵。

Linderman 觀察了 101 個喪親者，歸類出下列六種正常的急性或急發性的

剝奪的悲傷
——新生兒死亡父母親的悲傷與輔導

悲傷反應：(1)某種形式的身心症狀或生理不適；(2)逝者影像縈繞腦海不去；(3)對逝者或死者發生當時情境感到愧疚；(4)敵意反應；(5)失去遭遇失落前的生活功能；(6)發展出逝者曾有的行動特質（引自李開敏等譯，2004：8）。

　　從以上的文獻可以發現，個體悲傷時可能的反應內容不盡相同，並非個體都會經驗到所有的行為，可能只出現其中幾項。因此，必須清楚正常悲傷反應的範圍，才不會把正常的反應視為病態。倘若這些經驗在悲傷的歷程中仍持續不斷的話，則需留意可能是較複雜悲傷反應的徵兆。

二、複雜性的悲傷反應

　　Worden（2002）指出，複雜性的悲傷形式指的就是無法正常的悲傷，以及在哀悼過程中有困難、有未解決或是無法處理的議題，又稱為「未解決的悲傷」（unresolved）、「病態悲傷」（pathological grief）或「不正常的悲傷」（abnormal grief）。沒有預期的悲傷往往較為複雜，某些特殊死亡狀況，如死產、流產會為生者帶來莫大的困擾（李開敏等譯，2004）。同時 Lynne、Albert（2005）強調，我們必須要注意避免將「不正常」或是「病態性」悲傷隨意標籤化的加註於個人的悲傷。Rosenblatt（2000）指出，使用「病態性」來評價喪慟的父母親，會遮蔽其悲傷療癒之路。故本書以複雜性的悲傷討論之。

　　複雜性的悲傷是哀悼過程受到干擾、缺乏、阻斷，缺少覺察、容許及足夠的情感表達（Cook & Dworkin, 1992）。這意謂著在正常的悲傷過程中無法達成其任務，或無法走過某一情緒或深陷於某種困境中（許育光，2002；Stroebe & Stroebe, 1987）。Lindemann 從波士頓大火倖存者的研究中，提出在正常紓解悲傷的方法下存在著異常，除了否認現實外，沒有失落感的過動行為、劇烈的親情或友情的交替、精神分裂症、對某些人有異常性的敵視、自我毀滅性的行為與強烈的沮喪等，都被視為是不正常的悲傷反應（Rando, 1995）。有報告指出，悲慟會促使精神疾病，尤其是情感性疾患的發病或惡化；部分個案報告指出，強迫型、依賴型、邊緣型和自戀型人格較易產生病態性的悲傷（高淑芬、李明濱，1991）。

　　根據美國心理學會（American Psychiatric Association）所公布的《精神疾病診斷準則手冊》（DSM-IV）中指出：「正常」的喪慟持續期及表現方式因文化團體而變異甚大，必須排出這些病徵於喪失摯愛兩個月後而仍然持續，否則不能將之判斷為重鬱症。同時列出下列準則鑑別喪慟（Bereavement）反應與重鬱症，若有以下徵狀出現，不正常喪親反應的診斷便可能出現：(1)感到罪疚，但非因有關於死亡發生時存活者已做和沒做的事而感到罪疚；(2)有尋死的念頭，但並非存活者覺得最好死去，或認為應該陪死者死去；(3)病態的專注於無價值感；(4)顯著的精神運動遲滯；(5)長期並顯著的功能性損傷；(6)幻覺經驗，但並非覺得聽到死者的聲音或短暫看到死者的影像（孔繁鐘、孔繁錦編譯，2003：297-298）。

　　高淑芬、李明濱（1991）統整研究報告，認為病態悲傷有下列三種形式：(1)時間延長，如慢性化的哀傷；(2)扭曲的哀傷，如過份地活躍、嘗試新的生活、拚命地工作，或是認同死者死前的症狀而產生轉化性疾患；(3)反應過分強烈、過少或完全沒有，如：嚴重的憂鬱、敵意、罪惡感、退縮、沒有或壓抑哀傷（有時可見於某些社會文化中禁止父母為死產的嬰兒哀傷）、遲發性的哀傷（等到一切塵埃落定，才表現出極度的憂鬱和悲傷）。

　　Worden（1991, 2002）把複雜性悲傷反應分為四種類型：

　　1. 慢性悲傷反應：指過度延長，而且永遠未達到一個滿意結果的悲傷反應，時間上持續了很久，自從個體意識回到原來的生活，就無任何進展。有慢性化悲傷反應者往往是渴求一個從來不曾擁有過，但一直期盼可能擁有的關係（Paterson, 1987）。

　　2. 延宕悲傷反應：又稱為被禁止、壓抑或延後的悲傷，直到以後才出現。當事人在失落發生後的當時情緒反應不足，在日後再度遭遇失落時卻產生過多過強的悲傷反應。這是由於當時的感覺太過沉重，令人無法負荷、缺乏社會支持而延宕，例如：流產失落的悲傷。延宕的悲傷反應不一定要透過個人經驗到緒發的失落才會被引發，它通常呈現的是對於之後的失落及其他引發事件所有的過度反應，例如：看到他人的悲傷、電影、電視失落事件重現，悲傷感受強烈。

3. **誇張性悲傷反應**：當事人經驗到強烈的悲傷反應，覺得不勝負荷，產生不適應的行為或是悲傷反應過度，而且在某些方面會造成如：恐懼或不合理的害怕，憂鬱、酗酒、藥物濫用、躁症、焦慮疾患、創傷後壓力症候群（PTSD）等生理或心理的症狀或不適應的行為。

4. **偽裝性悲傷反應**：通常以兩種形式出現：一是發展成生理症狀，喪親者發展出死者去世前的疾病症狀，檢查後多為身心症，又稱為「複製疾病」（facsimile illness）；另外是隱藏在某些適應不良的行為之下，如情緒失控、犯罪行為。

Rando（1993）統合相關文獻將複雜性悲傷反應歸為七類如下（引自張玉美，2002）：

1. **沒有（absent）悲傷**：例如某些傳統社會文化禁止父母對兒女的死亡有悲傷的情緒。

2. **延遲的（delayed）悲傷**：當失落發生時，因某種因素無法抒解悲傷情緒，當該阻擾因素消失時，才產生悲傷反應。

3. **抑制的（inhibited）悲傷**：把悲傷藏起來，不承認自己的悲傷，這種情形往往會造成酗酒或藥癮。

4. **扭曲的（distorted）悲傷**：例如過度的釋放自己、放逐自己或過份思念逝者，模仿死者生前的習慣或語言。

5. **矛盾的（conflicted）悲傷**：如死者久病，當死亡發生時，親人有放鬆或解脫的感覺，但時間一久便陸續產生罪惡與憂鬱感。

6. **非預期性的（unanticipated）悲傷**：常見於意外死亡，親人無法接受事實而產生麻木沒有哀傷的感覺，這種情形若延宕過久，將無法進入其他悲傷歷程。

7. **慢性的（chronic）悲傷**：當失落發生時，沒有明顯的悲傷反應，但過了一段時間以後，悲傷反應陸續顯現。

Horowitz（1980）認為，正常與不正常的悲傷反應之間是一個「程度」的問題。所謂病態是反應的強度或持續時間長度，而不僅只單純是某一種行為的出現與否的問題。當悲傷的強度，使人不勝負荷，因而產生不適應的行為，或

一直陷在悲傷中，沒有進展，不能完成哀悼的過程，不能夠逐步的朝向同化或適應悲傷，反而刻板化的重複悲傷，阻礙癒合，而形成「複雜性悲傷」（引自李開敏等譯，2004）。國內學者何志培（2002）認為，複雜性悲傷反應包括：(1)在死者往生後，十年八載仍然不時傷心落淚；(2)將過去面對喪事時所壓抑的悲傷，在另一次喪事之中加倍發洩，因此情緒反應特別強烈；(3)當傷痛在經過一段時間後仍未減輕，反而變得極度憂鬱，甚至出現聽幻覺等精神病患的症狀。

　　Rando（1993）認為，複雜性悲傷的高危險因子有下列七項：(1)突然、隨機和非預期性的死亡，特別是具有創傷性、暴力以及造成殘廢的死亡；(2)漫長疾病造成的死亡；(3)孩子的死亡；(4)喪慟者基於某種原因認為死亡是可以預防的；(5)喪慟者與死者彼此之間處於憤怒、矛盾或依賴的關係；(6)喪慟者在死亡事件之前或同時有心理健康問題，或處於失落與壓力的失調情境；(7)喪慟者缺乏社會支持等（引自Lynne & Albert, 2005）。

　　另外Worden（1991, 2002）舉出十二項診斷複雜性悲傷的線索：(1)談到逝者就感到無可抑制的強烈及鮮明的悲傷；(2)看似無關之小事情便引發強烈的悲傷反應；(3)會談中出現失落的主題；(4)不願意搬動遺物；(5)檢查疾病史時，發現病人曾產生類似逝者曾有的生理病症；(6)親人死亡後，生活有重大改變；(7)長期的憂鬱；(8)有模仿逝者的衝動；(9)自毀的衝動；(10)每年於固定的某段時間內有巨大的悲傷；(11)對疾病及死亡的恐懼；(12)瞭解死亡的過程有助於診斷是否有複雜性悲傷。

　　失落有時會導致複雜的悲傷反應，而這些反應可能會造成短暫性的失控剝離，但這也是對於無力承受的痛苦所產生的一種自然防衛或過渡的狀態，這個歷程是複雜且積極的因應過程。複雜性的悲傷模式有助於辨別不尋常的悲傷現象，並為複雜悲傷作出特定的診斷和治療。然而，失落及悲傷對每一個個體都是獨特的，因為在任何的失落之後，並不會伴隨著普遍相同的反應，且不應該被他人建構在單一衡量的標準上面，將正常的悲傷反應視為複雜性的病狀而混淆在一起。對於助人者而言，主要的工作是要教導喪親者有關悲傷過程與接受自己的感覺，瞭解悲傷反應各階段、影響因素，以及悲傷時間之長短是無法預

期的,而尋找個人健康地悲傷方式;對於一個喪慟者來說,是一生的功課,讓他們有信心繼續為自己的人生努力下去。除此,要能警覺到在悲傷反應中可能產生的複雜性,協助解開此複雜性才是最重要的。

肆、家庭生命週期

人的一生有幾個重要的發展階段,其關係是環環相扣的,若其中一個階段發展不好,就會影響到下一個階段的正常發展。近年來台灣的人口轉型,社會經濟的發展,新生兒生育率與死亡率均經歷了劇烈的變化,而這都會改變家庭的歷程。家庭生命週期(family life cycle)是研究婚姻與家庭的一個重要概念,常用來描述自出生到死亡依序發生的事件,其概念源自於發展學理論(Developmental Theory)(Olson & DeFrain, 2000: 96)。Duvall、Miller(1985)對於家庭生命週期以發展的眼光來看,視家庭發展為組織一套促進家庭成員的發展與成長模式,家庭的生命開始於父母結婚終結於父母皆亡。家庭生命週期的概念最早由鄉村社會學家(Sorokin, Zimmerman, & Galpin, 1931)所提出,他們將家庭生命週期劃分為四階段:

1. 夫妻開始他們的經濟獨立生活之組合改變。
2. 夫妻剛有一個或多個孩子。
3. 夫妻擁有一個或多個能獨立自主的成年子女。
4. 夫妻逐漸年邁。

此概念用以描述家庭內所發生的一序列生命事件,其中最重要的就是婚姻、生育、子女離家與死亡的變遷,都會改變家庭的歷程;以「子女」為重要分類關鍵的家庭生命週期之階段轉變與分類依據,由於這些過程代代重複,乃以週期循環名之。因此,家庭也像個人一樣,具有發展性,個人的一生自出生到死亡,大多經過了嬰兒期、兒童期、少年期、青少年期、壯年期及老年期等階段。藍采風(1986)認為,其階段不同,便有不同的發展任務與特質,每一個階段任務的完成對家庭的發展是相當具影響力。彭懷真(1998)提到,家庭在所有的人類社會制度中,具備一些不可替代的特殊性,如:最普遍、最基

本、最早、最持續、最親密、人數最少、影響最深遠，與家有足夠的韌性和適應性等。他同時提及：「每個人從生到死，都離不開家庭，甚至有一離世，墓碑寫的也都表明了他的家庭連帶」；「家庭是人們學習文化規範的主要地方，家也引領一個人的社會連結」；「家庭組織在現代社會中面臨困難的時候，仍然有其堅強的生命性和重要性」（頁176）。

　　學者對於家庭生命週期有各種不同的劃分法，對於整個家庭故事的發展架構，國內學者謝秀芬（1986）參照我國內政部人口統計資料而加以修改為七階段架構，此七階段的家庭任務，並非完全相銜接，而是互有重疊性，且每個階段的發展，都要與上一個階段緊密連結；每階段都需要以上一個階段的發展為基礎，才能順利完成各階段的任務。其劃分標準以最大子女與最小子女的成長階段為主，劃分階段包括：婚姻調整期、養育學齡前子女期、有學齡兒童期、有青少年子女期、子女準備離家期、第二次蜜月期及孤寂期，如圖2-2所示。

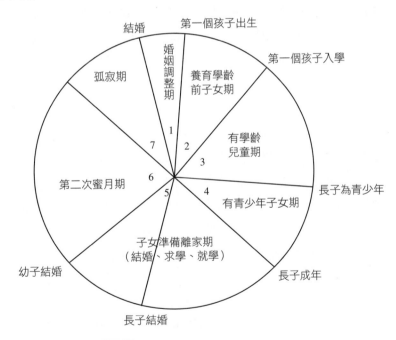

圖 2-2 我國家庭週期與職務

資料來源：謝秀芬（1986：35）

另外，家庭生命的八個階段架構（Duvall, 1977; Duvall & Miller, 1985）及家庭發展任務（林淑玲，2003；彭懷眞，1998；Barnhill & Longo, 1978）亦常被提及，以最大子女做爲階段劃分的參考基點，再按其生長過程及教育階段來決定，並對空巢期及老年期家庭做了明確的劃分，將家庭生命週期分爲八個階段，分別爲：新婚夫妻、生育子女期、學齡前子女、學齡子女、青少年期子女、子女將離家階段、中年父母與年齡老化的家庭，在每個階段中，每個家庭必須履行一連串的發展任務；各階段時間及職務重心，本書將其概念整理成表2-3，並說明如下：

第1階段：新婚夫妻（married couple）：一對男女經由結婚組成家庭，此階段（孩子未出生，此階段時間約兩年）主要的家庭任務爲夫妻間彼此的相互承諾，具有使命感，並且需要發展親密關係，適應婚姻生活（包括：居家、飲食、財務等物質方面，以及相互接納、溝通、性關係等心理需求），認識並適應姻親或彼此的朋友關係，決定是否生育子女或準備生育子女。

第2階段：生育子女期（childbearing）：多數夫婦通常在婚後二、三年會生下第一個孩子，此階段（老大在出生至三十個月大，此階段時間約兩年半）主要的家庭任務爲學習發展扮演好父母親的角色。因第一個孩子的出生與加入，使得原本恩愛的小家庭產生頗大的壓力與改變，女性會思考應犧牲自我或放棄母職？產後憂鬱症就是此階段的產物。此時期的重點爲：對父母角色之適應，學習當父母，瞭解嬰幼兒發展與成長需求，調整居家作息、居住空間安排、財務管理，以適應子女成長需求，夫妻家務重新分工，以取得工作、家庭、育兒三者平衡，調整夫妻溝通管道與時間，重建雙方均滿意的性關係，尋求上一代父母的適度協助，重建與親戚的關係。

第3階段：養育學齡前子女階段（preschool age）：養育學齡前子女指的是就讀幼稚園（老大在三十個月大至六歲，此階段時間約三年半），屬「混亂期」，此期的孩童精力旺盛，主要的家庭任務爲學習接納孩子的人格特質，並提供其做最佳發展所需之資源，調整親子關係，準備迎接第二個子女加入家庭，以及維繫婚姻親密情感。例如：花足夠的時間與孩子相處，調整夫妻關係

表 2-3 家庭生命週期和家庭發展任務

家庭生命週期的階段	在家庭中的地位	家庭發展階段與任務
1. 新婚夫妻	妻子 丈夫	建立成熟滿意的婚姻。 準備生育。 各種親戚關係。
2. 生育子女期	妻子／母親 丈夫／父親 嬰兒	懷孕。 為孩子出生做準備。 為親子建立滿意的家。
3. 學齡前子女	妻子／母親 丈夫／父親 女兒／姊妹 兒子／兄弟	適應學齡前孩童的需要，父母耗盡體力，也沒有隱私。
4. 學齡子女	妻子／母親 丈夫／父親 女兒／姊妹 兒子／兄弟	和社會連上關係，鼓勵孩子在求學過程中有所成就。
5. 青少年期子女	妻子／母親 丈夫／父親 女兒／姊妹 兒子／兄弟	自由和責任要取得平衡，建立後父母期的重要性。
6. 子女將離家階段	妻子／母親／祖母 丈夫／父親／祖父 女兒／姊妹／姑姨 兒子／兄弟／叔伯	青少年即將成人，家庭成為每個成員的基本支持後盾。
7. 中年父母	妻子／母親／祖母 丈夫／父親／祖父 女兒／姊妹／姑姨 兒子／兄弟／叔伯	重新重視婚姻關係，和上一輩及下一代親屬代。
8. 年齡老化的家庭	寡婦／鰥夫 妻子／母親／祖母 丈夫／父親／祖父	調適死亡和獨居。

資料來源：摘自 Duvall (1977: 62)

（調適夫妻缺乏親密獨處時間的困擾），調整經濟（支付逐日增加的家庭開銷），家人間有效溝通，工作與生涯的適應等。

　　第4階段：養育學齡子女階段（school age）：此階段主要的家庭任務為介紹孩子進入有關的機構（老大在六歲至十三歲，此階段時間約七年），如引導孩子進入公共機關（學校、教會、運動團體等）。此時期的問題是手足的紛爭，積極指導孩子各方面的學習與人際關係，提供孩子活動的空間和父母的隱私需求。

　　第5階段：青少年子女階段（teenagers）：此階段（老大在十三歲至二十歲，此階段時間約七年），主要的家庭任務包含其個人在社會與性角色方面的改變。此時期的孩子已進入青春期，開始發育成熟，並做離家獨立生活的相關預備，其重點為：學習接納青春期子女的生理、心理與社會關係的變化，幫助青少年學習在自由和責任間保持平衡，協助子女自我肯定及獲取準備獨立生活所需的能力，家人共同分擔家事並提供孩子某種程度金錢支配的獨立自主權，婚姻與生活的再調整。

　　第6階段：子女將離家階段（launching centre）：俗稱「發射中心期」，此階段主要的家庭任務為經歷屬於青春後期孩子的離家獨立（從老大到老么均已離家外出求學、就業或成家，此階段時間約八年）。此時期的重點為：放手讓成年子女離去，接受孩子獨立的成人角色，提供一個全然支持的家庭，使其個人獨立面對學習、服役、工作、結婚等生活上適應得更好，調整子女將離家的親子依附關係，學習接受並與子女的異性伴侶相處，接受原生家庭父母年邁體衰之事實，並提供必要之照顧及親情慰藉。

　　第7階段：中年父母階段（middle-aged parents）：此階段主要的家庭任務為接納孩子已變成獨立成人的角色（空巢期至退休，此階段時間約十五年），為「中年危機期」，此時期的夫妻應重新調整其婚姻與家庭生活，接納子女成年離家後之生活作息改變，學習與成年子女及其伴侶相處，對健康狀況的適應，祖父母角色的適應等。

　　第8階段：老年家庭階段（aging family members）：此階段（退休到死亡，此階段時間約十到十五年）主要的家庭任務為接受老年，夫妻彼此珍惜，

且坦然面對晚年生活，面臨人生最後老年階段，失落適應成為重要課題。

家庭乃是「牽一髮而動全身」的生命系統，彼此的關係是環環相扣。每個家庭生活階段為了執行該階段的家庭任務，都會遇到生活適應上的困難（周月清，2001）。一般核心家庭生命過程都會經歷幾個預知且特定的生活事件，如結婚、第一個孩子出生、孩子長大離家、父母年老死亡。這些生活事件衝擊家庭，要求家庭改變或調適，於是發展當階段典型家庭的人際組合及關係，並完成當階段的發展任務，以應付所需及面對各種不同的挑戰和危機（Humphy & Zimfer, 1996）。危機之所以常被視為家庭功能的轉捩點，是因為它可能產生正面或負面的影響，如導致某一家庭嚴重的創傷，或提供另一個家庭成長的機會，增進家庭成員的力量及凝聚力（連惠君，2000）。

尤其是第一個小孩的出生促使家庭系統改變，角色轉換，帶來家庭危機，是家庭的第一個危險期（謝秀芬，1986）。當家庭無法因應當前階段的特殊需求，或是無法達成此一階段的任務需求，進而忽略問題而直接躍入下一階段時，就可能導致家庭停滯不前或延緩下一階段的成長，嚴重者可能造家庭的瓦解（梁愛玲，1995）。

伍、周產期新生兒死亡對父母親家庭生命週期的衝擊

一、出現非預期失控性的情境性危機

懷孕過程被視為是一個發展性危機，懷孕住院使原本家庭正常規律的生活型態受到干擾，擔心胎兒安危，使孕婦及家庭產生壓力（莊麗蘭、夏萍絗、周治蕙，1997）。學者揭示出一般懷孕時面對的是一種可預料、能掌控的改變與挑戰，對家庭而言是一種成熟性危機；若是在懷孕期間，孕婦或新生兒出現了異常徵候時，此時家庭所面臨的是一種非預期、無法控制的情境，則屬於一種情境性危機（Olds, London, & Ladewig, 1997）。尤其是當發生胎兒在生產時或出生後不久猝死，此種不合時宜或意想不到的重大事件發生時，因為它破壞次序並攪亂生活的節奏，可能特別具有破壞力。

二、瓦解家庭正常的發展程序

喪子之慟不只衝擊著父母，對其家庭的完整性與情感依附性亦造成極大的威脅（Rando, 1991）。孩子的死亡帶來深沉震撼，家庭一定會改變，不僅挑戰父母的生活意義或生活目的，也往往改變了家庭的星座、性質和組成，並且改變了家族的故事，需留意在未來的家族故事中，如何代表死去的孩子和其他的孩子在目前的家庭結構中的樣貌，以重組家庭制度與其他關係。喪子是家庭生命週期的重大生命事件之一，不同週期中的家庭在遭受死亡事件衝擊下，將對個人產生不同的影響，這種危機瓦解了家庭正常的發展程序，家庭的喪子事件使得父母希望幻滅；家有青少年的家庭，因喪子而過度悲傷的父母在無法發揮功能下，對同是青少年的手足將有負面影響（Walsh & McGoldric, 1988）。

三、家人關係的變化，祖父母的悲傷

失去胎兒後支持的關係可能產生變化，創傷經驗可能會挑戰以改變你目前存在的部分或所有的關係，即使是擁有支持關係的家人，例如：失去了孫子的創傷，祖父母也是潛在悲傷者（Callister, 2006）。Null（1989）提到，周產期新生兒死亡發生時，祖父母也遭受雙重痛苦，他們不僅失去孫子女，同時眼看著自己的孩子受苦，而無力阻止事情發生（引自張碧芬，1993）。由於世代差異，他們因不忍心看到自己的孩子傷心，而會試圖說或做一些事情來安慰他們的孩子，禁止孩子哭泣。例如：「孩子不願意跟我們就算了，不要再哭了，坐月子哭會傷眼睛，趁還年輕，趕快把身體調養好，很快就有了」、「這是自然淘汰原則」、「反正已經是夭折不要的小孩，最好不要看……」。經歷重大的失落時，家人之間的距離可能拉遠，變得較疏離。疏離的原因可能有互相譴責、沒有分享感受、對悲傷反應的期待不一等，而使得家人向外尋求協助（張淑芬，1996）。若未妥善處理，嚴重者易造成兩代間關係緊張，老一輩可能採取不鼓勵談感情的方式，專業人員須有另類敏感度，讓祖父母至少有機會討論他們的感情。

四、引發夫妻的婚姻危機

孩子死亡後夫妻間若缺乏溝通，阻礙悲傷反應，特別是新婚家庭及有兒童家庭的喪子、胎兒死亡事件，容易引發夫妻的婚姻危機，可能造成婚姻破裂（Hagemeister & Rosenblatt, 1997; Humphy & Zimfer, 1996; Walsh & McGoldric, 1988）。由於生兒育女是生育家庭的發展任務，親子關係是除了夫妻關係之外，構成完整家庭最重要的因素，一個在正常情況下出生的孩子對父母、家庭本身就是一種壓力，往往造成夫妻生活上巨大的改變，它改變個人的社會角色、家庭生活、婚姻關係、自我概念，甚至感到迷惘和衝突；何況孩子一生下來，就必須面對基因異常、疾病而死亡，突然失去懷孕時想像中的孩子，以及預備中的為人父母角色，對父母而言是非預期的危機，也是異常危機，罪惡感和悲傷干擾的親密關係，其激烈或急促的撞擊，可以說陷入雙倍的壓力，即使是穩定的家庭也會處於危機之中，亦可能因此而無法維繫家庭結構與功能，而需要更多的協助，以渡過此危機。

結　論

在本章中，主要介紹家庭生命週期發展與死亡造成人類的失落、悲傷、喪慟與哀悼經驗中的核心概念，以瞭解悲傷以及悲傷理論的多樣性（其中包含了階段、任務與雙軌歷程模式為主的模式），正常的悲傷及複雜性的悲傷反應。一個值得探究的是：周產期失落的喪慟經驗究竟會對父母親或家庭造成多大的衝擊？提早終止的生命往往會留給父母親無限的哀悼任務，除了身、心遭受很大的煎熬，還要面對社會、家庭的壓力，其持續性的調適過程是不容易的，悲傷並不是個案急著要抹去就會消失，而是必須要勇於面對那些情緒，努力去調適而朝向統整的走向未來。因此，關於父母面對失去新生兒悲傷的反應與調適歷程、對家庭生命週期之影響將於後續章節中深入探討。

剝奪的悲傷
——新生兒死亡父母親的悲傷與輔導

Part 2

悲傷的調適歷程及影響因子

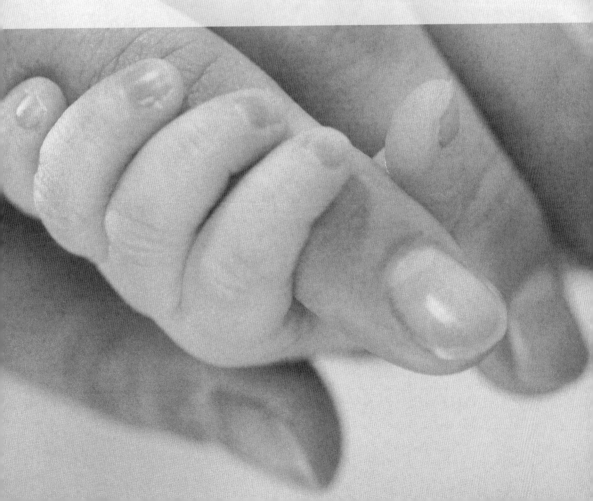

Chapter 3
懷孕的潛在壓力

　　懷孕生產是女人一生中的大事，孕育更是家庭關係重要的一環，中國人以懷孕表示「有喜了」，意味著「愛的結晶」與「完美的開始」，對一個宗族或家庭而言，新生兒的誕生都是可喜可慶的大事；十月懷胎，一朝分娩，為的就是擁抱生下新生命的那一刻的幸福，是生命中特殊而有意義的階段。Benedek（1970）指出，懷孕是婦女生命中的危機時期（critical phase），必須經歷生理調整（physiologic adjustments）與心理調適（psychologic adaptations），以達到一個新的統整狀態，所以懷孕是一成熟發展的過程。

　　然而，在生命最根本的層次上，生命就是有可能有差錯、風險的事物，尤其是正在孕育中的生命，更是脆弱。「為人母」在女性生命歷程中可謂「風暴期」，「懷孕的潛在壓力」隱含了兩層意涵，其一是孩子出生前、後個人生理、心理及社會適應的變化，其二是胎兒異常所帶來的對個人心理及社會適應的持續性影響，其所帶來的挑戰和問題是相當巨大的。這一章，除了描述一般人所熟悉與懷孕有關的經驗，我們將探討懷孕的潛在壓力，焦點集中涵蓋在父母親對胎兒健康的不確定感與初獲胎兒異常的衝擊，過程中父母所承受的壓力也非比尋常，值得多加關注。

　　由於新生命的加入，甜蜜的兩人世界即將轉化為三人關係，有著喜悅的期待，不僅小心翼翼地等待、迎接孩子的到來，準父母更是開始重視胎教，閱讀

美麗的圖片，用心吸收育兒知識，仔細運用，在懷孕時就讓肚子裡的孩子聽音樂，並經常輕聲細語地對他／她說故事，懷著無窮的想像，想像小孩的性別、外形和個性等，期盼對他／她有更多的認識；想像孩子將來可能成為科學家、藝術家、工程師、醫師……等，勾畫了胎兒健康以及聰穎的模樣，給父母的人生帶來了彩色炫麗的希望。

生出一個健康的寶寶，應當是有計畫地在最佳的時機發生並且繼續進行，以期得到最佳的孕育結果，對社會及其雙親而言都是一個福音。人類生生不息的生命孕育過程，儘管多數人認為生產不是生病，生兒育女看似尋常，大抵皆能如多數人所願，但其實從懷孕到生產的歷程，是充斥著疾病、危險、風險，以及對這些不幸的防護措施，是個多元而複雜，充滿壓力的歷程，「孩子在子宮內發育能否正常？」「分娩過程能否沒有問題？」為了達成下一代的健康，渴望優生、「重視人生每一時期的健康」均帶來壓力，每一個國家以及個人都不斷地朝「為培育高優質寶寶」、「母子均安」的目標而努力。隨著科技的發達，以及醫療糾紛的威脅，尤其使得懷胎的過程充滿了緊張與惶恐，而產檢從胎兒為胚胎時即開始，一直到分娩的每一階段，胎兒都必須通過各種定期的檢查（驗）項目，包括多項生化檢驗、基因檢測或四度空間超音波影像（real-time 4D ultrasound）診斷技術……等，經過「控管」，才能誕生於世。而在不孕、出生缺陷的風險增加情況下，懷孕的結果可能是活產、死產、自然流產，或是以人為方式提早結束懷孕的人工流產，如：墮胎、引產等。

由於懷孕對準父母而言，懷孕後的生活作息、角色、人際關係等均須重新調整，尤其是在最初獲知懷孕時，可能會認為自己還沒準備好，縱使懷孕是計畫中的，仍會有矛盾感。現代科技的進步帶給人們提高及維護生活品質的保障；然而，也可能威脅到少數胎兒生命的安全，產生倫理上的爭議與困境，使懷胎的過程充滿了懸宕與威脅，每個父母親遭遇的考驗都不一樣，一方面對懷孕充滿驚喜，具有孕育能力而自我肯定；一方面又對於胎兒健康的不確定感，通常會感覺矛盾及憂喜參半，在做好應盡的「人事」後還得「聽天命」的安排，或是被輪迴、因緣與宿命的謎所掌控，而順利生產才是父母親真正「驗收」的時刻。

壹、對胎兒健康的不確定感

在懷孕階段，女性面臨身體功能、內分泌賀爾蒙、情緒和胎兒依附關係等眾多方面的劇烈變化，又夾雜著許多「不確定感」，所承受的心理壓力其實往往超過一般人的想像。在門診間常見到許多準父母們，知道自己懷孕的那一刻，當他們看到一雙粉紅線條明顯地呈現在驗孕棒上的懷孕測試地帶時的喜悅；而後心情起伏隨即在孕期的四十個星期內變化著。一方面雀躍自己孕育了一個新生命，恨不得把自己要做爸媽的好消息告訴世界上所有的人，讓大家一起分享快樂；由於初期懷孕的徵象僅限定於月經停止、妊娠試驗呈陽性，身體的變化不大，孕婦會把注意力放在觀察身體的變化上，如乳房的改變、體重的增加等，而此期的身體不適，如疲倦感、噁心、嘔吐等也會增加其不舒服的感覺；另一方面卻也不免有所惶恐與疑慮，他們最關心的事莫過於胎兒的健康問題，常常在超音波室裡聽到懷孕的媽媽們詢問醫護人員說：「怎麼樣？我的胎兒照起來有沒有正常？現在體重多少？能不能知道是男？是女？……」等等問題，突顯她們擔心生下不正常的胎兒，也會擔心懷孕是不是正常。此刻懷孕婦女需接受到適當的關懷，否則易受挫折，產生無望、無助、焦慮、憂鬱或沒有安全感，而感受不到懷孕的喜悅與拒絕接受懷孕的事實。

更進一步來說，懷孕生產不僅威脅到胎兒，同時也威脅到母親的生命，根據行政院衛生署（2005）《生命統計年報》顯示，1983 年孕產婦死亡率是 17.01（0/0000）（每十萬個活產的孕產婦死亡數），母親的死亡數是 65 位；而 2003 年為 6.61（0/0000），母親的死亡數是 15 位，現代母親的死亡率雖已降低卻仍難以完全避免。早年因為醫學不發達，胎兒的健康狀況往往是在呱呱落地後，或是因嚴重缺陷而提早流產後才知道；現在隨著產前篩檢科技的進步，許多懷孕婦女可以在生產前做一些檢查，提早預測子女在肚子裡的健康狀況，而此發展的過程中亦會出現許多的不確定感，在產前的檢查中，可以檢查出胎兒是否為身體上的畸形或殘障、智能上的不足或遺傳的疾病，尤其是針對高齡產婦、有遺傳病史或是已生過某種病症異常兒的孕婦，若是在產檢的過程中，醫

師告訴父母：「從超音波看來，你的孩子好像有點狀況，需要進一步做詳細檢查……」、「妳的母血篩檢數值偏高，需要進一步檢驗遺傳疾病羊水分析……」等話，都會讓父母忐忑不安，不知所措。

Budner（1962）提出，「不確定感」是一個人對某一件事或某一情境的認知判斷；當一件事或一情境因缺乏恰當的訊息，而無法給與恰當的分類或組織時，不確定感就會產生。不確定感是指，決策者無法對一件事給與一個特定的價值，且無法正確的預測結果時，所產生的一種感覺（Molleman, Pruyn, & Knippenberg, 1986）。「不確定感」的特徵為：(1)缺乏關於某個情境／事件的相關訊息；(2)對於某個情境／事件的解釋感到模棱兩可；(3)對於某個情境／事件呈現的現象（包括發生、持續時間、持續程度及發生的頻率）感到曖昧不明；(4)對於某個情境／事件的後果缺乏預測能力（柯乃熒、蕭琪、許淑蓮，1997）。

對一般婦女而言，懷孕即是一種危機狀況，對於母子的安全多少潛伏著一些壓力（周治蕙，1982）。Sorenson（1991）亦認為，孕期不確定感是一種普遍的經驗，源自孕婦無法決定與懷孕相關事件所致，而且引起的症狀是不穩定的，持續時間與改變也是隨著孕期而改變，因而缺乏事件的熟悉度或一致性，因此孕婦對懷孕事件會產生不確定感和焦慮（引自陳淑蘭、陳彰惠，2000）。

陳惠敏與陳彰惠（1996）研究比較青少年孕婦與育齡孕婦在妊娠第三期的心理壓力及社會支持，以妊娠週數滿二十八週以上之所有孕婦為對象，立意取樣一百八十名孕婦完成問卷調查，其中育齡孕婦九十名，青少年孕婦九十名；結果發現兩組孕婦在第三妊娠期心理壓力之類別依壓力強度排列依序為：「為確保母子健康及安全而引發之壓力感」、「為身體外形和身體活動而引發之壓力感」與「為認同母親角色而引發之壓力感」三個因素。Stainton、McNeil與Harvey（1992）研究二十七位高危險孕婦，發現其不確定經驗會持續一整個懷孕與生產過程，並且因為對胎兒健康不確定感的結果，而對胎兒情感連結有延遲形象，使得母親角色的達成受到威脅。郭玲莉（1997）針對五位於第二孕期接受中止妊娠所承受的衝擊與調適歷程田野研究，發現這些婦女於懷孕過程中亦會出現對胎兒身體問題的不確定感。

　　婦女從懷孕至生產的這段歷程，飽受不少壓力，例如：飲食需留心、禁忌要注意、各種繁雜的細節都不能馬虎，加上孕期身體變化帶來的心理變化、渴望孕育健康聰明的小寶寶所帶來的壓力、對生產細節缺乏概念、對未來生活的未知、不確定自己的飲食及生活習慣等是否合理，還有在妊娠期間多數孕婦會有程度不同的妊娠反應，如：噁心、嘔吐、厭食、氣悶、腰酸背痛、早產，以及自己能不能順利分娩？會不會有生命危險？分娩可能帶來的疼痛、擔心自己無法勝任父母親的角色……等，而期盼趕快生產，又對於從未體驗過的「疼痛」與「害怕」感到不安，種種因素都使孕婦處於一種不穩定、多變千滋百味的心理狀態中，她們不知道自己能否安然渡過十月懷胎，這都給孕育著新生命的準父母們帶來了各種情緒上的影響，然而這些都是一普遍存在的現象。懷孕對不管是否為初為人父的準父親而言，也是一項心理壓力，他會經歷許多和準媽媽同樣的情感和衝突，一方面對懷孕充滿驚喜，具有孕育能力而自我肯定；一方面又對於即將建立為人父的角色責任和生活型態的改變而感到焦慮，也會為了妻子在懷孕過程的身心變化、情緒波動而感到驚訝迷惑與不知所措。由於上述種種不確定感，讓夫妻對於生育計畫、懷孕的準備變得謹慎。

一、生育計畫中意外懷孕

　　成年初期是人生抉擇的關鍵時期，選擇先結婚生育子女或發展事業的先後順序，這時期所選擇的生涯對未來有重大的影響，對成為父母時機有不同的意義。因此，在懷孕的準備過程中，常包含對胎兒的幻想；每個父母都希望有個健康的小孩，一般夫妻大多希望在婚後有一段屬於自己的時間，並且擔心胎兒會有遺傳疾病，而事先做好周詳的生育計畫與健康檢查，為新生命準備最好的環境。然而，意外的懷孕並不一定意味父母親必然不希望這個生命的降臨。A父親視為老天爺的禮物，決定好好的生下孩子。他說著：

　　　　我們也是希望在婚前、結婚後，有一段屬於我們自己的時間，所以我們那時候也想說不要太快有小孩，不要太快懷孕。我們也擔心胎兒會有一些遺傳疾病，譬如說：有沒有地中海型貧血？因為怕孩子有地中海

型貧血，假設雙方都有隱性的地中海型貧血，那小孩子可能就會變成顯性的地中海型貧血，所以我們就有去做健康檢查，那健康檢查來講大都OK。這個小孩，也不是說我們原先想要規劃……想在我們原先的計畫裡面出來，也是不小心的就懷孕了。可是那時候我們想說既然懷孕了，怎麼說哩，是老天爺的一個禮物嘛，那就好好的把孩子生下來。（A-6）

二、預期胎兒安全順利地通過懷孕及生產

B母親第一胎懷孕，血液篩檢結果正常，醫生專業判讀也認為沒有問題，她預期胎兒會安全順利地通過懷孕及生產過程。她提到：

第一胎懷孕，也不覺得會有什麼樣的問題，我都一直覺得是順順利利的，懷孕的過程會把她生下來。我還不到法定規定要做羊膜穿刺的，所以醫生也覺得應該是沒有問題，所以我就先做了抽血的檢查；照理說，如果說要做羊膜穿刺的話，要在比較早的時間，但我就先做了抽血的檢查，結果就是還蠻正常的。（B-2）

三、追溯與胎兒依附過程

在胎兒愈變愈大，母親腹部亦會開始逐漸隆起的同時，父母親多半會因著胎動，也就是胎兒開始在娘胎裡施展手腳，拳打腳踢做「熱身運動」，而充滿期待的喜悅與成就感。此時，由於胎動增加了對胎兒的幻想和期望，從而建立起親子一體的親密感。對於孩子誕生之後的生活也大半有了初步的規劃，如同已開始有了新生兒的氣息般地令人雀躍！A父親回憶孩子在太太肚子裡面的頻繁胎動，經由聽孩子的心跳互動，期待孩子的出生，產生依附連結的情感。他回憶說到：

有時候，哇！那個腳，頂得很凸喔，然後又消下去了，那我想要去聽小孩子的心跳。他很會動，在媽媽肚子裡面踢來踢去，踢來踢去，我們就覺得很好玩，相對的跟媽媽的互動，就覺得說因為他常常踢，聽他

的心跳互動，我就覺得小孩子好像跟你是一體的，然後我期待小孩子的出生。（A-9）

四、尋求信任的專業醫療

葉季森、林平衡與尹磊君（2006）研究孕婦選擇生產場所相關因素，面訪三百六十三位孕婦發現：孕婦選擇生產場所最重視醫師的專業與技術、科別完整、危機處理能力、儀器先進齊全、環境整潔舒適與醫師態度親切等，為首要考量。A父親為確保胎兒安全，盡力尋求信任的醫療專業，定期在診所做產檢，雖然認為個人診所儀器較差，但相信醫生的專業判斷能力。他說出下列一段話：

> 我們也是問來問去，因為希望說找一個比較信賴的醫師，問了很多醫生，我們也是定期都有去做產檢，X醫院他是個人診所，照超音波的次數蠻多的，可是他的儀器相對比較差，照的超音波模糊，但是他很專業，即使很模糊，他也可以看到一個大概。（A-13）

五、母親本身知覺壓力感

A父親表示太太有警覺性，因為對胎兒健康的不確定感、莫名擔心而購買新生兒保險，但A父親尊重醫生專業判斷，相信狀況在掌控中。他這樣敘述：

> 我太太她滿有警覺性的，她其實也不曉得那個，等於是說血液檢查到底是檢查什麼項目，可是她就是心裡面好像有一股莫名的擔心，因為是第一個小孩子，那時候她就去買一些新生兒保險，她很擔心，我跟她講說：「應該還好吧！我們尊重醫生嘛！」醫生說：「還好啊……應該還不至於那麼糟糕。」可是我太太一直很擔心。（A-18）

六、羊膜穿刺術的考量

周承珍、李從業與施富金（2001）研究母血篩檢唐氏症結果為陽性的孕

婦，在面對羊膜穿刺術的決策過程，訪談十七位孕婦，結果發現個案共有四種決策型態，並依其過程進展，可分爲三個階段：獲知檢查結果後過渡期、決策過渡期及決策後過渡期。大部分個案有驚訝、害怕、緊張、擔心、難過及壓力等反應。個案於決策過渡期關心的事項包括：確定胎兒的健康、正常與安全，害怕羊膜穿刺術會造成流產、釐清羊膜穿刺術與母血篩檢的關係、傾聽醫生或家庭成員的意見，以及害怕胎兒不健康而必須做人工流產的手術等。個案於決策後過渡期關心的事項，則有羊膜穿刺術的相關訊息、胎兒檢查結果爲異常時的處置、執行羊膜穿刺術地點的選擇、檢查前的準備，以及決策時間的不足等。

許多研究指出，由於羊膜穿刺術是一項侵入性的檢查，此類檢查項目對一般民眾而言並不熟悉，父母親會出現對檢查程序上充滿焦慮不確定感，擔心疼痛、是否傷及胎兒，甚至擔心是否會造成感染或流產的危險性，以及檢查結果若是異常，又將如何因應的壓力（王瑤華，2004；孫瑞瓊，2001；黃美智、吳翠雲、林秀娟，1996；黃璉華，1998；Davies & Doan, 1982; Dorfer, Hausler, & Kainer, 1998; Lerman, Croyle, Tercyak, & Hamann, 2002; Tercyak, Johnson, Roberts, & Cruz, 2001）。其異常檢測結果產生之倫理困境，對孕婦的衝擊及家庭成員關係的影響可能相當複雜（Kenner & Dreyer, 2000）。孫吉珍、李從業與劉淑娟（1997）訪談高齡孕婦在實施羊膜穿刺術的過程中，亦出現了抉擇的掙扎、經歷不確定感、頓悟緣與命，以及母性角色的意象。孫瑞瓊（2001）研究十五位高齡孕婦接受羊膜穿刺術的經驗歷程，會出現憂喜參半、檢查意義的抉擇、母子安全的威脅、等待的煎熬與任重道遠的母職等壓力。顯示羊膜穿刺術會使家庭成員產生壓力，尤其是在檢查後等待結果的時期，再加上如果結果爲不正常，家人仍需進一步參與決定是否持續懷孕。

A父親相信醫生的專業判斷，面對羊膜穿刺術帶來的一連串疑惑，以及評估羊膜穿刺術費用與危險性，擔心此檢查造成孩子傷害的危險性，陷入胎兒健康狀況不明確感、太太忐忑不安與檢查風險中舉棋不定，爲求其心安而決定做羊膜穿刺術。他道出內心處遇：

我們就去 Y 醫院做檢查，因爲那個時候要自費，好像不知道是……
三、四千多塊，那我們想説，如果小孩子正常，爲什麼要多花這個錢，
醫生都講説……。那時候已經二十一週，可是羊膜穿刺……是那個針刺
到……因爲我那個時候做的時候也擔心，有些醫生做得不好，刺到小孩
子，導致後來小孩子發育造成障礙、缺陷，就變成障礙有缺陷這樣。但
是我太太很擔心，就是説做這個羊膜穿刺，至少讓心裡面安心，也是有
必要的，後來就去找婦產科主任做羊膜穿刺檢查。（A-21）

　　B 母親的胎兒唐氏症驗血正常及其他驗血結果雖然沒有問題，且羊膜穿刺
時間有點晚，醫生覺得沒必要，但 B 母親本身知覺壓力感，考慮到好朋友的姊
姊年齡與自己相差一、兩歲，卻連續產下唐氏症孩子，而執意做穿刺檢查。她
説：

　　考慮到做羊膜穿刺的原因是因爲，我有一個好朋友，她的姊姊是因
爲唐氏症，就連續三個都有問題，那她的年紀其實跟我們不是相差太
多，相差一、兩歲，所以我就覺得説，我的朋友一直鼓勵我跟我講，叫
我一定要做一個唐氏症，或是羊膜穿刺那個檢查，她覺得雖然還沒到規
定的年齡，但是我們的年齡已經都不小了，所以我那時候就決定，就跟
我先生講，我想要做這個檢查。

　　那個時間就已經有點晚了（懷孕約二十週），我的醫生那時候，剛開
始他覺得沒有什麼必要，因爲驗血出來，唐氏症是正常的，其他的都沒
有什麼問題，因爲我們那時候滿執意説我想要做穿刺檢查，那醫師説：
「好，妳如果要做的話，就幫妳做安排。」所以我就做了羊膜穿刺的檢
查。（B-4）

　　整個孕期父母會對懷孕有不確定感，並且會擔心流產或不幸的事情發生，
目前國內孕婦一般在懷孕十五到二十一週時，進行母血唐氏症篩檢，若懷疑異
常，再進行羊膜穿刺確認。另外，三十四歲以上高齡產婦、前一胎異常或家裡
有人生出異常小孩、經常流產等高危險群，則建議直接做羊膜穿刺檢查

（amniocentesis）。產前羊膜穿刺術是目前篩檢胎兒染色體異常最有效、安全的正確方法（楊勉力、梁華英、楊兆麟，1988；賴鴻政、張贏寬、陳惟華、劉杭生，1998；Schemmer & Johnson, 1993），通常在懷孕第十六到十八週進行，因為此時孕婦子宮內的羊水至少有二百毫升以上，比較容易抽取，並且羊水裡面細胞存活培養成功率高，此時胎兒四肢已發育完全，因此穿刺時不致造成胎兒肢體上的損傷（賴鴻政等，1998）。

羊膜穿刺檢查結果出來約要七至十天，此時經由超音波可以具體看到胎兒的形象，加上明顯胎動，是個確實可見、可感覺的生命實體，正是父母親與胎兒建立情感依戀的重要時期。由於它是一項侵入性的檢查，父母一方面期待知道胎兒是否正常，另外一方面又面臨檢查程序上對胎兒安全的疑慮；權衡下，多數的父母親會抉擇羊膜穿刺，以避免忐忑不安的疑慮。若一旦得知胎兒異常、健康出現問題，在醫療水準不足的情況下，亦會對父母能否生出健康的孩子的期望立刻受到挑戰。

貳、初獲胎兒異常的衝擊

初獲胎兒異常診斷或是胎死腹中時，是一個獨特的情況，父母親生活在期待與難掩喜悅之後承受巨大失落，在新的生命展望裡瓦解成絕望和悲傷，生命的里程碑在瞬間被改變，所有期待、希望和夢想殘酷破滅，許多父母親都會感受到震驚和混亂的情緒：發生什麼事？為什麼是我？為什麼會出現這種情況呢？總有許多的疑問如以下「I母親的故事」所述。

I母親就讀研究所，三十歲懷孕二十一週，為第一胎，結婚第一年，獨自在門診時，當醫師告知產前羊水唐氏症篩檢呈陽性反應時，當下對自身母親的角色以及腹中的胎兒，充滿驚嚇與憂慮。由於二十六週時胎兒心跳停止，引產後回到病房由筆者照顧時，她說出當時的情形：

我懷孕是在我與老公最忙碌的時候，又是我拿學位的最後關鍵期，總覺得

孩子來的不是時候。一般人懷孕是受歡迎的，大家可以公開表達分享與喜悦，然而，這個懷孕好消息，沒有讓我有任何喜悦的感覺，相反的，有許多的壓力、憂慮、煩惱，毫無食慾，甚至是生氣，情緒很低落，down 到谷底壞透了，怎麼避孕了還……。由於我一向月經週期不順，知道懷孕時，胎兒已經三個月大。由於我的心情起伏很大，加上寫論文的壓力，於是與老公的關係也開始有一些爭執，是要以孩子為重？還是完成課業？

胎兒三月之後，我的身體有異常反應，有一些出血，醫師有開安胎藥給我，叫我不能太勞累，我開始潛意識感覺到孩子可能會不保，由於之前斷斷續續出血，所以才想要做羊膜穿刺。看結果報告那天，護士叫我的時候表情怪怪的，還特別問我：「先生有沒有一起來？」後來進去以後醫生簡單的說：「胎兒篩檢結果染色體異常……是唐氏症，小孩不僅是低智能，尚有器官異常的可能。」那個時候我聽到了以後，當時我眼前一片黑，渾身冰涼，全身會發抖，好像要昏倒，就是忍不住，心想：「不會吧！不會是我吧！」雖然醫生是很親切啦，只是我被嚇到了，根本不知道要問什麼？醫生只簡單的說叫我帶先生一起來做決定，我出來是邊走邊哭的！全身沒有力氣，就一個人坐在門診外面的椅子上，哭了很久，一直哭……我想當時大概有很多人都在看我，用一種奇怪的眼神看我。

回到家裡一直悶在心裡，整個頭好像快爆炸，很漲！很漲！一直在想孩子是唐氏症，滿腦子喊著「唐氏症！唐氏症！……」，好像要被這股不間斷的回音吞沒，整天沒辦法吃東西，到晚上睡覺時更不知如何是好，該怎麼跟先生和婆家人說？人家會不會質疑是不是妳本身基因有問題，那如果說讓我婆婆那邊的人知道，她們是鄉下人吃齋念佛的，都不敢殺生，那又更不懂，她們會覺得娶這個媳婦是不是有帶病，是不是本身基因就是哪裡缺陷……妳會覺得胎兒已經有胎動了，會覺得那是個生命，那這個時候才知道，很難過，真的很難過！後來先生及家人說：「這個小孩為什麼會到我們家來？佛經上講是因為報恩、報怨、討債還是還債；沒有這個關係，他不會來，既然是跟我們家都有因緣關係，是我們家的子孫，就生下來，要為小孩修福。所以，絕對不可以墮胎，不要造這個罪業。」

剝奪的悲傷
——新生兒死亡父母親的悲傷與輔導

雖然如此，每天……那段期間啊，覺得心情很不好，萬一這小孩生下來是個殘障，那不是很痛苦？失眠也會做惡夢，也不知道有誰可以幫忙，因為我一直不敢讓其他人知道，可能是我一直沒有心理準備要生下他吧（唐氏症兒）！所以他也不要跟我們了，怎麼也沒想到他忽然就沒有胎心音……（淚水再次滴落下來……）。

當父母獲知孩子與一般孩子不相同時，無疑地會有極大的震撼（吳武典，1987）。Synder（1979）指出，正常的懷孕如擲出的飛盤所形成的軌道，有一定的規則可循，是可依循預定的時間到達一定的目的地，但是高危險妊娠就無法預期，孕婦對於是否會早產、自身是否安全以及胎兒是否會有潛藏的健康問題都不確定，因此會感到混亂、焦慮與挫折。一般社會的期望是父母親能生下健康的小孩，故新生兒因早產、先天畸形疾病或其他周產期病態原因造成異常時，自得子的喜悅轉至高風險的發生，對其而言，這個期望與結果差異太大所造成的衝擊，是一種驚恐莫名陷入混亂的危機。

當基因檢測被醫護人員告知為基因異常高危險群時，孕婦會遭受巨大的壓力（Lewis, 2002）。國內相關研究顯示，台灣的父母親初次得知胎兒為唐氏症兒時，會有悲痛、驚訝、無法接受、害怕、否認、無助以及失望等情緒反應（黃璉華，1994；蔣欣欣，1997）。蔣欣欣以會談及觀察法，訪談十位母親及六位父親發現，確認唐氏症兒診斷及身體的先天性缺陷後，在震驚疑慮期，父母的心情猶如當頭被打一棒，懷疑是不是診斷錯誤且會獨自哭泣；在掙扎期，包括認為是他人的錯、尋找可以接受的病因、保護隔離、有苦在心口難開、擔心他人的眼光。當父母瞭解到這是事實而且又無法加以改變或補救時，往往會有絕望、無助的感覺，並且追問這孩子為什麼會這樣：「是什麼原因？」「是誰造成的？」開始焦慮這孩子會變得怎麼樣，也擔心這孩子會帶給家庭怎麼樣的影響（王振德，1989）。

孩子尚未誕生，驟聞不幸的父母隨即陷入掙扎與不安當中，一種想要孩子又不敢要、不能要的心情，狠狠地撕裂了父母的心，著實也讓父母無法承受，似乎無論他做什麼決定，都將是抱憾終生的決定。許多研究指出，初獲胎兒異

常，面臨中止妊娠的父母親會出現震驚、否認、憤怒、失去孩子的悲傷、失去母職的挫敗感、自責、焦慮及罪惡感等情緒反應（王雅芬、曾雅玲，1998；王麗玲，1992；吳淑玲、吳惠娟，2004；李幼華、林淑珊、邱致中，2004；杜蕙明，1998；周承珍、李從業、施富金、陳惟華，2002；林淑宜，2000；林雁秋、顏妙芬，2003；師慧娟，2004；郭素珍，1988；陳淑齡，1997；楊玉娥，1996；羅月英、劉波兒、陳鳳櫻，2004；羅黎明，1994；Benfield, Lebis, & Vollman, 1978）。其中最明顯的反應是憤怒和非常強烈的罪惡感（郭素珍，1988；Benfield et al., 1978）。父母會不斷地為自己的遭遇、失落經驗作分析與尋求原因，若將過失歸咎於自己身上，是造成產後的主要壓力源之一。

　　Stierman（1987）研究發現，當父母遭遇此情境時會經歷四個階段的悲傷過程，包括：(1)震驚期：覺得不真實且會出現強烈地否認；(2)尋找原因和思念胎兒：隨之而來的是憤怒，抗議不公平並試圖找出原因；(3)混亂期：充滿悲傷、低自尊或從社會上退縮；(4)重整時期：漸漸調適和接受胎兒死亡的事實（引自李惠玲、林淑珊、張秀能，2006）。因此，面臨初獲胎兒異常的衝擊，父母親可能感受到的許多種感覺，在調適過程中常見的心情反應諸如：震驚、否認、生氣、悔恨、內疚和罪惡感……等，這些感覺都是正常的，而且應被認為是悲傷的過程之一。

一、震驚

　　醫生對胎兒異常的宣判，震驚於不是內心所期望的結果，常是父母身心煎熬的開始，人生原本是一條直線，立即轉彎成了一條拋物線，從高峰直線墜落，並持續下挫，墜入逆境。A父親與太太聽到孩子第21對染色體多了一條，可能有唐氏症，喪失理想中的期待，順境中遭逢突如其來而始料未及，令他無法置信，猶如一聲巨雷打下，被「唐氏症」擊中，覺得晴天霹靂，猛烈來襲，生活瞬間陷入脫序、驚慌、疑惑的處境，他當時的反應：

　　　上班的時候打電話跟我們講，真的是嚇了一跳！然後跟我太太講，是第21對染色體多了一條，我太太聽了就嚇一跳，然後醫生跟我們講說

是不是直接就在Y醫院，尊重我們，這小孩子可能就是有唐氏症，聽了這個消息，晴天霹靂……雖然念書念得很辛苦，但是還算是說念有畢業，然後工作上面也是順利這樣子，一般來講說順境……突然間遭遇這種事情。（A-149）

B母親接獲醫生護士通知羊膜穿刺結果，發現少了一個染色體，只差一、兩個禮拜就六個月，感到很難熬、難過，覺得為什麼會發生在自己的身上。她強調：

羊膜穿刺的檢查從結果到……這個檢驗，差不多要二到三個禮拜，幾乎要一個月的時間，所以等到醫生護士通知我的時候，說結果出來：他們發現少了一個染色體，好像少了一個X還是一個Y我不太記得，少了一個染色體，那時候已經距離六個月……好像只差一、兩個禮拜。那一段時間真的很難熬，我就會覺得……那時候滿難過的，就覺得說為什麼會發生在我的身上。（B-6）

二、不相信

一些被診斷出先天基因異常胎兒的夫妻常會感到很納悶，他們夫妻都很正常，親屬中也未曾有過類似的疾病，怎麼會生下先天基因異常的孩子？基因異常性疾病究竟是什麼樣的疾病？它們是如何發生的？這是父母親所普遍關心的問題。A父親回憶太太懷孕期間頻繁胎動，兩夫妻的健康檢查都正常，將智障與「家族遺傳」及「曾生育異常小孩」等因素劃上相關等號，惡運怎會降臨在自己身上？為什麼會有這種小孩子？讓他費盡疑猜，一直找不到答案，疑惑就一直深藏內心，難以接受這個事實，質疑又摻雜著不安。他說出當時的反應：

那個Alpha胎蛋白好像三百分之一還是說二百五十分之一，醫生說還OK，就是說這個機率應該還OK。狀況也是都很落實，小孩子踢的也是很健康，就覺得怎麼可能呢？我們兩個都做過健康檢查，也沒有一些狀況啊！奇怪？感覺我們好像都OK，為什麼會有這種小孩子？有些父母本

身就有一點點……有些中度智障或輕微智障，他生的很多小孩子就……你看很多這個……南部的那個……媽媽七十幾歲死掉，她小孩子五十幾歲很多那種輕度智障或是中度智障，其實這種基因裡面，牽涉到某一種相關。（A-88）

三、抱持一線希望

C父親的太太懷孕二十一週闌尾炎開刀，二十四週的時候羊膜破裂，因為胎兒還在母體內，考慮孩子可以放在保溫箱繼續成長，覺得還有機會。他陳述當時的情形：

懷孕二十一週的時候，開那個闌尾炎嘛，開刀……然後24週的時候，小朋友還在肚子裡，那我……那時候還覺得說也許可以……說不定還可以保留，因為我們狀況不清楚，雖然那時候羊水已經破了，但是，狀況不清楚，想說也許……到底可不可以在保溫箱裡面，可不可以再慢慢把他養大，因為我不是小兒科，不知道，可能還要問，那時候覺得說可能還有機會。（C-3）

四、尋找胎兒異常的「因果關係」

尋求「真相」，找出「原因」，在父母得知胎兒異常時，總會把問題在心裡問了一遍又一遍，期望在千頭萬緒中尋找答案。A父親找尋胎兒異常的「因果關係」，與其他孩子做比較後，覺得胎動過於頻繁，並把孩子異常與盲腸炎併發腹膜炎注射抗生素做聯想，結果卻是「無以名之」。他難解疑問：

我現在才發覺這小孩子好像有點過動，因為動得太頻繁了一點，相較於我後面的兩個孩子，相較來說第一個孩子動的其實是滿頻繁的。前一年，我有盲腸炎，醫生把我誤診然後變成腹膜炎，住在醫院裡面打了滿多的抗生素，住了大概十九天，我們也滿擔心抗生素的影響，所以我們也是隔得蠻久，大概也是隔年之後小孩子才懷孕，現在想說是不是那

個時候抗生素的影響也不曉得。我的那個……精子可能發育不全或者什麼之類的，這個因素很多，有可能因為精子本身是缺損的，結合生下來的，抗生素的也可能有間接的影響。後來我知道我太太她……舅舅那邊有一個小孩子好像有點問題，那時候也不知道有什麼問題。（A-85）

B母親面對婆婆強烈質疑，要求要找出孩子異常的原因發生在誰的身上，覺得很受傷。她說：

> 在這個期間，我很難受的是……我婆婆還要一直去Find out（找出）這是我的問題還是我先生的問題，那對我來講不管是誰的問題，面對到這樣子的情況，都不是大家願意的，不是說我去做了一樣什麼事情，讓她有這樣的結果，就算說這個事件、這個原因是發生在我的身上，那又怎麼樣呢？今天出來的情況就是這樣子，所以，她的一些做法對我來講其實是傷害很大。（B-13）

C父親認為是太太闌尾炎開刀後抗生素療程不足，且自行提早出院，造成羊膜感染，可能與孩子的早產有關。他談道：

> 那個時候是1995年的……大概是五、六月吧！就是懷孕二十一週的時候，開那個闌尾炎嘛，開刀，然後二十四週的時候，就掉下來了，那時候是羊水破裂，然後感染，然後……生下來的時候五百公克左右，對，沒辦法活下來這樣子，就這樣子啊！
>
> 闌尾炎打抗生素，打了兩天還是……幾乎是第三天，禮拜一清晨開的刀，禮拜三好像是這樣子，禮拜三就辦出院了，完全沒有跟我講，就直接打電話進來跟我說出院辦好了。對，我覺得這個事情離譜了點，所以這個事情，我倒覺得可能跟二十三週以後的流產，就是那種羊膜感染，我倒覺得可能會有一點……我一直覺得這可能會有一點相關，當然不是一定相關，可是我一直覺得好像有點相關。（C-43）

D母親懷孕期間沒有任何禁忌，家人也沒有拿這個來質疑過，認為流產原

因要用科學的理由解釋。先生後來查詢相關文獻，發現婦女盲腸炎開刀後，流產的機率很高，原因不明。她闡述：

> 我先生後來有去找一些那個論文、文獻去查一下，他後來有說：「婦女發生盲腸炎開刀之後，流產的機率其實很高的，就是會有這種事情發生，沒有任何道理的這樣子。」我懷孕的時候沒有任何禁忌，拿剪刀、拿針線、別人敲釘子啦，我一概不忌諱，因為，我真的覺得那是很不科學的想法，所以我流產我絕對……我也是要找科學的理由去解釋，所以我不可能，我不會去往這方面想說：是這個原因這樣子。那別人……至少我的家人也沒有拿這個來質疑過，我媽媽可能比較不一樣，因為我媽媽是本省人，一般來說，外省人比較沒有一般的禁忌，我媽媽……不過我媽媽也沒有特別的在她……她對於懷孕不能……要遵守的禁忌，她也沒有提起、提醒。（D-54）

I 母親回想受孕前期，先生剛體檢完，推測可能與 X 光輻射或是自己感冒吃中藥有關：

> 我記得那天剛好是排卵日，我們沒有特別避孕，前一個星期先生剛好公司做體檢，健康檢查照 X 光，會不會是輻射線引起的精子異常，孩子才會基因有問題？還是我之前懷孕時，感冒咳嗽咳得很厲害，吃了一陣子中藥，會不會是中藥有問題？（I-11）

五、可惜

C 父親對於太太送到醫院後，無法保住胎兒深感可惜。他說：

> 我當然會覺得……我太太剛送到醫院的時候，覺得是滿可惜的。講起來，本來就還好，當然還是可能有，但是，後來就會放掉更多，只是，最後剩下，有時候會覺得說好像……還是會覺得說有點可惜這樣。（C-25）

六、難過悲傷

B母親初次懷孕，加上明顯胎動生命感，期盼孩子的到來，對於要結束孩子的生命無法見面，感到不捨、難受。她表示：

> （眼眶紅，流淚）那⋯⋯當然是很難受，因爲第一次懷孕，那個過程我有感覺到她有胎動，就是一個生命，然後一直覺得說，ㄟ⋯⋯很期盼、很期盼這個小朋友，就好像覺得說，很不捨說你要結束這個生命，你不能跟她見面，這種心情是很難受的。（B-8）

D母親結婚三年經過努力，已經二十三週得來不易的孕育，又是男寶寶，對孕育的失落感到非常難過婉惜。她說道：

> 那時候孩子是二十三週，因爲我是結婚三年後才懷⋯⋯我想⋯⋯結婚三年，對！才懷到那個寶寶，一方面當時又是一個男寶寶，然後之前也沒有想說要這麼久，才生小 baby。所以，後來有經過一些努力，而且也是好不容易才有那小孩，而且都已經到二十三週了。心情的確是非常⋯⋯很難過！很難過！非常非常難過！一想到可能就會哭這樣子。（D-8）

七、自責

D母親覺得放棄保留一個有呼吸、有心跳的孩子，感到自責，對不起孩子，是很困難的決定，覺得孩子早產會不會與自己堅持三天出院有關，如果繼續在醫院打抗生素是不是事情就不會發生。她這樣說：

> 還有一些⋯⋯自責的情緒，比方說：「我爲什麼一定要堅持三天就出院？我有繼續在醫院打那個抗生素是不是就不會發生這種事情了？」妳放棄不要保住這個寶寶，其實也是一個很困難的決定，因爲他其實是有呼吸、有心跳的，然後，就是覺得很對不起他、很自責。（D-13）

八、罪惡感

　　生下先天缺陷孩子母親的壓力源，有孩子身體狀況及異常原因歸罪於自己兩方面，對於無法生育下正常新生兒會產生自責與罪惡感（程子芸、陳月枝，1998），而出現覺得未盡母職、愧對胎兒及產生情境性低自尊的罪惡感。

　　D母親懷孕二十週，因為盲腸炎開刀，認為是小毛病，住院太久也不舒服，且過程順利，雖然先生及其他家人認為應該繼續住院抗生素治療，她依然執意出院，經過主治醫師認可，回家修養後就上班。突然破水，雖然有做細菌培養，但是無法證實盲腸炎細菌感染與孩子的早產有關，若能證明不是自己的錯，罪惡感就會減少一點。她說：

> 　　大約是二十週就得了盲腸炎，因為……我一直認為盲腸炎根本是一個小毛病，我也不希望……我們不要在醫院住太久，所以我記得第三天，我就說我要出院，開盲腸炎的過程很順利，那……我先生還有很多家人就說：「幹嘛這麼早就要出院？」（笑）應該點滴要繼續打……要繼續……點滴既然繼續打，應該就會繼續用抗生素啊……我自己就執意說我要出院，我的感覺就是說：「一般人你開……年輕人你開盲腸炎叫他三天就出院，我們幹嘛要住那麼久？」而且，真的住在醫院裡面也不是很舒服……我就問主治醫師，他就說：「可以！可以出院，回去改成用口服的。」那主治醫師都這樣講了，其他人也沒有什麼理由反對，所以後來就回家，休養就上班。（D-3）

> 　　到底是不是因為盲腸炎細菌感染很難講，連醫生他們都沒有辦法做這樣子的確定，因為其實……盲腸炎開刀之後都很好，都沒有問題的，有一天突然就這樣破水。所以，我記得他們好像有去做那個培養吧，可是……好像還是不能證明說是不是與盲腸炎有直接的關係。但是這件事情就是一直讓我很自責，因為沒有辦法證明，今天能夠證明不是我的錯，那我可能罪惡感會少一點。（D-43）

初獲胎兒的健康出現問題，對父母而言，是即將失去期待中的小孩，情緒反應會受到挑戰，許多研究如王麗玲（1992）、杜蕙明（1998）、陳淑齡（1997）、楊玉娥（1996）、羅黎明（1994）、Benfield 等人（1978）都指出，接受終止妊娠產婦的悲傷過程，常會有震驚的情緒反應「爲什麼是我？」並開始尋找胎兒異常的因果關係。在不斷的回想與重整中，有助於悲傷歷程的進行，然而面對長輩追根究底的壓力，身爲孕育胎兒的母親無法對長輩說明清楚時，所擔負胎兒不健康的雙重壓力，更覺受傷。在本書中，受訪父母在尋求胎兒異常的原因時，均以醫療之診斷爲主，未出現觸犯胎神的說法，與羅黎明研究結果一致，但若是因自己不當的行爲，或該注意而未注意致造成這樣的結果，父母親就會有更深的自責與罪惡感。

結　論

懷孕及生產對許多婦女來說，是一種模糊不清、複雜性的感受，面對許多不可預期的生理、心理改變，可謂憂喜參半，特別是初次懷孕時的一無所知，既有喜悅、滿足等正向情感，也有擔憂、焦慮等負向情感，在從懷孕到成爲母親的轉變過程，她們所需要學習的知識，生理以及心理的調適，都是一段漫長的路程。

尤其「抉擇」於生命雖將面臨死亡，但生命仍要生出，眾多不可言說，尋無答案的衝突，是父母親以及胎兒生命與死亡殘酷困境的兩難關聯，同時伴隨而來嚴厲的道德批評與指責，以致於這些父母親得要默默地忍受從高峰直線墜落至谷底的痛苦，默默地承受必須做選擇的悲慟，其所承受的壓力非比尋常，而及時介入提供這些父母親心理和醫療專業的支持與鼓勵，更是不容忽視，以幫助其面對懷孕的過程與危機。

練習一

1. 談談您懷孕前的生活狀態，夫妻雙方對於生育計畫有哪些相同或相異的看法？如何處理？

2. 您為了懷孕做了哪些準備？在懷孕當時有什麼力量支持您？

3. 除了懷孕這件事外，您在生活中還有哪些壓力？

4. 您是在什麼情況下懷孕？

5. 當您懷疑自己懷孕時，有哪些想法與感受？

6. 您最早知道自己懷孕是什麼時候？

7. 當醫師告訴您確定懷孕了，您當時的想法與感受是如何？

8. 配偶知道您懷孕的反應如何？公婆與娘家親人知道懷孕的反應如何？

9. 請談談懷孕對您造成了什麼樣的影響？

10. 在孩子出生前，您有參加任何產前課程嗎？

11. 請您談談懷孕後的自己有沒有什麼改變？

12. 您是否感到跟胎兒的親密感的連結關係？如果是，請描述您的感受是什麼？

13. 您如何稱呼肚子裡的胎兒？

14. 請您談談產檢的情形如何？接受羊膜穿刺術的原因與感受是什麼？您對生產有何看法？

15. 請您談談您先生及家人對於羊膜穿刺術的看法及態度是什麼？什麼是您最大的支持與壓力？

16. 請您談談知道羊膜穿刺術的診斷異常結果及過程，您的感受是如何？出現哪些情緒？您是如何面對的？

17. 羊膜穿刺術的診斷結果對您帶來什麼影響？這些影響您是如何處理的？

18. 在人工流產之前的那段時間，您經歷到那些身體上的變化？

19. 寫下您決定中止懷孕的理由……。

20. 中止懷孕這段期間的心情與問題，您會跟其他人分享嗎？為什麼？

Chapter 4
悲慟的選擇

彷彿尚未蛻變為蝴蝶的蛹，

還來不及在天空飛翔，

一段生命即將結束。

～摘自〈死囚的告白〉（陳文海，1999）

壹、難以承受的告別：生命不再值得活下去！

　　生兒育女是人類最基本的慾求與需要，創造生命是喜悅的，儘管大部分的孕育都會得到與懷孕中一樣的預期，產下四肢健全、哭聲宏亮、正常而健康的嬰兒；但畢竟有些新生兒並不是那麼幸運，總難免面臨一些無法根治或有效治療的疾病、強暴受孕、未成年少女懷孕、早產兒、畸型兒、亂倫或弱智……等。於是，當父母親得知分娩的胎兒有致命的問題，胎兒的健康或安全因此受到威脅時，如何「選擇」與「適者」的判準並沒有絕對，會遇到很多從來沒有考慮過的決策，頓時生活失去了控制，父母的疑慮是「一個未知的未來」，此種失落是一連串的困難和困惑，這些家庭被迫去思考一個最殘酷的問題：人工流產、墮胎與引產。本章中我們希望可以藉由父母經歷早產失落及胎兒基因異常，保留與捨棄抉擇擺盪，所引發倫理的問題，讓社會大眾瞭解不同父母的困

境，以及科技運用在產前篩檢技術上所面臨的問題與挑戰。

（案例）三胞胎全帶原，地中海貧血夫妻中止懷孕

　　一對同時帶有地中海型貧血隱性基因的夫妻，借助生殖科技做試管嬰兒，一次懷有三胞胎，妊娠十一週透過絨毛採樣，卻發現三胞胎全都有重型地中海型貧血，求子多年的恩愛夫妻，只有忍痛中止懷孕，切斷惡性遺傳疾病的糾纏，據報載：

　　一對夫妻，倆人在婚前就知道雙方都是地中海貧血基因帶原者，由於彼此深愛對方，克服困難結婚，婚後一年半始終無法受孕，一檢查才發現是女方子宮內膜異位，手術後沾粘。兩人爲孕育自己的下一代，做了三次人工受孕，仍是沒消沒息，最後找上台中榮總婦產部生殖醫學科嘗試做試管嬰兒。在完成受精卵胚胎後，醫生建議他們在胚胎植入子宮前接受著床前檢測，先排除重症胚胎，倆人不信邪決定賭一賭。後來胚胎成功著床，當醫師宣布是三胞胎時，夫妻倆雀躍之情溢於言表。只是在懷孕十一週時做絨毛採樣，結果發現三胞胎全是重型地中海型貧血，兩人情緒頓時由喜轉悲。在十三週時，決定忍痛施行人工流產手術。（摘自 Taiwan Today News Network，2005）。

　　看完了案例的故事，會發現，在利用生殖科技求子的過程中，會面臨更多的心理壓力與抉擇，尤其對於「不孕症」夫妻而言，更是猶如晴天霹靂般的衝擊。人的一生，往往要做出很多決定，特別是有「風險」的決定，這些決定到底是自由意志嗎？很不幸的，傳統文化、社會律法強加在個人身上的種種束縛，人會不由自主的屈從於一個權威，看似安全的選擇。墮胎是個古老的話題，此種死亡控制權，似乎代表了社會和他們的家庭爲這些生命貼上「不值得活下去」的標籤。保留與捨棄牽涉著胎兒生命權與父母親自決權及人性尊嚴之間的衝突，雖然隨著醫藥的發達危險性日益降低，但爭議卻愈來愈高，因爲它牽涉人權、生命、人口、道德、經濟等各個層面，從不同角度就有不同的問題和答案。

　　反墮胎人士認爲，嬰兒也應該有生存的權利，特別是婦女在懷孕的晚期，

嬰兒已經成形，墮胎無異於殺人。除罪化將法律規範之犯罪行為，透過立法程序（如《優生保健法》第9條將大部分墮胎行為除罪化）將其排除在刑罰處罰之外（許福生，1999），讓社會制度有更充足的理由，把基因異常的孩子拋棄在世界運作之外，打造生命文化的另一條路，將倫理典範轉移。

　　我們的社會「約定成俗」一直都在做「選擇的生命」，以「投資—報酬率」的模式選擇優質的生命一起寫生命劇本，社會、家庭的生活價值優於孩子的生存價值；生命投資的損益比較，忽略生命「本質」而著重在「痛苦—放手」之間做抉擇，「那樣的小孩，以後會不會是智能不足？留下很多後遺症？別人異樣的眼光？後遺症及復健的經濟負擔是難以想像的，社會成本要負擔多少？孩子本身也很痛苦，必要時還是要做抉擇、要放手」（黃菊珍，2004：25）。

　　選擇性墮胎原因大致有三：醫療因素、法律因素及社會因素，台灣之社會文化背景對於遺傳疾病之刻板印象，意涵著這類胎兒的素質較低，可不必被生下來，具有歧視的暗示及示範，以致臨床上產前遺傳檢測之異常結果引發個案或其家庭倫理之困境。早在二次世界大戰之後，世界上許多國家基於人權、人道而屏棄這種優生的思考模式，目前在亞洲，如：中國大陸及台灣等，依然維持優生的人口政策。

　　胎兒的存活與否，父母是最大的受益者或情感和經濟的最大承擔者，對於重大缺陷的新生兒，部分學者反對僅由父母做出關於孩子的生死抉擇，論述如下：Avery指出，父母會感到強烈的內疚與痛苦；Fost認為會引起父母極大的焦慮與壓力；Stahlman說明父母處於驚嚇之中很難理解孩子的病情真相，影響思考和理智的判斷，且醫生的主要義務是促進病人的利益，而父母並不知道什麼才是對嚴重缺陷的新生兒是最好的。因此，對嚴重缺陷的新生兒做出生死抉擇時，父母應該是最後決定者（引自邱仁宗，1988）。吳淑玲、吳惠娟（2004）和李惠玲等人（2006）研究發現，引產婦女會出現情境性的低自尊，其原因與孕育先天異常胎兒，對失去期望中母親的角色無法調適，無法達成母性任務有關。Mourik、Connor、Ferguson與Smith（1992）指出，從生理的角度而言，當母親孕育的胎兒有先天異常時，會失去自尊；從道德的角度而言，因為不得已須選擇終止妊娠時，亦會失去自尊；由社會觀點角度來說，若不能成功

渡過悲傷，將導致失去自尊（引自李惠玲等，2006）。

由此可知，胎兒異常或面臨胎兒死亡時，像是墮胎、引產這樣的事，是一種「無法選擇的事件」，因為很少會有人自願選擇失去所愛的人，預期性的死亡陰影會使得婦女及配偶感到無助且不知所措，承受相當的衝擊。本章將就其過程中影響父母親的決策因子，以及可能遭逢的難題和困境，以醫學倫理學角度探討，醫療界在懷孕中後期實施引產墮胎相關的倫理學思索，選擇生命發生與終結形式的判準資格（如：《生育保健法》草案、胎兒之生存權與醫學之倫理問題、孕前諮詢等），提供參考。

貳、保留與捨棄抉擇擺盪

許多研究發現孕婦在終止妊娠手術、引產前，會面臨失去胎兒與自己安全取捨抉擇的兩難矛盾行為，而出現身、心、靈的煎熬（王慧蘭，2001；李惠玲等，2006；林淑宜，2000）。蔡金拉（2004）研究發現在非預期懷孕下，母體若對生命有明確的意識或具體的認同，就會極力維護胎兒的生命；引發母體面臨墮胎抉擇的問題，包括：「危機事件」，如母體生命受威脅、胎兒不正常；以及「社會因素」，如未婚懷孕、經濟壓力、婚姻危機、家人對胎兒不當的迷信等。胎兒異常的結果對母親而言是骨肉相連的難捨；對父親而言是以理性的觀點取捨血親之親，以家庭、經濟與社會負擔等因素，作理性的考量（孫瑞瓊，2001）。

因此，明知自己未出生的胎兒在出生之前或出生後不久即將死亡，「生死一線間」抉擇的感受是刻骨銘心的，父母面對遺傳檢測異常結果而做出的生育決策，必須親自決定以人為的方式引產墮胎終止胎兒的生命，胎兒的生命彷彿掌握在自己的手裡，必須以很殘忍的方式，決定孩子是否可以留下來，具有生死決裂的烈性本質，可能會受到家庭、宗教信仰、醫療政策或社會文化價值系統的影響，保留與捨棄抉擇擺盪會在整個墮胎引產過程中不斷出現，其壓力不只是單純地直接來自於異常子女，還須額外處理來自其他家人（例如：配偶、公公、婆婆或娘家父母親等人），及周遭他人（例如：醫護人員）所引發的種

種壓力，在敘說的過程裡，看見「生的理所當然」走向「死的必然」人間決裂的樣貌，保留與捨棄孩子抉擇原來是一體的，只隔著「診斷結果」薄薄的一層紙，相遇在這同一條生命通道裡。

一、迫於時間無法做複檢決策

初次診斷胎兒異常，夫妻或其家人未必信服，他們希望結果會不同，可尋求第二個意見，但往往迫於時間無法做複檢決策。周承珍等人（2001）研究母血篩檢唐氏症陽性孕婦面對羊膜穿刺術的決策過程，發現個案缺乏羊膜穿刺術的相關訊息與決策時間的不足。懷孕二十四週內可以合法終止妊娠，但懷孕超過十二週以上，胎兒視同有生命，除非是對母體有重大影響，或胎兒有嚴重畸形，才可以在二十四週以內引產（《優生保健法》施行細則第15條摘要）（行政院衛生署，2002）。Lewis（2002）研究發現，很多婦女不知道常規的基因篩檢可能是一連串診斷性檢查的開始，和需要在短時間內立即下重要的決定，包括是否接受診斷性檢查或者決定是否終止懷孕。林佑樺（1999）認為，孕婦在面對胎兒染色體異常造成原因，引發其不確定感之相關因素有：身體不舒服症狀、懷孕過程與胎兒異常時治療的一致性，以及個案支配能力有關。

A父親想要抓住一絲希望，尋求複檢機會，再一次確認胎兒異常的事實，讓自己安心，卻遭到醫界和法界的權威單位回絕，礙於引產的時間受限刻不容緩，體認了自我抉擇的迫切性，無助地掉入了生命赤裸裸的現實中，進退兩難，失去控制，只能當機立斷「快速的做決定」。他經歷強烈的失望、與期望不符的無力感與失控感，在資訊不足的情況下，質疑二十五週之後不得引產，更對於這個時間的限制點，造成心緒的迷團交錯，認為羊膜穿刺可以更早做，有複檢的機會，避免醫療上誤判，他遺憾的敘述著：

> 孩子二十三週已經太大，醫生說：「過了二十五週之後，依照健保的規定，不得做早產。」這個時間點很重要，我們本來很擔心，是不是花錢再做一次羊膜穿刺，再到另外一家醫院再做檢查再做一次，可是時間點已經不允許，因為醫生也跟我們講：「再做一次，二十五週過去的話，就必

剝奪的悲傷
——新生兒死亡父母親的悲傷與輔導

須要保留這個小孩。」我不曉得是不是一定是這樣？這個也是我存疑的一個部分，如果說只差一週的話，有沒有可能做第二次？如果能夠做複檢，我寧可做複檢，因為我怕……擔心，比較安心啦！覺得有必要性……可是時間來不及。後來才發現羊膜穿刺可以更早做，如果真的有問題的話，家屬還有機會去做第二次，避免醫療上的疏失判定。（A-40）

二、面對傳統的壓力

西方社會個人主義觀點下的生育權，到了東方社會似乎變成了生育義務。傳宗接代為漢人婚姻觀主要概念，婚姻的目的主要是擴大家族與繁榮子孫，所以女子在婚姻上最大的任務，即是為夫家生養男嗣，以傳承宗嗣，延續香火，一代傳一代而生生不息，所以生殖崇拜處處可見。古云所謂：「有錢無子非為貴，有子無錢不算貧，窮子自有翻身日，有錢無子是虛文，三十無子平平過，四十無子冷清清，五十無子沒人敬，六十無子斷六親，老來無子真是苦，更比黃蓮苦十分」（引自農曆諸神佛誕辰千秋表，2007），強調「血親」有子萬事足，認為生子比一切的事業財富更為重要，若無法完成此任務「負起宇宙繼起之生命」，女性將比男性承擔更大的壓力。

男嗣偏好乃傳統中國家系傳承觀念的核心（莊英章，1985）。李亦園（1978）指出，中國家族是「父系家庭」（patrilineal family），家系的傳承是依照父傳子的男性一線承沿而下。在中國人的心目中，強調「多子多孫，多福氣」、「有子（女）萬事足」的傳統迷思，強調「為人父母」的社會意義，個人的生命是祖宗生命的延續，有責任將家族繁衍當作至高無上的生命任務的觀點，不難看出台灣社會將婚姻與生育合而為一，傳統生育觀念深植人心。因此，盡力維持家族的存在與延續，是家族重要的生活目標之一，且生育往往不是只有夫妻倆的事，而是整個家族的事。

B母親認為先生是長子，長孫對傳統家庭而言非常重要，充滿期待，面對傳統的壓力，她說著她的心情：

　　婆婆家給我的壓力，他們都覺得因為我先生是長子，長孫對他們來

講非常重要，然後他們也很期待這個小孩子。（B-9）

　　D母親覺得好不容易懷孕，做羊膜穿刺得知是男孩，家裡阿嬤期待男生，一般婦女可能也會有很大的壓力，她說：

> 先做了羊膜穿刺，只知道說是個男生，雖然我對男生沒有什麼……但是他們家裡面有一個阿嬤，還是比較希望是一個男的，我會覺得很可惜，真的是很可惜！後來就……好吧！慢慢……很快的就做出決定：不要保住那個寶寶。（一般的婦女可能會有很大的壓力，她明明好不容易懷孕了，而且是一個男生，她會……可能壓力更大。）（D-67）

三、面對長輩的責備與壓力

　　在中國傳統社會存有根深蒂固「傳宗接代」的觀念，女性背負生育責任與壓力，無法順利懷孕生產之婦女會遭受社會更多的譴責與身心壓力（李淑杏、郭碧照、黃梨香、李茂盛，2000；陳淑，1995）。由於集體主義的文化導向，生兒育女往往女性不得自主，家族的壓力使得現代台灣婦女比西方婦女承受更多來自公婆的壓力，婆婆被意識成支配者角色，媳婦則被意識成順從者角色。懷孕、生產是女子特性的根源，婦女與其夫家家人關係是處於附屬的地位，同時也有著被壓迫、無權和負面的經驗，她們在夫家的地位常仰賴其是否成功地生兒育女而決定，此經驗會引致女性的自我感受損，這種文化建構的壓迫面在於沉默和隱秘，尤其台灣自開墾以來，由於經濟貧困，孩子更為開墾之首要條件，即使目前在經濟各方面都相當的現代化，然而傳宗接代依舊是家庭生活的核心。

（一）婆婆怪罪，內心煎熬

　　B母親面對婆婆到廟裡求神問卜，不相信孩子異常的事實，藉由宗教的力量來尋求奇蹟或支持，產生責備與逃避的想法，認為是醫師診斷錯誤，要求再重新做羊膜穿刺確認，她除了要承受情緒上的悲慟以外，還要面對婆婆挑起的強烈反應和批評、責怪及衝突感到委曲及痛苦，內心的百般煎熬，難以承受，

媳婦及公婆間的權力糾葛被呈現無遺,她這樣說著:

> 我婆婆那時候鬧得非常厲害,然後還跟我講:「她有問神、ㄅㄨㄚ
> 杯(擲筊)……問神ㄅㄨㄚ了三、四次,神都跟她講說,是醫院弄錯
> 了。」類似這樣子,很不可理喻,為了要讓她……不要阻力這麼大,她
> 還要我去做另外的檢查,你知道做羊膜穿刺檢查的時間,一次就要一個
> 月的時間,那時候孩子已經快要六個月了,如果我再做一次羊膜穿刺,
> 再等到結果出來,她已經快七個月,小孩子會愈來愈大,而且只要去檢
> 查,醫生就會用超音波再看一次,我就必須要再看她在我肚子裡面的情
> 況,又再記一次……我那時候除了要去控制自己承受情緒上的這些悲慟
> 以外,還要有一個力氣去面對他們家人所給與的阻礙,對我來講是非常
> 的難受,甚至我婆婆會怪我為什麼……她覺得都是因為我的關係,如果
> 說不去做這個羊膜穿刺不就沒事。(B-10)

(二)衝突起伏,尋求和諧

B母親在事情發生後與公婆相處容易產生衝突,家庭和諧關係的失落,生活上容易產生摩擦,觀點有所差異,會用放大鏡看待事情,而多一分敵意;先生角色尷尬,難以中立支持,勉強溝通會產生很大的衝突,待第二個孩子出生後即搬出來,尋求和諧。她說:

> 這個事情影響到……我先生還有婆婆,就是我夫家互動的關係,有
> 些事我沒有跟他說,這些事情如果跟我先生講,他的反應……會比較不
> 中立,可能因為那是他的家庭,他的角色非常尷尬,我跟他溝通會產生
> 很大的衝突。當初我也試著要溝通,把心裡的不愉快跟他講,但是,因
> 為那是他的媽媽、是他的家人,所以,他不覺得……他完全沒有站在我
> 的角度去想,他只是覺得那是他的家人、他的媽媽,就是站在他們那
> 邊,讓我覺得沒有被支持。

> 我本來跟我公婆一起住,但是這事情發生了以後,因為你對這個人
> 有不好的感覺以後,在生活上面就會有一些衝突、摩擦,相處起來……

在一個屋頂下，不再像以前這麼樣的和諧，對這個人、事、物的看法，就已經不是像以前那樣，可能會用放大鏡，可能多一分的敵意。後來我就跟我先生溝通要搬出來的事，經過了一番漫長的時間……等到後來再一次懷孕後我那小 Baby 剛生出來的時候，我才搬出來。（B-34）

　　中國文化傳宗接代的壓力，何時扮演母親的角色任務，女性常常受到提醒，承受身體、情緒困擾、角色期待與輿論的壓力，視懷孕生子為自我實現的目標，隨著時代潮流的步伐，觀念並沒有隨社會快速變遷而突破。除此，家庭內的悲傷型態，包括了個別家庭成員在家人的相處及親屬社交的場合中的相互作用，每個成員都有其自己的方式來看待死亡相關情境的態度及儀式，可能因表達失落、悲傷及哀悼方式不同而彼此影響，而造成關係的衝突與疏離。

　　家族勢力介入，指責可以比刀刃還要鋒利，劃下的傷口更深，B 母親受到婆婆強大反對與指責聲浪的拉扯，深陷陰影，難以釋懷，可以想見；被嚇壞了的孕母，不僅要同時處理自己的震驚、憤怒和難過等複雜情緒，又要應付家族壓力。由此可知，即便台灣社會雖已展現了現代化開放程度，傳統觀念漸趨式微，不少婦女仍然面對著來自各方對其生兒育女的期待，比西方婦女還承受更多從公婆或自己父母來的壓力，「是不是由媽媽造成的？」而把「孕育」一個有缺陷的小孩是母親的責任，傾向將「罪責」放在母親的身上，面臨引產的威脅時，母親內心已充滿不確定感、愧疚感，再加上家人一再阻擋、責難、再確認之脅迫，與質疑其墮胎決定正確與否，內心的掙扎與壓力更是直線攀升，雪上加霜。

　　女性是生兒育女生育角色的主體，在原始的認知和情緒層次上來看，母親和胎兒具有融合在一起的經驗，就如同和胎兒合而為一的意象，一旦面臨胎兒異常必須引產捨棄的威脅時，本來與肚子裡有個孩子的共生狀態，瞬間就要分離斷裂，被剝奪溫暖而親密的情感連結，身不由己的失控會感受到痛苦和悲傷，應變策略上不由自主表現出與胎兒既接近又抗拒母性的行為，害怕愈親近愈受傷，會防衛性的逃避依附，刻劃出母親內心強烈的衝突，這類「母愛的變貌」情緒情感的傷害和創痛經驗是深刻而持久的，除了要調適矛盾依附的情感

剝奪的悲傷
——新生兒死亡父母親的悲傷與輔導

外，還因此而承受比先生更多的壓力與指責，影響未來的婚姻發展，甚至有些婚姻因此不幸而陷入危機。因此，對於周產期新生兒死亡的父母而言，支持系統在悲傷調適歷程中是不可或缺的。

四、徵詢家庭成員的意見

家庭是支持子女的主要來源，同時也是子女學習建立關係與社會化的第一個場所（Hill, 1995）。Bray（1990）研究指出，因為重視人際關係的緣故，中國婦女在考慮墮胎時，大多會顧及家人的反應，較少個人的意見（引自張珏，1992）。黃君綺（2001）研究認為，墮胎的婦女會顧慮家人及配偶的反應，也擔心墮胎的危險性，會出現許多不安及無助感。傳統中國人的社會取向特徵是權威取向，其中一項表現在思想專制，家人必須以家長的意志為自己的意志，以家長的是非為自己的是非，以絕對服從為前提，不能有個人的意志或思想（王玉波，1989）。因此，在意見與行為上儘量順從別人，避異求同，唯有如此，自己與他人才能相互平安，免除紛爭。

同時，中國人對他人的意見特別敏感，可能原因有三：首先，在傳統中國社會內，一般民眾遇事情大都缺乏自己的確定見解，為了能切實理解個人的感受或看法，以便進行社會比較（social comparison）；其次是中國人大是心無主見，亟需得知別人的有關意見，以為自己行動的依據；最重要的原因或許是即便自己有自己的看法，但深怕受到別人的批評，亟需得知別人的有關意見，以確定自己的看法是否完全，必要時，可據此滅異（或去異）存同，消極的避免得罪他人或受人批評，積極地獲取他人的接受、承認及贊同，達到保護自己的目的（楊國樞，2005a）。

當個體處於驚嚇錯愕後，覺得問題太大超過個人能力所能解決的範圍時，這種「自由抉擇」的意識會使人感到不安全，感到孤獨和恐懼，害怕選擇錯誤，產生更多決策的焦慮，緊接著會在心裡頭浮現「怎麼辦？」的聲音，「不知道什麼是對的？」是一種失去憑藉的無依感，當內心充滿沒有答案的困惑，茫然不知所措，不知該如何踏出下一步，陷入進退無據的兩難處境時，迫切需要緩衝「打擊」，挫折與昏亂會迫使人逃避，把痛苦加以排除，同時也把伴隨

著這個痛苦的自我加以排除，因為在難以抉擇的形勢下，個人往往不相信自己
會作出正確的抉擇，而想要別人為此事負責任，合理化自己的行為。

有時候選擇徵詢家庭成員的意見顯然是比較容易暫時得到解脫，而且也是
延遲去面對問題的好方法，在承受巨大壓力的艱難時刻，我們習慣偽裝自己、
遮蔽自我內心真實的情感，扮演別人所期待的角色，而無力做真誠的抉擇，因
為我們害怕真誠抉擇的後面，要獨自面對自我卻不是一件容易的事。因此，嚮
往自由，卻又逃避自由。

Ａ父親處在驚嚇情境，在自己不能決定自己的徬徨失措中，困惑無助，需
要知道怎麼去做，對他人的建議往往也只有採納與屈服，成了重要的依歸。他
與姊姊討論尋求理性判斷，姊姊以他人例子設身處地的勸說，拖延將增加引產
的危險性，留下孩子後續社會家庭承受的壓力，擔心孩子治療預後情形，是一
種並不全然明白接下來的日子會怎麼樣的未知，一切已經不再如昔般確定，一
個不健康的孩子所隨之而至的是包含經濟的、照顧的、精神的、事業的等等壓
力，加上岳母及太太亦趨於捨棄，處於保留與捨棄抉擇的掙扎，他敘說著無力
扮演拯救者或問題解決者，當下不知所措的心情：

> 我們家兄弟姊妹很多，我排在中間，就把這個資訊跟我姊姊講，因
> 為家裡面，我姊姊比較會有理性的判斷。那時候心裡也是蠻掙扎……我
> 二姊就直接跟我講：「這個小孩子，最好是不要。」她以前有一個同事
> 也是這樣子，懷孕八個多月……不小心有發生車禍，昏迷休克，醫生也
> 是跟她講說：「妳這小孩子有可能因為缺氧的關係腦部會受損……」最
> 後，孩子已經超過八個月蠻大了，再來做引產危險性又更大，後來他們
> 還是決定小孩子不要，主要是考慮後續整個家庭、社會承受這種壓力。
> 我丈母娘一聽到這個消息，她也是說：「小孩子最好是不要，不要再留
> 下來。」我太太這方面她也是滿迷信的，既然大家心裡面有這種想法，
> 那就做這樣的決定。（A-31）

對Ｂ母親而言，當醫生第一次宣布孩子基因異常，就已下定決心不留下孩
子，先生站在支持的立場，為了讓婆婆安心，也只有採納與屈服。她到三個不

同的醫院再次檢查，每一次都要重新述說、經由超音波再看孩子，再度與孩子產生情感連結，她實在無法承受這樣的割捨，認為後續的複檢一次、傷害一次，是一種折磨。她辛酸的話語：

> 每次到了一個醫院，我就必須對醫生重新再講一次我的情況，我就重新要再聽一次醫生跟我說我的baby是怎樣怎樣的情況，對我來講，每聽一次，我自己的心……我的傷害就愈大，我只要去檢查，醫生他就要用超音波再看一次，我就必須要看她在我肚子裡面的情況，又再記一次。

> 我一共看了三個不同的醫生，跑了三個不同的醫院，這一切都是因為我婆婆的關係。早在我第一個醫生給我診斷報告是這樣，而且我是在大醫院不是診所，所以在第一次的檢查報告出來以後，我就決定要怎麼做了。後面那一些都不是我想要，而且對我來講是一個折磨，不留這個小孩子，還好我先生一直都有支持我，只是他沒有辦法拒絕他媽媽說不讓我去別的醫院做後面的這一些檢查。所以，他就跟我講說為了讓他媽媽安心。（B-14）

D母親對於先生建議不要保留孩子，覺得很捨不得，她這麼描述：

> 先生他也是告訴我說：「不要保這個baby了啦！」就這樣好了，那……考慮了一下，對呀！情感上是覺得很捨不得啦！（D-5）

五、母親的平安與健康最重要

古代形容婦女生產如「一腳踏在棺材內」。一旦被診斷為高危險妊娠，不但孕婦與胎兒安全陷入危機，其丈夫亦遭受極大的心理壓力（Maloni & Kutil, 2000）。在歷史上從醫學實踐或是倫理觀點，母親的生命總是被認為比胎兒的生命重要，所以引產救母是一個社會長期的傳統（邱仁宗，1988）。

C父親站在自己是醫生專業的判斷，太太出現發燒菌血症的症狀，評估孩子的保留已經不是首要選擇，母親的平安與健康最重要，基於保護母親的理由，擔心胎兒預後問題，只有忍痛割愛，建議母親終止懷孕。他深層內心世界

的心聲：

> 媽媽自己就是發高燒攝氏39度多，有發冷，當醫生的就知道那個是
> 有菌血症的現象，那時候的想法馬上就改變了，就覺得總不能媽媽也出
> 問題啊！媽媽要確定完全沒有問題，那這小孩子就已經不是那麼重要的
> 考慮了。因為我是醫生啦！所以我會注意一些東西，就是媽媽的那種菌
> 血症的現象，我馬上就是設定：只要媽媽沒有問題就好了，媽媽千萬不
> 能有問題。（C-23）

六、信任的醫療專業權威

醫主權（Paternalism）字面的原意是「父權」，意指「關心式的介入」，也就是具有影響力之相關人基於愛護之理由，為當事人決定或安排事情。醫療人員在遺傳檢測的過程中，扮演醫療資訊傳達的重要角色，所以民眾在做決定時，常常會依賴醫師的建議（蔡甫昌，2000）。適當的醫主權表現是醫師在病人同意下，或在病人無法表示意見的緊急情況下，藉著「臨床診斷」給與「協助性的建議」，以病人的最佳利益為前提，根據醫療專業為病人作出治療與建議。

《優生保健法》第11條提到：「懷孕婦女施行產前檢查，醫師如發現有胎兒不正常者，應將實情告知本人或其配偶，認為有施行人工流產之必要時，應勸其施行人工流產。」這種情況於1980年代後期，胎兒基因篩檢技術進步後，更形強調人工流產的必要性。譬如醫生從優生篩檢報告中得知孩子遺傳了不良的遺傳基因，嚴重影響到未來生命品質時，他有理由提出建議，反對保留生下孩子，即使知道這樣做會造成父母喪慟，無可厚非的，因為醫師考慮的是胎兒一輩子的生命，要避免可能的新生命遭受到持續的傷害，所以他說出他的反對意見。

Jennings（2000）認為，個人內在的道德良心受外在價值的影響而不能於抉擇時彰顯出來時，多半是依據科技做抉擇，缺乏個人內在的深思熟慮（引自蔣欣欣、楊勉力、余玉眉、喻永生，2003）。王瑤華（2004）對於八十位孕婦

及其配偶，研究其對產前遺傳檢測之心理反應與生育決策之過程，結果發現：若子女懷疑帶有異常基因，35.4%的孕婦和40.4%的配偶會要求醫師進行篩檢；醫病關係在終止懷孕的決定上，醫師的建議是重要的參考依據。對於遺傳檢測隨著胎兒異常度的不同，父母仰賴醫師的建議來做決定的比例也隨之變化，若胎兒有性染色體異常則會有較高比例請醫師幫忙做妊娠決定。

A父親相信醫生經過審慎評估，信任醫療專業權威的可靠性，不會隨便當劊子手，接受必須捨棄孩子的事實。他這樣敘說著：

> 我們原先找的Y醫院的主任，後來我再看很多的報告，他都滿權威的，在很多報章paper（文獻）裡面都有發表。Z醫院醫師他一看那個報告已經很明確了，其實Z醫院他比較期望是這個樣子：是他們自己做的分析報告。因為是Y醫院另外一個醫生做的分析報告，然後他去做後續處理，他擔心如果報告有問題的話，某些方面來說他等於是劊子手。因為他看Y醫院的婦產科主任，在很多發表裡面的paper，他也認為他的專業應該沒有問題，之後……他願意去做，否則一些大的醫院他也不見得會要去做這個，這個醫師他願意去做，而且是主任，可見原來的那個醫師，的確是應該滿具有權威性的。（A-39）

醫師解釋孩子缺少染色體產生問題，若要留下孩子，B母親與先生必須做心理輔導，以面對未來的狀況，並認為留下孩子不是很好的抉擇，婆婆才接受這個事實。她的深刻言說：

> 醫生告訴我少了這個染色體，我的baby以後會面臨到什麼樣的情況，他有解釋給我聽，他叫我做一個抉擇，如果我們決定要留下這個孩子，接受這個孩子的話，我跟我先生就要做心理的輔導，怎麼樣去帶這個孩子，要怎麼樣的注意方式。最後到我婆婆……醫生已經跟我婆婆講說：「他覺得留下這個小孩子不是一個很好的抉擇。」我婆婆才好像……才面對這個事實，去接受這個事實。（B-13）

C父親因為婦產科醫師是自己的同學，專業上的評估，認為早產週數、體

重及存活機率低做最後的決定。他提出抉擇的可能要素：

　　　　後來小孩子幾個小時就……沒有多久，很快，一個小時吧還是多久，就掉下來了。掉下來後，我們就問那個婦產科醫生，他們覺得說那實在是在週數太少了，沒有辦法存活。當時主要是問說……有沒有存活的機會啦！那婦產科醫生是我自己的同學嘛，他說：「這個實在是機會太小了。」對，所以，我主要是用這個來做決定的基礎。（B-34）

　　D母親指出，醫師評估孩子因盲腸炎細菌感染，可能有不良影響，後續可能引發一些問題而不希望施救。她這樣說著：

　　　　醫師的立場是……他不太希望救那寶寶，他們覺得是那個盲腸炎的影響，細菌感染。所以，他覺得對寶寶可能有一些……不良的影響，而且早產兒護理，努力的去救他可能後面會有一些問題，所以我就這樣決定了。（D-4）

　　由此可知，雖然父母有權利決定他們想生什麼樣的孩子，然而父母的決定深受醫師的影響，緊迫的時刻，常會從隻字片語中遵循醫療人員話裡的暗示、涵義與價值觀（取決於醫療政策或是法律所規範），而選擇生命的「質」而非生命的「量」，如何避免父母親在無知、慌亂與驚恐中，做出倉促的決定而造成遺憾，專業輔導與靜思時期將有助於父母親在做倫理抉擇時，考慮更周詳。關於面對人工流產選擇與決定的倫理議題，我們將在本章第四部分產前遺傳檢測之諮詢與倫理議題，更詳盡探討。

七、釐清母血篩檢值與唐氏症（Down Syndrome）的判讀意義

　　alpha-fetoprotein（AFP）（甲型胎兒蛋白）：「feto」胎兒之義；糖蛋白（glycoprotein），正常情況由胎兒的肝臟、胃腸道、卵黃囊（yolk sac），孕婦驗血檢查甲型胎兒蛋白的高低可判斷正確懷孕期，或胎兒是否正常，胎兒血清甲型胎兒蛋白濃度通常於懷孕十三週時達最高值（3000μ g/mL）；羊水的甲型胎兒蛋白濃度也達最高值（30μ g/mL），甲型胎兒蛋白經由胎盤（placenta）進入

孕婦血液，孕婦血清甲型胎兒蛋白濃度通常於懷孕三十週時達最高值（100μ g/mL），孕婦血清甲型胎兒蛋白異常過高時表示胎兒可能發生異常，雙胞胎時甲型胎兒蛋白亦較高（鄧樹楨，2005）。孕婦甲型胎兒蛋白濃度減低代表增加罹患唐氏症的機率（陳啟煌、張盈寬、陳惟華、劉杭生，1998；鄧樹楨，2005）。

但因母血檢驗結果的準確率在60～70％，檢測結果可能的不確定性，影響懷孕夫婦對當次懷孕的決定（黃美智等，1996）。當血清篩檢母血中甲型胎兒蛋白及胎盤激素（β-HCG）的濃度和母親年齡、體重等資料，在電腦中算出唐氏症可能的「發生率」，此發生率若大於二百七十分之一，則建議做羊水穿刺檢查來「確認」（劉瑞德，1997）。

A父親不清楚結果判讀意義，認為Alpha胎蛋白篩檢唐氏症誤差率高，1/250發生唐氏症的機率應該不高，後來發覺在醫學上數據範圍要縮小，檢查數據意義不只是一個機率，是一個生命的降臨或終止，更代表可能會失去胎兒的危險，還是有發生在自己身上的可能。他這樣說著：

> Alpha胎蛋白的誤差率很高，有些人就是1/10,000，或是1/25,000，還是得到唐氏症，所以我們也不知道1/25,000或是1/1,000這個機率到底是高還是低？即使是說1/250，250個小孩才只有一個，覺得這機率不是1/10也不是1/5，應該也不見得是高啊！可是實際上在醫學上面我後來才發現知道說，在醫學上這個你都要把它的數字再縮小，就是說它其實是1/1,000，其實機率並不是我們想像的1,000個小孩裡面一個，那只是按照機率，其實1,000個小孩機率裡面很可能就是我這一個。（A-15）

八、理智衡量孩子與家庭的福祉（受苦與負擔）

Mansfield、Hopfer與Marteau（1999）調查1980至1998年間來自不同國家的二十篇文獻回顧，有關唐氏症、脊柱裂（Spina Bifida）、先天無腦無脊髓畸形（Anencephaly）、透納氏症（Turner syndrome）和柯林菲特氏症（Klinefelter syndrome）終止懷孕比率的研究調查，發現唐氏症終止妊娠比率最

高為92％，其次為先天無腦無脊髓畸形為84％、透納氏症是72％、脊柱裂為64％，最低比例為柯林菲特氏症占58％，顯示柯林菲特氏症的身體和智能障礙較少，所以是終止懷孕較低的原因。Drake、Reid與Marteau（1996）發現唐氏症篩檢在歐洲國家德國、葡萄牙以及英國，亦因為其嚴重智能障礙問題而有較高的終止懷孕比率。

Zlotogora（2002）和王瑤華（2004）研究夫妻生育決定，當獲知懷孕檢驗結果異常時，胎兒的疾病嚴重度，是個案決定是否繼續懷孕或終止妊娠最重要的依據。大部分的孕婦配偶，當羊膜穿刺結果胎兒可能為唐氏症（孕婦80.7％；配偶68.0％）、自閉或智障（孕婦79.7％；配偶69.9％），會選擇終止妊娠，可能原因為不希望生下有缺陷胎兒（王瑤華，2004）。其中又以孕婦選擇終止妊娠的比例多於其先生，在胎兒可能為唐氏症或自閉或智障，達到統計上的顯著差異時，可能和婦女自覺有為家庭生產「身體健康及智能正常的胎兒」的責任有關（王瑤華，2004；周承珍等，2001；陳瑤華，2003）。總結上述研究，當胎兒的基因與健康嚴重缺損時，若懷孕婦女接受人工流產所得到的最大效用，遠超過其選擇生育所產生的最大效用時，則大部分的父母將會依據社會價值觀來做決定，選擇中止懷孕。

「未來」雖然尚未發生，卻已真實存在，人在做抉擇時是一種「先行的決心」，往往必須掌握到「剎那」與「永恆」，個人在面對自己的生命有如何的自我期許，以及希望得到何種結果，抉擇的重點在於前瞻，他者（大環境、父母）所提供的「存在」條件，會直接影響孩子未來的「存在」將以何種生命方式呈現，是一種價值的選擇，並與生命一路前行的意義結合，這必須考量自己的家庭、身心狀況是否能夠承擔子女的生育教養責任，以及是否有足夠的資源支持，將自身投射到「前面」而不斷「超脫」過去、現在和未來，以達到另一種完整。對許多父母來說，生命遵循的方向就是如何將小孩養大，如何過好眼前的日子，生或不生都不是一件容易的事，選擇人工流產並非就是不在乎生命，而是要確保每一個孩子的生命品質，並且都能得到良好的照護來自確定自己可以承擔，是面對「無力」情況下所選擇的另一種積極。

A父親對保留唐氏症孩子與否的抉擇猶有疑慮，考慮撫養的風險、能力、

決心、忍受力與對家庭的影響,「扶養的代價增加」將「影響子女的成長品質」,直接聚焦在子女身上,是一種「衝突化」天人之間模稜兩可的決裂處境,流動脫軌,自我掙扎於個人、家庭及社會群體價值的矛盾與衝突外,需要有「意志力」與「意願」才能實踐與執行,也刻劃出A父親在內心充滿憐憫,在生存與風險中掙扎擺盪。在無助的環境裡,他擔心自己年邁後孩子未來沒人照顧,對其他小孩而言,照顧哥哥是一種負擔、痛苦與天命,會犧牲兩個人,造成整個家庭的受苦。他緩緩說出傷心父親的無奈:

> 小孩子如果生下來的話,對於小孩子可能也不是很好,對於大人來說,你要撫養這個小孩子,有沒有這個能力,有沒有這個決心……你現在固然可以忍受,可是未來遭遇到挫折的時候,那不是你能夠忍受下去的。我們只生一個小孩子的話,我們走,沒有人照顧這個小孩子,如果我第一個留下來,我希望……還要再生一個小孩子去照顧他哥哥,可是……相對第二個小孩子來講是一種負擔,他變成一種宿命說:他生下來就要去……照顧他這個哥哥,在他未來的心理、生理上面的發展其實都是痛苦的,他能不能感受到……這個天命,不一定。或許犧牲的是兩個人,他如果不願意照顧他的哥哥,心裡面又沒有辦法承受,自己的教育……整個家裡面的狀況、經濟會不會拖累?是整個家庭的受害,第一個、第二個、第三個都沒有辦法獲得比較好的發展,那這個過程的裡面是有風險的,是一種修鍊、是一種磨鍊。(A-131)

B母親與先生討論的結果,雖然胎兒是一個生命,但是不能陪伴她一輩子,將來會產生非常大的問題,造成痛苦,因此決定用引產的方式結束孩子的生命。她語氣堅定地說著:

> 我跟先生後來討論的結果是:不要留這個孩子。她雖然是一個生命,但是,我跟我先生都覺得,我把她生下來,我們不可能陪伴她一輩子,當我們走的時候,這小孩子會遇到非常大的困難,所以與其她後來這麼痛苦,我們就決定不如就不要讓她走這麼一遭,我們就決定不要留

下這個孩子。然後……跟醫生商量以後，就用引產的方式結束她的生命，第一個寶寶就這樣子。（B-7）

　　C父親考慮孩子引產後可以放在保溫箱繼續成長，覺得還有機會，但也隱憂於孩子早產週數太小、體重及存活機率低，醫療水準不足，並且衡量孩子未來的生命品質與處境，擔心預後會有問題，造成的問題與家庭沉重的負擔，一生的陰影對孩子也是不公平。他說：

　　第一個狀況，機率本來就太低了，第二個就是嗯……萬一真的存活了，有非常非常多的問題……所以我們就覺得說，那就不用再嘗試了，因為二十四週、五百公克實在太小！太小了！我做決定的基礎就是在於：到底他存活的比率高不高？然後會不會造成很多的問題？造成很多問題，一方面會造成家庭很大的負擔，母親的負擔，這確實也是考慮的，那另一方面那個小孩子來說也不是很公平的，因為如果真的造成很多很多問題的話……也不見得完全公平。（C-33）

　　D母親在情感上欲保留孩子，由於胎兒週數太小，當時醫療水準不足，產生對胎兒健康的不確定感，她告訴自己如果硬把孩子保住，說不定他會痛苦一輩子，反而對孩子不是一件好事，自己也會痛苦一輩子，是一生的賭注。她說：

　　情感上當然是覺得說，這個寶寶如果能保住當然很好……後幾年我又聽到說，這個國內創下最早那個早產兒存活的紀錄，大概是四百……不知道是多少公克了？可是在當時那個是比較少見的，二十三週……可能還比較困難一點，而且早產兒護理，努力的去救他可能後面會有一些問題嘛。我也告訴自己說：「今天如果我一定要、硬要把他保住的話，對他來說，說不定他眼睛看不清楚、肺有問題……反而對他不是一件好事，他痛苦一輩子，我也會痛苦一輩子。」（D-42）

　　E父親夫妻多年不孕症做試管嬰兒，太太懷孕三十週破水無法安胎，產下

八百多公克早產兒，由於早產兒在做緊急治療的時候，引起腦部出血缺氧的合併症，預後會面臨照顧上很大的負擔，所以親戚以及母親，均要他捨棄早產兒，佛教信仰的他卻是不忍剝奪孩子生命。他這樣陳述：

> 醫生說孩子腦傷的部分，以後有可能造成全身癱瘓，不過她還是我們的寶貝。我是一個信仰佛教的佛教徒，看到孩子在每一次面臨生命重大危機的時候，一關又一關的闖過，我相信每個孩子都有他生存的權利，我不忍心放棄孩子的生存權，這樣的剝奪孩子生命，我擔心孩子會在天上責怪我。（E-4）

F婆婆因為孫女早產腦部受損，出現多項合併症，希望兒子媳婦能夠放棄孩子積極的治療，長痛不如短痛，想到自己能夠有愛心飼養寵物小狗，卻要放棄小孫女亦感不捨。她靠近保溫箱很細心地觀看，看到保溫箱的小孫女，她的眼光也會流露出不捨之情，說出內在的掙扎：

> 未來的路還有很長，年輕人沒有走過不知道艱苦，碰到這件事，全家都跟著她沉下去，特別是在晚上的時候，很怕聽到電話的聲音，害怕醫院打來說小孩子有什麼變化。我跟他們倆夫妻說：「長痛不如短痛，就算捨不得也是要做決定，未來的路還有很長要走……鄰居說我小狗都在養了，何況是在養小孩……。」。（F-3）

緊密的親屬網絡雖可能提供寶貴的支持來緩解「捨棄胎兒」的壓力，但大相逕庭的家族意見提供，乃至家族勢力強勢的干預介入，出現強大反對聲浪的打擊（如長輩對保留孩子與否看法的堅持）卻可能變成另一種負擔，讓父母感覺到沒有全然的能力去「決定」自己的決定，被強制的放在「共同的認可」上，進而更加重父母的調適困難，出現社會支持的「負向作用」，是本土文化與國外及其他研究最大的不同點，為個案在保留與捨棄孩子抉擇擺盪間最大的壓力，顯示現代的女性在現存的社會環境中是不夠被尊重的，支持系統與反對勢力的拉距戰，配偶往往是個案最重要的支持者，本書中受訪者的配偶，多是扮演支持者的角色，若能獲得配偶的支持，對於引產後的焦慮也較能減低。

九、做出捨棄抉擇並承擔內疚與罪惡感

　　父親角色著重在獨自擔負責任，保護家庭成員，並且理智衡量孩子預後問題，做出抉擇並承擔內疚與罪惡感（張玉芬、朱翠萍，1999；Schatz, 1986）。要不要養育一個有嚴重基因缺陷的孩子，父母除了用「愛」來擔待外，「愛」必須經由一連串的選擇，還要考慮其他現實條件下更多的壓力，「抉擇」會讓自己與他人發生衝突，或是獨自承受一輩子的心理鞭韃，他們不是不願承擔撫育責任，而是「無力」看待未來，所以「不能」，擔心他們和孩子的人生該怎樣走下去？因此，夫妻要去選擇人工流產時，因為彼此之間信念不同，要面對的掙扎是很多的。

　　A父親不希望自己想把小孩子留下來的自私，導致太太未來下半輩子活在痛苦裡，持續一輩子的殘忍，是二次更大的傷害。所以，他選擇承擔殺人犯的痛苦，扛下所有的罪，由自我推至「家庭」。因為人是「在世存有者」與「共同存有者」，進而夫妻間要以「我與你」的相互尊重做為選擇。因此，這個時期最挫折的是，想要留下孩子又擔心自己對未來沒有掌控能力，缺乏與其共渡生涯的心理準備，將家庭的不幸推到最高點，於是開始試圖修正自己的角色，自我「做選擇」反而是種負責任的做法，同時也是學習悲傷及犧牲。他被放在傳統父權社會中不得不套上負擔的枷鎖，沉重地被壓榨著，他說出這段內心永遠的痛：

　　　　我的太太很希望第二個小孩子是正常，第三個小孩子也是正常。我想要把小孩子留下來是自私的，我願意為我的小孩子付出，即使他是唐氏症，可是對他……對小孩子，對我的下一輩子，或者對我太太來講是痛苦的，她不願意付出的話，她認為會影響她的話，我的決定對她來講是……第二次傷害，而且傷害更大。（A-197）

　　　　所以我不能夠……即使妳想要留小孩子，如果妳先生不想要小孩子的話，這樣對妳先生是一種殘忍，而且這個殘忍是持續一輩子的，會把

整個家庭都把它限制在一個不可挽回的局面，等到這個時候再來後悔的話，我寧可自己承擔這個痛苦，我寧可自己去承擔自己的痛苦，把所有的罪扛下來，我寧可是殺人犯。（A-242）

十、預期性的悲傷

Lindemann（1944）提出預期性悲傷（anticipatory grief）的概念，它被界定為一種有心理準備的悲傷過程，是指在先前或是與即將發生重大失落有關前所發生的悲傷經驗。Rando（1986）一開始是把預期性悲傷定義為：伴隨哀悼、因應、互動、計畫與心理重組歷程的現象。而這些現象是部分在做為回應覺知到所愛的人即將死去，以及想到自己在過去、現在、未來所會有的相關失落，整合了移轉時間的架構，當瀕死者朝向死亡之際時，並且包含了瀕死者與存活者的觀點（Corr et al., 2003）。

預期性悲傷具有預警功能，它使臨終者與喪親者家屬之間，可以預做準備以調適即將面對的分離，並可以把握時間完成未了心願（黃鳳英，1998）。也會讓人感受到即將面臨真正的失落，感受到無助和失控（Ashton & Ashton, 1996; Humphy & Zimfer, 1996）。Kübler-Ross、Kessler揭示，通常一個人悲傷時都是沉浸在過去的失落經驗，預期性悲傷則是不斷揣想未來的失落；預期性悲傷是「走向終點的第一步」，是真實失落經驗的一個重要部分，因為想像事件的發生可能與真實事件的發生具有相同的衝擊力，但其不代表就能夠事先調適。對許多人來說，預期性悲傷只是漫長痛苦過程的序曲，但這種雙重的悲傷，終究會發揮治療的力量（張美惠譯，2006）。

先天性基因異常的胎兒父母面臨孩子引產死亡的威脅，在這種可預期的情況下，將會經歷預期性的悲傷，父母原在與孩子的關係真正結束之前，就已經開始進入悲傷的情境中了，不僅生活方式產生改變，同時也改變了對孩子未來的夢想與希望，產生失控的悲傷反應而引起情緒混亂。A父親認為，早產失去孩子是自然淘汰不可預期，而失落隨著唐氏症侵入了「生的世界」，此刻的「強烈生命力」受到撼動與威脅，產生預期性的悲傷。他說出內在深切的痛楚：

這是你可預期的。他不是説像一般的早產，早產是不可預期部分，其實沒有負擔，基本上小孩子可能在基因上面或者生存的能力上面，本身就缺陷已經有問題了，不容易活下來；可是我第一個小孩子，活動力很強，他的心跳非常有力，比起第二個、第三個小孩子還有力。（A-159）

十一、投與未來抱持希望

許「下一胎」一個美好的未來，「犧牲小我，完成大我」突顯個人對抉擇的籌劃必須是有意義的，轉念投向一個「有希望」可以拋擲的標的來抉擇，對他人所做的貢獻，成就較好的生活，順從屈服於更高的社會價值。 A 父親將「此在」的時間投向未來，一個「有希望」的未來。他說著內心中深刻曉悟：

第二個小孩出生的時候，我一定要跟他講説：「你以後一定要感謝你的哥哥，因爲……他犧牲他的生命，讓你成就一個比較好的生活環境，換來我們對你更多的愛、更多的生活照顧。」失去的痛苦不可挽回，這麼轉換成積極的，去爭取現有的或者現在小孩子，未來給他一些更好的未來，給他更好的資源教他，但是……並不是一種溺愛，然後慢慢轉換它的一種心境。（A-156）

Jennings（2000）指出，一般民眾做自由選擇，常受到兩個外在力量的影響：(1)來自政府與社會高壓的權威力量，包括：法律、獎勵或鼓勵的制度；(2)文化與信仰的影響，包括：宗教、習俗、傳統以及附和眾議。當父母親在確立胎兒染色體異常或胎兒窘迫有立即性危險診斷，需接受終止妊娠時，要父母決定墮胎與否是很困難的；若懷孕婦女接受人工流產所得到的最大效用預期，超過其選擇生育所產生的最大效用時，則絕大部分父母親將會選擇中止懷孕。經過了初期的心理衝擊之震驚、否認後，終究得面對失落的事實，可能是因爲宗教信仰的關係，也可能是要或不要小孩的矛盾心理，如果家庭成員或朋友反對，沒有人能分擔她的掙扎，由獲知訊息到引發後續複檢，尋求其他醫療諮詢及考慮終止妊娠等過程，由於「選擇」或「意願」是意志性的，如同走在

社會文化

家庭

父母親個人
保留胎兒？
捨棄胎兒？

優生保健政策
信任的醫療專業權威
宗教信仰
面對傳統的壓力

徵詢家庭成員的意見
面對長輩的責備與壓力
理智衡量孩子與家庭的福祉
投與未來抱持希望

母親的平安與健康最重要
出現預期性的悲傷

圖4-1 父母親保留與捨棄胎兒相關考量因子圖

鋼索上，而陷入「個人」、「家庭」和「社會文化」三角關係的拔河，是一連串深具威脅的壓力事件。

為了更進一步確定診斷，父母親對胎兒的異常狀態會採取複檢（胎兒染色體異常診斷的確認）、尋求其他專業醫師諮詢（治療及照顧系統的複雜程度與對胎兒染色體異常的診斷及嚴重性考量），或家屬意見，來做為是否接受終止妊娠的參考。因此，家庭在父母親懷孕之周產期胎兒異常決策過程，扮演很重要的角色，家庭系統與動力會影響個人對生命與死亡的認知，家庭的期望需求、父母親自己的信念、醫療因素及下決定的時間均可能影響其抉擇，不論其決策為何，夫妻之間通常是決策過程中最重要的支持者。除此以外，成員之間的悲傷反應也在家庭內交互影響。

徘徊在難以取捨、是非交叉點上時，你較喜歡面對自我抉擇，還是被他人意見安排？對異常遺傳檢測結果之父母親在做出終止妊娠決定時，均經過極大之心裡掙扎，一旦抉擇終止妊娠，猶如親自為腹中胎兒宣判死刑，導致身心靈

充滿著罪惡與煎熬。然而,世上沒有最好的抉擇!如何抉擇並不是最重要,最重要的是:願意承擔自我面對抉擇、決定的態度後,放眼明天。因此,需要充分的時間進行身心調適與諮詢後,方能接受醫療建議進行終止妊娠。

參、引產的衝擊

　　吳淑玲、吳惠娟(2004)指出,婦女引產面臨失去胎兒,由於對開刀房環境陌生無安全感,會出現焦慮問題。早期醫療設備不若現代發達,分娩被視為女性生命中的難關,古時的人形容婦女生子:「生得過、雞酒香,生不過、四塊板」,意謂順利分娩產婦就天天吃麻油雞等補品,難產就會喪失生命;台語「四片板」意指棺木。俗語也說:「新生兒的誕生日就是母親的受難日」,可見孕婦臨產受苦分娩時,必須歷盡千辛萬苦,承受肝腸撕裂般的痛苦,甚至以生命做為賭注。即使臨產受苦,為人父母者,由於對「痛」有期待,依然用喜悅來迎接新生命的誕生。然而基因異常家庭卻只能用悲傷、眼淚來默默承受,加上醫療化的生產過程強迫產婦離開自己熟悉的環境,置於陌生的醫院與陌生的醫護人員在一起,這些陌生人為了幫助她,以陌生的器械或藥物在她的身體裡做一些陌生的事,產婦的精神與身體狀態都受到陌生的侵犯,她被賦與完成此私密行為的能力也被改變了。

　　因此,分娩對於產婦身心兩方面的確都是極大的壓力,若是所孕育產下的為自身所期待欲求的子女,自然較有足夠承受身心壓力的支持力量,但是對於經歷早產、死產與基因異常引產的產婦來說,有各種複雜的心裡感受,是充滿恐懼、緊張、痛苦及內疚的過程。分娩的疼痛、產程是否順利及家人對此的看法等都會造成衝擊。

一、缺乏安全感

　　懷孕期間,孕婦雖然經常出入婦產科產檢,但「產房」對於初產婦而言,仍是陌生的處女地,除非到要生產的那刻,否則沒有什麼機會踏進;加上隱私的曝露、產房的環境、協助生產的器械及生產姿勢的擺設等,皆會使父母缺乏

安全感。此外，大部分的人皆曾聽過生產的負向經驗，例如：很痛、很恐怖或缺乏尊嚴等等。

對女性而言，引產的決定除了會感到失落悲傷以外，還必須面對胎兒即將死亡的焦慮，其過程是由醫護人員掌控一切，不僅是失去對身體的掌控，同時也失去身體的完整性，因此，對於父母而言具有相當的威脅性。面臨生產時，婦女會出現焦慮症狀，而焦慮的程度與疼痛的強度有相關，疼痛與不安的感覺則充斥著整個生產的過程，擔心生產過程會傷害身體及子宮。

A父親面對太太頭胎，沒有生產經驗，缺乏安全感，無法在旁邊陪伴，等待的過程，充滿煎熬，腦袋一片空白。他說：

> 那個等待的過程，心裡面是……滿難過的。媽媽是頭胎，沒有生產的經驗，女孩子生產經驗……她是很沒有安全感，她很希望說老公在旁邊陪她，是一種喜悅地讓她渡過這個過程，但是這個過程裡面，是充滿痛苦的，那個時候其實腦袋是一片空白。（A-251）

二、不捨引產截斷胎兒與母親肉身共在、身心連結造成重創

再度打開回憶之窗，揭示原初的經驗在場臨現，引產的折磨中一幕幕刻骨銘心的敘說，手術是一侵入性的程序，破壞母親身體界面的完整性，父親實際陪伴在旁經歷引產時，只能被動的目睹一切，一個活生生地經歷胎兒死亡的過程，其所引發之深刻、難耐的疼痛感，心身苦痛相連，栩栩如生地從腦海裡描繪浮現，真實呈現對生命的不捨與掙扎，當生產過程如此真實被揭露，象徵的是一種悲慟，無法被言說的世界，遭逢「此在」的顛簸破裂，藉由此身體揭露的敘說具體的被看見，造成許多擺盪在兩極之間。

「疼痛」對一個引產失落的母親而言，真的是相當大的折磨，除了身體所承受的劇痛，再加上內心的恐懼感，更有種彷彿正經歷生死交關當頭的驚駭感。A父親回想實際經歷引產當時，目睹一切，其所引發之深刻、難耐的疼痛感，其內心的煎熬輾轉在於不捨太太承受引產的強烈痛苦，身心尚未準備好生產時受到重創，強迫與孩子截斷身體與心理的連結，他承擔安撫太太情緒的責

任，甜蜜的生活瞬間被拋擲在巨大的壓力痛苦之中，不僅經歷懷孕失落，同時也遭遇身體創傷的感同身受，此身體的毀壞代表著另一個生命將面臨生命的終點，從「活著」的整體中扯離的時候，「疼痛」的時間占據所有的當下，無所遁逃，卻又「不得不然」必須要被經歷，幾乎構成Ａ父親存在的內在時間意識流，整個生活世界的受苦，不只是心疼太太，也是心疼孩子。他說：

> 打了一些催胎針，強迫子宮收縮，硬是把孩子擠出來，因爲它是強迫性的肌肉撕裂、拉，那個痛，很痛！每隔一段時間就很痛，比自然生產的痛苦還要痛，就像西瓜蒂有沒有還沒有熟，硬把那個皮拉下來的感覺，不是說那種瓜熟蒂落那種就非常痛。

> 因爲她是沒有生產過的，陰道沒有撐開來，所以她放一種叫做什麼草？那個海……什麼草，那種草塞進去陰道口，它會吸收水氣，愈撐愈大，可是撐大的過程是痛苦的，是生產，一般小孩子生產因爲胎兒很大，把那個子宮、陰道口慢慢撐大，其實是很痛的，硬生生的像那個把她拉開，把肌肉拉開，過程是很痛。那個時候，安撫我太太的情緒，因爲雙方等於都是沉溺在一種比較甜蜜的狀況，突然間要承受這麼大的壓力，要做這樣的決定。

> 媽媽的身體……受到滿大的傷害，因爲臍帶……還不是很完全，他硬是把那個臍帶拉開來，在子宮裡面留了一個很大的傷口，小孩子愈大的時候，他那個臍帶會愈來愈小，愈來愈細，這個是說大自然的一種，瓜熟蒂落，他的血管會愈來愈粗，但是他的面積會愈來愈小，那你如果說在中間裡面……生下來的話，傷口會很大，像拔掉一塊肉。（A-100）

三、自我能力的質疑

Samuelsson、Radestad 與 Segesten（2001）研究發現，丈夫在面對妻子引產，失去孩子的衝擊，會出現對自我能力的質疑。Ａ父親質疑自我能力，保留孩子並非不堪負荷而在於是否下定決心接受事實。他說：

> 有一陣子說其實自己可能沒有這個能力，不是說沒有這個能力，就

是說其實有這個能力，就是說你要不要去接受這個事實，這是一個決心的問題。也不是說我們經濟上面不願意去負擔這個問題，而是認爲說……我們……心裡面承受的或有沒有這個決心去做這個事情。（A-71）

四、過程痛苦

B母親覺得使用催生自然生產的方式，引產過程非常痛苦。她說：

最後我先生就陪我去S醫院，然後整個引產部分是非常痛苦的，就是用催生的方式，然後像自然生產的方式，我早上就是……第一天的早晨醫生幫我塞了一個什麼海藻……一直到半夜十二點鐘，再打催生針，一直到隔天早上九點鐘，這小孩才離開……母體。（B-15）

五、先生進產房會有壓力

洪志秀、鍾信心與劉雅惠（1997）針對二百位孕產期夫婦進行訪視。研究結果發現，對「丈夫進入產房參與妻子的生產過程」持負向態度之丈夫和妻子分別爲20.0%和27.0%，其原因經分析後歸類爲：(1)對妻子無法提供幫助；(2)民間禁忌；(3)擔心日後造成丈夫心理不良的影響；(4)有損妻子的身體形象等四項因素。D母親認爲先生在旁邊會有壓力，所以生產時先生沒有進產房。她說：

我生產的時候先生並沒有在產房，他沒有要求，我也沒有要求他，我自己會覺得說，我生產的時候，如果我先生在旁邊會有壓力這樣子。所以，當時他沒有進產房。（D-10）

六、情緒的苦大於身體的痛

引產造成的精神和情緒上的痛楚，遠比肉體的傷痕更強烈，蔡淑芳（2004）對婦女人工流產經驗亦提出相同論述。D母親感覺催生引產的時間不會很長，因爲孩子很小較好生，所以不覺得很痛，或許是自己忘了痛的感覺了，但是情

緒上卻很難熬，只能一直難過掉眼淚、忍耐，等小孩子生出來。她堅強的說：

> 他們有打催生針，很奇怪？不是很痛，還是我已經忘了痛的感覺了，打催生針當然會痛，可是……大概時間不長。妳現在要我講說我們家老大、老二，那我會說：那真的很痛！可是流產的這時候，我覺得好像不會這麼痛，因為他很小嘛，所以還滿好生的，不會覺得那次特別難熬，可能情緒上面會覺得很痛苦吧！

> 我有覺得很難熬過去，有啦！那個整個晚上可能都一直在那邊掉眼淚！怎麼熬過去？就這樣熬過去，沒有特別用什麼方法，就是忍耐囉！（笑），因為就是在等嘛，等小孩子生出來，我想不起來了，我應該沒有靠特別的方法，情緒上呢？還是身體上呢？因為我自己是覺得那種陣痛是很容易遺忘的，要不然不敢再生第二個。所以，我就覺得跟一般的生產過程是一樣的，情緒上的話，我就說當時是很難過的，一直掉眼淚。
> （D-104）

陳淑鈴、余玉眉（2000）針對四位懷有唐氏症而墮胎的初孕婦之研究，發現終止孕育過程，硬生生截斷與胎兒生命的連結，對其自尊、自我價值感有極大的傷害，此傷害除了造成個人自我形象瀕臨瓦解，情緒上的抗議、哀傷、愁苦，也波及其與社會的接觸，恐懼面對未來不可測的懷孕，甚至產後身體恢復都會觸景傷情，再憶起孕育失敗的經驗。相同的辛苦過程，卻不能有所期望，對父親而言等待生產的時間更為難過，不捨太太在生產過程中經歷的疼痛和傷害，被拋擲於感受母親引產「疼痛」的時間流中，實然地承受了受苦當下現實情態，殘忍的攻擊到父母的自我感受及能力，產生強烈的挫折感與自我能力的質疑彼此對抗；對母親來說引產過程面臨生理與心理的適應過程，墮胎雖然能釋下眼前「負擔」，更仔細言，這種「釋下」亦可能是另一種負擔，而感覺情緒的苦大於身體的痛，而如何抉擇是諮詢時需要考量的議題。

肆、產前遺傳檢測之諮詢與倫理議題

近年來，隨著國內試管嬰兒、基因體醫學有突破性發展，以及在生物學上廣泛的被應用，許多的爭議不斷地在醫療、法理、家庭和社會等情境中發生，使得遺傳諮詢逐漸受到重視，許多有關遺傳、染色體異常或基因突變異常診斷執行及後續處置，多偏重於提供知識訊息，卻較少注意心理教育與心理諮商層面，需要深入檢視遺傳篩檢的諮詢關係及其倫理態度。接下來本文將以《優生保健法》、《生育保健法》草案、胎兒之生存權與醫學之倫理問題與孕前遺傳諮詢為例，探究諮詢關係中的專業立場，是否合乎倫理與人性，以及是否符合社會的規範等議題，以利於發展合宜的諮詢態度。

一、《優生保健法》

人類在保護新生兒的生命上，已經有大幅的進展，但是這些成果並未分配到所有人口群中。自 1985 年 1 月 1 日《優生保健法》開始實施，台灣即積極推動產前遺傳診斷，項目包括高齡產婦羊水檢查、母血唐氏症篩檢、海洋性貧血基因診斷等等，根據 1999 年 12 月 22 日修正之《優生保健法》的規定，政府為提高國民素質，保護母子健康及增進家庭幸福，允許懷有身心障礙、特殊疾病、畸型發育及遺傳性疾病的胎兒之婦女中止懷孕，內容簡述如下（引自行政院衛生署，2002）。

（一）法條內容

第一章 總則

　　第1條　為實施優生保健，提高人口素質，保護母子健康及增進家庭幸福，特制定本法。

　　第2條　本法所稱主管機關：在中央為行政院衛生署；在直轄市為直轄市政府；在縣（市）為縣（市）政府。

　　第3條　中央主管機關為推行優生保健，諮詢學者、專家意見，得設優生

保健諮詢委員會，研審人工流產及結紮手術之標準；其組織規程，由中央主管機關定之。直轄市、縣（市）為推行優生保健，得設優生保健委員會，指導人民人工流產及結紮手術；其設置辦法，由直轄市、縣（市）主管機關定之。

第4條　稱人工流產者，謂經醫學上認定胎兒在母體外不能自然保持其生命之期間內，以醫學技術，使胎兒及其附屬物排除於母體外之方法。稱結紮手術者，謂不除去生殖腺，以醫學技術將輸卵管或輸精管阻塞或切斷，而使停止生育之方法。

第5條　本法規定之人工流產或結紮手術，非經中央主管機關指定之醫師不得為之。前項指定辦法，由中央主管機關定之。

第二章　健康保護及生育調節

第6條　主管機關於必要時，得施行人民健康或婚前檢查。前項檢查除一般健康檢查外，並包括下列檢查：

一、有關遺傳性疾病檢查。

二、有關傳染性疾病檢查。

三、有關精神疾病檢查。前項檢查項目，由中央主管機關定之。

第7條　主管機關應實施下列事項：

一、生育調節服務及指導。

二、孕前、產前、產期、產後衛生保健服務及指導。

三、嬰、幼兒健康服務及親職教育。

第8條　避孕器材及藥品之使用，由中央主管機關定之。

第三章　人工流產及結紮手術

第9條　懷孕婦女經診斷或證明有下列情事之一者，得依其自願，施行人工流產：

一、本人或其配偶患有礙優生之遺傳性、傳染性疾病或精神疾病者。

二、本人或其配偶之四親等以內之血親患有礙優生之遺傳性疾病者。

三、有醫學上理由，足以認定懷孕或分娩有招致生命危險或危害
　身體或精神健康者。

四、有醫學上理由，足以認定胎兒有畸型發育之虞者。

五、因被強制性交、誘姦或與依法不得結婚者相姦而受孕者。

六、因懷孕或生產，將影響其心理健康或家庭生活者。

未婚之未成年人或禁治產人，依前項規定施行人工流產，應得法定
代理人之同意。有配偶者，依前項第六款規定施行人工流產，應得
配偶之同意。但配偶生死不明或無意識或精神錯亂者，不在此限。

第10條　已婚男女經配偶同意者，得依其自願，施行結紮手術。但經診
　　　　斷或證明有下列情事之一者，得逕依其自願行之：

一、本人或其配偶患有礙優生之遺傳性、傳染性疾病或精神疾病
　者。

二、本人或其配偶之四親等以內之血親患有礙優生之遺傳性疾病
　者。

三、本人或其配偶懷孕或分娩，有危及母體健康之虞者。

未婚男女有前項但書所定情事之一者，施行結紮手術，得依其自
願行之，未 婚之未成年人或禁治產人，施行結紮手術，應得法
定代理人之同意。第一項所定應得配偶同意，其配偶生死不明或
無意識或精神錯亂者，不在此限。

第11條　醫師發現患有礙優生之遺傳性、傳染性疾病或精神疾病者，應
　　　　將實情告知患者或其法定代理人，並勸其接受治療。但對無法
　　　　治癒者，認為有施行結紮手術之必要時，應勸其施行結紮手
　　　　術。懷孕婦女施行產前檢查，醫師如發現有胎兒不正常者，應
　　　　將實情告知本人或其配偶，認為有施行人工流產之必要時，應
　　　　勸其施行人工流產。

（二）《優生保健法》之爭議與缺失

近年來由於社會價值觀變遷，性觀念的開放，青少年的性行為比例攀升，

青少女未婚懷孕與墮胎的比例逐年上升。由於《優生保健法》的相關規定，使得青少女非法人工墮胎的情形日趨嚴重，嚴重影響青少女的身心健康。因此，《優生保健法》產生以下的爭議與缺失：

1.「優生」概念有歧視的意涵。

2. 未能全面照護生育健康之需求與權益。

3. 人工流產的規定有性別的歧視。

4. 未能正視未成年少女的中止懷孕問題。

　　實施《優生保健法》雖以生下身體健康、智能正常的胎兒為目標，能夠在胎兒出生前及早瞭解胎兒是否患有不可治癒的疾病、是否有嚴重的智能不足或為斷定其生父是不合法的（例如：因亂倫、被強暴而懷孕），若有此情形則可以提供人工流產做為醫療的首要手段，或者是不選擇人工流產者也可以及早有心理準備，迎接一個身體殘障或智能有缺陷的孩子，但主要具決定性的關鍵還是在於：人口及經濟發展問題，並未以婦女健康做為立法的中心，然而墮胎決定與否對父母而言都是一種悲慟的選擇。

二、《生育保健法》草案

　　由於《優生保健法》諸多之爭議，因此，行政院衛生署2006年10月通過《生育保健法》草案，修法後，懷孕婦女如決定進行人工流產，只需「告知」配偶，不需配偶「同意」；內容明訂因懷孕或生產影響心理健康或家庭生活而自願實施人工流產者，**醫療機構應先提供輔導諮詢，並於三天後經懷孕婦女簽具同意書，才能進行人工流產**。藉由思考沉澱後而慎重決定，並且協助胎兒嚴重基因異常健康缺損，被迫選擇流產處境之父母親做出抉擇與做好心理調適，結合遺傳諮詢以及心理輔導專業服務，協助其獲得足夠完整的多元選擇管道和資訊。

　　由於人工流產的議題涵蓋層面極廣：(1)醫療層面需要瞭解醫學上手術、引產流程、墮胎藥物副作用和專業術語等；(2)在靈性層面需要考量到個案個別的宗教信仰，對生命的看法；(3)在親密關係上要協助個案與伴侶互動；(4)在心理層面要照顧個案錯綜複雜失落的情緒，進行悲傷輔導，也需要瞭解社會資源如

出養（或領養）機構的資訊；(5)在避孕以及產後調理上（坐月子）要協助個案
與伴侶、家人溝通互動。因此，在個案考慮人工流產時，建議提供事前諮詢與
評估、人工流產事前諮商與人工流產事後諮商與評估（摘自李玉嬋，2007）：

（一）人工流產事前諮詢與評估

　　人工流產事前諮詢內容包括：情緒支持與陪伴、提供資訊與諮詢（依懷孕
週數告知目前胎兒發展狀況、可行的人工流產方法、安全性、風險和副作用等
醫療諮詢；個案身心靈社會可能會有的變化及因應方式）、評估與篩選高關懷
群（當事人認為有需求者、對人工流產一事猶豫不決或有困難決定者、未成年
者、缺乏支持系統者、懷孕週數超過二十四週者，以及已決定卻擔憂後續衝擊
者等）、資源轉介與諮商安排、經濟能力（可否負擔手術費用和養育子女經
費）、決策諮詢、生活衝擊（是否有宗教信仰）、避孕諮詢等，透過跟婦女討論
的過程提供其再思考的機會。

（二）人工流產事前諮商

　　一週內由諮商師或社工師進行一對一的諮商面談一至二次（每次三十至九
十分鐘），討論懷孕與流產的選擇和決策，原則如下：(1)支持接納情緒，因商
定問題焦點；(2)設定問題解決目標（做出繼續或終止懷孕決定以及後續配套
的因應計畫、減少重複流產的可能性、尋找可靠的支持系統、因應醫療問題或
因應後續衝突等）；(3)提出多元選擇資源管道；(4)選訂具體目標達成方法；
(5)建構解決計畫；(6)討論具體步驟；(7)鼓勵自主接受思考；(8)鼓勵當事人之
法定或重要關係人接受諮詢或諮商；(9)安排資源轉介。

（三）人工流產事後諮商與評估

　　人工流產事後諮商與評估由醫護人員、諮商師或社工師進行一對一的諮商
或回診諮商會談至少一次（諮商每次三十至九十分鐘，諮詢每次二十至三十分
鐘），以確認婦女完成流產程序、協助案主抒發身心靈社會等課題、評估主要
關係人身心靈社會狀態、評估是否需要安排轉介等，例如：醫療諮詢、避孕與

懷孕諮詢、心理支持、生活衝擊等，關心手術對婦女的影響，透過避孕衛教避免發生非預期性懷孕。

（四）結案與追蹤

對於人工流產婦女對於流產後一到三個月內以電話或網路主動聯絡，或透過其他人力管道進行追蹤，以儘量降低婦女因為人工流產而產生之困擾。對於保留胎兒之孕婦，可儘量保持聯絡，確定轉介過程無虞。

三、胎兒之生存權與醫學之倫理問題

2005 年 5 月，新聞媒體揭露北部某醫院傳出一名婦產科醫師在家屬要求下，替一位懷孕三十五週懷了唐氏症寶寶的孕婦，注射藥劑，進行人工流產手術，雖然胎兒罹患唐氏症合併多重先天心臟病，但胎兒已八個多月大，這種以終止妊娠的方式，來減低遺傳疾病的發生，在台灣曾經引起很大的爭議：

> ……這名婦女懷孕三十五週了，胎兒才被診斷出罹患唐氏症而做出墮胎決定，醫師將藥劑注入胎兒體內後造成胎兒心跳停止，再用人工催生的方式產下死胎。對於孕婦已經懷孕三十五週的胎兒，幾乎就已經是個活生生的小寶寶了，形同「殺胎」流產手術。雖然法律規定人工流產只能在二十四週以內實施，但是有醫療行為者不在此限（依據《優生保健法》施行細則第 15 條第 1 項但書規定，屬於醫療行為之人工流產，不受妊娠二十四週內施行之期間限制），據此衛生署表示，這項人工流產基於醫學需要，並無違法。然而，在人道立場下與醫學倫理上頓時出現重大爭議。

人類靠著科技趨於文明，掌握資源！從人工受精、試管嬰兒（In Vitro Fertilization, IVF）、胚胎輸卵管植入術（Tubal Embryo Transfer, TET）到禮物嬰兒（Gamete Intra-Fallopian Transfer, GIFT），有了科技，一切也迎刃而解，而基因篩檢技術的進展更推向新的紀元，現代父母接受上帝所贈予最珍貴的禮物（孩子），生命誕生的方式已經不再侷限於原始之生物自然法則，生殖科技

慢慢開始走向生物極限挑戰，以揭開生命神秘之面紗，可以「生其所選擇」甚或「選擇其所生」，並且銳不可擋！因此，科技就像兩面刃，雖為人類帶來許多的福祉；但另一方面，科技爭議所帶來的規範以及倫理問題也油然而生，「墮胎」與否充滿著對人性的挑戰與考驗，考驗著人類對「生命」的選擇，「誰」才是終極界線之決定者？其所牽涉之爭論範疇涉及醫學、倫理、道德、法律、宗教、婚姻、人口與胎兒權利等不同面向的衝突，也就是說，實施基因篩檢技術將牽涉十分複雜之各個層面的問題，成為社會各方所討論及關切的一個焦點，引發了激烈之爭辯。

從另一面向觀之，科技原發於人性，醫療更需要人文關懷！Jennings（2000）認為，產前檢測提供對未來小孩一個基因想像的空間，涉及到兩種面向。如果檢測正常，父母可以安心想像自己的小孩；如果異常，其結果很容易掌控父母的視野，產生一種道德訛誤的效果（引自蔣欣欣等，2003）。遺傳疾病的診斷（diagnosis），包括篩檢（genetic screening）與檢驗（testing），在婦產科領域中，最複雜也最具衝擊性的課題，就是基因遺傳方面的問題。因為新的醫學科技的來臨，評斷能被接納的死亡標準的問題也跟著出現，如何活得有品質和尊嚴，「選擇性死亡」或「終止其生命」的權利，是長期以來引起爭論的議題。產科技術的發展，雖然帶給人們提高了維護其生活品質的機會，然而，當醫學脫離哲學與宗教之束縛，未給與一個涵養道德與倫理之心境時，即有可能會威脅到胎兒的生存權，例如：遺傳疾病產前診斷羊水分析及遺傳基因工程醫學，讓許多國家與宗教團體仍對《優生保健法》中的「人工流產」議題爭論不休。

近百年來，生物基因科技突飛猛進，尤其是1980年代全世界通力合作的人類基因組研究計畫（Human Genome Project），不僅預計將人類所有的基因密碼排序出來，讓人類深入的瞭解自身的基因本質而能「知己知彼」，也對疾病的診斷（例如：罕見疾病）及「對症」下藥和治療帶來空前的突破，然而基因科學進展是悲喜交集的突破，若說一個罹患基因遺傳疾病胎兒要面臨出生前被墮胎，那麼一旦人類所有的基因密碼解開後，按照功利主義的觀點來看，是否對於變態反社會人格的連續性強姦殺人犯……，不僅造成社會動盪不安，更

不失加害他人的危險，是否也會在未出生之前成爲被選擇捨棄的對象？將引發人們更加注重基因隱私和歧視問題的出現。

Jennings（2000）指出，如果過於重視產前基因檢測技術本身，會容易促成下列風險（引自蔣欣欣等，2003）：

1. 懷孕的經驗被化約成基因的論述，忽略人類繁衍的文化意涵、親職、母職、養育。

2. 懷孕的基因化論述影響不僅在對身體、自我、未來孩子，也涉及到對生命輪廓。對一些應該以社會與環境角度瞭解的狀況，都會加以「生物化」。

3. 懷孕時帶給婦女的道德經驗，將隨著這時代的自戀性、大社會中市民文化的瓦解而逐漸稀少，誤以爲基因科技可以成爲我們身體或是未來小孩的生化建築師。

接下來，本文就與人類遺傳有關的倫理問題，簡要敘述其相關醫學倫理上的問題：未發病前（presymptomatic）及患病傾向（predispositionary）之基因檢查、產前遺傳診斷（prenatal genetic diagnosis）等所涉及的倫理問題做一扼要的討論，並且與遺傳有關的倫理思考時，如何依循倫理學的四大原則。

到底誰有權（right）控制異常新生兒的生命？「right」一字，有正當、正義與權利、法權之雙重意義，如何操控生命才是正當、正義？生死的選擇是自己的權利或是國家以法律來規範？法權是否合乎正當性？有鑑於此，Beauchamp 與 Childress（1979, 2001）在美國提出醫學倫理學四大原則，之後經 Raanan Gillon 積極推廣於歐洲。這四個原則分別是：尊重自主原則（the principle of respect for autonomy）、不傷害原則（the principle of non-maleficence）、利益病患原則（the principle of beneficence），以及公平正義原則（the principle of justice）（引自王瑤華，2004；蔡甫昌，2000；Beauchamp, 2003）。以下針對這四群基本原則略作說明。

（一）尊重自主原則

自主代表自我管理和自我規範，尊重一個有自主能力的人所做出的自主選擇或採取行動的權利，即爲符合尊重自主原則。有能力做決定的病人應當享有

權利選擇、決定個人所喜愛之醫療照顧方式；對於無能力做決定的人（incompetent in decision making），缺乏自主能力的病人（如智能障礙者、精神病患、年幼兒童），或當新生兒無法為自己爭取權利時，亦當為其提供保障。在醫療範疇內的相關規則有：

1. **誠實**（truthfulness）：據實以告病人之病情及診斷，不接受治療會有什麼後果，醫療人員應將所有與該患者（包括胎兒）健康有關的檢驗結果及臨床訊息，讓當事人能充分瞭解，如此他們才能根據被告知的訊息做出決定。

2. **保密**（confidentiality）：醫療專業人士有保護病人的隱私、信守對病人所告知事項保密之義務。蔡甫昌（2005）提及，異常胎兒在出生後很可能會影響整個家庭，例如：對此孕婦的負面看法及孕婦本人在未來家庭中的地位，以及家庭遭到社會歧視或異樣的眼光等，有鑑於此，所有成員應該要優先保障孕婦的私權；若是需要告知其配偶或其他家人時，必須經過孕婦本人的同意，愈少人知道愈好。

3. **知情同意**（informed consent）：應當告知病人充足的訊息，並獲得病人的同意，方可對病人進行醫療處置。Lewis（2002）對於遺傳諮詢知情同意過程，強調應是一個諮詢者和當事人討論對於一個檢測的過程、利弊、可能結果與可替代的方案，並在進行時，有充分時間做彼此提問與回答。因此，除了瞭解產前檢查的項目、費用、功能和目的之外，產前檢查所可能帶來的問題與風險，也必須讓當事人有充分的認識與瞭解後，經過深思熟慮，再決定是否接受該項產檢；生育之選擇權應屬於直接負責孕育小孩的人，不應該受到伴侶、醫師或法律的脅迫而勉強做決定，應尊重並保護個人及父母做選擇的權利，這就是告知後同意的基本原則。

張玨（1992）研究人工流產（墮胎）合法化後，對台灣婦女健康照護與生育自主權的影響發現：(1)目前台灣地區墮胎雖然合法了，但既存醫療上有缺失，仍有權威式教條，對婦女不尊重，醫療照顧不周全等現象；(2)墮胎在台灣仍受父系社會價值的控制，以國家政策為導向，較不重視個人的價值。Harris、Verp（2001）指出，產前遺傳檢測雖然增加了婦女的生育自主權，但在另一方面也威脅婦女的生育自主權，即當婦女被說服接受遺傳檢測並且檢測

結果為異常時，這樣的自主權變帶來了孕婦的壓力（引自胡淑貞、莊茹潔、王瑤華、黃怡瑾、林秀娟，2005）。Lippman（1999）也提出，基因檢測結果對後續的影響涵蓋保險、選擇、婚姻與提供支持等，當社會無法接受因基因缺損導致身體失能或不正常的胎兒，許多婦女覺得，她們在面對是否接受產前診斷，以及是否放棄有基因缺陷的胎兒時，並沒有選擇的餘地。

　　醫療政策及文化強制了女性接受產前診斷，讓女性覺得她們在面對是否接受產前診斷及放棄有基因缺陷的胎兒時，沒有選擇的餘地，因為「選擇權」只是一個形式上的權利，並不是這群基因異常父母真正可能享有的實質權利。在台灣，對患有先天畸形、遺傳基因疾病的胎兒進行治療性墮胎，卻是國家政策，沒有充分「知情選擇」、考慮的時間、準備過程，加上醫師在服務量與看診時間之壓力下，過程匆忙，少有充裕時間進行醫病溝通與知情同意過程，所給與之資訊與服務，也大多是僅止於診斷治療層面，對於個案家庭之整體支持與社會資源等方面，極少顧及，形成一種不平等權利的宰制關係。因此，我們所處的社會，沒有一個完整的制度來保護生活在其中的每一個人，若一旦得知胎兒異常、健康出現問題，在醫療水準不足情況下，得來不易的孕育，卻要面臨失去，亦會對父母能否生出健康孩子的期望立刻產生挑戰。在社會大環境不改變的情況下，是選擇完美的胎兒、歧視不完美的胎兒？還是尊重每一個小生命？是強迫胎兒出生還是保障胎兒生命？

　　勉強生育嚴重異常胎兒，不可諱言的，不管對雙親或是殘障者（孩子）本身，過程是既漫長且艱辛的，父母親單方面來照顧孩子「自謀生活」及承擔經濟壓力，將是很沉重的負擔，雖然大多數的父母親是不願意捨棄孩子，內心卻掙扎於生命權或生命品質的兩難，沒有勇氣面對孩子異常，未來的付出及犧牲，迫於現實考量，加上國家政策、醫界、父母或配偶要求，只好無奈的接受這個事實，「放棄」便成為唯一選擇。若是能尊重其自主意願，打造更完善、有尊嚴的社福環境，如此對有殘疾者的尊重，比去歧視他、消滅他更具有道德意涵，讓父母親無孕育的後顧之憂，並以社會集體力量扶助不完美胎兒的成長，也許他們就不會擔心孩子生而無依，而選擇優生墮胎。

（二）不傷害原則

對醫療專業人員而言，不傷害原則強調儘量避免對病患造成傷害，以人為本體，平衡利益與傷害，以創造病患最大的福祉是最基本之考量，例如：生前預囑（Living Will）。醫療專業人員謹慎地執業達到照護標準（standard of due care），並避免讓病人承擔任何不當的風險，就是符合不傷害原則。

（三）行善原則

對醫療專業人員而言，行善原則是需遵從的基本義務。除了不傷害別人之外，還要造福其身心，進一步關心並提昇他人的福祉。行善（Beneficence）意味善行、仁慈的心、關愛和人道。行善被視為道德本身的目標，可解釋為人性中驅動我們造福他人的力量。

（四）正義原則

對人公平、正當及適切的處置，基本上乃為追求對相衝突的主張提供合乎倫理的解決方法，以達社會上各種負擔、利益或資源能有公平合理的分配及處置。應用在醫療照護倫理時有三層次：公平地分配醫療資源（分配之正義）、尊重人的權利（權利正義）及尊重道德允許的法律（法律正義）。

目前對於醫學倫理學四大原則最大的爭論點，就是利益和不傷害兩個力量的拉鋸戰，倘若在胎兒基因篩檢中，發現其患有嚴重的疾病或智能不足，選擇墮胎，是符合功利主義的原則，可以產生最大多數人的最大功效；另一方面而言，一個新生命的誕生已是難能可貴，這樣的要求亦忽略了父母親與胎兒在身體上、心理上、情感上及道德上不容抹滅的親密連結關係，當它們互相衝突時，我們怎麼樣去取捨，因此面臨許多複雜的情況。

而生命倫理學（Bioethics）是指，與生命相關的道德價值判斷議題及規範尊重所有生物生命的原則，我們每個人的個人基因信息是屬個體的隱私（genetic privacy），該如何保管？如何避免基因技術對人類帶來的傷害？在台

灣社會中，偶爾會聽到原來令人稱羨的幸福婚姻，可能因爲尚未出生或已生育的胎兒有基因缺陷、有家族遺傳疾病問題，一夕之間使得家庭成員彼此的信任關係崩解，而致家庭破滅，更挑起了社會對基因決定論的討論，其所要面對的問題是：

1. 遺傳疾病基因檢測結果揭露了個人生命的重大資訊（隱私），是否帶來歧視、焦慮與不安？

2. 基因檢測證實陽性後，也會使得整個家族成員的基因隱私權等浮上檯面（例如：預測／診斷個人健康、是否容易罹患特定疾病、預測／診斷胎兒健康……等）是否被保險公司拒保、求職困難或平等的爭議？

3. 是否因檢測結果對其家庭社會角色之衝擊，影響婚姻或生育結果以及未來的生育計畫（檢測結果異常的人，是否有生育的權力？是否有生存權）？

4. 基因發展是否合乎醫學倫理原則之產前遺傳診斷指引？

5. 基因決定的如：身體健康，是否能做爲評斷一個生命價值的唯一依據？

因此，基因隱私權所受威脅之程度與態樣，除了會影響到婚姻、家庭成員間的親屬關係、日後工作權以及社會福利取得外，胎兒的生命權也可能受到很大的牽動。英國基因倫理學會（Nuffield Council on Bioethic, 2006）提及一項在 1993 年發表有關基因篩檢的倫理議題報告，書中陳述了幾點基因篩檢的告知原則，以確保接受篩檢者瞭解檢驗結果是異常反應時，對於小孩及其家族成員未來可能產生的影響。例如：受篩檢者必須是在被充分告知下得到同意才進行篩檢的（consent to being screened）；篩檢的可靠程度和發展出疾病的機率也必須在告知範圍內（the risk of stigma）；必須提供相關諮詢（counselling）；必須嚴守保密原則（confidentiality）；基因篩檢結果資訊可能對保險、僱傭關係的影響（the possible use of genetic information by insurers or employers）；基因篩檢結果資訊的儲存與使用必須合法（the storage and use of genetic information for legal purposes）。

二十一世紀是生物科技之世紀，對遺傳疾病基因篩檢所衍生之倫理、法律、社會問題與人性之價值觀值得深刻探討，雖然遺傳檢測的存在受到倫理方面的負面抨擊，但仍有學者提出正向的抗辯。Saxton（2000）提及，產前基因檢

測是一種涉及權力的技術，同時包含經濟利益層面，必須加以合理的調控，若是缺乏組織系統上合理的調控，就容易成爲一種恥辱或夢魘。Wertz、Fletcher（1993）認爲，遺傳檢測的倫理問題並非來自於科技的發達和經濟的發展，而是來自於醫療照護體系中的不平等現象。如何界定需終止懷孕之異常胎兒？蔡甫昌（2005）認爲，若符合下列狀況之一，則應可中止懷孕之異常胎兒：

1. 若胎兒出生後無法存活者。

2. 若胎兒出生後醫學上無法治癒，且會造成社會成本重大負擔時。

3. 經異常胎兒之父母親接受專業諮詢輔導後，且經過審愼考慮後，決定中止懷孕時。

當福利政策的規劃、推行者，可能因爲有限的資源，而考慮限制提供某些極少數卻昂貴的服務，某種程度上便等同於以我們的標準來判斷什麼條件構成一個生命？結果這個社會是否只讓有權勢、有能力的人生存？產前篩選對於身心障礙者岐視（例如：唐氏症或其他基因異常胎兒），到底懷孕到哪一個階段，胎兒才算是一個人？才享有做爲一個人的權力？新生兒是人（person）嗎？嬰兒是人，但無絕對生的權利，Engelhardt 提出下列觀點（引自邱仁宗，1988）：(1)由於嬰兒嚴格的說並沒有生的權利，決定不予治療有缺陷嬰兒並沒有破壞一個「人」生的權利；(2)由於嬰兒的特殊社會地位和高度價值，決定不予治療要求有嚴肅的辯護理由，例如：不可能達到適當的生命質量或繼續照料嬰兒成爲家庭的嚴重負擔；(3)生命具有價值，當死亡不可避免，治療只是延長痛苦時，不予治療甚至採取措施加速死亡，不僅是允許的，而且是必要的，在這種情況下，「不傷害」原則要求結束生命。

遺傳診斷讓現代人保有了原有的生活品質、事業或打造聰明健康的子女，即使過程中他們必須克服許多的道德衝突、宗教責難和心理壓力。因此，異常新生兒產下後，一旦生命面臨那種痛苦的、非人境況、不可逆轉、代價昂貴、對他人不公平，諸如此類因素結合起來在價值上超過了讓他存活下來的利益時，「低價值」與「高價值」的對立，個人權利與公眾福祉相抵時，在確信沒有任何更好的治療方式之下，選擇墮胎亦是道德上可被允許，放手即視爲不得已的選擇。

優生保健合法化真的能夠解決問題嗎？還是製造更多道德問題？現今《刑法》中對「胎兒」的定義，是以三個月大（十二週）胎兒開始有腦波為由，予以法律上的保護。而《優生保健法》卻允許六個月（二十四週）內可以合法實施人工流產，此時的胎兒顯然已具備人體該有的身體構造，如果在這時期允許墮胎，是否與殺人無異？墮胎後是否有心理後遺症纏身？如何在冰冷的高科技與倫理間尋找平衡點？亟需注入對生命的關懷，考量生活的多元化社會，許多不同的信仰系統與醫療工作不同的價值觀，科技的存在才有其意義可言。

四、孕前諮詢

（一）孕前諮詢的重要性與內容

隨著晚婚高齡化懷孕，先天畸型兒的發生率有逐年增加的趨勢。遺傳諮商（genetic counseling）在歐美等先進國家逐漸發展成一門醫學專業，並行之有年（蔡甫昌、呂碧鴻、楊智超、胡務亮，2002）。過去的觀念認為，預防先天畸型兒的發生「從生產前做起」，然而以前瞻性觀點著眼未來，如何能給孩子一個最好的起點，真正的預防必須改成「從受孕前做起」，不僅是為了符合準父母的利益與價值觀，更考慮到胎兒及現實社會的需要，其目的有：

1. **協助個案對孕前諮詢做知情抉擇**：提供並解釋接受胎兒特定疾病「罹病傾向」的檢驗、避免出現孕期合併症或採取某些遺傳檢查，當診斷結果異常，孩子後續處置所需的一切相關資訊，如：疾病的發生率、嚴重度、現有醫療處置或預防監控方式、病程發展及預後、罹病孩子的特殊教育需求與相關資源（如：支持團體、社福機構）、經濟問題、生育抉擇、生活安排、可能帶給父母家庭生活或情感影響……等。

2. **評估遺傳風險與遺傳模式**：避免或減少父母及孩子因遺傳疾病遭受身心痛苦。除此以外，當家族中某成員經診斷證實罹患某遺傳疾病或為帶有缺陷基因者，其他成員很可能也需要接受「延伸型檢驗」（cascade testing），以釐清遺傳疾病在家族中的散布狀況，並使家族成員藉此重新思考自身的生育計畫。

3. **提供生育選擇心理諮詢**：協助個案釐清自身對檢驗結果的情感反應，保

剝奪的悲傷
——新生兒死亡父母親的悲傷與輔導

留與捨棄胎兒之間如何抉擇，如何面對悲傷與失落感，避免陷入自尊受損感、罪惡感、羞恥感、受責難感等。

郭玲莉（1997）和林淑宜（2000）研究顯示，懷孕期放棄異常胎兒時，母親會出現掙扎與焦慮不安。王瑤華（2004）訪談遺傳檢測結果異常之婦女，發現個案亟需要於做最後終止妊娠決定前獲得充分諮詢及心理支持。Miller（1992）指出，婦女接受人工流產手術的前後，若能夠有適當的諮詢措施，則手術後婦女的不適與懊悔的程度會減輕。孕婦及其配偶在驟聞胎兒有基因缺陷或重大異常時，隨即陷入休克、震驚、麻木或悲傷的混亂情緒，而無法在短時間內完全清楚的聽取資料解說、進行審慎決定。因此，諮詢人員應在檢驗前提供書面衛教單張，並告知當事人所檢驗病症的性質、可能檢驗出重大負面結果、病程發展、治療、矯正或控制方式、預後、相關資源……等訊息，避免父母匆促、受情緒影響下進行決定。

(二) 孕前諮詢的項目及內容

進行產前遺傳檢查時，應對孕婦提供足夠之遺傳諮詢，使其瞭解產前遺傳檢查及檢查結果的意義。然而這些遺傳諮詢告知的過程即使在先進國家，學者仍然發現相當不足，長期演變將導致資訊不平等現象（Bernhardt et al., 1998; Griffith, Sorenson, Bowling, & Jennings-Grant, 2005）。因此這些資訊由誰提供？提供內容包含些什麼？提供者的價值觀如何影響提供的內容？諮詢者如何適當提供自己？需要有多面向的考量。Biesecker、Hamby（2000）指出，產前檢測的遺傳諮詢模式有下列四種（引自蔣欣欣等，2003）：

1. **簡易型**：簡要告知檢測的過程，不會告知檢驗與胎兒的關係，未注意個案日後可能遇到的困難與抉擇。這方式太簡單，但對於多數大眾來說，是可以接受的。

2. **訊息型**：認為只要提供資訊就是有利於當事人，但忽略當事人對此資訊的自我詮釋。

3. **知情同意型**：較廣泛討論檢測的風險與好處，同時瞭解此訊息帶給個人的意義。

4. **心理教育型**：提供訊息，同時探究此訊息衍生出當事人的想法與情緒變化。是相互合作的方式，諮詢者請教當事人，那一種訊息是能夠幫助他做決定，也會詢問當事人過去與失能者（disability）接觸的經驗。同感性的理解當事人接納一個嬰兒、或終止懷孕、或建立一個家庭的價值觀。

胡淑貞等人（2005）研究四百一十二位醫產兒科醫護人員、五百六十九位新婚夫婦以及三百零四位孕產婦及其配偶，對胎兒進行遺傳檢測之看法，結果發現三組對象皆有近80%表示，認同若懷孕中的胎兒有可能遺傳到異常的染色體時，應為胎兒執行遺傳檢測，主要原因在醫護人員是「為了避免遺傳」與「目前是否有適合的治療方法」；在新婚夫婦則是想先知道結果「早知道可以預防可能出現的問題」或「想生基因正常的孩子」。

國內基因檢驗技術已有相當高的成熟度，惟完整配套的孕前諮詢、遺傳諮詢卻未跟上技術進展的腳步。孕前諮詢主要包括：遺傳諮詢、藥物諮詢、高危險妊娠諮詢或心理社會其他方面諮詢，鑑別出是否有潛伏高危險或不危險的因素的一種偵察，舉凡年齡、種族、婚姻狀況、胎次、以往產科史、內科疾病史、生殖器官疾病與異常、營養、精神狀況及社會經濟狀況都是很重要的決定因素。何師竹（1996）指出，個案應當接受「孕前諮詢」（proconceptional counseling）的內科疾病及生產病史，至少包括下列諸項：

1.**糖尿病**：糖尿病對胎兒的不良影響包括：(1)胎死腹中；(2)先天性異常；(3)胎兒過大的巨嬰症，伴隨而來的難產、窒息；(4)新生兒的血糖過低、血中鈣鎂過低、膽黃素過高、紅血球過多等問題，以及處理不當所致的新生兒死亡等。

2.**高血壓**：包括慢性高血壓及妊娠導致的高血壓（pregnancy induced hypertension，簡稱PIH），嚴重高血壓的產科合併症包括：胎盤早期剝離、子癇、顱內出血、肝衰竭及腎衰竭等，胎兒的預後差，故孕前諮詢尤為重要。

3. **其他重大的內科疾病**：包括心臟疾病、紅斑性狼瘡、腎臟病及腎臟移植後、血液疾病等。

4. **感染性疾病**：經由性交感染之性病，病毒有可能經胎盤或產道而感染胎兒，例如：淋菌、披衣菌、陰道鞭毛滴蟲等，最好在受孕前先予治癒。特別是

後天免疫不全症候群（acquired immunodeficiency syndrome，簡稱AIDS），爲了避免發生愛滋寶寶的悲劇及產房在無特殊防範的情況下醫護人員受到感染，必須作愛滋病的孕前及孕期諮詢的對象有：AIDS的患者、HIV（human immunodeficiency virus）帶原者、靜脈注射藥物成癮者、從事色情行業者、孕婦之配偶爲帶原者或爲有雙性戀行爲者等。

5. **復發性流產及死產。**

6. **前次早產及胎兒生長遲滯。**

7. **有生產先天性缺陷兒之虞**，包括：

(1)夫婦之一有先天性異常，單發或多發性。

(2)夫婦之一有遺傳性疾病（顯性或隱性遺傳）或爲隱性之帶原者。

(3)夫婦本身或家族中有染色體異常，或生過染色體異常小孩。

(4)有不良生產史，含復發性流產、死胎，新生兒或嬰幼兒死亡，或生下殘障兒。

(5)將懷孕婦女年齡大於三十五歲，或其配偶年齡大於五十歲。

(6)患有慢性疾病者。

(7)有藥物成癮者。

(8)家族中有智障、先天異常兒或幼童夭折，以及合併以上問題。

(9)家族中多代中多人有同一內科疾病。

(10)近親結婚或計畫結婚。

8. **高齡懷孕**：高齡產婦是指三十五歲以上者，尤其是頭胎懷孕，諮詢的內容包括各年齡階段的染色體異常，特別是第21對的染色體（trisomy）唐氏症的發生機率，以決定是否要藉由羊膜穿刺免除生產唐氏症及神經管缺損兒之虞。

林炫沛（2004）指出，遺傳諮詢是一個溝通、教育與協助的過程。在遺傳諮詢的過程中，專業人員將會協助求助者及其家庭面對並解決以下的事項：

1. 瞭解醫療相關的狀況，包括診斷、病程及可能的治療方式。

2. 瞭解遺傳形式和其再發率。

3. 瞭解針對此再發率可有的幾種選擇方案。

4. 做出最適合個人及家庭的決定。

5. 對遺傳疾病及其再發的可能做最好的調適。

醫療科技進步，胎兒的發育及健康狀況，很多在孕前、產前可以預測或檢測出來，讓有特殊健康狀況、遺傳基因病史、需求的個人或家庭，為了瞭解下一代的健康狀況，羊膜穿刺是其中常見的檢查考量。面對羊膜穿刺術帶來一連串的疑惑、擔憂，以及面對胎兒異常種種的不確定感覺，胎兒基因嚴重異常怎麼辦？一是生下來，一是中止懷孕，在法益權衡之困難下，思考「去留」讓父母親陷入兩難僵局，常處在一個心情複雜交織的關鍵時刻，在尊重生命與尊重選擇的拔河中，並不容易劃出一條絕對正確的線，若僅是被迫屈服於俗世的範疇、立法與泛道德的宗教表象之下，那將令人遺憾！誠如國內部分遺傳疾病病

表 4-1 妊娠前期、中期唐氏症篩檢之優點比較表

	比較項目	新法（妊娠前期）	舊法（妊娠中期）
方法特色	1. 篩檢時間 2. 偵測率 3. 篩檢標誌物 4. 超音波評估胎兒 5. 結果計算	十～十四週 高，88％以上 三種，孕婦血清生化「free β-hCG（游離性β絨毛刺激激素）、PAPP-A（胎盤組織分泌的蛋白質），以及 NT（超音波胎兒頸部透明帶厚度檢查）」 有，超音波測量胎兒頸部透明帶。 使用世界最具有公信力之電腦軟體計算—Alpha（α）計算。	十六～二十週 低，小於 60％ 二種（hCG，AFP） 無 不詳，參差不齊
篩檢結果	1. 高危險群 2. 低危險群	高危險群受檢者需做進一步確定診斷。 低危險群受檢者懷唐氏症兒的機率較低，但並非為零。	同左 同左
優缺點	1. 篩檢效能 2. 確定報告時間 3. 後續處理	高，可減低孕期的焦慮及不確定感。 在懷孕十四～十五週即可得知結果可早期發現，故當胎兒確定異常需終止妊娠時，胎兒尚小，手術安全容易，孕婦心理壓力小。	低，約四成唐氏症無法測知。 二十週後才得知結果胎兒已大，流產手術較危險，孕婦心理壓大。

資料來源：丹佛分子醫學檢驗中心，引自 e 世代送子鳥生殖醫學中心（2007）；華筱玲（1998）

友團體所述：「未曾身患或照護重大遺傳疾病的人，很難瞭解遺傳疾病患者及親屬的痛苦，指責父母中止對罹患遺傳疾病胎兒的孕育並不公允」（蔡甫昌等，2002）。然而，有缺陷的生命是沒有價值的生命嗎？目前有許多遺傳疾病和罕見疾病病友團體紛紛提倡缺陷的生命也有美好價值，舉出殘障而生活有意義時，一個社會對於嚴重先天異常胎兒的接受程度？是否願意給與關懷？或同意給他們充足的健康保險給付？或許值得我們反思。

高淑芬、李明濱（2005）研究訪談了七十七位唐氏症兒的父母，接受遺傳諮詢的內容及滿意程度，並完成簡式性格量表自填式問卷（Maudsley Personality Inventory, MPI），研究結果顯示，唐氏症兒父母的遺傳諮詢82%由醫生進行，平均諮詢時間為二十六分鐘，只有20%的父母對遺傳諮詢的經驗感到滿意。其中諮商者的態度冷漠、敷衍，提供的資訊不夠充足，進行諮詢的地點不適當，進行時間太短等，都讓父母感到不滿意。目前在台灣，遺傳諮詢多是由婦產科醫師、小兒科醫師、護理人員單方面告知或少數由遺傳諮詢師執行，大都完成於第一次告知胎兒異常時的地點與短暫時間，缺乏專業精神、心理諮商專業人員參與，以及雙方的溝通，提供心理支持、後續心理輔導，使得父母親必須壓抑情緒的表達。

因此，增進遺傳諮詢品質最重要的，除了改進諮商者的態度外，孕前諮詢以及醫療機構於個案決定人工流產前，亦應先提供輔導諮詢；專業輔導者處理懷孕抉擇的兩難情境，首要之務為「接納懷孕當事人的抉擇」，並且要持續地提供關懷與協助。適切的專業意見，手術的前後，生理、心理、社會、情緒、靈性甚至靈魂的各種可能變化，幫助預防及處理各種後果，並提供後遺症的治療服務，包含：母親懷孕時的健康問題、新生兒出生時的狀況與危險、給與父母宣洩情緒的機會和提供足夠的資訊，協助當事人知情決定，如何在「體認並尊重傷殘、遺傳疾病患者的生命價值、尊嚴與痛苦」，在做最壞的打算同時做最好的準備，如：提供胎兒存活與否相關訊息與生理上的醫療、人工流產的方法（手術過程、手術風險及費用，胎兒處裡——技術層面的告知、墮胎後面臨身心煎熬的處境）、人工流產外的其他選擇、社會支持資源等資訊，有助於他們生育計畫的考量，以利其做出更好的選擇，協助其家庭心理、生活、親子關

係等各方面的適應，以平衡對胎兒之保障，切莫給與太強迫性的建議。

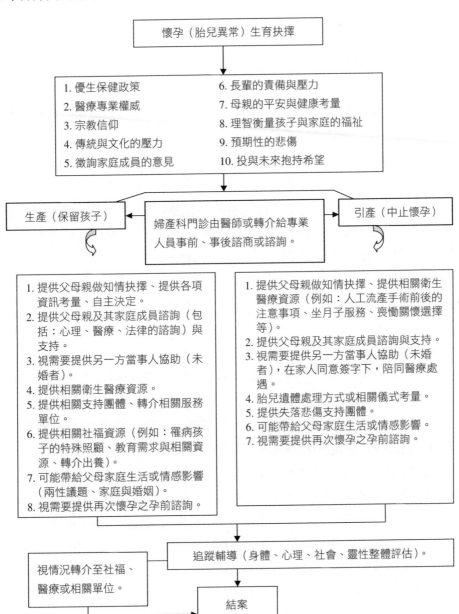

圖4-2　父母親生育抉擇輔導流程圖

剝奪的悲傷
——新生兒死亡父母親的悲傷與輔導

結 論

　　面對社會許多無法並存的價值和信念體系，某些失落是選擇性的，目的是要善意利他而超越其它的失落，在這種情形下，失落不一定是違反意志，反而是選擇放棄以便避開其它形式的失落。對於基因異常或健康嚴重缺損胎兒墮胎與否的抉擇，父母親思考的不只是肚子裡的生命，還會思考小孩將來的生命，以及自己和其他孩子存在的生命內涵、尊嚴、期許與遠景！事實上預期胎兒死亡的來臨前，父母親就開始了哀悼任務，也開始經歷各種不同的悲傷反應。

　　父母親在接受終止妊娠之醫療決定前，亟需醫護人員之諮詢服務，對於仍有繼續生下一胎計畫之夫婦，遺傳諮詢更應提早在下一次懷孕前就應進行，持續追蹤個案提供諮詢乃是必要的。健康保險資源的分配，「孕前諮詢」或「墮胎諮商」遺傳服務應公平有效地提供給需要的人，且應包含於產前照護的項目之中；特別是施行人工流產前，父母親在面對自願中止懷孕的選擇時，都會考慮他們自身的信仰、價值觀、身心狀況、生活條件、政府是否提供適宜的養育環境或機構專業的支持等因素，避免在倉促間的草率決定。而在尋求心理諮商時應有足夠的支援，接受合格之心理師或精神專科醫師輔導，對於墮胎後可能會產生長遠的心理影響，心理上適切的服務更是迫切需要，必須在執行考量時予以告知，「給與當事人想要的資訊」是輔導的重點，但此諮詢不可以用「基因缺陷」的主觀立場給與指導與脅迫，或是醫師個人價值觀之涉入，而使得諮詢內容與過程偏向特定結果，跳開以個人權利為主軸的倫理思考路線，促進當事人能夠擁有實質的選擇，而不只是形式上的選擇；思考整體文化素質層面的問題，必須尊重受諮詢者做決定的自主性、信仰及價值觀，使求助的父母親有充分的認知及能力，瞭解孩子生下來會有何種資源、是否可以讓孩子適得其所的成長，在保留與捨棄抉擇擺盪決策的同時獲得最大的福祉，給與每一個生命最佳的照顧，如此才是尊重生命的真實表現。如何培養尊重生命的文化，解決墮胎社會倫理問題，確是未來父母諮詢必須思考的一個重點，更是專業醫療、心理諮商工作者所責無旁貸的。

練習二

下列主題將人工流產、墮胎或引產統稱為人工流產：

1. 決定人工流產時有哪些人知道？他們的回應是什麼？（若是未婚，孩子的父親在這段時間是否曾參與？）

2. 您覺得人工流產真的是您的決定嗎？在您做決定時，是處於什麼情況下？

3. 決定人工流產的過程中，哪些是您無法避免的？而哪些是您的選擇？

4. 影響您做決定時最重要的因素是什麼？有人與您一起討論這個決定嗎？

5. 您覺得與您一起做決定的這個人的立場，是中立的或是有偏見的？

6. 醫生告之胎兒異常時，您的感受如何？醫生只告訴您數據及代表的意義，還是會傾聽您的身體狀況及心理感受？您現在是否仍然信任醫生，而服從醫生的專業能力？

7. 決定人工流產後，您與配偶及家人互動的關係如何？

8. 社會文化的壓力、醫護人員和家人意見，如何影響您做要不要保留孩子的選擇意願？對您有任何幫助或傷害嗎？什麼是您最大的支持與壓力？

9. 關於胎兒捨棄／保留的抉擇背後，所需要承受壓力、風險或相關支持資源您的瞭解為何？

10. 對於胎兒捨棄與保留的心理交戰是什麼感受？您可以和誰討論？

11. 人工流產前您需要多少時間做決定？為什麼需要這些時間？

12. 您如何選擇人工流產的地方？那個地方安全具有隱私嗎？您在醫院的經驗為何？醫護人員對於人工流產程序所提供的說明為何？

13. 對您而言，人工流產的經驗為何？您當時是否已經準備好面對陣痛和分娩了嗎？

14. 在人工流產當天，醫護人員是怎樣對待您的？

15. 您是否會擔心被醫護人員批評？醫護人員是否尊重您或批判您？

16. 有人陪伴您一起去醫院嗎？是誰？在您生產時，您是孤單一人或是有人支持陪伴您？您在醫院時有誰來探望您？

17. 在人工流產當天,您擔心什麼?如果您曾感受到身體或情緒上的威脅,是什麼樣的威脅?對您有什麼影響?

18. 在人工流產當天,您預先想好或是當時因應的策略是什麼?您覺得當天醫護人員能幫助您渡過難關的策略是什麼?

19. 在人工流產當時,您預先想好希望採取的麻醉方式是什麼?或是希望使用何種藥物?您的陣痛期有多長(引產者)?

20. 待產、生產、孩子過世,當時您的身體與心理有什麼樣的感受?您如何做解釋?對自己的看法為何?

21. 在人工流產前醫療機構是否提供輔導諮詢,哪些部分對您是有助益的?幫助為何?

22. 如果可以重來一次,您會想做一些不一樣的選擇嗎?

Chapter 5
被社會文化剝奪的悲傷

你無法害怕出生，那已經發生了，你無法再做些什麼。

你不能害怕生命，它正在進行。

你也無法害怕死亡，不管你做什麼，死亡照樣發生，

所以，有什麼好怕的呢？

～摘自《歡慶生死》（黃瓊瑩譯，2004）

　　每一個人對於失落與死亡相關的經驗，都存在著不同的觀點，各以不同的方式與社會價值互動，在不同的社會、不同的文化中，可以被賦與大相逕庭的詮釋。因此，失落的界定必須從相對的概念來考察，而不必然有絕對的標準，文化及個人的差異可能會導致關懷方式的不同。在這一章中，藉由多元角度與觀點，特別從許多面向，探討社會和文化對新生兒死亡的觀點：包括死亡的禁忌、文化差異在死亡與悲傷議題上的意涵，與社會文化風俗對胎兒死亡的反應，檢視有關個人和社會文化的死亡態度，藉由失去新生兒父母親經驗的例子，來闡述社會文化在新生兒死亡相關經驗中所扮演的角色，如何影響臨床醫療實務──「如何生」、「如何死」，藉此呈現這些失落經驗是如何被忽略與被輕視，以及父母親在新生兒死亡相關經驗中態度與處境的交互影響的分析，都是特殊與重要的，藉此闡述新生兒死亡父母親被社會文化剝奪的悲傷脈絡。

　　生命乃一長久累積的過程，此階段文化空間的形塑，往往是上一階段傳統信念和資源累積的延續、蛻變與構築；文化是人類精神活動的累積，可以是具體的東西，也可以是種意識型態的哲學。很少人會認為悲傷是容易的，西方及東方的文獻皆顯示出，死亡與悲傷是多麼難以令人接受。許多文獻指出，雖然悲傷是一種正常的情緒反應，但悲傷具規範性（normative），個體常因不同的文化背景而有不同的傳統禮儀或行為，故表現的方式各有不同，常以悲傷是否符合社會及文化規範標準來評定（林娟芬，1996；林綺雲，2005；Cooly, 1992; Hughes, 1995; Kalish, 1985）。

　　關於死亡在影響悲傷反應過程中，社會規範提供了一套約束體系，它允許某些特定的人在何時何地、如何哀悼、時間多久、為誰哀悼等，在規範之外的人與死亡形式是不被接納的（李佩怡，2000）。較常見的社會脈絡如：有的文化在親屬死亡後，會有一段服喪時間，穿著黑色或是限制社交活動（不准高聲喧嘩、不許穿著華麗之衣服）、喪家穿著白色喪服、參加喪禮者著黑色衣服，或在葬禮中喪家是被鼓勵公開地悲傷、哭泣、流淚與分享失落，以此表示哀悼，是強烈悲傷情緒的合法表現機會，表達社會習俗中可以被接受的部分；有的文化中，憤怒與攻擊是悲傷的一部分（Rosenblatt, 1993）。面對一些未被社會認可的死亡，如：自殺、墮胎、流產、新生兒死亡與愛滋病等，攸關的是羞辱或隱私，背負著「污名」、「烙印」、「愧疚」、「罪惡」的原罪，面對外界負面評論，使喪慟者難以公開向人傾訴，只好掩藏其所承受的失落壓力與身心負荷，也不願尋求協助；知道的人也因其敏感性也不知如何開口安慰，釋出善意的碰撞，擔心安慰反而碰觸喪慟者的失落傷口，因此身邊的人也就選擇緘默，「知而避談」。

　　許多群眾大多屬於「沉默的大多數」，將悲傷容納在重視情緒保留的文化中，投射出沉默的文化背影。當父母經歷新生兒死亡時，他們並不希望覺得自己與眾不同，所以通常會選擇絕口不提，迴避對孩子死亡的討論會讓這些父母覺得能夠掌控他們正常的生活，成為符合「社會人」、「理性人」與「文化人」，以繼續前進並忘掉失落，從紊亂氛圍中，強迫自己安靜下來，導致喪慟者被囚禁在隔絕的悲傷之中，使得這些悲傷被壓抑以及延遲，而隔絕所造成的

傷害會遠比原來的失落更大。

Rosenblatt（1983）嘗試從社會脈絡的個人情感（social context of private feeling）探討悲傷，他認為要瞭解悲傷必須瞭解社會環境對失落會產生何種影響，當社會體制未能對不同種族的哀悼習慣及儀式有敏感性，則社會支持系統及健康照顧體系所發揮的協助力量將會減少。李銀河、陳俊杰（1993）指出，人類的生育行為從社會學角度來看，主要是受到文化因素影響。本土文化因素、其它專業（如：醫療體系）權力的結構化，乃至庶民社會集體的參與介入，使失去胎兒的父母極少受到注意，對其影響往往被忽視。因此，悲傷父母的需求必須從文化的禁錮中解放出來，建構一個支持性的環境謹慎對待，以嶄新的方式在輔導系統中被提出，提供一個可以對話的場域，使求助者在心理社會壓力反應、適應能力達到最佳的協助。

沉默的聲音

在我們的生命中，或許多少都會遇上不可言說的「沉默」，但我們多少時候可以體會生命在困難時刻，「不說」它背後的涵義？在悲傷經驗中，很多家屬普遍懷著一種誤解，認為儘量不讓悲傷者回想那些經驗處境，保護他遠離置身在創傷經驗中，總以為逃避痛苦、抹除掉他曾經受過的傷害，即向外跳脫自我，跳脫內在最深處的東西，根據傳統把許多衝突和掙扎感受，視為需要壓抑的危險，啟動他逃避的防衛機轉而說：「好啦！好啦！別哭了，不要再想了，一切都會過去的，時間過了就沒事的。」直接「跨越」悲傷，「從一邊到另一邊」，當作是「超越」，就是最佳的生活方式。

依照悲傷療癒的觀點，將悲傷擺盪在各種曖昧不清、眾說紛紜的意義與價值裡，這種「跨越」、「超越」式的潛意識欺瞞並不是一個好辦法，變成有心而不能覺的矛盾並存，混淆糾纏而難分難解，反而拖延陷的更深，導致向內執著憂慮，永遠無法認清悲傷那堵牆。我們所懼怕觸動的背後到底是什麼？人們經常忘記一件事情，讓傷口癒合單靠表層藥物塗抹隔離，缺乏自身的免疫抗體能力，僅能讓其創傷經驗表淺癒合，而內在感染化膿無從宣洩依然潛伏其中；同樣的，被忽略的人格陰暗面，會在內心深處的世界伺機而動，終至惡化腐

臭，讓人忐忑不安，成為內在分裂、心靈痛苦和衝突的來源。

「碰到任何經驗，如果我們努力安住在經驗中而不逃避，我們的經驗就會變得非常強烈。」（胡因夢、廖世德譯，2001：31）。因此，如果要讓自己的「活著」對「斷裂」產生一種復原的力量，唯有不逃避那個斷裂的傷害經驗，才能讓傷害經驗本身癒合，而深刻的經驗可以減緩我們沈迷於「心智劇本」的操弄（余德慧、石佳儀，2003）。

壹、生命中最沉重的擔子：說不出口的悲傷

人的一生免不了要面對生離死別，與生命須臾相依，而最痛徹心肺的莫過於親生骨肉，沒有一位父母願意創造一個生命，又將之終結，「悲傷」是處於失落的父母，用來釋放自己的壓力以保護自己的方法；而另一種保護自己的方法則是與外界「隔絕」，拒絕繼續接受外界刺激。我們常常可以看到，在悲傷經驗中，大部分的人基本上都不吭聲、不張揚、儘量隔絕，許多照顧者、協助者認為儘量設法不讓悲傷者去回想那些喪慟經驗以藉此復原，把悲傷經驗膚淺化，認為事情就過去了，故醫護專業人員、家人、朋友都傾向避免討論失去胎兒的失落，因為胎兒早夭的敏感性讓他們也不知如何開口安慰，同時也擔心安慰反而碰觸父母親失落的傷口，「畏懼」失控於悲傷的現身情態，因此身邊的人也就選擇知而不說，而出現「無言的回應」，儘量採取「不張揚」的巧飾態度，強調讓父母以此求得「平靜」。

在無法承擔社會價值的批判下，失落者往往只能被迫選擇「沉默」一途，事實上「否認」悲傷不是件簡單的事，特別是對曾經有幻想、有記憶且難以忘懷的胎兒，「抗拒」內在持續傳出的聲音更會造成長期身心負荷的不安，悄悄地跟你的意願逆向而行，而碰觸到深刻的悲傷「存在」底層；有些人用投入工作來分散注意力，有些人避而不談表現出若無其事。然而，悲傷真的會因為被忽略、抵抗而消失嗎？儘管個人的意志多麼堅強，悲傷的人常常將他們自己隔離或被其他人隔離，是一種對胎兒早夭死亡的疏離而無法共在、共感；不知道你有沒有發現，不管我們如何為自己的悲傷辯解、找理由或是掩飾它，猶如短

暫的悲傷止痛劑，一旦藥效消失後，悲傷還是悲傷，還是在我們的內心深處依然痛楚著……。

G父親的故事

　　G父親三十歲，結婚三年，小孩為第一胎足月難產，在毫無心理準備下，頓失新生兒的過程：

　　G父親的小孩在懷孕產檢過程一切正常，太太懷著期待的心情，以自然產的方式生下一名新生兒，由於在生產過程中出現不明原因難產的情形，孩子生下來腦部缺氧情況危急，經過緊急搶救，仍呈現腦死（brain death）不可逆轉的昏迷現象，躺在布滿監視器的新生兒加護病房病床上一動也不動，就靜靜的……沉睡，無法喚醒，僅能使用插管呼吸器協助維持生命徵象，天使般可愛的臉龐下，看不見他微笑的眼眸，也聽不到他的呼吸聲、哭泣聲，只見軟弱無力小小的身軀滿身針孔、導管、嘴部插著胃管、打點滴、小手指接測溫器、只包著尿布的模樣和監視儀器不停的傳來各種提醒——是一種關於生命監控的警告聲。

　　G父親與太太每天都來探望孩子，抱持一線希望，每當太太在探視撫摸孩子時，總是愁苦萬分，悲傷湧動，淚如泉流，愧疚於沒辦法隨心所欲的哺餵或抱抱小孩，無力減輕一絲一毫孩子的痛苦，更讓他們顛簸浮沉於沒有能力保護孩子的自覺中：「如果早一點剖腹應該……如果是其他醫生接生的話，也許就沒事了……」對此有很大的無助感與罪惡感。經過醫師病情的解釋：「孩子是植物人。」突如其來的惡耗，夫妻倆感到晴天霹靂，是多麼不願去接受的事實，在悲慟不已，萬般不捨情況下，夫妻倆決定讓孩子拔管移除呼吸器，平靜離開塵世，不再受苦。

　　由於太太正在坐月子，護理人員與G父親討論太太參與孩子最後一程的重要性，但是他回去跟所有家屬以及太太討論之後，家屬猶豫不決擔心太太「坐月子」會觸景傷情，無力承受，最後決定由自己及太太娘家的家屬與幾位熟識的朋友共同參與拔管過程及後續儀式。

剝奪的悲傷
—— 新生兒死亡父母親的悲傷與輔導

其實父母親心裡的難處，是需要被關照陪伴，是需要有人好好傾聽，需要有機會說出的。然而周邊的親朋好友總是不厭其煩地告訴當事人要節哀順變，此種「信念」（belief），尤其是要求當事人要「堅強」，認為悲傷如要復原，最好是「忘掉死去的親人」，使自己重新站起來迎向未來。在拔管討論過程裡，其中男性家屬理直氣壯，企圖將悲傷漠視、防衛與封鎖，強力要求醫護人員、輔導人員：「不要對孩子的父母談論關於『失落悲傷』，避免提及『難過、可以哭泣』這些字眼，不需要說太多，多講多傷心，因為原來已經不悲傷的父母親，會被這些話語刺激而再度悲慟、哭泣！只要不說，他們就不會再難過、再痛苦，一切都會慢慢過去，時間久了自然就會忘掉，他們懂得如何化解，走出悲傷情緒的陰霾。」

孩子拔除呼吸管當天，醫院特別另闢一間獨立的病房，讓家屬與孩子擁有短暫相處的最後一刻，G父親情緒平穩，眼框泛紅，眉頭深鎖緩慢低語：「我們現在不想讓太多人知道我們的事情，還沒有準備好讓其他人知道，小孩子要拔除呼吸管，我太太知道這件事情，我也跟她討論過了，家裡面說又最好不要來，她也不想來看，我也尊重她不要來看的決定，看了害怕又傷心，所以她今天沒有來在家裡休息，我自己承擔就好了。」接著他又強調著說：「我想我還是不要抱孩子好了，我們希望在這孩子拔管以後，遵循宗教的儀式，佛教的觀念，靈魂要離開身體的前幾個小時，身體會承受巨大的痛苦，在此刻應該儘量不要碰觸他的身體。所以，就不要再移動他了，衣服也先不要穿。我們決定為孩子舉行火葬，火葬後回歸自然，我們還有請居士為孩子超渡。我的太太之前就說不要留下任何東西了，包括照片也不要，怕看了照片會更難過，又要難過一次，但是我自己一直很想要幫孩子留下照片、手印或是腳印，可是又擔心太太會難過……。」

在參與孩子整個拔管過程後，他難過哽咽的說：「看過就好了，我想還是不用照相好了，這個過程令人太難過了，我不要讓我太太看了照片以後還要難過一次……。」G父親對社工及醫護人員說完以後，要求護理人員幫孩子的身體用粉紅色的包巾蓋起來，露出頭部，戴上粉紅色的小帽子即可，孩子睡在病床上，五官長得很秀氣，很漂亮！臉上的表情很平靜自然，膚色白皙，他拿起

事先準備的錄音機，按下開關，播放著佛教的「往生咒」，並在孩子的身上小心翼翼的蓋上黃色的往生被之後，與其家屬朋友圍成半圈，雙手合十站在孩子的身邊一起幫孩子助唸，在這個時候，G父親及幾位女性家屬、朋友再也難掩悲傷，淚水泉湧奪眶而出，任其宣洩……。

由於家屬們事先有準備一些相關儀式，孩子是在很多人的陪伴之下離開，他的心跳以及脈搏在一片助唸聲及佛教的音樂聲中規律的持續減弱著……並不孤單……。

現代心理學給我們許多教導，「心理」（psyche）的字源是希臘文，意指「靈魂」，打開「心理」的意思就是向靈魂的轉化力量敞開。有時候悲傷者身邊親友的陪伴比專業人員更重要，但有許多陪伴者本身也還沒有充足準備去面對這件悲傷的事情和情緒，因本身的焦慮不安而顯得小心翼翼，很難同理接納對方的喪慟，看到悲傷者哭泣常覺得不知所措而逃離，或是害怕他們可能說什麼或做了錯誤的事情，這會使得他們更感到無奈，而絕口不提及任何可能想起胎兒的經驗，就像要試圖剝奪逝去的胎兒「再存在」般，許多話鋒的迴避只因為他們根本不知道要說什麼。因此，一個小生命的逝去總是讓人變得沉默，如果他們必須說話，也只能竊竊私語。

其實陪伴者需要做的是，誠實地告訴他們：「悲傷的您能做什麼，是對您有幫助的……」，認同悲傷比冷靜更給人力量，悲傷就像愛、憤怒或嫉妒一樣，也是一種情緒或情感，探索痛苦能呈現其中的真實，我們必須重回心靈最黑暗、最痛的經驗，走入其中、感受和探索，當我們向內心深處開放、不怕受傷、不逃避壓抑那個斷裂的悲傷經驗，重溫那個最想要逃避的感覺時，方能解套釋放而不執著，化成生命轉軸的元素，產生轉化療癒的作用，嶄新的成長。

貳、被社會文化剝奪權利的悲傷

文化遺產會發揮影響個人體會悲傷和哀悼，表達悲傷經驗的傳統和行為，甚至追悼儀式的考慮，就死亡和悲傷的描寫特點、觀念、信念、操作、神話、

剝奪的悲傷
——新生兒死亡父母親的悲傷與輔導

奧祕與習俗，具跨文化關係和多元文化背景（Cowles, 1996）。表達悲傷因文化而有不同，有的文化中憤怒、攻擊與自殘是悲傷的一部分，有的則從未出現；有的文化表達悲傷甚久，有的則很快消失（林綺雲，2005）。每一個社會的死亡系統通常以正式或明顯的方式傳達，或者透過非正式和隱約的訊息傳遞社會可接受或適當的悲慟方式給其成員，這一類的社會規範，對個體也許有幫助，也許沒有幫忙，但它們的主要功能是以滿足社會覺察到它本身的需要性及其成員互動的需求滿足（Corr et al., 2003）。如果是社會文化重視的、接受的失落，都會有完整甚至繁複的儀式可以允許當事人表達悲傷，在這種情形下，失落的當事人悲傷工作會比較順利；反之，社會文化禁止討論的，或是否認的，甚至打壓的失落，就不利當事人悲傷工作的順利進行（林方晧，1998）。

Doka（2002）將失喪者擺放在社會文化規範的脈絡中，以同理心去觀照這些人所經驗到的苦境，提出被剝奪權利的悲傷（disenfranchised grief），強調各種文化中認定「誰合法為誰哀悼」和「適當的哀悼方式」，規範特定某些人在何時何地、哀悼方式、時間多久、為誰哀悼，有些人由於不具有被社會認可的悲傷角色、權利或能力，所以個人在某個失落後，經驗到的悲傷是無法公開的表達出來，不能公開被承認、公開哀悼或獲得社會支持；因為所處的社會環境不承認失落的重要性，以及拒絕給喪親者一個公開表達感覺的機會，可以區分成五種類型：

1. **與死者關係未被社會認可時**（the relationship is not recognized）：通常發生於未包含於血親間的關係，如朋友、戀人、鄰居、養父母、姻親、繼父母子女、同事、照顧者、室友、師生、前妻、分手的戀人、同性戀者、婚外情的對象等。

2. **失落事實未被社會認可**（the loss is not acknowledged）：發生於主流文化沒有提供公開的儀式來悼念死者，如流產、胎死腹中、死產、墮胎、寵物死亡等，也沒有提供相關的社會支持給與有此類經驗的人。

3. **喪親者本身未被社會認可**（the griever is excluded）：因為個人能力的缺陷或年齡的關係而被主流文化認為沒有悲傷的能力，如：幼兒（童）、心智障礙、老人、精神病患等。

　　4. **死亡的形式未被社會認可**（the circumstances of the death）：指死亡的形式是社會所不允許時，也使得喪親者無法獲得社會支持，如：死刑犯、自殺、AIDS 患者等。他們與死者間矛盾而衝突的關係、缺少社會支持以及哀悼的機會。

　　5. **個人表達方式的差異**（ways individuals grieve）：個人對悲傷的表達，某些方式是不被支持與允許的，有些人的悲傷反應是採用直覺的（intuitive），使用比較強烈的情緒，表達內心的焦慮與痛苦；有些人則用工具式（instrumental），以解決因失落所引起的問題為導向，不太願意分享內心的感受。因此，過於強烈或過於壓抑的悲傷方式，是不被支持與允許的。

　　此外，喪慟的動力或功能性要素（悲傷和哀悼），也可能被剝奪。例如：喪慟者可能被社會大眾告知，他正在經歷或表達的悲傷方式不恰當，或者因應失落、悲傷反應和哀悼方式被拒絕，因為對其他人而言是陌生或感到不自在的。悲傷剝奪的許多情況包括：強化情緒的反應（例如：憤怒、罪惡感或無力感）、矛盾的情感關係（如墮胎、不再相愛的戀人）和同時發生的危機（如同那些涉入法律和經濟問題者）。悲傷剝奪也可能移去了其他能促進哀悼的因素，例如：計畫喪禮和參與喪禮的角色、降低社會支持（職場上的休假、談論失落、獲取同理心或從某些宗教傳統中找到慰藉等）（Corr et al., 2003）。

　　許多和女性有關的失落，在我們的社會文化裡是不可以談的，如自殺、強暴、未婚懷孕生子送人收養等；有些失落是社會文化否認的，如流產、墮胎，女人生子在其他方面的發展而受到限制、女人因結婚而離開原生家庭；有些悲傷是社會文化不支持表達的，如嬰幼兒去世、懷孕時先生去世、為了胎兒不能哭等（林方晧，1998）。社會文化對胎兒死亡與失落的否認與漠視，會讓失去胎兒或周產期新生兒死亡的父母，壓抑其悲傷，而沒有機會公開地表達分享他們的喪慟，以減輕他們的悲傷（Ujda & Bendiksen, 2000）。

　　加上社會污名化現象，有時更讓墮胎婦女伴隨而來情緒上的隔離現象（Major & Gramzow, 1999）。Littlewood（1992）強調人工流產污名化，當事人、親朋好友及家人也避而不談，內心的悲傷因此被忽略，使得人工流產婦女成為不被社會認可的哀傷對象（引自蔡淑芳，2004）。此忽略態度會加重悲傷

婦女的悲傷強度與悲傷過程的困難（Crowther, 1995）。承上所言，周產期死亡失落的悲傷「剝奪」，則指胎兒過世，父母親不能悲傷，被要求要趕快振作，甚至沒有被關懷的權利；若是父母在情緒與精神上作凍結狀態，此種標籤和剝奪會使悲傷更持續難消，將變成一道無法穿越的高牆。

Van（2001）研究發現，當醫療健康專業人員、家人、朋友都傾向避免討論懷孕失落與胎兒的失落時，這些母親的悲傷是不被承認的。過去許多研究也指出，由於胎兒死於流產、死產或引產的新生嬰兒，其死亡常被認為是一個尚未看到，且不被視為值得肯定和哀悼的生命（Benfield et al., 1978; Borg & Lasker, 1981; Clyman, Green, Rowe, Mikkelson, & Ataide, 1980; Ouimette, 1986; Peppers & Knapp, 1980; Wilson, Fenton, Stevens, & Soule, 1982）。Kirkley-Best、Kellner（1982）兩位學者，稱這種周產期死亡失落的悲傷反應為一種「被遺忘的悲傷」。因此，當失去胎兒這類經驗尚未被社會認可或支持時，所處的社會告知他們所經驗的悲傷與表達方式是不適當的，父母即使有悲傷，也無法或不能承認、公開哀悼或被社會支持，這就叫做被剝奪權力的悲傷。

參、文化差異在死亡與悲傷議題上的意涵

每個人的悲傷都是獨特的，而且對每一個個體而言，他的悲傷經驗也是獨一無二，感受和想法是持續且多變的。失落反應其實受到特殊文化脈絡的塑模（Counts & Counts, 1991）。文化體系規約了有權利悲傷的各種狀態，彰顯悲傷反應的正當性（legitimacy）或合法性（李佩怡，2000；林綺雲，2002a）。換言之，人成長、生活於社會體系中，無時無刻不在接受社會價值，故我們的感情和思考的習慣常會引導我們以選擇性的方式去接受資訊和處理及面對，雖然現代化西方學術涵養大幅提昇台灣民眾的個人價值取向，許多人仍然恪守傳統文化價值觀，失喪者可能因為內化了這些較傳統的價值，而抉擇出某些因應的作法，然而從西方人的觀點來看，這些方式可能是「被壓抑的」或甚至是「被剝奪的」。

從本書訪談結果中發現，國人忌談死亡的文化禁忌、傳統習俗與坐月子禁

忌、缺乏情緒表達字彙與安忍苦受的傳統價值觀，對於悲傷者的影響甚鉅，許多文本並未提及文字在書寫時的受苦處境，傾向「身體語言、形式」呈現心理問題，故本章將探索新生兒死亡父母「悲傷剝奪」的本土社會文化意涵，論述如下。

一、忌談死亡的文化禁忌

「死亡」是人經歷生命存在，亙古以來無可倖免的最後一環，有些家庭有不能討論某些主題的「不成文規定」，而死亡或某一種特定的死亡可能根本不想被思考，個人可能會採用更加隱蔽的方式拒絕，在消極建構的意識下可能會增加使用防護屏障，而以否定做為一種防禦機制或緩衝機制，死亡就會成為無法討論的主題。然而，死亡其實是很真實的事，衰老、病痛、生命的終結是人生的一部分，就好像種子埋在地中、發芽、生長、衰老、枯死；季節有春、夏、秋、冬一般；但是，中國人向來忌諱談論，尤其是死亡議題，甚至觸及或令人聯想到死亡的字詞及語言都要迴避，以免不慎觸了霉頭（釋慧開，2001），因此形成難以克服的焦慮，也造成國人無法正視它所顯示之意義與價值。

Kleiman（1980）在對台灣的研究，注意到人們在面對自己的死亡時，也是不談論死亡，臨終前亦不告別，死亡的事是交由家人來處理（引自林綺雲，2005）。「否認」常常是為了要降低傳統死後世界觀與世俗科學不相容的地方，雖然個人在心理語言上不作死亡與悲傷的表達，「意識上」可以減少焦慮、憂鬱、恐懼等感覺的強度，也因而壓抑了悲傷的反應。

張文初（1996）在其《死之默想》書中開門見山的指出：「哲學家說，人生的一切努力，人類所有文明的創造，目的只有一個：對抗死亡。」（頁8）。然而，人生背後隱含之死亡焦慮卻不斷地困擾我們，它影響人的思考、活動與態度。李豐楙（1996）論及有關死亡儀式的禁忌特性，靈魂具有以下五種禁忌特性：死亡是可怖污穢的、死亡後亡魂不要再回來、亡魂不要帶走財富、亡魂會沖犯生魂、幽冥兩隔，互不相涉；也就是對於死的一種「俗」的信仰，在善惡兩級的潔淨與污穢性中，讓人易於沖犯。因此，對於死亡就保有戒懼性，以

求防範。

老子認為，人生是「出生入死」，但人類在面臨死亡的威脅時卻想盡辦法要「出死入生」，而出現憂懼之感。人們大量迴避與死亡相關的、可引發死亡恐懼的物象，例如：盡量不去想到死亡，對「死亡」字眼感到忌諱，而以許多代用語來描述死亡，如：駕鶴西歸、升天、往生、過往等等（張文初，1996）。因此，生存在一個否認死亡的社會文化裡，死亡的「此在」被拋擲於社會文化「他在」的限制，延伸到生活中與死亡相關或象徵死亡的符號，想盡辦法從壓力情境中抽離：走路要避開墳墓、路旁搭起的臨時靈堂，有人死亡了，就用「往生」、「過身」、「返去」、「走了」等字詞替代談論，到醫院或喪家向死者致哀送殯，台灣的民俗強調不能回頭，也不能說：「再見」、「再會」；畢竟，死亡是不好的事，要避免與之再度交會，大家都把死當成最大的惡，而對死懷著恐懼，因而人應避之，免招惡靈傷害。

因為，活著的人畢竟沒經歷過死亡，死去的人不復存在，無力解釋死亡是什麼經驗？「棺材裡放的是死人非老人」讓人不知死亡何時將至？以何種方式降臨在自己身上？沒有選擇的面對死亡的召喚，重病、兇殺、突發事故等生命都會因此受到威脅，加上人死後何去何從？是否有來生？這樣的無跡可循，於是產生對未知世界的疑慮無奈，死亡變得很弔詭與不祥，所以一般人不喜歡談論死亡，把有關死亡的一切聲音、氣味、場景和感受，全都隔絕於視線之外，當成「生命盾牌」。甚至連「死」（或四的相似音）在逢年過節喜慶時，都不可說出嘴，一提到這個字眼，就是不吉利，觸人霉頭；許多大樓或醫院的電梯刻意避開「四」樓，車牌號碼避免選擇有「四」的數字，好似一旦逃避「死亡」這字眼就能遠離死亡、長生不老？！

死亡如同是一個大「黑洞」，只可推測和想像，它蘊藉著人類最大、最深刻的悲劇（鄭曉江，2000）。對於死亡的圖像，我們大多聯想到面容扭曲、痛苦呻吟、歇斯底里吶喊等形貌與過程「慘不忍睹」的狀態，是生命不受歡迎的結局，卻為古往今來不斷糾纏人類的一個永恆主題，隨著時代的變遷，人們自然接觸死亡的機會減少，但對死亡的莫名恐懼或焦慮並沒有減少。

Kübler-Ross（1969）與一群芝加哥大學神學院學生用了十年的時間，從事

關於死亡過程之心理研究，發現與瀕死病人聊天看似容易，但其實不然，它的困難不是因為病人不願意談及死亡，而是她的醫療同事阻擋其中。Kübler-Ross 在那一刻明白到「談論死亡」對她的醫生同事，竟也是一個禁忌而非病人。Becker（1973）寫了一本書《否認死亡》（*The Denial of Death*），指出人們習慣把死亡丟在腦後，對死亡感到恐懼、潛抑與不安，源於我們對死亡的抽象察覺，但是在現實生活中死亡是不可能改變的事實。儘管我們可以真實地看到其他人的死亡，例如：戰爭、自然災難死亡，但是依然緊握著希望自己永生的信念不放，祈求和期望不朽，假設死亡不會發生在自己的身上，Becker 認為那是由於人類的心理上，完全不願意去接受死亡的實存，是一種最殘酷的自我欺騙。為什麼會有這樣逃避與害怕死亡的想法，有兩大因素：

1. 近年來西方社會宗教已建立的見證力量日漸薄弱（Laungani, 2000; Parkes, Laungani, & Young, Eds., 1997），在心裡對於宗教所言的死後世界（來生）、天堂與地獄信念縮減，個人遠離家庭及社區網絡，這些信念得不到支持，加上社會政治世俗化的過程，讓人致力於遠離死亡悲傷。

2. 不斷向前精進的醫學科技，將死亡視為醫學上的失敗（Moller, 1996）。哲學家叔本華（Arthur Schopenhauer）指出，人的意志的核心是對於生命的執著（郭于華，1994）。人生最大的兩難，就是對生的執著與死的困惑，「死亡」是與醫學治療最高境界和使命背道而馳，「拒絕死亡」（自然死亡除外）為最高的醫療美學準則和目標，就是「必須救活他！」精益求精的理念下，狂熱於「生」的技術與求死的解脫，嘗試扭轉世人步向死亡的歷程，使醫療過程物化，獨缺面對「死」的智慧。

余德慧、石佳儀（2003）指出，人在面臨死亡時，保護裝置會出現三種現象：(1)與己無關：雖然我們都知道死亡，也確知我們總有一天會死亡，但卻覺得死亡與我無關；(2)自己不可能會死：死亡對我是最大的不確定，甚至認為是最不可能的可能，很少人會認真地把自己的死亡當作最真摯的可能性來對待；(3)對他人死亡的漠然：對他人的臨終無法共命共感，雖然你說「親人死了我會哭啊」，哭歸哭，擦乾眼淚以後，親人的死還是親人的死，不是我的死。

靳文穎（2002）也提到人們面對死亡有五種基本類型，而這些類型也代表著「人們對死亡的偏見及所存有的希望與恐懼」（頁55-64）：(1)大終結／大安息：將死亡視為生命的完結，意識的完全決斷；(2)大侮辱／大獎賞：將死亡視為一種侮辱，一項錯誤，甚至一個懲罰；(3)大損失／大報酬：將死亡看成掃盡我們所積聚之一切力量；(4)大離別／大團聚：將死亡視為與我們所愛的人離別；(5)大中斷／大完成：認為死亡設下了限制，破壞了規劃。

忌談死亡的文化禁忌以及否認悲傷情緒表露，是喪親者無法完全的經驗悲傷、面對失落意義的絆腳石（Klapper, Moss, Moss, & Rubinsten, 1994）。過於擔憂死亡，就難以歡度生命，由上面社會體系對於死亡的態度可以看出，現代人所面臨的是一種宗教靈性的式微，人本精神脆弱的時代，很容易被死亡焦慮襲擊而加以否認，成為不可觸犯的禁忌。當死亡是一種「禁忌」時，悲傷者將會受苦於這些外在的戒律（Dickenson & Johnson, 1993）。

因此，「趨吉避兇」的觀念下，死亡真的很難談！特別是新生兒的早夭死亡。不同的文化對於孩子的死亡都有不同的解釋，當死亡率偏高，孩子的死亡被視為是不可避免的事時，對孩子的哀悼可能會較無法持續（Parkes et al., Eds., 1997）。台灣社會對於流產及死產在坊間及醫界，更是隱諱不能言明的，受此經驗折磨的婦女，只能暗自啜泣（張玉芬、朱翠萍，1999；陳映燁、李明濱，1998；楊玉娥，1996）。而墮胎更是不能公開談論的話題（黃君綺，2001），結果，死亡變成私密的，大多數人對孩子早夭死亡的處境下淡然以對，使得父母一旦面臨新生兒死亡嚴重的失落情境時，往往手足無措，無所適從，因此一般人都選擇以不談論、不感受、不反應，來淡忘這一切，以暫時保有熟悉的安全感，於是便在自我禁錮的封閉世界中載浮載沉，只能默默承受和經驗悲傷的歷程，或者強迫自己趕快走出哀悼，重新開始。

二、傳統的死亡禁忌

表達悲傷的文化內涵是多元而複雜的，大多數的美國人認為，將悲傷形之於外是恰當的，哭泣在絕大多數社會中都被視為悲傷的自然反應。Scheper-Hughes（1985）研究發現，大部分的嬰兒及孩童的死亡，在巴西的小鎮上被視

為是不可避免的命運，因此母親的悲傷表現通常只短暫持續幾天。Rosenblatt
（1988）研究指出，許多亞洲民族都將悲傷視為個人內在的反應，必須加以掩
藏。佛教相信人在死亡後的八小時之內，神識尚未離開肉體太遠，已經斷氣而
神識還沒有完全離開的逝者，若是有物觸，逝者的神識受到刺激，會知覺痛
苦，便可能一面瞋恚恨，墜入惡道，若必欲哭者，須俟命終八小時後（釋弘
一，1997）。臨終者的神識在那一刻特別脆弱，哭聲和眼淚對他而言，就是雷
聲和冰雹。逝者尚未轉世之前的中陰身（死亡的第三期中陰，藏文是 sipa
bardo），不會受到空間之阻隔，會回家去會見家人和親愛的人（鄭振煌譯，
2002）。

　　對台灣漢人而言，為了使死者捨得離開塵世，以便來生順利轉世，因此在
彌留狀態至死後八至十二小時內，要趕緊助唸，不可觸摸搬動往生者身體（包
括眼淚與肢體的碰觸），禁止親人在死者面前哭泣，以避免死者留戀不去，阻
礙其往生之路（陳瑞隆，1999；馮滬祥，2001；黃文博，2000）。暉舟
（1981）指出，為避免逝者眷念世俗，生者要避免想念逝者，以協助逝者對死
亡（另一個歷程）的覺悟。由於喪慟者對於逝者死後去處無知的恐懼，擔心逝
者不忍離去更加悲痛而無法轉世超生；又恐喪慟者不能節哀，所以必須含悲忍
淚，必須待某些儀式完成以後才能哀哭。故喪慟者雖然不捨逝者的離去，但又
希望逝者在死後的世界能好走，而遵循諸多外在規範與禁忌，所以不可悲傷思
念，免得他不捨離去或是走得不安心。

　　陳瑞隆（1999）描述，台灣有長輩不可以拜晚輩、不可以參與晚輩喪禮的
習俗，否則亡者將不得轉世。故在民間習俗中，十二歲以下的孩童過世被認為
是「討債子」夭折而不予葬式，並且不能立「神主牌」做為靈魂安頓之處提供
家人弔念，以利「投胎轉世」，並有「報應」（curse）、「命」（fate）、「緣份」
（karma）與「還債」觀念。傳統本土文化禁忌對於胎兒死亡，還包括了父母不
能看胎兒屍體（Hsu, Tseng, & Kuo, 2002）。除此，台灣社會中流產及死產在坊
間及醫界，都是隱諱不能言明的（張玉芬、朱翠萍，1999；陳映燁、李明
濱，1998；楊玉娥，1996）。Lee、Slade（1996）和 Stirtzinger、Robinson
（1989）等，研究分析造成此悲傷過程較難調適的原因包括：沒有可以看到的

剝奪的悲傷
—— 新生兒死亡父母親的悲傷與輔導

孩子以進行悲傷的過程、沒有回憶或可以分享的生活經驗、死亡是突然的、通常缺乏社會對這種失落在意義上的認可、缺乏社會及情緒上的支持、容易遭受強烈與負向的態度、因為社會的禁制而壓抑適當的悲傷（引自曾英芬、陳彰惠，2005）。當追悼者失去的親人，陷入無法忘記又難以重述與追憶時，是個空白、斷裂的時間經驗，無法直接體驗，是個混沌經驗，一切原有時序因而陷入混亂（林耀盛，2005a）。

父母親在理智上雖然相信孩子已過世，但在情感上卻要很久才能完全接受這個事實，尤其是死產、新生兒死亡，在沒有親眼看見孩子遺體的情況下，特別不容易接受事實。「思念」會造成父母親的悲傷難以放手外，老一輩也常言：「孩子和父母的因緣早已經注定好；這生的緣盡了，還有好的因緣在等著他，應該要為孩子祝福，莫牽扯他的心，讓孩子自在而去」、「請不要為逝去的孩子悲傷」、「不要哭、不要念，孩子才不會捨不得走」。父母只得內心翻騰、掙扎於為了逝去胎兒的福祉，對內不敢思念、對外不敢哭泣，不能言說而抑制了湧上心頭的哀戚，只好把這份悲傷放在心裡慢慢地沉澱，而非「奇怪」、「不正常」，而相當部分的台灣社會也依循這樣的習俗。因此，周產期失落在缺乏抒發儀式下，它是一種「哀悼過程的干擾、阻斷悲傷覺察、缺乏容許及足夠的情感表達」，此種情境下懷孕失落的喪慟可能是相當複雜的。

三、坐月子習俗與禁忌

在中國文化中，坐月子注重「少勞神、少勞心、多養身子」，是對產婦生產後的一種休養，裡面存在著許多禁忌。從社會學的角度來看，「坐月子」是協助產婦順利渡過人生轉折的關鍵時期。坐月子習俗與儀式性行為是生育文化中相當重要的部分，古人有云：「小產重於大產」、「小產不可輕視，將養十倍於正產可也」，顯示人工流產後的坐月子與產後坐月子同等重要，而中醫認為「小產」，無論是人工墮胎、引產還是自然流產，都會傷氣、失血而不可勞累，表現的症狀為腰痛、身體虛弱等。所以民間習俗大多以中醫觀點的補養，以身體補血補氣為主，也就是飲食上要多吃棗補血、喝雞湯、服用雞精為主，不要吃過多生冷的食品，房間注意不要受到風寒，注意保暖，否則可能留下慢

性腰痛、風濕等毛病，儘量修護身體受的傷害，減低後遺症的發生。

　　漢人婦女產後「血不足，氣亦虛」，百節空虛的情況下要坐月子（doing the month），自分娩到滿月爲止最少三十日，多則四十日，包含許多禁忌（不可以做的）和規範（必須做的），否則就會如老人家所言：「月內沒坐好，老來就艱苦」，強調月子沒坐好，就可能毛病纏身沒完沒了。坐月子這段期間在西醫稱爲產褥期（或產後期），指的是婦女在生完小孩後的生理和心理調適階段，在胎兒及胎盤娩出後即開始，到產婦的身體及生殖器官復原的一段時期，一般約需要六至八週（楊玉娥，2000）。

　　東方社會產後婦女得依循傳統坐月子的儀式，進行爲期三十至六十天的調養，並與有關係的家庭成員隔離，強調產後補身、不勞動的儀式行爲以使身心適應與恢復（洪志秀，2001）。研究指出98.2%的產婦認爲，女人生產後應該好好坐月子，90%的產婦認爲，如果沒有好好坐月子會影響日後的健康狀況（江曉菁、余玉眉，2000）。傳統坐月子習俗強調，產後婦女因全身器官功能受損，眼睛亦不例外，所以在產後哭泣，會造成日後視力的影響或傷害（楊淑玲，2004；潘惠晴、朱佩玲、林淑娟、張翠樺、李幼華，1993）。俗云：「產婦一滴眼淚比十兩黃金還貴重」，感傷的事，如親朋好友亡故等不幸的事情，絕對不能讓產婦知道，不能讓她流淚、傷心，可以派人代理參加弔喪等事宜。產婦如果哭泣的話，眼睛會提前老化（莊淑旂，1998）。

　　研究顯示，失去胎兒的婦女煎熬於悲傷情緒及產後健康維護間的衝突，「不哭」是因擔心無節制的哭泣只會傷身、傷心，對自己沒有好處，對亡者也沒有幫助──「哭了亡者會執著，無法投生」；喪親者因爲怕哭了反而會害了亡者，而壓抑情緒不敢哭，表面上看起來喪親者都不哭了，卻也因此阻礙了經驗悲傷任務的進行，甚至可能造成延宕的不正常悲傷反應。除此以外，民間最忌諱產婦產後未滿月就往別人家裡去串門，忌到寺廟參與祭祀和敬神的一切活動，避免冒犯天神或經由血污帶來不幸（王貴民，1993；魏英滿、陳瑞隆，2002；Pillsbury, 1978）。俗以爲，產婦坐月子期間，「血污」未退盡，穢氣重，漢族、白族等等許多民族都有此禁忌（王貴民，1993）。

　　因此，在坐月子期間不可探視產婦、忌月內串門、忌悲傷哭泣、忌參與神

事，都是基於對產婦的「隔離保護」措施，提供一個不受干擾、可以完全靜養的環境，避免產後虛弱的身體被傳染疾病和受到傷害。中國傳統的文化禁忌，也許會認為失去胎兒的父母親是經歷的失落卻未必要悲傷難過，壓抑失落悲傷的事實，甚至約定成俗讓喪慟的父母沒有機會去哀悼胎兒的死亡。許多研究顯示，這種社會、朋友、家人甚至有可能母親自己，對失去胎兒意義的無知，會阻礙父母的悲傷過程，反過來可能導致其病態的發展、慢性或不適當的悲痛反應（Borg & Lasker, 1981; Cullberg, 1972; Parkes, 1972, 1985; Stierman, 1987）。

我國的社會文化期待保護喪慟的父母親趕快脫離悲傷的陰影，直覺不希望一再提起胎兒死亡的事實，強調對孩子的離開不要帶著「牽掛」觀念，也認為時間可以撫平失落，隱含鼓勵父母儘量忘記失去的胎兒；由於缺乏自覺性而順從成為一個禁忌，當處在悲傷時又要與失落的情緒思潮掙扎，家庭成員常常感到無法在這樣的情況下悲傷。這也顯示這些規範也促使喪慟的產婦和外界隔離，得不到奧援而咬緊牙關獨吞痛苦，同時也點出了社會文化加諸於失喪者的期待（或甚至強制力），剝奪其悲傷宣洩的路徑。

四、缺乏情緒表達字彙，傾向「身體語言、形式」呈現心理問題

長期以來，以為身體好就是身體沒有毛病，實際上很多疾病症狀還包括對失落的悲傷反應、精神的刺激。未解決的悲傷常造成慢性身心疾病問題的肇因，例如：「七情致病」：怒傷肝、憂傷肺、悲傷心、思傷脾與恐傷腎等導致「身心症」。而在台灣的資料顯示：每四個人之中就有一個人因為壓力太大或「情志致病」，就會變化成為身體的疾病（廖桂聲，2005）。張珣（1989）在台灣的研究發現，中國有高比例的身心症（somatization）病人，可能與中國文化中感情表達方式以及心理語言（psycholinguistic）的缺乏有關。

Leff（1981）研究「焦慮」（anxiety）的由來，發現其字源「angina」的意義為「胸口不適的感受」，顯示人們從胸口的不適感覺發出「焦慮」這一情緒字彙。Kleinman（1986）研究指出，中國社會的文化結構，以心理語言的觀點解釋華人身體化成因，例如：悶、煩躁、肝火大、心頭痛，「心」是情緒源頭，「肝」是憤怒來源，因此病人在訴說情緒時，常常指著胸口、心、肝的部

位。Kleinman嘗試誘導中國病人說出他們焦慮的感覺，卻只能說出覺得憂鬱、焦慮、恐懼等，此外就無法進一步說明或舉例，而直接跳到他們認爲致病的身體疾病或人際問題上描述。他認爲中國社會對於情緒的身體化描述傾向可能原因有：

1.「社會關係和諧重於個人情緒表達」的價值觀。

2.「情緒表達適當性重於特質表達的適當性」的情境取向（situation orientation）。

3.「使用外化語言而非內化語言」的認知因應機轉。

4.傾向於認爲「向外人公開個人困擾是羞恥的」。

5.文化符碼（cultural code）中有豐富的身體隱喻（bodily metaphrs）。

6.家人有情緒問題的社會禁忌。

7.社會較可接納身體抱怨，不接納心理困擾。

8.傳統中醫體系身心一元論之影響。

陳彰惠、劉瓊宇（1995）探討中國文化與典型的中國人性格，是不善於口語上表達憂鬱，俗語上沒有字眼足以表達憂鬱的心情，傳統教導要壓抑情感的表達，身體化症狀及抱怨是社會所認同且接受的疾病徵象，傳統的中國女性超之在外的信念凡事認命等，也可能影響產後憂鬱的發生。

五、安忍苦受的傳統價值觀

廖梅花（2003）探索「悲傷剝奪」概念於台灣本土社會文化的意涵顯示，受到宗教信仰或是傳統觀念的影響至鉅，整理出的概念如下：(1)死亡被視爲是命運的安排或是業力的作用；(2)悲傷的出口不在情緒的抒發，而是挑起沉重的擔子以及爲亡者盡最後一分力；(3)關照到周遭的人。將「情緒抒發的需求」對照「更高遠的價值」，「超越」個人表達的需求，「責任考量」凌駕「個人需求」，在悲傷調適上，信仰或信念扮演著重要角色。

楊中芳（1991）認爲，中國人「自己」的發展是一個「道德自己」的發展過程，個人由「個己」進行超越轉化，到「自己」與「社會」融爲一體。因此，「犧牲小我、完成大我」是一個人在「修身」的過程中，初步的超越轉化

步驟。李敏龍、楊國樞（1998）研究中國人「忍」的功能，可以歸納爲幾個大
方向：(1)個人生存或生活的福祉，如避禍求福；(2)人際的和諧，如人際和諧
或息事；(3)社會成就，如富貴利益、出人頭地、成事。忍的心理歷程並不是
僅爲個人的利益著想，而是爲己、爲他人、爲公眾，是社會取向，除了克制之
外，它還包含了堅心、容受和退讓。克制和堅心具有儒家強調自我修養和自我
超越的色彩，容受及退讓只有佛家和道家的精神，「退」的過程中會達到「進」
的狀態，以超越的方式來進行生活中得與失的思考。

　　本土文化常被認爲缺乏必要的機制和結構，幫助喪慟者應付周產期失落，
我們的反應經常被視爲西方「否認」死亡，然而國人對失落事件的詮釋，似乎
只有眞正的從失喪者所處的文化脈絡，瞭解其恪守的信念或信仰，才能超越表
象，瞭解到他們經驗到的究竟是「悲傷剝奪」還是「安忍苦受」。因此對失去
胎兒的父母而言，未必人人會有失落感或悲傷反應，但對於當下或日後可能會
出現的喪慟父母，應該給與一個允許悲傷的機會與正性處理的管道。

肆、新生兒死亡父母的悲傷是不被社會文化認可的次文化

　　許多文獻指出，周產期失落的父母親，其悲傷經驗常是不被認可以及瞭解
的，包括朋友、家庭成員，甚至是專業的健康照護提供者（Caelli, Downie, &
Letendre, 2002; Côte-Arsenault & Freije, 2004; DeMontigny, Beaudet, & Dumas,
1999; Van & Meleis, 2003; Wallerstedt, Lilley, & Baldwin, 2003）。失去新生兒的
父母親，生命中踏出的每一步均是在面對傳統社會文化的價值觀，胎兒是人
（person）嗎？胎兒不是人，戶籍上卻是占有一席之地，擁有名字，是一個具
體眞實的存在；胎兒是人，但卻無絕對生的權利與死的尊嚴，特別是有嚴重缺
陷的胎兒，無法達到適當的生命品質或繼續照料新生兒成爲家庭的嚴重負擔，
採取措施加速死亡，不僅是合法允許的，而且是必要的，違背社會所認同行爲
的人便會與文化格格不入。

一、不被社會文化選擇的生命

人們一向都想盡辦法避免痛苦的問題，今天尤其如此。於是，當一個人的生命顯得毫無作為並會造成群體沉重負荷，且無法有效的因應存在的苦痛與問題時，生的恐懼中充滿了「活著的不好」（badness of living）時，死亡的選擇不僅是為個體今生痛苦的解脫之道，竟也成了群體脫離痛苦、獲得解放的途徑，這個策略促使世俗主義觀點導向一種實用的唯物主義，在生活富裕、講究高效率的社會中蔓延得特別快，人格尊嚴的準則被「所有、所能做、所生產和所消耗」的強者，凌駕於弱者所取代，根植這樣的社會觀念，一個無法恢復能力的生命再也沒有任何價值。不合乎人道死亡的文化即使被學術界排斥、受法律追逐、為痛苦的經驗所牴觸，卻依然侵入現代人的價值觀，被視為一個解決問題的辦法，潛入喪慟父母的世界。

《優生保健法》第9條規定，將大部分墮胎行為除罪化（許福生，1999）。這些父母親迫於依循既定的法則、社會、風俗、習慣與法律合法捨棄孩子，無力依自己想要的做抉擇，繼續維持合乎大眾要求道德的位置，不致改變自身的社會距離，而墮胎、引產，導致心理上往復於「他」（the social）與「我」之間，此刻「本我」處在迷惑狀態，「世俗的他」（缺乏同情同理）愈見強大，終致與「內在超我」（道德良知）的呼求對抗起來。

為了適應和生存，他者的「實然」與自身的「應然」區辨分明，自身慢慢瞭解自己的「缺」，於是在這樣自覺不足的不滿之下，生命存續的兩個極端，將內在主體的「良知」自覺地完全彰顯，同時看到「俗世法則」與「天理法則」，「良知」就不再是被核心化的東西，而是本我對他者與世界所做的表現，權力化凝視下追溯認同宗教對生命的看法，是一種不合乎人性道德合法的殺人，侵犯了生命主宰的神聖權威，以一種暴力的方式進入，是一場以強對弱的戰爭；一個更需要人接納、愛與關懷的弱小生命，卻被視為一無用處，或無法承受的重擔，而遭社會文化以各種方式捨棄，剝奪孩子出生與活下來的權利，也剝奪了父母可以自由選擇與決定的權利，牴觸了個人對社會「應該」是

什麼樣子的一種至深的剝奪，從此脈絡來看，當下此在的遮蔽會「被拋」，我們被拋到社會文化裡，使得父母在失落之後，遭受到「情感的斷裂」以及「悲痛的情緒」。

其實某些異常胎兒，或許在一個社會中是可以被接受的，但換了另一個文化或社會環境時，可能就不盡然了。A父親從社會文化期待下的自我轉向主體性自我，產生對社會信賴感的動搖與道德境界間的矛盾，他所處理的道德困境就是「文化的絕望」（cultured despair），係面對不公義社會的逼迫下而淪喪，因生命有破口，所以被轄制，為這種對生命的殘害感到忿怒，此「體驗」，隱含了一理解、詮釋乃至批判、重建的過程，揭露深刻加害與被害對立的標籤與洞識，生之欲和死之欲在生命中交織著，而且交互攻擊，直逼人類心靈（spiritual），無力對抗這世間的真相是最深切的悲痛，在這種因遭受喪子巨大失落所帶來的悲傷或忿怒的背後，是深刻的對生命價值的肯定。他沉重的說出對世俗眼光裡的抗拒與批判：

> 這是一個社會性，社會允許你做這個事情，在我們這個台灣的社會，台灣的法律，那是受於法律的社會性，其實在某些國家來講，是不合乎它的法律的，因為法律訂定是按照這個社會的風俗、習慣，然後訂定它的規則，讓大家去遵守它，那我們這個過程裡面，我合乎這個社會的要求……其實不合乎人性的，不合乎道德的。這個法律裡面允許你去殺人，合法的殺人，你有拿到執照去殺人，拿到執照……可以去處理你的小孩，其實某些方面還是殺人……因為符合我們的社會需求。（A-70；A-123）

> 回教國家，或者說天主教國家，禁止墮胎，那他們的法律裡面，墮胎就是違法的，像如果說到梵蒂岡的話，你這種行為就觸犯他們的法律……那反而是一種抉擇，像那種社會性的話反而是比較好……人的痛苦也就是在沒有辦法做抉擇的時候，才會發生痛苦，如果你是一個天主教徒的話，你根本就沒有痛苦，你就讓他……小孩子自然的生下來，因為這是上帝給你的禮物，即使是殘缺的。（A-67；A-69；A-124）

（一）經驗白髮人送黑髮人之苦

1. 情難割捨

一般而言，孩子通常都是被認為是替他們的父母送終的，白髮人送黑髮人反映出自然的次序顛倒了。A父親體會放棄第一個孩子（長子）的生命情難割捨之痛。他說：

其實這種心態我滿能體會，一般人講說白髮人送黑髮人就是這樣子，而且是你的第一個生命，很難割捨。（A-59）

2. 失去對孩子未來夢想的規劃

父母失去胎兒的喪慟被註記著「雙重失落」，不僅是期待的孩子沒了，同時也意謂者失去當那個孩子的父母角色期待，意味著未來的夢想希望與家庭生活遠景也一起沒了（Côte-Arsenault & Dombeck, 2001; Ujda & Bendiksen, 2000; Wood & Milo, 2001）。

D母親陳述先生覺得有一個男生滿好的，彷彿看到以前的自己，在教一個小時候的自己過第二次的童年。因此，失去孩子的同時也是失去未來夢想的規劃。她說：

我先生……他會覺得說有一個男生滿好的，因為他會覺得好像看到他以前的自己，他在教……一個他小時候的自己，然後就可以……好像有人就說過第二次的童年，他是有提過這樣的事情。（D-68）

（二）「遺忘」與「哀悼」相互糾葛

Caruth（1995）認為，創傷是一種「記憶的滑落」（elision of memory）與「回想的精確」（precision of recall）的奇異組合，一方面希望避免去回憶，但一方面卻又希望將逝者永駐於心，「記」與「不記」間萬萬難，當個體面對受創處境時，有時，選擇性的遺忘是一種神聖的義務（sacramental obligation）（引自林耀盛，2005a）。人在困苦的時候，不知何去何從，習慣性地逃避衝突，掙脫是一種無能力（disability），生命為了活著，在受苦當時為了抒困而

做，因而被迫與處境背離，有時候因為我們的決定太快，後來對事情理出一番頭緒後卻深覺遺憾悔恨。

A父親考慮用火化的方式，把孩子的骨灰放在某個靈骨塔裡面，想到每隔一段時間就要去紀念他，就會心痛一次，悲從中來，思緒沉陷其中，進退兩難之局而採取逃避決定讓痛苦不見，避免觸景傷情後睹物思人，對安置與記憶抉擇擺盪，產生關愛的衝突，出現「遺忘」與「哀悼」相互糾葛的難題，在「避免」與「珍惜」兩種情緒中經歷，產生衝突感。當選擇抹去死亡的印記時，卻又呈現出一種想要「遺忘」卻又「記得」的矛盾複雜纏繞。他獨自帶著孩子的遺體，交由醫院處理，因為不設靈骨塔，認為從此煙飛雲散，原有的連結驟然斷裂，是天人永隔的一種內在絕望體驗。他從不同的方面來談：

> 她（護理人員）問我說你的小孩子，交給醫院處理呢？還是說他們有專門處理的？火化放一個甕，擺在某一個靈骨塔裡面……這又是對一種生命的另外一次抉擇，一種記憶的另外一次抉擇。其實我是很想說把這個小孩子火化完之後，擺在某一個地方，某一段時間去……看看他，可是又擔心說這個記憶的留著就是說是每一次心頭的一個痛，譬如說你把他小孩子火化完之後，放在某個靈骨塔裡面，他始終是在那邊，你每一段時間就要去紀念他，那心裡面的心痛……那種痛……就好像說就讓它不見吧……等於說想把那記憶抹煞掉你知道嗎？把那記憶洗掉，可是心裡面又是割捨不掉，畢竟是自己的生命。

> 大概晚上一、兩點的時候，帶著小孩子的屍體……這個屍體是你不要的屍體，是你處理掉不要的東西，自己拿著那個箱子……裡面是上帝給你的禮物，然後拿到……後面有一個類似火葬場……火葬場那邊工作人員，他就問我：「這小孩要不要設靈骨塔？不設靈骨塔就交給他處理」，然後……東西交給他以後就……煙飛雲散，再也看不到他。但事後我現在想呢，我當時的抉擇應該把小孩子留下來，火化把他擺在靈骨塔裡面，當你心情比較平靜的時候，你會以比較平和的心態去緬懷某一個人，在某一段時間去看看他。

我不想留這個記憶的話，我寧可透過樹葬、海葬的讓他飄散在大地

裡面……大概我們是經歷了這過程四十歲不惑，有一些東西不疑惑，才

慢慢能夠感受到。如果說當時有這種讓我信任的選擇……就沒有後來的

那一段擔心不安了。（A-186）

（三）無法分享的生命痛苦經驗

生活文化的存有是由語言給出的世界，語言反映出對「悲傷」的理解，在

「有所言」和「有所不言」之中彰顯個人經驗和社會文化環境的互相滲透，人

們想要隱藏死亡，將「死亡」放在心中；中國文化對缺陷兒的存在代表著家族

的不幸與災厄，特別是新生兒的早夭，此種失落是一種不體面、羞愧不能公開

提起的事，由於強烈的無助感所引起的謹慎和惶恐，變成一些私人經驗而被壓

抑著，這樣的生命經驗並不被語言作全然的言說，希望在「無言之中」被「輕

描淡寫」而「若無其事」。

更精確的說，在父母尚未準備好或願意討論時，身處公開知覺的脈絡下，

當新生兒早夭變成「公開的」事情時，親友網絡瞬間成為失落事件「外在批評」

的壓力源，對父母而言那真是最可怕的事！這些喪慟的父母大部分的時間都是

在「無言」之中，形成人際互動間有著「透明」的隔閡，一種看不見的隔閡，

讓人們忽略了當事者真正需要的關懷本質，往往只是以旁觀者的角色在「事情

當中」注視、陷入講閒話、好奇心與浮面的討論，討論完了很快的就離開這樣

的注視，而假裝「無事」發生。

A父親對於太太產後在醫院裡休養，親朋好友探視後把痛苦分享出去，反

而讓他們刺痛受傷，隱私的失落，認為痛苦無法分享只能自己調適，需要的是

關懷、真摯的陪伴，而不適當的方式更受傷。他說出對於經驗本身的許多莫可

奈何，冷暖自知與揭露的明白：

其實我知道……我太太滿難過的，因為她還要在醫院裡面住一段時

間休養。家裡有一些其他的兄弟姊妹過來看一下，那種心態不完全是這

樣子，那種探病的方式，就是每來探病一次，就是刺痛你一次，譬如說

你如果一般生孩子，剛生完小孩子如果親朋好友來看小孩子，你會覺得那是一種喜悅。他們來是把你的痛苦分享出去，痛苦分享痛苦，可是通常這種痛苦是沒有辦法分享的，你知道嗎？我這種痛苦有時候是要自己慢慢的去調適掉。他們大部分都在探望，其實只要關懷就好，只要去關懷……就是覺得滿痛的這樣子。（A-92）

（四）一般安慰的話語無法撫平喪慟

家人雖沒有責怪，然而「可惜、沒關係、可以再生、運氣不好……」等，這類安慰話語對D母親內心難過的情緒而言，無法提供支持。她說：

坦白說我不覺得家人可以給我什麼很大的支持，他們都是覺得說：「很可惜啦！沒關係啦！可以再生啦！」一般人大概也只能這樣講，要不然就說：「運氣不好啦！」我的家人大概是這個樣子並沒有責怪，不管是婆家、娘家都沒有。同事、朋友他們也都是安慰我，我是覺得這種話……他們當然就是盡朋友的道義，他一定要這樣子安慰妳，其實對我來說是沒有什麼幫助的，沒有任何幫助，但是今天，如果換成是我，我當然也是會這樣子講，如果你不講更奇怪，朋友他如果不加任何安慰的話，那是非常奇怪的事情，只是說那對我內心那種很難過的情緒是一點也沒有辦法讓我平靜下來，緩和下來。（D-89）

C父親表示自己都還好，長輩擔心講錯話而儘量保持緘默，家人朋友的情緒表達都很同理，主要勸說安慰的對象是太太，但是安慰的本身對太太而言，有時候會引發更難過的情緒。他說：

我們家的人……我覺得除了我祖母以外，其他的沒有特別，當時好像沒有什麼對我特別難過那種安慰，完全沒有印象。大家都很同理心，都滿節制的吧！即使是我奶奶，她也很節制，她儘量不講話，因為怕講錯話。家人朋友當然是儘量的安慰，因為我還好，所以他們主要還是安慰我太太。但是……安慰本身有時候對我太太來講反而會更難過。安慰

的話……九年了，太久了想不起來，可能應該是說：「你不要難過啦！以後孩子還有機會，應該是這樣子吧！」（C-31）

二、醫療體系缺乏人性化關懷

（一）資訊不足導致沒有機會複檢

A父親認為唐氏症羊膜穿刺、篩檢的最早期限及《優生保健法》，醫院資訊不足導致沒有機會複檢。一段真實的言語：

我們雖然有做血液篩檢，可是醫護人員沒有跟我們說血液篩檢裡面做些什麼項目，篩檢胎兒蛋白（alpha fetal protein），我們根本不知道！我覺得一些資訊還是不足，譬如說唐氏症羊膜穿刺，可以篩檢的最早期限？健保在什麼期限之內……依照《優生保健法》，二十五週以後就不得引產？這個資訊我都不知道，變成沒有機會做複檢。（A-201）

（二）指定醫師的選擇左右為難

D母親因為產房的兩位醫師都是朋友，選擇左右為難，事後另外一位醫師因為沒有叫他，他不高興而沒有去探視她，讓她感到非常不滿，覺得自己情緒已是相當低落，論交情，又是好朋友，對方應該可以比較能夠超脫。她娓娓道來：

我其實是比較喜歡F醫師，也覺得他的醫術比較好，可是兩位醫師都認識，選擇有點為難。可是我跟我先生當時都立刻說姓L的醫師，事後另外的那位醫師我覺得他很不高興，因為沒有叫他，整個住院的過程……他們的辦公室會經過我的病房，我也知道他有經過，他從來就不進來看我，可是以交情來說，不應該是這樣子才對，人家遇到這種事情已經是夠倒楣，情緒已經是夠不好的了，你還要這麼小心眼。我已經這麼不舒服……心情也很差……你還要計較這件事情，你又是好朋友，應該比較

能夠超脫這件事情，我當時也是非常不滿。（D-26；D-29）

（三）醫護人員彼此缺乏溝通

郭素珍（1988）研究指出，胎兒死亡後若缺少護理人員的瞭解，會加強產婦知覺上、情緒上的困擾。B母親認為已經事先告知醫護人員，但是孩子生下來之後，當天三、四個不同的護士一直問她：要不要看孩子！同樣的問題讓他感覺不舒服。她說：

> 我事先就已經跟護士講說我不要看小孩，那一天小孩子出來的時候，一個早上……就有三、四個不同的護士來問我說要不要再看這個小孩一眼？我就跟她講說我不要看，可是……不同的護士問一樣的問題，就覺得我已經講過那麼多遍，她們還是這樣來跟我講，總之……後來我先生他就很執意，也很嚴肅的跟這些護士說，我太太跟我都不願意再看到這個孩子……就是請她幫我們處理以後，就不再接觸、看這個孩子，之後……才沒有護士來問。（B-17）

（四）孩子缺乏臨終安置

A父親牽掛孩子，對於出生之後醫院未給與人性化照顧感到難過不捨。他經由護理人員告知孩子已經沒有心跳，出現死亡的現實感，確定天人永隔接受新生兒死亡的事實。最後一眼的印記是「孩子像包裹禮物般」的遺體放置在紙箱內，呈現社會性的死亡現象，對於醫院把孩子當做廢棄物，缺乏臨終安置的處理方式感到悲傷，經驗到孩子被棄置的等待死亡，剝奪與孩子相處最後的時間，無法陪伴孩子走完人生最後一程，是對小孩子、對生命的不尊重。在此同時以醫療體系人員情緒不能太過人性化，心裡會難過的緣由，合理化其情感的麻木，對孩子的缺乏人性關懷。他追溯記憶，述說活生生的現場：

> 小孩子剛出生之後呢，醫院都不做處理，我們看了一眼之後，心裡也覺得很難過。他們（醫護人員）沒有給他餵奶，什麼東西都沒有，就把他（小孩子）包起來，擺在那邊靜靜的等待死亡，他們也儘量都不進

去那個地方，也不給我們看他死亡的過程這樣子……他可能心裡面想說，你們為什麼都不來看我？我沒有辦法看那個孩子，我只能問那個護士，小孩子怎麼樣？如果可以的話，我會希望說可以一直看他這樣子，一直到他走完。大概經過二十幾個小時之後，她就跟我們回答說：「小孩子已經沒有心跳。」可是心裡面真的很難過，我姊姊說：「要不要去看他最後一眼？」因為她們後續的處理，她就把他放在一個紙箱子裡面，把他都封得好好的哦！好像一個禮物一樣，拿到你前面，一個包裹，一個紙箱子，小孩子就放在紙箱子裡面，問你：「要不要看看最後一眼？」我說：「我要看最後一眼！」。（A-60）

某些方面醫院他必須要把這些情緒降到最低，他不能把他當做人來看。因為對他們來講，看了以後應該心裡面也會蠻難過的……護理人員她每天要處理這麼多，這是她們的工作，她不能夠讓自己的情緒太過人性化。其實，這是對生命的一種不尊重。（A-251）

D母親看到孩子出生後沒有任何包裹，把他做很好的處理，認為應該用包巾把他包著。

他們就沒有用任何的包巾，他們應該用包巾把他包著，好像就是這樣放在上面，他們也沒有給他做很好的處理就是了。（D-95）

（五）缺乏喪慟關懷服務

A父親遺憾於醫院未提供喪慟關懷服務，留下照片、攝影紀念，A父親認為可以比較人性尊嚴、透過專業簡單隆重的立場來改善。他說：

後來小孩子在這過程裡面也沒有拍照，什麼東西都沒有。我現在是滿後悔，不是滿後悔，是……根本來不及準備，因為我要在醫院陪她（太太），我根本不知道要帶相機這件事情，你沒有喜悅的心準備拍照，只想說怎麼讓太太平安、健康去渡過這段時間，你不會想說去帶照相機，去帶嬰兒的那個訃聞或衣服。（A-249；A-252）

> 這個過程可以再人性尊嚴一點……我是覺得在某些方面這也有利基，像我們現在有很多納骨塔，或者是說日本有一些尊重生命的那種公司，付一筆錢給他，譬如說五萬、十萬，讓他在這個過程裡面，讓家屬受到尊重，然後呢……簡單又隆重……甚至說可以錄下來的話，可是醫院不見得希望你去錄這些東西。（A-174）

B母親指出，醫護人員制式化的護理，沒有特別的心裡安慰或多一份關懷，認為他們是因為沒有看過自己失去孩子的病歷，將她當成一般的產婦對待，當時的的情形：

> 醫護人員就是很制式化的做應該做的護理，沒有特別……心情上面的安慰，我不知道他們……幫我做護理的時候……可能沒有看我的病歷，不知道我是一個剛生過孩子的產婦，可能不知道我的小孩子健不健康，是不是……一般生產的產婦……就把妳當成一般的媽媽來看，就可能會忽略掉……把妳當成跟別人一樣。所以有時候問話，就不會……特別給妳多一分的關心，或是在那段特別難過的時間……特別不要提起一些什麼事情讓妳想起，我不知道他們有沒有特別的注意每個產婦，知道說……這個媽媽剛失去她的……baby，她需要在心裡上面多注意的部分……這個部分比較沒有注意到，沒有什麼樣多餘的關懷。（B-20）

D母親認為，產房醫護人員沒有給與任何的安慰和幫助，在整個處理過程中，住院醫師的態度形式化，語氣不帶任何情感。她感慨說：

> 生產當天，醫護人員沒有給我任何的安慰和幫助，他們還是照一般的接生程序，至於其它的醫護人員，在整個處理的過程當中，我不覺得有特別的針對說你接下來要接生的寶寶可能就是……對產婦也沒有特別的情緒幫忙或支持，甚至有一個住院醫師……就是很形式化，照他們一般該做的事情，那小姐跟住院醫師就過來內診，然後告訴我，跟我解釋狀況，我覺得他的語氣不帶任何的情感，當然他對別人講話可能也是這

個樣子啦……可是在我當時聽來我會覺得說好像沒有任何感情。（D-30）

三、缺乏喪葬儀式

Ball（1995）和Kephart（1950）認為，遺體的處理行為，個體需與其社會對生死所持的宗教或哲學信念一致（引自Corr et al., 2003）。大部分的人類對屍體被丟棄或橫屍遍野是不舒服的（Iserson, 1994）。文化儀式是幫助婦女們接受失去胎兒事實的方式之一，若缺乏此種儀式，日後可能使得婦女的悲傷難以進行（李玉嬋，2002；Bansen & Stevens, 1992）。在醫療科技時代、機械化時代，人性尊嚴反而容易受到損傷。父母在孩子生命最難堪的時刻，驚恐慌張、手足無措的同時，不得不面對孩子「生無所養」的痛苦，生命在此時此地的當下，醫院對於早夭的新生兒沒有臨終安置的美學、社會缺乏喪葬儀式的關懷，無法表達於家族相互歸屬依存之意，「遺忘了」孩子的存有，死亡變得「死無所葬」，如此草率、輕賤與漠不關心，讓他們何以安心放手？說穿了這是我們看待早夭生命的方式，在我們的文化裡對早夭的生命沒有深情，當然也沒有尊嚴，這樣的無言可能導致錯誤溝通，例如：醫護人員無法知覺父母失落的痛苦，因為他們在陌生人面前被迫選擇「若無其事」，文化習俗在國人對於新生嬰兒遺體如何處理的引導力量，可見一斑。

中國人傳統的慎終追遠，認為新生兒死亡是不名譽而不被提及，缺乏喪葬儀式，但最可怕的傷害往往不僅是孩子死亡本身帶給父母親的衝擊，更出自於社會對疾病的誤解，而引起周遭環境對新生兒基因異常早夭的歧視、偏見和社會烙印，可能引起退縮和回退的感情，父母親也會將這種歧視的心理內化，而形成根深蒂固的羞慚心與脆弱的自我，混亂了他們正常的悲傷過程。

（一）孩子遺體選擇交由醫院處理方式

A父親在寒冷下著雨的凌晨，獨自帶著孩子遺體的箱子，穿過醫院陌生灰暗的街道、靈堂區與火葬場，備感陰森，他因為孩子不設靈骨塔，感到從今爾後煙飛雲散，認為遺體交由醫院廢棄物處理方式是對小孩子、對生命、對器官的不尊重，覺得應該要有更尊重生命存在的對待儀式。這樣的景象在醫院裡被

製造出來，他說：

> 下著小雨，很冷！非常的冷！……醫院晚上的時候，怕打擾別人，大家都靜下來，一個人孤零零的……路也不熟，按照醫院的指示走，從醫院裡面走下來，穿過街道，那街道很灰暗，然後……到他那個堂就是平常也有一些大官（過世）就直接在那邊……所以有一些靈堂，火葬場就在那個區，走到那邊的時候你會覺得彷彿走到一個陰森森的地方……靠後山那邊，覺得很陰森，尤其晚上凌晨一、兩點的時候，帶著小孩子的屍體……又下著毛毛雨，這個屍體是你不要的屍體，是你處理掉不要的東西，然後交給他，以後就……煙飛雲散，再也看不到他。（A-76）

> 小孩子好像被當作一個包裹、廢棄物來處理（難過眼眶泛著淚水）……我現在想給他（醫院）處理的話，他可能跟一般的器官丟到那個……醫療廢棄物，其實我心裡面是蠻難過的，把他當一般人的醫療廢棄物，他可能也是進火葬場，後來我才知道其實醫療處理的廢棄物，是很草率的，有些人他要賺暴利，找地方隨便亂埋，對小孩子、對生命、對器官來講都不是很尊重。（A-170）

> 中國人傳統的慎終追遠，其實是沒有交代這個，認為這是不名譽的。新式的教育應該要有更尊重生命的存在，應該叫新的社會倫理……新的慎終追遠方式，因為我們……有進化嘛！新的進化……比較有人性、生命的尊重，要有尊嚴的來處理這部分，因為整個儀式都是人去訂定的，應該隨著人類的進化，去訂定一套我們心理安寧的程序，這個程序我覺得都沒有，也沒有人教導我們要用這樣的方式。（A-256）

B母親提及會恐懼接觸孩子，若是當成過世的親人辦理，影響會很大，而選擇交給醫院處理的方式，覺得沒有什麼問題。她的心理感受是這樣的：

> 醫院好像有一個特別的……針對這樣的個案幫我們處理，但是我不知道是怎麼處理，她好像到了太平間以後蓋了一塊布，然後……我先生

他好像是找葬儀社的人還是怎樣，我不太清楚，因為我先生還要去那邊，好像還要跟她……不曉得是不是……上香，還是跟她說一些話之類的這樣子，然後之後就是醫院幫我們處理，我們後面就沒有再做任何處理的事情。我……有一份恐懼去接觸這個事情……孩子處理的方式，我覺得對我是沒問題，因為，我覺得當時如果說我去……接觸她或者是說去把她當成我一個親人這樣過世的去幫她辦這些……我想對我的影響會更大，那我的選擇是讓醫院幫我處理這些事情。（B-45）

　　C父親考慮新生兒死亡後喪葬事宜要耗費許多時間與精力，拜託醫院的同事後交由醫院處理，擔心會造成心理的負擔而不想知道實際的處理方式，認為本土簡略形式比不上先進國家，認為如果有更好的選擇方式，可以嘗試選擇。

　　我沒有辦法做什麼更好的處理，我可能還是交給醫院處理，就是醫院的同事……當然它不是非常正式的一個醫院裡面的處理程序，醫院同事他們可能私下有一些處理方式，但是他們就是專門處理這個，一些同事……大家也都認識。所以，就拜託他處理了，那有特別拜託了一下這樣子。對那個孩子這樣處理，當然他到底實際是怎麼處理的，我實在也不想知道，因為，你真的知道的話，心理負擔可能會很大，就是覺得有拜託到同事，然後……大家都熟識了，他也接受我的拜託，說願意好好的處理這樣子。所以，我覺得好像也沒有什麼……再來一次，我還是會這樣子吧！要不然你實在很難處理，你要花很多時間、精神、金錢……。不過就剛剛講那個小孩子後來怎麼處理，我覺得那個東西……我們講實在……我們跟先進國家實在還是不能比，有時候就是簡略形式，因為你沒有辦法花那麼大的精力、金錢去做那麼好的處理，不過……如果以後有一些更好的選擇的話，倒是可以嘗試去做這樣。（C-62）

　　D母親沒有辦過喪事，而且是小孩子的喪事，不知道怎麼處理，同時也覺得麻煩，雖然外省家庭沒有太多禁忌，當時沒有想到可以找葬儀社按照習俗、自己的意思處理。她也指出社會習俗規範父母親不應該祭拜早夭小孩的靈魂，

缺乏相關喪葬儀式，雖然她不信鬼神，內心仍然擔心惦念。她說到：

因為我們沒有辦過喪事，而且是小孩子的喪事，本省的習俗有一些做法，我們完全不知道要怎麼處理，也沒有這個經驗，就算是有人會來教，我們也覺得這樣很麻煩，你可能要去……。當時沒有想到可以找葬儀社按照自己的意思處理，按照一般的習俗……。因為覺得有很多事情要去處理了，實在是還要花心思在……處理這件事情，會滿累的，所以，我們也是為了要省麻煩，就直接交給院方，就是醫院的葬儀社。只是後來又想到說：「他們葬儀社會不會好好的處理？」可是如果讓我再重新選擇一次的話，我大概還是會這樣子做吧！因為，還是覺得很麻煩，如果我能夠親自處理的話，當然可以自己親自去處理，因為……我比較特別一點，我爸爸是外省人，我婆婆這邊也是，一般外省家庭比較沒有太多禁忌，所以，就沒有去想到說要怎麼去好好處理遺體的問題，就想說有人處理就好了。（D-70）

我不曉得一般人……對這樣的事情有沒有去祭拜這樣的一個小孩的……靈魂，我是不曉得，我們從來就沒有停止掃墓，從來就沒有去拜過他，好像父母親也不應該拜對不對？習俗吧……我就想……所以我也沒有這樣做。我會覺得說，我是他的家人，他應該不會對我怎麼樣，就是會這樣想啦！可是……自己明明是不信鬼神的人，又會這樣想（惦念嬰靈）很擔心這樣子。（D-62）

魏英滿、陳瑞隆（2001）研究古代人對夭折的孩子，沒有喪禮，也不祭拜。顯示私密化不僅在一般社會，同時也在宗教儀式中將瀕死者、喪慟者隔離。四位父母親選擇孩子遺體交由醫院的處理，確認新生兒死亡事實，沒有喪禮儀式，更讓她們惦念著嬰靈的安置與否。

四、社會福利的不足

(一) 產假天數不足

《性別工作平等法》（行政院勞工委員會，2008）第15條中，有關女性受僱者「分娩」與「流產」時所應給與的產假日數規定如下：「雇主於女性受僱者分娩前後，應使其停止工作，給與產假八星期；妊娠三個月以上流產者，應使其停止工作，給與產假四星期；妊娠兩個月以上未滿三個月流產者，應使其停止工作，給與產假一星期；妊娠未滿兩個月流產者，應使其停止工作，給與產假五日。產假期間薪資之計算，依相關法令之規定。受僱者於其配偶分娩時，雇主應給與陪產假三日，陪產假期間工資照給。」將產假八星期解釋為以活產分娩為限，是否太過殘忍，畢竟五個月以上引產所造成之女性生理機能上之損傷，其實與活產分娩生產方式並與太大差異，相反的其心理衝擊更是強烈。

A父親認為引產比一般生產更傷身體，坐月子期間心情沉重，勞保休息天數不足。他提到：

> 引產這個過程裡面也是，也是一種生產，但是一般來講說，勞保大概只有二十幾天，它不像一般的生產差不多四十幾天比較長，那種早產的話天數比較少，我們還是幫太太做月子，其實……那個坐月子，是另外一種心情，是很沉重的心情，那幾天是不夠的，應該是要比照一般的生產方式，因為引產更傷身體。（A-94）

D母親指出，流產假只有七天是非常少的，學校建議用請事假或病假的方式補其不足。她也有同感：

> 我記得私立學校的流產假只有七天，其實七天是非常少！學校滿體諒的就是說可以用請事假的方式，還是用請病假的方式，讓我繼續再請一些個禮拜。（D-45）

（二）孩子的死因不被認可——保險理賠申請受挫

保險公司提出血液檢查二百五十分之一，視同已得知孩子唐氏症，未先行告知拒絕理賠，沒有考慮當事者的喪子之慟，字字句句看在父母眼裡，殘酷地撕裂了父母的心，痛失愛子讓他心如刀割，已經無法平復，造成Ａ父親心裡還要承受二次傷害。他無奈地說：

> 保險公司……以一個理由就是說，我們當初做血液篩檢的時候，在投保的時候，我們沒有跟他先行告知，所以……他認為說，我的小孩做血液檢查二百五十分之一，視同知道他已經得唐氏症。實際上我們是不知道小孩子得唐氏症，而不是說我已經知道小孩子得唐氏症……染色體有問題我才去投保，去……詐騙這個保險公司……那時候其實我們的心情……也沒有想說為了這筆錢還要去上公堂，因為……那又要接受另外一次傷害，好像你殺了你的小孩去賺這筆錢。（Ａ-115）

> 國外的保險公司，他們是以人性服務為目的，台灣的保險公司，是以賺錢為目的，當你發覺要理賠的時候，他們想盡辦法找各種理由來不理賠，所以說，那又是另外的一次打擊，其實我們也不是在乎那個錢，那時候聽到這個消息的時候……又是在你的胸口刺一刀。（Ａ-202）。

五、悲傷表達方式不被認同

本土文化，女兒雖然是出嫁的人，但與娘家的關係仍是親密的，尤其是自己的母親，往往也是重要的支持者之一，但與婆家的關係則不同，因此也較得不到支持。湯素月（2004）研究發現，媳婦與公婆之間雙方避談流產失落可做為減壓，娘家親人的支持能幫助流產婦女來調適；反之，則增加流產婦女悲傷，阻礙她們的調適。

Ｂ母親面對婆婆的不諒解，娘家親人安慰她不要悲傷，把身體養好避免將來的病痛、眼睛受損，婆婆缺乏同理心的回應讓她難以承受，感受到唯有血脈相連的親人，關懷才是最真。她說：

我媽媽跟我阿姨她們來看我的時候，就跟我講說：「不要再哭了。」她覺得小產也是要把身體養好，如果身體無法養好以後會有病痛，再哭的話……眼睛會不好。那時候我婆婆馬上就講說：她媽媽生她弟弟的時候……常被她爸爸罵還是打，所以整個月子一直在哭，都已經到八、九十歲了還會穿針引線，好的很！她就講這樣的話，其實這個話，我不管她事後再怎麼樣的解釋，這個我一輩子都不會忘記。對我來講，妳在我最傷心、最難過的時候，這樣子對我，這是我沒有辦法忘懷的事情，所以我一直覺得血脈相連，只有自己的父母有血緣關係的人對我們的關懷才是最真。（B-33）

伍、文化與悲傷之處遇基本原則

Doka、Martin（2002）提出悲傷諮商的幾大原則，涵蓋文化、社會階級、悲傷型態、靈性和其他影響因子與潛在被剝奪的悲傷歷程之考量，以促進悲傷者正常的悲傷，輔導時應注意下列事項：

1. 瞭解在某些文化或社會階級，輔導者與輔導過程可能被質疑，有助於輔導過程中相互記述及探索。Sue、Sue（1999）強調，輔導者保持彈性與意願的選擇權，有助於與來自不同文化背景的人成功互動。

2. 探索文化的方式、性別與悲傷的型態、社會階級與靈性上的複雜性以及使悲傷過程容易的方式。輔導者的特質之一，即是能與不同文化群體良好互動，具有認可其能力與極限的能力。

3. 利用有效的評估，能敏感到任何方式或測量工具可能被文化影響，評估的方式包括客觀的測量與輔導者主觀的觀點，這些都可能被文化扭曲，也可能不在個案的悲傷文化規範中，輔導者可能被自己的文化偏見影響，譬如：很多文化認為情緒表現無法評量，所以要求自制來面對。

4. 與個案一起考慮與探索文化背景、悲傷型態與靈性對失落意義的界定。經驗悲傷、悲傷的表達與調適是受到個人悲傷型態所影響，這些型態如：個案

的靈性與文化將影響其對依附的期待,以及對失落的反應。

5. 與個案一起探索其悲傷型態,與在文化族群內靈性上的壓抑或外在支持。同一個家庭或親密網路彼此悲傷不同,協助個案分享經驗與悲傷,協助家庭成員接受彼此的不同。

6. 回顧個案覺得舒服與被接受表達悲傷的時間與地點,幫助個案確認能夠讓他舒服表達悲傷,得到支持的人與地點。

7. 注意策略與地點的選擇,如工作地點可能使個案覺得他們的悲傷受抑制且不被支持。有些地方如學校、工作地會使個案覺得必須壓抑悲傷,即使在輔導團體或私下也可能使個案在失落中掙扎,回顧支持個案增權賦能的策略、地點來源以增強控制感。

8. 在文化的力量與悲傷型態的組成中,量身訂做建構介入策略。

被遺忘的悼念:許一個與天使告別的權利

每個社會總會建構一套共享的文化規範,其醫療行為、宗教行為、法律行為等,也都遵守此文化規範之約束。以往的學者研究,較少論及社會文化對周產期失落父母親悲傷權利的影響,近年來在「悲傷權」這一領域似乎有些轉變。在西方國家,分享強烈、痛苦的失落感受,被認定為健康經驗悲傷的歷程,在處理死亡的新生兒,會將他們裝在漂亮的小棺木,並且舉行喪禮來悼念這個孩子。然而,本章描述的是另一種悲傷風貌,作者做了一點點微小的嘗試,發現在本土文化中,新生兒死亡的悲傷是不被社會文化認可的,因此也不被社會福利、醫療體系所接納,甚至是加以「否認」、「隔絕」,做為家屬保護喪慟者的基本工具,因應周產期失落的調適反應。

目前台灣地區人工流產(墮胎)雖然合法了,也是普遍的醫療過程,但既存醫療上仍有權威式教條,對婦女缺乏同理關照;胎兒因基因異常墮胎在台灣仍受父系社會價值的控制,它是以國家政策為導向,相對的較不重視個人的價

值，而出現醫療照顧、胎兒遺體處理不周全等現象。新生兒的死亡缺乏喪葬儀式、父母無法陪伴孩子走完人生最後一段路途、保險公司拒絕理賠、流產假不足等，亦顯示出本土文化對喪慟父母的悲傷剝奪。

　　社會認同過程中情感的自律與自制，對個人來說極具滲透力，在這種文化中，人們都忙著去害怕，忙著逃避死亡的必然過程，沒有給與自己空間跳出來，感受失去當下的情緒，導致「因忙碌而麻木」、「因回憶而悲傷」，而形成情感錯置。懷孕二十週以上新生兒死亡即要取名字報戶口，遺體卻以廢棄物處理；當擁有生命成為「人」的那一刻開始，就具備了人權，就應有權利受到「人性」的待遇，讓我們用愛與尊嚴，許一個與天使告別的權利，讓折翼天使好走，以協助在悲傷中的父母走好，尋找生命的力量與勇氣。本文除進一步說明周產期失落後本土悲傷的現象外，並提出文化與悲傷之處遇基本原則，做為努力的方向，也期待促成更多這方面的研究。

剝奪的悲傷
—— 新生兒死亡父母親的悲傷與輔導

問題回顧與討論

1. 本章討論新生兒死亡父母親被社會文化剝奪的悲傷，可以思考一下社會文化如何影響父母親與失落、悲傷以及喪慟的交會呢？對其家庭、醫療與社會福利的態度模式影響又是什麼？

2. 針對新生兒死亡相關實務之描述，您自己在社會上是否有類似的經驗呢？如果有的話，這些事件又是如何影響您對新生兒死亡、喪慟的態度及行為呢？

練習三

1. 您所處的生活環境與醫護人員，是怎樣看待人工流產或新生兒死亡這件事？

2. 請您談談生活中其他的人當時對孩子過世是如何反應的（包括先生／太太）？親友們是如何談這件事？您覺得家人對此事件的感覺如何？

3. 他們對您的反應及看法又是如何？您對家人的反應感覺如何？他們的反應及看法是如何去影響您的悲傷反應？

4. 您跟家人、朋友或伴侶之間，是不是還有事情需要進一步處理？

5. 請您敘述生產後的心境感受與生活變化是如何？

6. 產後期間如何坐月子？坐月子的期間有多長？

7. 在當時面臨失去孩子的情況下，您希望周圍的人提供什麼樣的協助？請回想那段時光，當您需要或希望從其他人處得到協助，卻無法接收到時，您認為為什麼無法接收到您所需要或希望的協助？為什麼人們總是不瞭解如何協助喪慟者？您曾發現自己也處於那樣的情境中嗎？

8. 社會文化的壓力和家人意見，有沒有影響您要不要告訴別人關於新生兒死亡這件事的意願？否認「悲傷」有什麼用處？可能會有什麼缺點或代價？如果您深受外在的影響，您覺得這樣好過嗎？現在對您還有影響嗎？

9. 經歷周產期失落時，請回想在那段時光裡，您希望其他人與你一起做什麼？或為你做什麼？「誰」曾試圖協助？他們「何時」試圖協助？或他們「如何」協助？

10. 您是否把周產期失落這件事情當成祕密？為什麼？

11. 您的朋友在您返回工作單位之後的反應如何？

12. 您曾否覺得很難表達您的悲傷？哪一部分對您來說是最影響情緒的？那是什麼樣的情形？您對這種情形有何看法？

13. 孩子過世後，家人對這件事情的信念是什麼？

14. 到目前為止，有那些想法、行為對自己或家人，覺得是困擾的？

15. 什麼樣的信念或宗教信仰讓您對孩子的死亡有所調適？或是您的信念或宗教信仰如何受到孩子過世的影響？

16. 「否認」在面對人工流產的悲傷反應上有什麼用處？可能會有什麼缺點或需要付出什麼代價？

17. 傳統懷孕的禁忌個人的看法與感受是什麼？觸碰哪些禁忌？有什麼看法？

18. 自己可有恐懼死亡或否定死亡？您身處的社會文化可有影響了自己？

剝奪的悲傷
——新生兒死亡父母親的悲傷與輔導

Chapter 6
父母親悲傷反應及相關影響因素

　　本書第二章的內容，已介紹有關周產期失落悲傷的相關理論描述。然而，這並未能說明周產期失落父母悲傷反應個別差異的現象，事實上正如我們在第三章至第五章所得知的，父母面對周產期失落悲傷的處境遠比我們所能推想的更為複雜，其因應方式通常是多面向的，每一個個體對於死亡相關的經驗從抑制到開放，都存在著不同的觀點，不只一套的認知、動機和因應的方法，每個喪慟經驗都是獨特的心靈之旅，需排除直觀的模式和經驗，超越性別定型悲傷。

　　先前我們所討論的內容，大部分是社會中整體悲傷反應的脈絡。因此，本章以 Worden（2002）的分類，認為悲傷包含了生理、心理（情感／認知）及行為的向度，以及 Corr 等人（2003）指出悲傷的社會與靈性向度，來說明父母周產期失落悲傷反應及統整相關研究，有關悲傷與身心之關聯性文獻探討，內容中我們將去檢視、探討父母所走過的悲傷歷程，可能影響個人面對失落的方式，從父母性別角色面向、父母與胎兒的依附關係，來關注影響周產期失落、新生兒死亡探索父母相關經驗的差異，對家庭系統及家庭成員造成的影響，如何滲透其內在及外在的世界，以便對周產期失落後的悲傷反應有全盤而完整的瞭解。

壹、周產期新生兒死亡父母親悲傷反應

失去胎兒對父母而言，都是很悲傷的經驗過程，個人特質加上社會對於性別及角色期待的差異或與胎兒原本的依附關係程度等，使得每個父母親所呈現的悲傷反應有所差別。面對人工流產，婦女常會有悲傷的反應（Millner & Hanks, 2002; Osler, David, & Morgall, 1997）；而周產期失落父母的悲傷，是特別劇烈、持續時間較長、症狀呈現波動較具複雜性（Rando, 1986; Zeanah, Danis, Hishberg, & Dietz, 1995）。周產期失落不僅代表懷孕事實不見，亦表示孩子存在的消失、依附對象的失去。

關於孕婦於周產期失落母親悲傷反應，國內已有相當多的文獻，特別是護理研究分析報告，對於喪慟母親的瞭解多是經由臨床個案照護觀察而來，通常是失落後幾小時，或幾星期蒐集的，超過六個月以上的評估是罕見的，相對於系統性的回溯性研究、男性的悲傷議題、失落後長期調適歷程與生命意義探索很少，缺乏不同發展階段的喪慟反應，這些議題將在本章節以及後續章節深入探討。關於國內周產期失落研究碩士論文彙總表如表6-1所示。

表 6-1　國內周產期失落研究碩士論文彙總表

姓名	論文題目／研究方法／個案數	研究結果摘要
蔡淑惠（2007）	胎兒異常之孕婦於第二孕期接受終止妊娠的生活經驗／田野研究法／於引產、待產、生產、產後及出院坐月子期間資料蒐集，共六位孕婦。	1. 對於全家期待落空傷心難過。 2. 母子之情血脈相連頓時終止。 3. 陷於暗淡生產哀愁。 4. 盼望胎兒安詳離去並被尊嚴對待。 5. 月子期間甚感空虛且獨自品嚐。 6. 思及未來的懷孕既期待又怕受傷害。
蔡淑惠（2007）	歷經非選擇性終止妊娠之婦女的哀傷與創傷後反應及其相關因素／問卷調查法：周產期哀傷量表（PGS）及事件衝擊量表（IES）／	1. 婦女哀傷程度為中度，主要為活躍性哀傷、失望與因應困難。相關因素為：宗教信仰、胎兒死亡種類、目前有無子女。 2. 婦女在創傷後反應屬重度創傷後反

	近四年內曾歷經死產或胎兒異常而接受非選擇性終止妊娠之婦女，共九十位。	應，主要為侵犯性反應、逃避性反應。相關因素為：宗教信仰、胎兒死亡種類、目前有無子女、自覺哀傷程度、哀傷程度、哀傷被接受的程度。
徐金梅（2005）	胎兒染色體異常的婦女於第二孕期接受終止妊娠之生活經驗／田野研究法／終止妊娠至產後出院期間，共五位婦女。	1. 惡夢的開始。 2. 終止妊娠的煎熬。 3. 產後的落寞。
黃菊珍（2005）	周產期新生兒死亡父母親悲傷調適歷程之研究／Colaizzi現象學／四位父母親。	胎兒異常診斷至新生兒死亡前： 1. 對胎兒健康的不確定感。 2. 初獲胎兒異常的衝擊。 3. 保留與捨棄抉擇擺盪。 4. 引產壓力。 5. 看或不看新生兒的兩難。 新生兒死亡後至今： 1. 接受新生兒死亡的事實。 2. 經驗白髮人送黑髮人之苦。 3. 不滿醫療照顧。 4. 被社會文化剝奪的悲傷。 5. 罪惡感。 6. 父親與母親悲傷感受的主觀知覺不同。 7. 重新定位與投注。 悲傷的反應： 悲傷反應有個別差異並非單獨存在、按照階段出現，而是多元來回擺盪，自責、遺憾與罪惡感是悲傷歷程中最具壓力的情緒。 悲傷的調適策略：經驗悲傷、完成未竟事務與重新投注，包括四個主題： 1. 隱藏情緒，掌控情境。 2. 重新適應失去孩子的新環境。 3. 象徵性治療。

		4. 再次懷孕。 **悲傷的影響因素：** 1. 男女對於悲傷的表達存在著差異。 2. 與胎兒的依附關係。 3. 新生兒死亡的原因。 4. 社會文化、宗教儀式因素。 5. 再次懷孕的成功與否。 6. 支持系統與家族勢力介入。 7. 時間的淬礪。 **生命意義的呈現：** 個人對生命意義建構中，對人生觀的調整、生活目標的修正、受苦的詮釋及正視死亡的存在觀等向度，若是能體悟在失去與擁有間放手的真意，後續的悲傷調適歷程會較為順利。
潘秀鑾 （2005）	已婚婦女使用 RU486 的墮胎經驗／ Giorgi 現象學／八位已婚婦女。	1. 為自己找一個墮胎的理由。 2. 選擇一種傷害最小的方式。 3. 陷於道德與親情的兩難困境中。 4. 經歷一段充滿不安的療程。 5. 體悟積極避孕的重要性。
邱碧玉 （2004）	割捨與維護孕育的經驗歷程——多胞胎孕婦接受減胎手術的生活經驗與因應行為／田野研究法／第一次接受減胎諮詢到減胎後第五週止，共十位孕婦。	1. 減胎手術前階段：陷入對多胎妊娠一再確定的脅迫感、陷入對胚胎生命取捨的迷惘與衝突，以及減胎抉擇後的內心抑鬱與糾結。 2. 進行減胎手術階段：面臨減胎手術的惶恐與擔憂、面臨家人不斷質疑與責難，愈益擔憂與無助，及獨自承受減胎手術的身心苦楚。 3. 減胎手術後階段：原有身體不適的解脫、陷入失去部分胎兒的哀愁、術後身體不適，順利孕育顯疑慮，以及滿懷母情，踏入孕育歷程的常軌。

湯素月 （2004）	生育觀念與流產婦女哀傷反應之研究／半結構的深度訪談法／三位自然流產婦女。	1. 婦女本身、配偶、公婆與娘家親人知道懷孕的反應直接影響流產後婦女的哀傷反應。 2. 流產婦女與配偶皆有哀傷反應，流產婦女期待與配偶共同面對。 3. 與公婆之間雙方避談流產失落做為減壓。 4. 娘家親人的支持幫助流產婦女調適；反之，則增加流產婦女哀傷，阻礙她們的調適。 5. 流產婦女心理調適的時間不一，從一個月到兩年不等，多重失落的程度較深、哀傷時間較長。 6. 有利的調適因素：時間、寫日記自療、宗教信仰、社會支持、尋求流產的正向意義、投注心力在其他事情、個人性格，與接受不能改變的不孕事實。 7. 流產經驗帶來成長與轉變。 8. 流產後恐懼再流產。
蔡淑芳 （2004）	已婚婦女人工流產經驗與婚姻關係之研究／深度訪談法／三位已婚婦女。	1. 婚姻關係與婦女自我的身心狀況是考量人工流產與否的主要因素，人工流產前婦女都有時間緊迫，必須趕快做決定的壓力。 2. 人工流產過程中，心裡的苦大於身體的痛。 3. 不能公開的生命經驗，靠自己消解，婦女以與孩子無緣來釋放內心的愧疚與不安。 4. 因個人心理因素而人工流產者，婚姻關係影響其決定；因醫學理由而人工流產者，則不受婚姻關係影響。 5. 人工流產後婦女都不再跟丈夫談起這件事。

		6. 把人工流產的事件告知能幫助她的人。
		7. 對於說出實情反而會讓自己難堪或破壞彼此關係的人，則隱瞞不告知。
		8. 先生的心理支持最有用。
		9. 應該尊重婦女選擇人工流產是有其不得已的苦衷。
		10. 未來如果再懷孕，考慮到年齡與體力，她們還是會選擇人工流產。
鄭美金（1999）	再次懷有重型海洋性貧血胎兒之孕婦於懷孕至終止妊娠期間的自我看法與調適行為／田野研究法／在診斷胎兒異常後終止妊娠期間，返家後兩週內電話訪談，五位孕婦。	1. 陷入帶有先天遺傳疾病基因之無奈。 2. 看似正常的軀體卻隱藏著危險因子的缺陷。 3. 咀嚼躲不過命運安排的苦難。 4. 處於家族地位，時時受到考驗的囹圄。 調適行為有： 1. 努力讓自己暫時跳脫桎梏。 2. 在變與不變之間找到平衡。 3. 維護自我遠離傷害。 4. 痛定思痛，從「心」再出發。
杜蕙明（1998）	子宮內胎兒死亡之產婦的生活經驗／現象學研究／接受終止妊娠至產後出院期間，五位產婦。	1. 對胎兒死亡呈現震驚的反應。 2. 尋求胎兒死亡的原因。 3. 難以承受沒有代價的陣痛。 4. 陷於看或不看死胎的兩難。 5. 將死胎做適合的處理。 6. 對胎兒死亡的合理化反應。 7. 對未來寄予希望。
李碧娥（1998）	未婚女性於第一孕期施行人工流產手術的經驗歷程與照護需求／Colaizzi 現象學／人工流產手術後的第二天、第七天及第十四天，訪談十位第一孕期未婚的婦女。	手術前的主題為： 1. 對懷孕的震驚與不知所措。 2. 抉擇過程的迷惘與衝突。 3. 抉擇後的失落與抑鬱。 手術中的主題為： 1. 面對手術過程的惶恐與憂慮。 手術後的主題為：

		1. 中止懷孕後的解脫與哀愁。
		2. 手術後對身體復原的顧慮。
		3. 相信命定論以緩解心靈的挨磨。
郭玲莉 （1997）	胎兒被診斷有異常之婦女於第二孕期接受中止妊娠所承受的衝擊與調適歷程／田野研究法／引產出胎兒後八小時、第七天、十四天及二十一天，共五位婦女。	1. 對胎兒身體問題的不確定感。 2. 放棄異常胎兒時的掙扎與焦慮不安。 3. 為人母的期望破滅。 4. 面臨重新評估孕育角色的迷惑。 **調適歷程：** 1. 確認懷了異常的胎兒。 2. 試圖克服中止妊娠術對身心的衝擊。 3. 自我隔離以調心養身。 4. 增加與外界接觸。 5. 完成身為異常胎兒之母的工作。 6. 努力提昇為人母的信心，嘗試接受新挑戰。

　　而周產期失落父母親的悲傷反應，也常因個人情境的差異而有不同。有些人會有強烈的生理（身體症狀）、心理（情感、認知、靈性等層面）反應等形式，有些人是因早有心理準備，所以悲傷反應較輕微。以下就Worden（2002）和Corr等人（2003）提出正常的悲傷反應如：生理、情感、認知、行為及靈性五大向度與複雜性的悲傷，來描述周產期失落父母的悲傷反應，進行相關文獻之探討。

一、正常的悲傷反應

　　周產期失落急性悲傷反應可能會持續六個月至一年以上（Helmrath & Steinitz, 1978; Stringham, Riley, & Ross, 1982）。根據Benfield等人（1978）研究喪慟父母親周產期失落，發現95％的母親以及80％的父親會出現身心症狀。典型身心症狀包括：失眠、食慾出現問題、無力感、疲倦感、腸胃問題、頭痛、眩暈與胸痛等（Dyregrov & Matthiesen, 1987; Smith & Borgers, 1988/1989）。在此利用Worden（2002）的分類，將周產期失落悲傷反應區分生

理、心理（情感／認知）及行為的向度說明如下。

1. **生理反應**：針對胎兒死亡的產婦研究發現，面臨失落時出現的悲傷生理反應有：引產造成的子宮收縮痛及腰酸背痛、臉色脹紅、深呼吸、過度換氣（杜蕙明，1998；林雁秋、顏妙芬，2003；師慧娟，2004）。也會出現缺乏支持將胎兒生出來的力量，肌肉無力整個人完全癱著，用盡全身力氣以獲得解脫（王麗玲，1992；杜蕙明，1998）。

2. **情感反應**：震驚、否認、憤怒、失去孩子的悲傷、失去母職的挫敗感、失去控制力、自責及罪惡不安（方菊蕊，2004；李幼華等，2004；林淑宜，2000；林雁秋、顏妙芬，2003；師慧娟，2004；張玉芬、朱翠萍、1999；許幸琪，2000；楊玉娥，1996；楊馥綺、陳欣蓉，2002）。這些悲傷反應中讓父母親最難放下的、最明顯的反應是憤怒和罪惡感（郭素珍，1988；Benfield et al., 1978），其憤怒最先是對著胎兒，埋怨胎兒的作弄，為什麼別人可以為孩子開始計畫人生，自己卻唯有回憶（王慧蘭，2003；郭素珍，1988；陳淑鈴、余玉眉，2000）。

另外一項為指責，Wolff、Nelson與Schiller（1970）針對五十位周產期新生兒死亡的母親研究，結果發現有34％的母親會責怪自己，18％的母親會責怪先生或是醫師，另外20％的母親會責怪信仰的神（上帝）或命運；或是懷疑自己做了什麼傷害孩子的事情，才會導致孩子死亡，將過失歸咎於自己身上，認為自己對不起孩子、對不起先生（王慧蘭，2003；郭素珍，1988；Benfield et al., 1978; Hughes & Page-Lieberman, 1989），憤怒會逐漸的慢慢轉移到自己身上而有罪惡感產生，認為是命，是被懲罰（郭素珍，1988；陳淑鈴、余玉眉，2000）。這種對事實的不可抗拒、對自我的不滿，會反覆地引起各種情感反應，可能將任何改變歸因於自己的力量和能力或機會與命運。

因此，由於挫折與無助的感受，父母可能會彼此指責，以致造成家庭失和、裂隙外，對其他家人、對其他孩子、對家人、朋友、醫療人員、葬儀社職員、對上天、對命運、對宗教上的神、佛以及其他與這一個死亡事件有關聯的人、事、物，甚至包括自己都感到生氣、憤怒，一方面憤怒的情緒真實存在，但在認知上卻認為憤怒不應該，加以糾結著其它諸如愧疚、罪惡、悲傷等種種

情緒，使得憤怒難以表達而加以隱藏，導致悲傷的延遲反應。

3. **認知反應**：出現休克、不相信、混亂情形，原本懷孕狀況一切順利，都在掌握中，難以接受不幸的事怎麼會發生在自己身上，結果超乎預期（杜蕙明，1998；林雁秋、顏妙芬，2003；林淑宜，2000；張蓉蘭，1992；Benfield et al., 1978; Hughes & Page-Lieberman, 1989）。悲傷經驗會呈現出不同的思考模式，如浪潮般一些想法過一陣子會消失，但有些想法則可能持續下去，並引發憂鬱和焦慮。

4. **行為反應**：失眠、哭泣、食慾減退等症狀（李秋珊，2004；林雁秋、顏妙芬，2003；林淑宜，2000；師慧娟，2004；陳映燁、李明濱，1998；楊馥綺、陳欣蓉，2002；賴滿蓉，2003），尤其懷孕中期以後之流產更為顯著（陳映燁、李明濱，1998），部分產婦會迴避觸景傷情的情境，例如：堅持不見嬰兒，排斥有關嬰兒的訊息情境進入自己的知覺系統（王麗玲，1992；陳淑齡，1997）。

5. **靈性反應**：抗議上天不平等的待遇，為什麼要帶走孩子（杜蕙明，1998；陳淑鈴、余玉眉，2000；羅月英等，2004；Benfield et al., 1978），認為是命、天命不可違或與孩子無緣（杜蕙明，1998；陳淑鈴、余玉眉，2000）。

母親在短暫的時間內經歷了孩子的一生，悲傷的歷程就像是搭乘雲霄飛車，充滿著波動起伏（Capitulo, 2004）。其悲傷過渡時期涵蓋了下列幾項（Lundqvist, Nilstun, & Dykes, 2002）：

1. 希望破滅（當她們知道胎兒或新生兒有致命的嚴重缺陷時）。

2. 困惑混亂（當面臨新生兒即將死亡時，有一連串慌亂的治療選擇）。

3. 孩子猝死（母親常會封閉自己，拒絕再見孩子一面，在早產時更為明顯）。

4. 認清事實（實際面臨了孩子死亡的情境與流程，耗盡力氣讓自己從「身為人母」轉變為「痛失愛子」）。

5. 告別（陪伴死亡的孩子及最後的相聚）。

6. 悲傷（調適自己面對孩子死亡的事實）。

　　悲傷是因失落痛苦與情感的斷裂，而產生強烈的情緒反應。雖然上述所言是周產期失落父母親悲傷正常反應的特質，但並非每個父母親都會經驗到所有的行為，受到不同文化背景及人格特質的影響，其表現方式卻非一元的，有可能只出現其中幾項，也可能會在同一時間表現出上述某幾項行為，有些只特定表現某一類型的行為；而有些因親友通常以為最好不要與喪慟者談到死亡，以免觸及悲慟處，傾向壓抑而沒有外顯出任何悲傷的反應，甚或轉移注意力投注在工作表現上；部分人會退縮自閉，出現自我攻擊性或毀滅性行為。

　　因此，悲傷反應並無固定的模式，取而代之的是各種不同型態的經驗，專業助人者必須清楚正常悲傷反應的範圍，瞭解一個正常的悲傷反應，並學會辨識不正常的悲傷反應，才不會忽略個人悲傷反應的差異性去固定（fixes）每一階段所出現的悲傷反應，把正常的反應視為病態。倘若這些經驗在悲傷的歷程中受到干擾、阻礙或情感壓抑無法充分的表達，留下未解決的悲傷，將會造成父母親產生不適應的行為，一直長期陷在悲傷之中，延宕完成悲傷過程，則可能是較複雜悲傷反應的徵兆。

二、複雜性的悲傷反應

　　複雜性的悲傷反應是一種心理失調、過度扭曲，以持續的方式造成喪慟者行為的適應不良，或是無法有效地在哀悼的過程中，產生令人滿意的結果。Horowitz 等人（1980）發現，失喪可能導致嚴重的退化，生者視自己為無助的、不足的、無能的、孩子氣的，或是人格破產（引自李開敏等譯，2004）。關於複雜性悲傷反應理論，我們在第二章已有詳盡的討論，對於助人者而言，區辨悲傷歷程中可能產生的複雜性，幫助當事人解開悲傷反應中的複雜性，以促其獲取適當的協助為首要之務。

　　墮胎在全美國合法化初期，一般人墮胎是安全沒有副作用的，墮胎後婦女可能會覺得輕鬆，壓力減輕（Adler, 1979, 1992）。1940 年代某些精神分析學家認為，懷孕中的胎兒是母親心中幻想的產物而非實體的存在，其喪慟反應不如失去一個「時存」的親人；但在 1970 年代以後，一些學者一致認為，失去胎兒的母親與一般失親之痛者一樣，有悲傷、厭食、失眠、激躁不安，鎮日為胎

兒之失落盤據等，有半數以上婦女在死胎後三至六個月內，會遭受這些症狀的困擾，一年後慢慢消逝，而有五分之一婦女仍持續有程度不等的症狀（陳映燁、李明濱，1998）。

許多研究指出，墮胎對女性負面的影響事實更為複雜，婦女會反應道德衝突以及失落感，而有後悔、焦慮、憤怒、憂鬱等症狀，都和她們的失落有關（Adler, 1979, 1992; Coleman, 2005; Cougle, Reardon, & Coleman, 2005; Rue, Coleman, & Reardon, 2004）。研究發現，有關生殖的失落悲傷具有個別性差異，包括：(1)神經質；(2)缺乏自我力量；(3)防衛機轉；(4)自我批判等等，而這些個別差異的影響比人口學因素（年齡、存活孩子數）、社會、懷孕與胎兒狀態更顯著（Franche, 2001; Lasker & Toedter, 2000）。

關於流產後的焦慮症狀，主要為強迫症與創傷後壓力症候群的風險會增加（Geller, Kerns, & Klier, 2004）。失去懷孕中的胎兒，沒有生活上的痕跡可供憶往追思，其他親人對於這個「即將存在而未能存在」的胎兒沒有如懷孕母親般的依戀之情，悲傷的母親只能暗自飲泣，易導致複雜性的悲傷反應。很多研究顯示，由於經歷周產期失落、墮胎，對女性而言猶如一個創傷經驗，墮胎後的反應先是立即感到心安，因為促使墮胎的問題立刻得到解決，但部分婦女因墮胎所造成的罪惡感就會隨後浮現出來，於是許多心理情緒的問題接踵而來；由於婦女壓抑失去孩子的悲傷所引起，在身體上或是心理上通常會出現某些症狀或是情緒反應，其說明如下：無法控制的哭泣、沮喪、哀痛、憂慮、悲傷、慚愧、無助、絕望、自尊心受傷、罪惡感、懷疑、對自己或他人產生敵意、悔恨、失眠、作惡夢、重複經歷墮胎痛苦、性機能障礙、對胎兒幻想、關係中斷、自我審判、回閃（重複回憶或夢見墮胎經過或未出生的嬰兒，感覺墮胎事件好像重複發生，看著醫生動手術等等的情況）、有自殺傾向、失去安全感、失落感等，臨床治療者將此稱為「墮胎症候群」（Post-Abortion Syndrome，簡稱PAS），因此在1980年，墮胎症候群已被美國精神醫學會公認，並被診斷為一種屬於「創傷後壓力症候群」的特殊病症（Gomez & Zapata, 2005; Larsen, 1999; Lavin & Garcia, 2005; Rankin, 1998; Salladay & Cavender, 1992）。

根據許多關於墮胎及自殺關聯性的重要研究顯示，選擇性墮胎和婦女自殺

或自殺意圖有關，其中重要的影響因子如：憂鬱、影響墮胎後心理健康的有害因素（Gilchrist, Hannaford, Frank & Kay, 1995; Gissler, Hemminki, & Lonnqvist, 1996; Morgan, Evans, Peters, & Currie, 1997; Reardon et al., 2002）。Thorp、Hartmann 與 Shadigian（2003）做人工流產大規模長期的研究，關於「選擇性墮胎所造成的影響」，針對一百名以上的婦女在選擇性墮胎後，做兩個月以上的追蹤觀察，他們謹慎地研究了 101 份研究報告，作出結論：(1)選擇性墮胎會增加婦女日後早產的危險；(2)選擇性墮胎會出現明顯的情緒失調，甚至引發自殘，早產和憂鬱都對婦女健康有重要影響；(3)避免引產墮胎可以減低這些問題的發作；(4)考慮墮胎的婦女事先應受到告知相關訊息，包括：她們的心理健康可能受影響，日後懷孕早產、前置胎盤或自殘的危險增加，同時還會有憂鬱情形。

Schiff、Grossman（2006）從 1987 年到 2001 年間，藉由查閱嬰兒出生與死亡證明，對產後自殺相關研究指出，婦女產後十二個月內自殺頻率最高，其中自殺意圖與胎兒死亡或嬰兒死亡有關。陳映燁、李明濱、李宇宙與曾美智（1998）針對台灣六十位懷孕失敗婦女，研究其精神病理（Brief Symptom Rating Scale）、性格特質、疾病因應策略與家庭功能，發現有 28.3% 的個案有明顯之身心症狀，得分最高分之症狀為敵意及強迫症狀，各占 28.3%，顯示懷孕失敗容易造成婦女身心適應障礙，神經質傾向。尤其死產比失去一般親人更容易產生病態性悲傷（陳映燁、李明濱，1998；Helmrath & Steinitz, 1978; Lewis, 1979）。高淑芬、李明濱（1991）研究發現，所處文化和宗教強烈譴責不適當的母親角色，亦與流產或死產後母親的病理性悲傷反應有關。

根據陳映燁、李明濱（1998）指出，婦女焦慮症狀在流產或死產後三個月仍然顯著；憂鬱症半年內比率比一般社區婦女高，甚至一年之後比率仍然明顯偏高。國外多位學者研究也發現，流產後婦女兩個月至一年內會出現高度憂鬱與焦慮症狀（Lee & Slade, 1996; Neugebauer, 2003; Prettyman, Cordle, & Cook, 1993; Slade, 1994），同時流產後的焦慮症狀會促使強迫症、急性壓力症候群的風險增加（Geller et al., 2004），也可能引發創傷症候群（post-traumatic stress disorder）（Englehard, van den Hout, & Arntz, 2001; Geller et al., 2004）。

　　Athey、Spielvogel（2000）指出，女性經歷懷孕失落最常見的反應是悲傷（40%）、憂鬱（12～50%）和焦慮（22～41%），這些反應的危險因子包括：精神科病史、缺乏社會支持、沒有存活的孩子、缺乏可以解釋失落事件的相關知識。孕產婦因周產期失落產生之焦慮、恐懼、緊張、神經質、否認和憤怒等負面的情緒反應，可能持續長達一至二年之久，特別是在終止妊娠後的六個月內，若無法得到支持及解決情緒問題時，則易產生對自我價值、婚姻狀況或家庭生活的衝擊，以及再次懷孕時產生懷疑、對胎兒健康的不確定感、擔心再次失落及對未來不確定感，並有可能出現病態性的悲傷，而引起精神症狀且選擇自殺（Côte-Arsenault, Bidlack, & Humm, 2001; Hughes & Riches, 2003）。這些心理後遺症，突顯的是胎兒實質的存在與母親和胎兒間依附情感所產生。

　　Rando認為有下列徵象出現，就是喪親者要考慮接受專業協助的時候（引自黃君瑜，2002）：

1. 同時經歷多種失落。
2. 將死者理想化。
3. 持續一段很長的時間，表現出不適當的悲傷行為。
4. 使用酒精和藥物來處理悲傷。
5. 談論和自殺有關的議題。
6. 轉化為各種身體化症狀。
7. 經驗到睡眠剝奪（如：無法入睡、容易驚醒、醒後不易入睡等）。
8. 和死者生前有未解決的、複雜的矛盾情結。
9. 逝者的死亡來得太突然，或是因為社會習俗給與喪親者不當的標籤。

　　Neimeyer（2001a）在〈創傷性失落和意義的重建〉（Traumatic loss and the reconstruction of meaning）一文「醫生的工具箱」中，列出悲傷診斷標準（表6-2），其中最重要預測未來風險的幾項因子（難以置信、沒有意義、無力感、失去未來的價值、失去自我認同和支離破碎的世界觀）中的現存生命敘事，查明喪慟者的掙扎、不成功而促使生存意義上的失落，以下這些評估標準可以適當配合個案的需求，專業悲痛輔導員、醫護人員可以發揮重要的作用。

表 6-2　創傷性悲傷評估

臨床醫師的工具箱：創傷性悲傷評估標準
準則一：
* 有意義他人的死亡（Death of significant other）
* 全神貫注於死者的侵擾痛苦（Intrusive, distressing preoccupation with deceased）
準則二：對於死亡事件出現明顯和持久的症狀：
* 努力避免想起關於死者（想法、人）（efforts to avoid reminders of deceased）（thoughts, people）
* 對未來感到缺乏目標和徒勞無功（purposelessness and futility about future）
* 感到麻木、隔離沒有情緒反應（numbness, detachment, no emotional responsiveness）
* 感到愕然、頭暈目眩或震驚（feeling stunned, dazed, or shocked）
* 難以置信、難以確認死亡（disbelief, difficulty acknowledging death）
* 心靈空虛或無意義（feeling that life is empty or meaningless）
* 很難想像沒有死者的生活如何活下去（difficulty imagining fulfilling life without deceased）
* 感覺自己一部分已隨死者而逝（feeling that a part of oneself has died）
* 支離破碎的世界觀（失去控制感、信任感）（shattered worldview）（lost sense of control, trust）
* 模擬與死者有關的症狀（assumes harmful symptoms of deceased）
* 過度焦躁、怨恨與憤怒（excessive irritability, bitterness, anger）
準則三：持續時間紊亂＞二個月（六個月更典型）
準則四：重大社會、職業或其他功能損害

　　雖然上述許多研究指出，失落後有許多後遺症，複雜性悲傷反應可能在許多不同層面影響個體身心、行為、社會情感、精神與靈性，壓抑及未處理的悲傷反應可能造成重大失落後個體的痛苦、焦慮、不安、創傷後壓力症候群、身心症等功能受損、婚姻關係緊張、睡眠擾亂失常、增加抽菸、酒精、藥物、鎮靜劑等物質濫用，或出現臨床憂鬱症和自殺死亡率上升等。

　　本章中，基於下列幾個理由必須強調，雖然，失落有時也會導致複雜的悲傷反應，需要有治療的介入，但在本質上，喪慟者或許會對他們所處的處境感到不安，產生與疾病相類似的症狀，出現不尋常且令人挫敗的經驗，但與醫學上或精

神上所謂的憂鬱疾患並不相同，加上社會文化與所處習俗對悲傷表達的特殊性，大多數人會要喪慟者避免沉浸在悲傷中，要克服「它」向前走回到正常的旅程，才是最佳選擇；他們未必明白喪慟者的生活，需要時間來調整失落，其絕非不正常、不健康或病態的，而我們可能需要重新定義什麼是正常的。

　　從上述文獻回顧探討中，我們可以發現，同樣由周產期失落或是新生兒死亡所引發的悲傷反應，影響個人的範圍甚大，不是每個悲傷的人都有這些症狀，這些症狀也不是持續整個悲傷歷程皆存在，在不同個人身上，展現不同風貌，難以使用同一標準或是原則來定論。同時國內研究重點放在母親的悲傷反應，並未進一步描述父親悲傷反應及背後的意義，缺乏這方面可參考資料。在這一章根據研究結果，嘗試將悲傷所有的反應歸類，呈現周產期新生兒死亡父母親悲傷反應的經驗內涵，發現周產期新生兒死亡父母親的悲傷反應有個別差異，並非單獨存在、按照階段出現，而是多元來回擺盪，因為生理、情緒、行為、認知和靈性之間的關係是緊密、交相牽扯的，隨著心思的運轉，人會經歷種種反應，因此悲傷反應的分類歸屬模糊難以一致。

　　由此可知，遭逢周產期失落的悲傷尤其激烈、時間長，這是因為獨特的親子關係所致！我們需要更深入的瞭解「周產期新生兒死亡事件」與「個人悲傷反應」之間，究竟還存在著什麼影響變項，請聽聽失落父母親沉重的經驗描述，由下文你可能瞭解到「讓悲傷的父母表達他們的感覺」是非常重要的，藉此讓我們有機會傾聽他們，並瞭解當時他們的心境。

貳、影響周產期新生兒死亡父母悲傷反應相關因素

　　新生兒的死亡是父母親心中刻骨銘心的影響，即使他們沒見過以及觸摸過他們的新生兒，其悲傷反應卻是強烈的（白淑碧，1988）。但被奪去或喪失心愛的人或事物時，並不是每一個人都會將悲傷表現出來（Kastenbaum, 1991）。Corr 等人（2003）認為，影響喪慟與悲傷經歷的五個因素有：(1)遭逢喪慟者對逝者的依附本質或感受到的價值；(2)失落發生的方式，與逝者同時存在的環境；(3)喪親者學習用來處理之前失落的因應策略；(4)逝者的發展階段：意

即逝者處於兒童、青少年、成人或老人會影響到一個人的悲傷和哀悼；(5)喪慟者在失落後，從家人、朋友、其他個人及社會機構所接受到的支持或協助。故悲傷具有高度個別化現象（individualized），個體的悲傷反應受到諸多因素的影響，例如：性別、過去經驗、文化背景、支持系統及失落者與個體的關係，故學者認為個體間的悲傷反應有極大的不同（Rodgers & Cowles, 1991）。

在本章中，根據受訪者經歷周產期新生兒死亡的悲傷反應，呈現種類差異各有不同風貌展現，與第二章文獻探討，根據喪慟的個別性解釋悲傷的歷程以及經驗感覺，針對訪談資料做一比較發現，探索影響父母悲傷反應的相關因素，下列以人格特質、社會支持、悲傷反應在性別及角色期待的差異、與胎兒的依附關係、新生兒死亡的原因及時間的淬礪加以探討。

一、人格特質

（一）避免弱者的表現

Lopata（1988）認為，自我概念是影響悲傷反應的人格因素之一（引自黃有志，2001）。人格特質較為內向，比較壓抑情緒的人，復原需要更多時間；反之，則能較快走出悲傷（林家瑩，1999）。

D母親在引產當時，覺得媽媽的陪伴會有壓力，比較可以面對先生，因為太在意別人的眼光，又不想讓別人發現自己的脆弱，希望一個人獨處，可以盡情自在掉眼淚；傷心難過時，依然保持鎮靜，不輕易讓別人看到自己掉眼淚而暗自哭泣，她認為是個性使然，避免弱者的表現，除非是比較要好的朋友，才會顯露難過之情：

> 那天是晚上，我先生也是累得半死，因為白天都已經很辛苦，所以他在旁邊呼呼大睡，我不希望媽媽陪在旁邊，我覺得媽媽陪在旁邊會有壓力，反而我比較可以面對先生。我自己一個……我並不覺得那特別難熬，我覺得這樣反而……就好像妳難過的時候有一大堆人圍在妳的旁邊，可是其實妳很希望一個人安靜，我會覺得這樣比較好，可以比較盡

情自在掉眼淚，不會在意……其實大概就是太在意別人的眼光，雖然妳也知道，其實妳掉眼淚，別人並不會覺得妳怎麼樣，可是，就是覺得不好意思，就是覺得不想要別人看到，我當時……大概那個晚上就一直掉眼淚吧！（D-106）

當時就是非常、非常傷心難過！可是在別人面前我還是裝著若無其事的樣子。我來上班，我的人還是保持很鎮靜，不會因為說幾個好朋友談到這個事情的時候，露出自己的情緒。可是下了班才會覺得很難過，自己一個人偷偷的哭，別人一來就趕快把眼淚擦一擦，盡量不希望讓別人看到。我現在想想我為什麼要這樣子？我覺得可能也是個性……我平常就是這個樣子，不輕易讓別人看到我在掉眼淚，那好像是很丟臉、很弱者的表現吧！我可能這樣想，除非是比較要好的朋友，比較能夠透露心裡整體的感覺，但是真的很要好到那種地步的不多。（D-38）

（二）有苦難言，別人不瞭解

D母親相信一些安慰的話，不是當事人很難瞭解當事人的感受，無法感同身受，包括自己的家人、先生也一樣，以致於無法宣言。她對此不為人知的感受：

我覺得沒有人可以瞭解我的感受，即使是自己的先生、家人也一樣。有時候別人可能會有一些安慰的話，覺得：「你不是我，你怎麼會瞭解我心裡面真正的感受！」不是當事人，我相信很難瞭解當事人的感受，沒有辦法完全理解，因為整個情緒的感受、想法，只有當事人自己瞭解。（D-107）

（三）悲傷必須靠自己承擔

D母親不斷地告訴自己不需要一直沉浸在悲傷裡面，內心的平靜，必須要自己走出來。她回想道：

內心的那種平靜，安慰的話必須要自己，還是要靠自己走出來，我覺得我自己的調適也滿重要的，我自己不斷地告訴自己不需要……一直沉浸在這樣的悲傷裡面，大部分還是靠自己的力量。（D-222）

（四）避免提及與想起，對悲傷存而不論

悲傷者對於失落的心理反應，常會利用「遺忘」的面紗覆蓋著所有的痛苦與悲傷，一方面或許想遺忘，但是卻無法遺忘，而緘默是其第一道防線，他們經常採取將注意力轉移開去，以追尋「冷靜」，但同時卻會經由觸景傷情使得無法宣言的悲傷受到注意，而擺盪於情感麻木、解離與重溫悲傷之間（一方面因難以承受悲痛而選擇壓抑，另一方面卻會被相似情境引發浮現），有時候甚至因此產生不可思議的情緒轉變。

由於失落感太大有時候反映在喪慟者身上會關閉思想，決定擱置，假裝它沒有大的影響、暫時在人際關係中出局一會兒，未必是一件壞事，這樣做不是逃避，在空出的時間中也是開始癒合的方式，在悲傷時的優先任務是照顧自己，不是照顧其他親友的想法，什麼時候重新進入了正常的生活軌道是自己的選擇。

B母親陳述，除非是新聞或是周遭有人碰到這個事情才會再想起，採取儘量不去想這件事，反射性「不允許自己思考」：

我會儘量不去想這件事情，這好像是反射動作，我生理的直接反射，我不去……把她放在腦裡，我把她放在腦裡的另外一個角落，我不會想到她，除非有一些特別的情況：我今天看到一個新聞，或是我周遭有人碰到這個事情，會讓我再想起，其他我就不會去想到這個事情。（B-47）

D母親不想沉浸在悲傷的回憶裡而不再提起，除非有解釋上的必要，加上先生沒有提過這件事情的態度，讓她得到很大的支持，一、兩個好朋友誠懇出於關心，才把心裡的整體感覺、想法試圖說出。她的看法：

　　我不會主動去跟人家講這件事，主動去講心裡的事，因為主動去講，又要沉浸在那種悲傷的感覺裡面，又要去回憶、回想，這也不是我自己想要的。一般人我可能就……打個太極拳就把他擋掉了，敷衍他幾句，可是好朋友我可能就會認真的去回答他所詢問的事情，他們都是很誠懇的出於關心，所以我就比較能夠把自己心裡整體的感覺、想法試圖告訴他，這樣子的人大概只有一、兩個吧。他會主動問起：「妳現在身體恢復得怎麼樣啦？」這樣子可能是一個開端，不然就是聊一聊就聊到了這樣子。

　　人家問：「妳有幾個寶寶？」我不會說我有三個小孩，然後一個死掉了，我會介紹說：「兩個啊，他就是老大（現在的大兒子）。」除非有些知道內情的人他就不會去問，不知道內情的人，我也沒必要向他提起……所以我還是會跟別人說我有兩個小孩，除非有解釋上的必要。我先生他也沒有跟我提過這件事情，他的態度實際上是讓我得到很大的支持。（D-80）

二、社會支持

　　Cecil（1994）和Letherby（1993）研究發現，女性經歷懷孕失落，在社會支持上（情感和實際的支持）以朋友的語言或使用網絡的支持有助於悲傷的療癒；男性經歷懷孕失落，較無法和女性一樣得到同等的社會支持，他們傾向使用其他的形式，例如：與孩子有關的視覺影像或身體心像的連結，提供他們有機會瞭解失落的感覺或與其他人分享他們的悲傷。

（一）朋友安撫憂鬱的心靈

　　A父親跟朋友的互動沒有什麼改變，但是在新生兒死亡後一年多到第二次懷孕期間，太太比較封閉自己，後來再生小孩就比較好一點，但是當心裡面痛苦時，因為感受不到A父親難過的心境及同理心表達，不想聽安慰的話，傾向跟朋友講分享情緒，宣洩悲傷。他說：

跟朋友的互動，我個人沒有什麼改變，我太太有一陣子比較封閉一點，就是引產之後的一年多到第二次懷孕的那一段期間會比較封閉，後來再生小孩就比較好一點。她心裡面很苦的時候，會去找朋友講，我感覺她會比較傾向於跟朋友講，不會跟我講，不知道為什麼？她跟我講她的感覺，我沒有辦法同理心。其實我們同理心是說：「她跟你講的時候，她希望有一個人陪她哭。」那我們聽她講完了之後，她可能不見得能夠感受我們難過的心境，可能是說，我難過的時候，我不會表現給她知道……她覺得我馬上就可以講安慰她的話，那她不想聽這些安慰的話，她反而希望聽朋友的……因為哭完了就沒事了，她應該是有跟她的一些朋友釋放感情過。（A-232）

D母親很少與先生提及此事，覺得難過的情緒還是需要去講有人討論，跟好朋友討論幫助很大。她說：

好朋友幫助很大，如果都沒有知心朋友的話，那就會覺得很寂寞很痛苦，沒有人能夠理解你，因為我甚至連我先生，我們兩個都很少去討論這件事情，所以，其實還是需要有人討論，還是要去講，我跟我的好朋友去討論這件事情，還是有很大的幫助。（D-79）

（二）娘家親屬的支持

B母親覺得只有自己的媽媽、哥哥以及先生，才是最關心自己的人。她說：

我一直覺得只有自己的家人最關心我，我的媽媽、哥哥還有先生，就是比較關心，提供很大的支持。（B-25）

三、悲傷反應在性別及角色期待的差異：男性的悲傷

（一）父母親悲傷感受的主觀知覺不同

大部分的夫妻在經歷終止妊娠後，即使表面上有正向的情緒反應，但仍然

易引發混亂的情緒，如：憂鬱、焦慮、休克、憤怒與驚恐等問題。男性的悲傷比較可能以傾向向外的憤怒或活動來表達，表現出來的是攻擊行為、成癮行為，以過度的工作來轉移情緒等；而女性的憤怒比較可能向內，表現在外的可能就是憂鬱、沮喪、身心症狀，嚴重者甚至可能有自殺的現象（林方晧，1998）。

部分學者使用「不同步悲傷」（incongruent grief），來討論周產期失落父母親彼此經歷悲傷工作的不同方式與不同時間步調（Menke & McClead, 1990; Peppers & Knapp, 1980）。許多研究顯示，周產期失落反應在配偶之間有所不同，一般而言母親有較開放的表達、哭泣，較多情緒的反應或症狀，悲傷的深度與持續時間超過父親（高淑芬，李明濱，1991；陳映燁、李明濱，1998；Abboud & Liamputtong, 2003; Alderman, Chishilm, Denmark, & Salbod, 1998; Armstrong, 2002; Benfield et al., 1978; Black, 1991; Capitulo, 2004; Hughes & Page-Lieberman, 1989; Lang, Gottlieb, & Amsel, 1996; Stinson, Lasker, Lohmann, & Toedter, 1992）。Alderman 等人（1998）在流產父母悲傷反應研究中，發現母親的失望、憤怒、敵意、失控、沈思、人格解體、身心症、罪惡感、社交隔離、死亡焦慮等心理壓力衝擊強度均大於父親，其中罪惡感、社交隔離、死亡焦慮母親和父親差距較小，差異原因可能與母親不僅經歷懷孕失落，同時也遭遇身體的創傷有關。

1. 母親的痛苦比父親更沉重

A 父親認為喪子之痛對母親傷害比較大，痛苦更沉重，他這樣說著：

> 實際上對爸爸來講還好，我覺得對媽媽而言是一種更大的沉重與痛苦。事後我太太有很長的一段時間，一直在難過。對於母親傷害比較大。（A-208）

B 母親認為先生比較理性，只是經歷一段不愉快的過去事件，影響不大，親身體驗、擔心顧慮的陰影沒有像自己這麼深刻，至少表面上看不出來，而顯得更堅強。她說：

爸爸（先生）他經歷這樣的情況與事件，但是……他親身的體驗，沒有像我來得這麼深刻。所以他後面……現在一個新的寶寶，一個新的生命帶給他……前面的那個對他來講，只是一段不愉快的過去，對他的影響就沒有這麼大，可是對我來講，我這個陰影一直在。他比我還要再堅強一點，可能……表面上我看不太出來，至少表面上看起來他是比較堅強、理性一點，比較不受這個事情的影響，在他身上可能他的陰影可能不會這麼大，我覺得這是爸爸跟媽媽的一些差別。（B-28）

C父親沒有宗教信仰，加上孩子死亡的週數實在太早了，所以在意識層面以及心理上沒有太大的負擔。然而，每當聽到有關早產兒存活破紀錄的報導，內心的負擔依然會被勾起。他描述內心的感受：

從頭到尾整體來講，我自己還好啦！我也沒有太大的……失落感、壓力或沮喪，在意識的層面我覺得還好。因為我自己沒有信仰……所以沒有什麼太特別的。因為無法跟那個太極端的例子相比，我們後來經過很多次的注意後，我覺得那個孩子二十四週實在是太早了！因此，心理負擔就沒有那麼重。只是說……有的時候知道一些那種可以再救下來，多麼早產、多麼早產的小朋友，什麼紀錄的時候，又會覺得……會有一點點那種心理負擔。（C-11）

C父親察覺太太對於孩子失落心理的負擔沉重，面對傳統傳宗接代的壓力、擔心沒有生孩子會導致婚姻問題的「雙重束縛」，非常難過自責，傾向在他人面前壓抑情緒而暗自哭泣。他陳述說道：

我太太她……非常！非常難過！……因為那時候住在病房裡面，我在的時候她都沒有什麼特別的表現，我出去沒多久，出去一下子，再回來就發現我太太一個人在哭。對！當然她……有很多傳統的壓力，她覺得說她沒有生小孩的話，好像很對不起什麼人，可能婚姻會有問題，她自己有很大的壓力，她有時候是自己設的壓力。（C-16）

　　D母親覺得為孩子取名字報戶口，然後再報死亡，是一個真實的存在，反覆地想怎麼跟孩子這麼沒有緣分，難過哭泣的情緒至少持續一年。她認為孩子是在出生後，才會愈來愈喜歡他，建立愈來愈深的情感，推測先生也是如此；在懷孕過程並沒有跟胎兒建立很深的情感，而能坦然接受，立即投入工作，不曾掉過淚或表現很難過的樣子，畢竟自己才是孕育角色的主體。她認為：

　　他（孩子）必須要取名字報戶口，然後再報死亡，所以他是有一個名字的，就覺得他是一個存在的，他是一個活生生的寶寶，然後就這樣子就走了，一直在反覆地想這件事，就是說：「怎麼跟他這麼沒有緣分？」等等，那情緒就不是很好，想到就會哭這樣子，這樣子的情緒到底維持多久，我已經不記得了，大概……我想老大跟之前的那個寶寶大概相差三年過後，所以，至少也有一年吧！。

　　有時候連先生可能都不一定能夠理解，因為整個懷孕過程，是我！不是他，尤其老大出生的時候。其實我個人也是這樣覺得，懷孕的時候我並沒有跟小孩產生很大的情感，沒有！可是他畢竟是在我身體裡面孕育出來的，那……這個小孩子生出來之後，才慢慢愈來愈喜歡他，建立愈來愈深的情感，我先生跟我都是這樣子的，至少我觀察他是這樣子，生出來之前，沒有！所以我也這樣子推測他，對這件事情，他……就是很坦然地能夠接受……他馬上就去上班了，兩、三天就上班，上班的時候，在開刀房裡面印象很深刻，因為那天正好是我們上班的日子，另外一個醫師在隔壁開刀房看到他就說：「你怎麼還笑得出來啊？」然後我先生就回答他說：「不然要哭嗎？」我記得印象中他……不曾掉過一滴眼淚或是表現出很難過的樣子。（D-22）

2.母親觸景傷情的情緒比父親顯著

　　Kübler-Ross（1983）發現，父母親經歷孩子死亡後，情緒常常很不穩定，從情緒麻木到突發憤怒與脾氣變壞；從安靜、消極、對外界漠不關心到憎恨全世界，甚至會出現厭惡看到任何孩子等情緒。而回想起來時，他們的情緒反應

不僅相同，有些是憤怒、罪惡的感覺，有些則是對胎兒的不捨而悲傷哭泣。

父母親經歷新生兒死亡後，悲傷的感受和想法是持續且多變的，無預期的觸景傷情是在提醒失落的痛苦並未消失，而令他們想起喪慟的經驗或許無處不在，如潮水一般湧來；就算是偶然浮現，情緒本身也可能觸動昔日悲傷的回憶，會快速地帶領喪慟者通向過去的經驗，直接連結到很久以前孩子失落的悲傷，過去的情緒會因當下的情境而爆發出來，可能迅速擴大成為波濤洶湧的情感，這些感受極可能會在毫無預警的情況之下突然降臨，或是比其他人更容易崩潰，也常會令人覺得手足無措。

許多情境會引發婦女想起自己失去孩子的生產經驗，例如：看到其他小嬰兒、懷抱著小嬰兒的年輕夫婦、其他孩子的照片、經過婦產科，甚至看見孕婦從身邊經過等，均會觸動出一股天旋地轉的失落感。對悲傷的孕母來說，不一定會高興聽到朋友或其他至親剛剛誕生的一個健康嬰兒；社交場合，逢年過節，許多朋友、親戚、家人，或是妯娌間的小孩歡樂融融，對失去胎兒的夫婦而言，就可能是惡夢一場，也許是傷害、憤怒、反感或嫉妒，甚至暗中希望同樣的事情會發生在別人身上而覺得很慚愧，種種複雜的情緒無不時時刻刻敲擊著脆弱的心，每當就要從記憶中將此生命中短暫陪同的「過客」抹滅時，有關孩子「曾經」的一切又跳到她的眼前而黯然神傷，尤其女性更會畏懼、孤立與憤怒，因為大家都在談論關於小孩的歡樂時，無形間就刺到她們的深層痛處，如此景象也正是讓一個準備好當母親的女性，感受到難言悲傷的原因，只能任眼淚不聽使喚的將她深鎖在無數個問號裡，深深埋葬在無奈缺憾中。請記得要原諒自己，如果情況互換，妳的朋友也會和妳一樣出現這些感覺和思考，隨著時間與調適，這些感覺終將會遠去。

A父親指出，看到同事懷孕，孩子可愛，太太會沉溺在自己的痛苦裡面，他說：

> 我太太她的一個同事懷孕……她會一直沉溺在自己的痛苦裡面。她又看到另外一個同事生小孩又很可愛，看到別人的小孩子，自己又會很生氣！對自己會很生氣！然後又很悲傷。別人懷孕都正常，生下的baby

都很可愛，那又是另外一種痛苦……期望一個很可愛的小孩子，那大半年整個心情跟身體其實都不是很好。（A-98）

B母親產後圍繞在觸景傷情的悲傷情境裡，看到別人孩子在旁邊或育嬰室，她卻是失去孩子，睡眠、食慾差，心情上感到難過痛苦：

生產那幾天的睡眠、食慾當然是很不好，人家住院都是因為生了baby住在那邊，但是……我的不是這樣，我是失去了一個孩子住在那裡面，人家都有baby在旁邊，或者是在育嬰室，可是我們的都不是，心情上當然是很難受，你看到別人……再想想整個事情的過程，就會覺得很難過這樣子，過程是非常的痛苦。（A-38）

D母親偶爾獨處時、與研究者討論這件事情或在特別的日子裡心裡還是會有悲傷浮現，看到街上的一隻小狗跟母狗在一起、幼小、老弱婦孺，她會觸景傷情掉眼淚，比較容易感到難過。

偶爾想到這件事情，就會覺得很難過，會掉眼淚或觸景傷情……就是獨自一個人、安靜下來的時候，比較容易感到難過。我在路上看到懷孕的母狗，就會覺得很難過，因為我看到牠好像不舒服的樣子。平常我看到一個懷孕的動物……即使是我懷孕，大概也不會有這種情緒產生，那時候看到那種特別幼小的啦，老弱婦孺就特別……感到同情，或是說我現在跟妳討論這件事情的時候，我心裡還是會有浮現一些悲傷的感覺（D-55）。

特殊的時間點才會去想到這件事情，就像回想到自己跟先生認識的經過，情人節怎麼過，必須要在情人節的時候常會想到這件事情。所以，日常並不會刻意的去回想這些經過，可能遇到同事流產，讓我回想到自己……可能要遇到一些狀況的時候才會去回想這些事情。（D-65）

3.週年紀念日的反應與介入

(1)週年紀念日的反應

　　思念過世的親人是失落的正常反應，有時失落的感覺也會來自於情境的引發（黃淑清，1998）。由於喪慟者周遭的親友缺乏這方面的認知，常常期望喪慟者儘快克服失落，恢復正常的生活和作息，導致喪慟者壓抑哀慟，使正常的悲傷變成複雜的慢性悲傷，這樣反而成為療傷的障礙之一。

　　悲傷癒合過程需要時間與勇氣，它不是一朝一夕的事，每逢佳節倍思親，在母／父親節、兒童節等特殊的節日，或是看到有人一家和樂融融的樣貌，都會容易讓喪慟父母情感交織，或功能性的再度退化，偶爾還是會傷心哭泣，更加深自己失落的孤單、憶起過世的胎兒。父母親在悲傷過程中有某些時刻是特別艱難的，這是很自然的，經歷失落後的第一時間、第一天、第一週、第一個月、首次大膽公開失落經驗、第一次回到工作崗位，還是教堂、第一次聖誕節、首次休假、第一次笑、第一次讓淚水恣意而下……，這許多第一次中尚存著我們不知道的驚慌失措，尤其是第一次週年祭日。

　　對父母親而言，此時會湧上各種念頭、情感，這些時刻會將過去發生的某個失落事件或圍繞著這個失落的情感再度發生或被喚起的「觸發反應」（trigger reactions），「再陷」悲傷的循環，它可以是影像、聲音、味道、符號、象徵……，也可以是出現在意識或潛意識的層面，而引發喪慟的情感重新來襲或期盼的感受，也有可能在此時，因壓力造成的生理症狀也可能再復發，這些經驗都在在顯示了重大失落經驗後普遍且正常現象，不應該被解釋為退步或是還有「未解決」的悲傷。

　　週年紀念日除了會再度浮現對過世親人的想念外，也會勾起喪親者平日幾乎忘卻的感覺及想法，甚至與死亡有關的一切，同時在思念過世親人時，心情是很多、很糾結的（施靜芳，2004）。人工流產後常見的精神負反應為回想（flash back），由於特別的場景或語言刺激，強烈的回憶起懷孕失落的往事，比較嚴重的會出現角色錯位，恍惚中真的以為自己有個孩子，表現出母親的角色行為，抱著枕頭當嬰兒、跟孩子對話、聽到孩子的哭聲或是「如果當時……現在都這麼大了……」等，尤其是懷孕失落後因種種原因引發不孕者，更容易因

週年紀念日引發回想之慟而悲傷難抑。

　　而周產期失落事件後接著的假日會變得特別困難，某些特殊的日子將會帶給悲傷者心裡感到特別的難過，例如：失落後一星期、四～六星期、三個月、六個月、週年忌日、逝者生日和特別節慶（母親節、父親節、感恩節和聖誕節假期）、造成「失落」的日子或是其他特別的日子等，都可能引發生者的哀慟（Limbo & Wheeler, 1987）。何時是產婦最需要支持的時刻？如父親恢復工作、母親第一次單獨在家、產後脹奶有乳汁分泌時、產後第一次月經來臨、產後檢查的日子、預產期日，或母親恢復上班的第一天及嬰兒過世週年紀念日等，需要安排適當的人相伴與支持（Newman, 1984）。

(2)週年紀念日反應的介入

　　Abrams（1999）認為，正視週年紀念時才是對喪親者有幫助的。喪親者應該把週年紀念當作一個回憶逝者的機會，是喪親家人共同公開對逝者的一項回憶，不需否認它，也不該視為是無法忘懷喪親喪慟的問題（引自黃春女，2006）。週年紀念日對周產期失落的父母親心理及情緒上的衝擊可能會相當強烈而且非其所預期的，但它卻是康復過程中自然而正常的一部分，對於這些特別日子的反應，應該預先的指導、正常化與支持對待，這可以大幅減少週年紀念日反應所引起的失落感。

　　①與父母親討論有關一般常見的週年紀念日的失落反應。

　　②幫助父母親承認並討論自胎兒失落發生後，尚未解決的感受與議題。

　　③鼓勵父母親以邁向療癒的方式經驗悲傷的機會，來回顧週年紀念日。

　　④允許父母親思考胎兒失落後生活的改變、度過過去的經驗，展望未來以尋找意義。

　　⑤教育可以協助父母親的親友，關於可能發生在父母親身上的失落後反應，並鼓勵對父母親主動接觸及提供支持。

　　失落發生後一年內的每個關鍵時間點，在這些特殊的日子裡，親友應瞭解這個艱難時刻，給與持續性的幫助，可以電話問候、寫一封安慰信、卡片或安排家庭訪視喪慟者、帶領參與適合他們的團體，幫助父母親計畫、討論怎麼度

過這一天，鼓勵父母親談論他們對於胎兒失落以後，曾經想過、感覺過、關心過的記憶畫面是有幫助的；對喪慟者而言，這一天你可能比其他時間更想哭或更沮喪，可以安排與親密的朋友、家人陪伴，特別是會關懷你的人共同度過，先行擬好計畫是很重要的，那是自我關懷的方法之一。

（二）父母親對於悲傷表達的方式存在著差異

　　一般而言，男性和女性用不一樣的方式回應悲傷，男性與女性對於悲傷情感表達方式有許多的不同（Peppers & Knapp, 1985）。過去很少將性別因素做為一個悲傷和失落的影響元素，由於「正常」的悲傷假設在某些元素（大多涉及情緒和社會行為）並遵從某種模式，「女人的悲傷」與「男人的悲傷」，這兩個極端看法難以截然分明。傳統上女性被允許較多的情感表達或哭泣行為，社會期待父親依舊能維持其堅忍、堅強的一面而隱藏悲傷或感受，以符合傳統文化的要求（Kellner & Lake, 1990; McGreal, Evans, & Burrows, 1997; Worth, 1997）。工具取向的男性化特質與情感表達性之女性化特質的刻板知覺具有跨文化性的普遍性（李美枝、鍾秋玉，1996）。

　　現代社會對於兩性性別角色中「男性氣概」（Masculinity）與「女性特質」（Femininity）的描述，常會透過社會文化的性別刻板印象來涵蓋個人對兩性特質的認知，如「養育的」、「善表達的」、「依賴的」便可能認為是來形容女性的特質；相反地，男性化的行為通常被形容成「競爭的」、「有能力的」及「主宰的」。傳統對男性角色刻板印象包含了三個主要的成分：地位、堅強，以及反女性化（劉秀娟，1998）。這些對男女角色的形容，也正反應了社會對兩性特質行為的標準與角色期待。當男性無法展現他們的喪慟，就無法被看見他們內心喪慟的存在，被排除在悲傷行列的人之外，而出現不被認可的悲傷（McCreight, 2004; Zinner, 2000）。

　　在一些男尊女卑或男強女弱的規範系統中，男性的悲傷反應多採憤怒方式表達，憤怒代表堅強（strong），是強者的表現，使得在失落或死亡事件中，男性的悲傷反應依然受到性別角色的制約（李佩怡，2000）。區祥江與曾立煌（2001）指出，面對失落與悲傷，男人通常會按照「男性制約」所定下的方式

去處理：(1)保持克制；(2)支持別人；(3)接受死亡為一種挑戰，甚至是一種對男性氣概的考驗。

　　Martin、Doka（2000）對於女性化悲傷的看法，一般人都認為開放的表達和與他人分享感受是處理喪親失落感的健康方式，通常會與親友討論強烈、不舒適的感受；男性化的悲傷，除了憤怒和罪惡感，似乎情緒反應都在一定的限度內，傾向於拒絕接受協助和分享感受、強調自立自強的重要性、擔任保護者的角色，或是從事體能的活動，把自己埋在工作裡。有些男人會因為被鼓勵去表達悲傷情緒而憤恨不已，並以行為來對失落作反應。男性化悲傷模式的主要內容如下（引自許玉來等譯，2002）：

　　1. 感覺受限或被壓抑。

　　2. 以思考為前導並支配感受。

　　3. 焦點放在解決問題而非表達感受。

　　4. 表現在外的情緒經常包含憤怒或罪惡感。

　　5. 對失落的內在適應方式通常以行動來表現。

　　6. 可能私下體驗強烈情緒：通常不願意與他人討論。

　　7. 強烈悲傷常在失落發生後立即表達，特別是在死亡後的儀式中。

　　Martin、Doka（2000）提出三個悲傷與性別的觀點（引自 Corr et al., 2003）：

　　1. 女性經歷、表達悲傷與因應失落的方式建構了「女性模式」。然而，在我們的社會中，當我們在描述走出喪慟的方式，往往所說的是指喪親女性的特質。

　　2. 「男性化的悲傷」男性有自己的方式來因應失落和喪慟。

　　3. 即使悲傷與哀悼的模式常與性別有關，卻不是完全由性別所主宰，不論是男性或女性，每一個個體都有它不同的背景、人格和生活方式。因此，如果男性在悲傷時，是藉著表達的方式而非壓抑他的情緒，並不是因為他有女性化特質；相對的，當女性不分享她的悲傷，也不是意味著她是男性化，重點是在於「個別性」在因應失落悲傷時能獲得接納。

　　Miller（2002）對於男性化悲傷議題指出，對許多男性而言，個人的脆

弱、失落和悲傷就像是完全陌生的語言,他們對於自己的情緒、感覺和內在誠實感到陌生,傳統文化裡他們被教導成這些反應「最好留給女人」,男性的世界是行動、控制、獨立和自主的,主要議題如下:

1. 人的易損性與脆弱性,通常都是突然意識到疾病會導致死亡,對很多男性而言是陌生的事件。

2. 男性對於突發事件促使身體和生活失去控制是倍感威脅的。

3. 對於生活問題,以問題解決為導向。

4. 許多男性之所以成長得很堅強,主要是受到文化或社會習俗以及成長過程的制約,而帶著面具或是偽裝,以學習成為「真正的男人」,避免情緒「脆弱」,讓自己及生活總是在掌控之中。

Miller(2002)也指出,男性處理生活危機過程如下:

1. 男性否認和拒絕接受:繼續過日子,就像失落和悲傷沒發生過一樣。

2. 男性只是去因應:在改變後新的情境裡,做一些小的生活調整因應危機與失落。

3. 健康和「成功」的去面對危機:對於危機或失落、負向與挑戰的情緒,個人會被迫重新調適危機所帶來的內在騷動,過程雖然緩慢,但實際上會被處理。

4. 深層的個人生活議題被深刻觸及:對個人的靈性、宗教信仰,和生命的終極議題輾轉思考。

男性積極面對失落,需要有以下幾個重要的信念(區祥江、曾立煌,2001:37):

1. 你要相信失落是活著的證據,只要你活著,失落便是你生活的一部分。

2. 你要相信由失落引起的哀傷也是生活的一部分,你要願意談論它、經歷它。

3. 你要相信失落並不是懦弱的象徵,也不表示你失去能力。相反的,面對失落 是有勇氣的表現。

4. 你要相信失落及哀傷可以成為助你成長的動力,失落與哀傷可以更新你的男性氣概,使你成為一個有人性、有感情及有血有肉的男人。

　　絕大多數男人面對失落時的反應大致相同：「男人是不被預期談談自己的感受」的，他們可能否認自己的悲傷，將失落內化而非公開表達感情，男人習慣冷卻情緒，就是把想法和情緒藏在心裡難以啓齒，一切「盡在不言中」，將脆弱隱忍深埋在沒有人可以知悉觸及的地方。「能控制情緒」的悲傷者是被羨慕的，而且受到社會的讚美，於是「保持緘默」、「獨自悲傷」或「祕密哀悼」便形成一個堅不可摧的信念，潛藏在身體裡興風作浪，不知不覺男人就成爲有口難言的受難者或是冷酷的男子漢，這樣的男性困局最終可能以傷害身體與精神的方式浮現；同時保持緘默通常容易會被伴侶誤認爲漠不關心，甚至會認爲先生是個無感情的人。因此，不要置之不理後假設一切會好轉，一個懂得如何去體會自己情緒的人，才能瞭解自己眞正的感受。眞正的男人是胸襟有情，偶爾也會因爲受到驚嚇而失控，需要以安全而健康的方式悲傷，同時進行悲傷工作（grief work），來挖掘出被壓抑的情感部分，才不會「積壓成疾」，活得更健康。

父親以隱藏情緒，掌控情境為導向

　　許多研究顯示，父親在配偶懷孕失落後傾向於壓抑內在情感，不表達及談論失落的悲傷反應（Abboud & Liamputtong, 2003; Beder, 2004; Black, 1991; Lang et al., 1996; McCreight, 2004; O'Leary & Thorwick, 2006; Pine & Brauer, 1986; Schatz, 1986; Stinson et al., 1992）。他們在處理孩子疾病威脅過程，需要有力量及意志力的投入，爲持續與疾病戰鬥的過程，必須要：(1)確定性戰鬥：從孩子被診斷開始，每一次的診斷都是可怕的生活威脅；(2)戰鬥：具強烈的責任感維持家人的情緒穩定，顯示其足智多謀；(3)爲生活中的崩潰戰鬥（Davies et al., 2004）。尤其當母親經歷流產失落或分娩的時候，父親會感覺強烈的挫敗、無助感和自責，而把重心放在保護伴侶與支持伴侶上（Johnson & Pudifoot, 1997; McCreight, 2004; Murphy, 1998; O'Leary & Thorwick, 2006; Samuelsson et al., 2001）。

　　Beutel（1995）強調，父親會不表達及談論失落，隱藏悲傷的主要目的是避免造成伴侶負擔過重。少數研究指出，父親形容自己像個緩衝器般，避免伴

侶的身體以及心理的進一步損傷，並且經由支持伴侶也可以減輕他們自己的悲傷，當成一種具治療性及轉移悲傷的策略（Hughes & Page-Lieberman, 1989; Samuelsson et al., 2001）。母親感覺到她們能與男性配偶分享許多周產期失落經驗，大體而言，能被瞭解及支持，悲傷期間伴侶是最大的精神支柱（蔡淑芳，2004 ： Abboud & Liamputtong, 2003; Black, 1991; Lundqvist et al., 2002）。

1.悲傷必須靠自己承擔

A父親認為，失去孩子的悲傷需靠自己承擔，出自於自我的抉擇，必須為自己的悲傷負起責任，呈現出悲傷總是「我的悲傷」，受苦也總是「我的受苦」，揭露出其在面臨著自身周遭的人情世事中，必須獨自將情緒「安置」，是一種經驗本身冷暖自知揭露的明白，他認為朋友不能給你太多的意見，只有讓少數一、兩個朋友、同事以及家人知道。他說：

> 這件事我大概只有跟一個朋友講，因為我覺得這種事情，畢竟還是要自己去承擔，朋友不能給你太多的意見，也不知道說什麼才好，因為這完全是抉擇，給他知道也並不代表有什麼好處。至於其他人……因為我要請假，我會跟我的主管講，我就直接跟他講說：「我的小孩子是21對染色體有問題，我要請假……」，他聽到後也知道是有問題，因為他是主管他還好，不會大聲這樣子……公司裡還有另外一個同事，也是那時候一起進來，還算是蠻好的，後來有跟他提到這件事情。除此之外，大概是自己的兄弟姊妹，還有娘家那邊。（A-211）

2.避免提及與想起

許多家庭面對胎兒早夭事件，大多「絕口不提」，互相假裝（Mutual pretense）表面維持平靜，家人彼此之間不分享，刻意保持緘默，彷彿一切都沒有發生過。當父母親經歷孩子死亡時，其悲傷是在社會所承認的現實之外，為了讓自己「看起來正常」並不希望覺得自己與眾不同，通常會選擇不再提起，迴避對孩子死亡的討論，會讓一些父母親覺得他們能夠掌控他們正常的生活。

　　A父親不再特別去提這件事情，擔心引發太太強烈的悲傷反應，無法走出悲傷漩渦，會失控後悔，以及面對太太流淚時的無措，而採逃避的方式，不想讓太太再次經驗悲傷的痛苦，積極帶給太太歡笑快樂的一面。對於太太願意參與研究，但是內心依然難過，不願觸及，他同理太太心情的抉擇：

> 家裡面說：「你最好就是把這段記憶抹掉、抹黑、不要……」所以，我就儘量不再提，帶著她比較歡笑、快樂的一面。我很擔心，她再回憶這一段過程裡面，會勾起她的另外一個回憶，但是，某些方面或許會更好；另外，我又害怕講出來之後，這個東西會走不回去，在原地裡打轉，會後悔，我不想讓她再承受這個……她也跟我講：「你是我的好朋友，我願意幫忙，願意付出……可是心裡面又很難過。」所以，我很能體會她的想法，好像一個心情的抉擇。我就跟你講說：「最好不要。」因為很多東西你好不容易走出來，再走進去之後，我害怕它是一種漩渦，有時候講出來並不見得是一個好。她是比較感性的，我不希望說……我主動觸發她哭得更傷心的時候，那個是我沒有辦法控制的範圍，我也沒有辦法陪伴她哭，然後造成她二次傷。（A-233）

3.轉換情緒，以行動扛下責任

　　A父親難過的時候採取隱藏情緒，掌控情境，透過理性轉換感性成正向，面對失落的內在適應方式通常以安撫太太的情緒，扛下責任的行動來表現，他認為是社會及成長過程的訓練，展現意志力戰勝情緒的生命寫照，直接揭露了內心的悲傷本質：

> 太太引產那麼痛，我們也是在旁邊陪、在旁邊勸，整個氣氛都變得很低、很難過這樣子。我太太她生產以後，我安撫她的情緒，我可以很理性的去處理掉我的情感部分，當然……我心裡面也有難過的時候，難過的時候我會先處理，難過完了之後，我會控制我的情緒。所以說……我的難過不會很久，我就把它轉換成正向，透過一些事物的道理去把它轉換，感性的部分儘量把它降低，用理性的方法去處理它。

　　這是一種訓練，因爲其實整個社會的教育，常常都會講説：「男子有淚不輕彈。」或許現在的教育方式不同，在我們以往的教育上，你需要去轉換情境，你轉換説你要去扛下這個責任，責任壓在我們的身上；再一個就是説爲什麼男孩子是行動，女孩子是感情。（A-235）

　　C父親對於太太闌尾炎開刀後，未事先知會而辦理出院，壓抑不太高興的情緒，認爲應該事先溝通：

　　其中有個地方就是她（太太）……懷孕二十一週開闌尾炎的時候，我每天晚上睡在那裡（醫院），到了白天我去上班，然後，手術後第三天，她就打電話説她辦出院了；我那時候覺得……不太高興，我覺得怎麼有這種事情啊！妳辦出院總要先跟我講一聲吧！當時我就覺得不高興，但是並沒有發作。（C-41）

　　父親的喪慟也被註記著「無能」及「孩子死亡」的「雙重失落」，對於診斷暗喻著孩子的死亡感到無能，從預期到眞實經歷孩子的死亡，彷彿經歷兩次失去孩子，在心理上刮起颶風，特別是失去長子（Wood & Milo, 2001）；同時也意謂其「失去對孩子未來的希望以及夢想」，失去自我的一部分與夫妻之間共同擁有的失去（Kellner & Lake, 1990; McCreight, 2004; Rando, 1986; Wood & Milo, 2001）。

　　在性別不同的悲傷反應中，父親傾向於情緒上的壓抑，習慣使用行動甚於口語表達及社會支持，爲主要的調適策略，原因如下（Wood & Milo, 2001）：

(1)以行動應付情感上的痛苦，預防壓倒性情緒。

(2)在面對孩子疾病的無能以及死亡父親會經驗到深刻的情緒隔離。

(3)看到太太處於痛苦，以及公認的悲傷在性別表現上的不同。

(4)父親被報導有堅強的自我認同，外界觀點的影響他們悲傷和療癒的方式，而與母親有所不同。

　　Puddifoot、Johnson（1999）的研究發現，父親在配偶流產後心理衝擊，對於自己如何顯露出適當的行爲、悲傷深度，思考與情感會顯得相當複雜；因

此，造成父親認為否認悲傷的情感是必要的。許多學者認為，此種情緒的壓抑主要是為了符合社會對男性角色的期待，使得他們較少表達悲傷，隱藏情緒，掌控情境，支持鼓勵伴侶，以協助她們渡過身體與情緒所經歷的懷孕失落（Abboud & Liamputtong, 2003; Kimble, 1991; McGreal et al., 1997; Miron & Chapman, 1994; Murphy, 1998; Worth, 1997）。當個人面對重大的打擊時，雖然「採取行動」、「投入工作」或「保持忙碌」跟麻木的感覺一樣，可以把悲傷者從激動情境中抽身出來，有其正面作用——保護免於被情緒壓力打垮；換言之，當悲傷者無法與真實的自我共舞共淚時，也可能會剝削其面對自己內在感受的機會，由於沒有時間安靜下來，好好聆聽悲傷的情緒，愈忙碌悲傷就愈受到壓抑。

4. 迴避悲傷與哭泣

A 父親認為，悲傷哭泣是一種懲罰，尤其愈感性的人愈是無法釋懷，他不希望發生在太太身上，用類似方式來懷念孩子，擔心一旦開啟內心悲傷的一扇門，陷入痛苦的處境時會不知所措。他說：

> 新聞上XX的女兒自殺，可是她現在走不出來，她的一種想法就是：她不願意走出來，她不願意去歡笑，她要用痛苦去懲罰她自己，她要用悲傷去懲罰她，她每天晚上就是哭，跟她的先生每天晚上就是哭，用這種方式來懷念她的女兒。我不希望……我不知道這種方式是不是在原地打轉，她說她走不出來，她也不願意走出來，那我不希望像這種類似的情況、方式發生在我太太的身上。有一些人是可以透過語言的溝通，然後釋懷，但是有一些人不願意，尤其是愈感性的人愈不願意，就像那個XX那種女性，我怕會發生這種情況，而我也不知該如何處理。（A-226）

（三）周產期新生兒死亡父母悲傷反應的內涵

對於失去新生兒的父母經歷悲傷的痛苦過程是很困難的，新生兒死亡不僅在本土文化是個禁忌話題，夫妻之間往往也緊閉心靈不敢觸及，本書研究發

現，女性比較容易獲得支持，以娘家家人、好朋友及先生的支持爲主；男性個案以身體相伴「出遊」方式轉換悲傷情境，「隱藏情緒，掌控情境、養身與安心、歸返日常生活、投入工作」做爲悲傷的存有，而爲自己的悲傷負起責任，在這樣的認知下，悲傷成了個人的事，同時也因此缺少社會的支持。

母親悲傷反應的內涵

1. 母親悲傷的心情沉重又無人可分擔，傾向在他人面前強做鎮定而暗自哭泣，私下表達內心的喪慟，哭泣是生活中唯一孤單相伴的聲音與心情。

2. 有苦難言，別人不瞭解與個性使然，避免弱者的表現，認爲內心的平靜，必須要自己走出來。因此，只對一、兩個親密朋友開放情緒，藉著分享感受和想法來解決失落，顯示其「個別性」。

3. 會有較多情緒的反應或症狀，自覺悲傷的深度與持續時間超過父親。

父親悲傷反應的內涵

1. 從社會中得到一些非常清楚的使命，焦點放在解決問題，傾向隱藏情緒，掌控情境，藉由行動來表現，父親最初的悲傷強調重點在照顧、支持太太，以安撫太太悲傷的情緒因應失落，理性轉化完成悲傷歷程的心靈內在任務。

2. 在新生兒死亡後立即投入工作，因而私下體驗強烈情緒，來完成悲傷歷程的心靈內在任務，悲傷的出口不在情緒的抒發，而是挑起沉重的擔子以及關照妻子與其他的家人。

許多女性認爲男性不會悲傷，其實是因爲她沒有聽到男人談論過，而會覺得她的丈夫或她生命中的男人無法瞭解她的感覺，有時候可能互相責怪、互相怨恨，彼此間的關係可能會不舒服一陣子。女性身體體驗懷孕，而男人常令人覺得更像旁觀者（Baram, 1997）。Capitulo（2004）的研究中發現，女性察覺由於伴侶缺乏悲傷的表達，會讓她們覺得不被伴侶關懷而產生情緒區隔。例如：父親站在保護母親的立場，往往會阻礙母親表達悲傷或哭泣的需要，可能造成母親悲傷的剝奪而加重其喪慟。Puddifoot、Johnson（1999）發現，男性

在掌控悲傷情境時，會展現較少的立即性「活耀性的悲傷」（active grief），傾向出現隨後而來失望的感覺。Lasker、Toedter（1994）指出，男性經歷伴侶周產期孕育失落，由於缺乏支持以及悲傷形式不被瞭解，容易出現慢性的悲傷反應，造成發展危機。

在中國傳統觀念中，男性總是被期許獨立、勇敢、具有主見、隱藏感情之特性，以致於背負著喪慟也能夠前行，新生兒死亡之父親往往被社會要求克制情感堅強的扮演妻子的支持而受到忽視，他們不斷壓抑，克制人格中感性的一面（張玉芬、朱翠萍，1999）。父親通常承擔通知親友孩子死亡的訊息與安排喪葬事宜，可能促使他們早些接受孩子死亡的事實，而較早開始進行悲傷過程（Middleton & Quirk, 1990; Pine & Brauer, 1986; Stierman, 1987）。同時應考量男性傾向表達方式可能是酗酒、身體症狀、脾氣暴躁、工作能力降低，不是顯而易見的難過、哭泣，他們習慣壓抑自己的感情，許多父親之喪慟反應在母親喪慟恢復後才表現出延遲性悲傷（delayed grief）（陳映燁、李明濱，1998），或是自責、喪失自我、外表堅強、隱藏悲傷及憤怒感覺反覆出現（McCreight, 2004）。甚至增加抽菸、藥物濫用，減緩焦慮或憂鬱，改變宗教信仰以及從事容易發生危險意外的行為表達其悲傷（Martin & Doka, 2000; Parkes, 1972）。

處理失落的方式對任何人來說，「沉默是一種選擇」，雖然家庭成員會互相支持，他們想要支持對方，但是不同的家庭成員對於失去的孩子有不一樣的觀點、態度與互動關係，每個悲傷個體在本質上是獨一無二的，並無絕對模式，因為他們可能經驗悲傷的不同面向、議題或具有獨特哀悼經驗，所以較不能傾聽或彼此支持，甚至家人會彼此責備悲傷的多寡，不能同步的悲痛過程，往往可能形成一種人際關係的壓力。女性由於深覺其內在悲傷無可言喻，他人無法體會，因此主動與他人（或男性伴侶）分享溝通的意願不高，他人又不願勾起其悲傷情緒，在這樣的互動情況下，彼此關係會變得愈來愈退縮，親密性也逐漸淡薄，與他人關係也愈來愈疏離。

據此，經歷周產期失落後支持的關係可能產生變化，而創傷經驗也可能會挑戰、改變喪慟者目前存在的部分或所有的關係，即使是擁有支持的家人、朋友、伴侶或工作環境，喪慟者依然還是會感覺到孤單。由於生活中的支持角色

或許無法瞭解喪慟者所經歷的，看到喪慟者跟過去不一樣的樣子、不熟悉的悲傷面貌，甚至容易刺痛的感受會不自在，他們可能也嚇壞了而感覺到困惑、自身的掙扎、挫折失敗與無助，覺得無法安慰或是帶走喪慟者的痛苦，不知道該如何伸手幫助，而增加喪慟者的失落感。

雖然父母親一樣掙扎在孩子死亡的悲傷中，由於其在家庭中的角色、正常悲傷波動和分歧，父親往往是口頭上缺少悲傷表達而被研究低估，很難界定父親的悲傷反應不明顯是因為與胎兒的情感連結較少，還是藉由社會傳統上的方式去選擇不同的模式、不同的表達方式，強調完成發展任務的重要性或壓抑的結果喪慟較晚出現，導致父親悲傷被忽略，而缺乏表達的機會與相關支持資源，如何應對不同階段悲傷，這部分可能需要更多的本土研究資料佐證，也是臨床上處理喪慟父母悲傷反應要小心注意的。社會對兩性角色上有不同的期待與規範，兩性會選取不同的對應策略，導致不同的調適狀態，有這樣的共識，夫妻間才能相互扶持，不致因不瞭解而交相指責，因此，心理諮商不僅要提供給女性，同時更應協助男性。同時，適度的讓支持者瞭解他們無法帶走喪慟父母喪子的痛苦，但是依然需要有人傾聽或是擁抱，而無需提供意見，這有助於提供關懷的人較懂得如何提供支持。

四、父母親與胎兒的依附關係

英國的精神病理學家Bowlby（1969/1977/1980）首先提出依附理論（Attachment Theory），認為悲傷是動物及人類普遍的行為反應，是一種分離的焦慮，而依附行為具有求生存的價值，是一種雙向的、互相依存的關係；當依附關係被破壞時，如死亡、分離，人類會出現焦慮的情緒，也會用許多行為來試圖挽回這個關係。依附關係是一種主動、深情、持久的雙向關係，為提供個體一種安全、舒適、支持和某一特定對象親近的感覺（Zachariah, 1994）。韋氏國際字典（1986）對於「依附」的解釋是一種身體的接觸，是一件事與另一件事的接觸，以及有強烈摯愛獻身的行為（引自周榮萍、卓妙如，2003）。此情感連結一旦形成，個體會經常與此對象互動，希望能維持親密感，並且將對方視為重要、獨一且不可替代的（Ainsworth, 1989）。因此，本書發現失去胎兒

後的父母親會努力嘗試再生孩子，也經由再次的孕育而重新投注或替代補償得到調適，若未能如願的再生孩子時，情緒就會陷入很長的悲傷時間，顯示依附行為具有求生存的價值。Rubin（1975）認為依附行為，這種情緒上和胎兒緊密的連結是孕期發展的重要任務之一，最關鍵的時期是在懷孕第二期的胎動初覺時，此時確實感覺到孩子的存在。

Rubin（1984）針對懷孕期間母性角色的準備與任務，提出了五點說明：(1)模仿（mimicy）：主要對象為自己的母親或其他孕婦，模仿她們的穿著、姿勢、表情；(2)角色扮演（roleplay）：有時會主動幫家中有新生兒的親戚或鄰居帶小孩；(3)幻想（fantasy）：經由愉快的幻想，孕婦會產生希望，而不愉快的幻想則會造成焦慮；(4)內射一投射一撤回（introjection-projection-rejection）：藉此機轉過濾出正確的訊息來幫助自己安全度過懷孕過程，勝任母親的角色；(5)悲傷工作（grief work）：在成為母親前，需先放棄某些角色而感到悲傷。Rubin同時揭示孕期母親認同胎兒的經驗過程：在第一孕期胎兒只是一個抽象的概念，孕婦無法具體的感覺到胎兒的存在，而把注意力集中在懷孕引起的症狀與不舒適上面；到第二孕期藉由開動的產生，孕婦開始感覺胎兒是一個真實的個體，並接納自己是一個孕婦，對胎兒產生幻想，期待胎兒是完美與健康的，並且和胎兒建立起母子一體的親密感。

（一）父母親從開始與計畫懷孕時即對於胎兒產生情感連結

Peppers、Knapp（1980）說明母親對未出世的孩子所產生的情感連結，從開始與計畫懷孕時，持續到新生兒出生後，這期間分為九個階段：(1)計畫懷孕；(2)確定、證實懷孕；(3)接受懷孕；(4)感覺胎動；(5)接受胎兒是一個個體；(6)準備胎兒的出生；(7)看到胎兒、聽到他們的聲音；(8)觸摸、撫摸新生兒；(9)照顧、關懷新生兒。可見母親對於胎兒產生情感連結，開始於計畫懷孕，並且隨著孕期親密感會與日俱增（Mercer & Ferketich, 1990）。鍾聿琳（1992）認為，父母親在計畫懷孕、受孕時，父母與胎兒間的親密關係就已經開始發展，所以無論懷孕的失落是在產前（如流產），或是產後（死產等），父母親都會感受到親密關係的重大打擊。許貌琳、陳彰惠（2001）針對妊娠週數

滿二十八週以上一百五十名的成年孕婦，關於孕期親子連結研究，結果發現孕期親子連結經由因素分析後，可以分為：(1)和胎兒互動；(2)貢獻自己；(3)認同胎兒；(4)幻想等四個構面。

（二）父母親與胎兒間依附關係的不同步連結

Peppers、Knapp（1980）首先提出，周產期父母親與胎兒間依附關係不同的因素源自「不同步連結」（incongruent bonding）、「不一致的悲傷」（incongruent grieving）論述，有助於解釋父母親性別角色悲傷的獨特差異。由於周產期失落父母親不僅悲傷反應、深度、持續時間與調適策略存在著差異，顯示他們在與胎兒的依附關係亦不同（Feeley & Gottlieb, 1988/1989; Rando, 1986）。

（三）醫療超音波提供了父母親與胎兒間視覺的情感依附

每位孕婦幾乎都有例行照過超音波的經驗，在產科超音波的用途主要是評估：懷孕週數、胎兒生長情形判定、早期妊娠異常、胎位、多胎妊娠、先天性異常篩檢（絨毛膜穿刺術、臍血穿刺和羊水穿刺術）……等。醫療超音波除了提供產前篩檢功能外，同時也讓準父母親與胎兒間有了視覺的情感依附。

許多研究提出一項觀點，發現到父母親與胎兒的依附過程，是從第一次看到胎兒並且學習有關胎兒的事物即展開，並不是出生以後才開始，而醫療超音波技術清楚描繪胎兒身體外觀，透過超音波，胎兒的影像以及胎心音的傳遞，更提供了視覺依附的機會，認知到具有生命力的胎兒確實存在的事實，並加強了父母親對胎兒的認同（周雨樺等，2001；陳映燁、李明濱，1998；McCreight, 2004; Menke & McClead, 1990; Robinson et al., 1999）。父母親並藉此「認識」他們的胎兒（Sandelowski & Black, 1994）。Schreiner-Engel、Walther、Mindes、Lynch與Berkowitz（1995）研究一百位多胎妊娠減胎術後孕婦的心理反應，發現54%的多胞胎孕婦認為，超音波影像使她們與胎兒更親近，並產生更多的依附感，70%的多胞胎孕婦會對逝去的胎兒感到哀悼，因此使得她們在減胎後在情緒上較難調適。Johnson、Pudifoot（1997）探討父親

的流產經驗，研究三百二十三位男性，悲傷得分非常高，發現許多父親經由參與伴侶常規超音波產檢，提供清楚的胎兒早期發展影像而產生的視覺依附，在發生流產後喪慟可能更加尖銳，會加深使父親喪子悲傷。故周產期的失落父母親猶如經歷喪子悲傷，因為在懷孕期間他們自己如同已是父母親（Davis, Stewart, & Harmon, 1988）。故立體超音波的使用，胎兒的形象及胎心音的傳遞，這些視覺與聽覺的刺激，使孕婦可以透視胎兒在子宮內的活動及影像，並使準父母親與胎兒的關係更親密，讓父母親感受胎兒已是生命體，開始與這個小生命建立起密不可分的關係，在認知中感到具有生命力的胎兒確實存在的事實，並增強了父母親對胎兒的認同而加深失落感。

　　另一項研究發現，男性在妻子懷孕期間，身上會出現與懷孕有關之症狀和行為，稱為「擬娩症候群」（couvade syndrome），常被用來形容男性在其配偶懷孕期間所出現的同理性症狀，而高達60%的準父親有此困擾（Sullivan-Lyons, 1998）。「擬娩症候群」主要表現為體化症狀，如疲倦、消化不良、食慾增加或減少、體重增加、腹瀉或便秘、頭痛或牙痛等（Broude, 1988; Klein, 1991）。此時男性也會為了被認同是一個準父親而努力，尋求有關嬰兒照顧的資訊，參與孕育所有的討論和決定。因此，McGreal等人（1997）觀點認為，父親對於死產或流產的胎兒也有深度的情感依附關係形成。

　　綜合上述，父母與胎兒的依附是在孕育歷程中對其所產生之親密情感的行為，是一種相互關係可藉由一些行為，例如：身體的接觸（擁抱、胎動與胎兒的一體感）體會到胎兒是一真實個體、撫摸胎兒、視線接觸（對胎兒超音波影像的注視或欣賞），以及常常對著腹中的胎兒說話、學習扮演母親、幻想孩子的外形、蒐集資訊以瞭解其發展等來表現或傳達愛心，以促進母性發展（maternity development）和母性行為（maternal behavior）的形成。孕育生命之所以豐富、美麗、有意義和有價值，存在於父母親和胎兒之間情感的連結有著親密的依附關係。

　　A父親回想孩子在太太肚子裡胎動活躍，隔著太太的肚子觸摸與孩子產生互動，流露出初為人父的欣喜，經由聽孩子的心跳，期待孩子的出生，產生依附連結的情感：

　　回想他在媽媽的肚子裡面踢來踢去、心跳，然後……摸著媽媽的肚子在裡面踢的狀況，心裡面很高興，很期待孩子的出生。（A-52）

　　B母親因預期性將失去胎兒而無所依附，因此覺得「失落」，回溯與胎兒經由超音波「面對」視覺連結的依附，不得不撤回情感的悲痛，是一種極端複雜或矛盾的悲傷情緒。她說：

　　她已經快七個月，愈來愈大，而且只要去檢查，醫生就會用超音波再看一次，我就必須要再看她在我肚子裡面的情況，又再記一次……孩子基因異常，既然已經做了決定，對我來講是非常的難受。（B-10）

　　早期的依附關係品質會影響到往後對分離、失落的反應。依此觀點言之，悲傷是依附關係被破壞所引發的情緒與反應（Worden, 1991）。父母與孩子生前依附關係愈緊密、互動愈頻繁時，而有死亡前的最後溝通，悲傷復原就愈困難（林家瑩，1999）。許多研究認為，母親與胎兒的依附及情感連結比父親濃烈，失去胎兒後悲傷反應亦會比父親明顯（白淑碧，1988；陳映燁、李明濱，1998；Hughes & Page-Lieberman, 1989）。Gamino（1999）將新生兒死亡父母親的悲傷反應差異性，歸因於父母與孩子之間的依附關係不同。但是張玉芬與朱翠萍（1999）發現新生兒死亡前，若父親與孩子有過身體上的親近，則他的悲傷反應可能和母親一樣長。父母需要去哀悼某個他們不知道、無法記憶卻又難以忘懷的人，此時依附關係的考量主要基於對胎兒的希望與幻想（Kirk, 1984），這可就下列四種狀況分別討論（引自張碧芬，1993）：

　　1. **對懷孕的態度**：母親悲傷的程度與母親懷孕時的喜悅有正相關。Benfield等人（1978）則認為，父親的悲傷與得知母親懷孕時的喜悅有正相關，而母親悲傷的程度與懷孕態度無關。

　　2. **妊娠的週數**：妊娠晚期的死胎與新生兒死亡，母親失落悲傷評分有較高的得分（高淑芬，李明濱，1991；張瑋倫，1999；Franche, 2001）。但是，金剛（2003）指出，妊娠週數或出生後存活的時間雖然不盡相同，不管具體的生

命存在長短如何，父母對於寶寶的死亡都感到悲痛，而永遠對孩子難以忘懷的這一點，大家都是相同的。

3. **存活期間**：Lovell（1983）指出，孩子曾短暫存活，母親較能哀悼她的孩子。

4. **多胎妊娠**：多胞胎之一的存活，父母在處理存活嬰兒疾病的同時又要哀悼他們失去的，但家人、朋友及專業醫護人員注意的焦點均放在尚存活的孩子身上，混淆了他們的感覺而阻礙悲傷的進行。

由此可見，依附是漸進的過程，是個人對情感的奉獻，爲內心最深處的一種心理歷程，悲傷與依附是相互交織在一起的，父母與胎兒的依附關係，早在懷孕期間即已被激發建立，並保護胎兒避免危險，故於懷孕過程面臨失去胎兒，必然會產生悲傷反應。自《優生保健法》通過實施以來，治療性流產已屬合法的行爲，但對於懷孕第二、三期的孕婦而言，明顯隆起的腹部加上活潑的胎動，更促進母子親密關係的發展，胎兒「共在」的生命滋味與「一體」的情感深度，「母子連心的本性」悲傷程度深沉難掩。

部分父母觀點：胎兒週數小情感依附關係較低

C父親潛意識也許仍然在意，他強調胎兒二十四週的週數，情感互動的分量比不上三十週或是三、五歲的小孩情感依附，合理化減輕了心裡的負擔：

> 胎兒跟生下來的小孩我們在情感上好像還是不太一樣，如果那個是一個小孩子，你有跟他建立情感與互動，三、五歲然後死掉⋯⋯我覺得跟他之間情感的份量，好像這個處理方式來相比較的話，就是還滿相稱、滿相當的這樣。如果說他三十週以上，我可能心裡負擔會很大，那二十四週，你看我可以把他記得那麼清楚，也許就是⋯⋯不斷告訴自己說他是二十四週，當初做了這個決定並沒有什麼錯誤啦！這樣子，對！我不曉得，也許潛意識裡仍然在意，但是⋯⋯實際上沒有什麼影響，心理負擔也很輕、很少。（C-36）

D母親強調胎兒情感互動的分量比不上五、六歲的小孩情感依附，不是相

處很長時間的親人，藉此撫慰依附失落的悲傷。她說：

> 小孩這樣的過世……因為他不是一個跟了我、陪伴我二、三十年，很長一段時間的一個親密的家人，那個時間……今天如果他養到五、六歲，他走了，我覺得會對我們造成很大的影響。（D-90）

新生兒死亡父母親的悲傷反應，與孩子之間的依附關係相關，母親是生兒育女孕育角色的主體，懷孕週數愈多，依附關係愈深，悲傷反應愈深層。然而，父親和胎兒情感連結因懷孕的週數會與日俱增，依然不如母子情感連結的強度，主觀認為引產是截斷胎兒與母親肉身共在，身心連結造成重創甚於自己；胎兒的週數大小會影響情感互動的份量，認為孩子是在出生後，才會建立愈來愈深的情感，產生合理化減輕了父母心理的負擔。這些發現不但支持了白淑碧（1988）和 Hughes、Page-Lieberman（1989）的看法，母親與胎兒的依附及其情緒連結比父親濃烈，失去胎兒後反應會比父親明顯，也與陳映燁、李明濱（1998）認為懷孕週數愈長，流產後之失落感及憂慮症狀會更強，尤其懷孕十六週以後，母親與胎兒已形成某種依附關係，胎兒失落的喪慟將更明顯的看法一致。雖然父親也與新生命相繫，但是母親與新生兒之間的聯繫卻是獨特的，其感覺、思想、對話都在精神層次上與體內生長的胎兒有所溝通而有所不同。

五、新生兒死亡的原因

新生兒死亡的原因對個案的意義，有很大的影響，因個案均極需要確定並非自己的疏失，才造成孩子流產（王麗玲，1992），本書亦有相同的發現，A父親看到孩子眉清目秀，生命力旺盛，加上醫護人員懷疑的口吻，輾轉質疑唐氏症檢查結果的真假，擔心成為劊子手，內心感到遺憾；D母親懷孕突然破水，雖然有做細菌培養，但是無法證實盲腸炎細菌感染與孩子的早產有關，若能證明不是自己的錯，罪惡感會減少。

六、時間的淬礪

悲傷、喪慟是一個自主、自我選擇和再學習的調適過程，失落需要一些哀悼過程才能渡過，悲傷的感覺會跟著喪慟者一段時間，這是正常的現象，而「悲傷」需要我們投資多少時間、能量以及何時結束？並沒有明確的時間表，要看「失落」所帶來的影響大小，對一個人的意義有多大，決定悲傷時間的長短。

時間雖然可以淬礪悲傷，但「時間」淬礪悲傷的重點放在其強度和持續時間，而不是把重點放在時間表。由於每個人處理悲傷所需要的時間不同，走過喪慟是極個別的經驗，而悲傷情緒的出現也是反反覆覆，有時候會以為自己已經接受了這個事實，但是在某個時間點，卻又會因為一個景物、一張圖片、一句話或一首歌曲，觸景傷情再度湧現，到底悲傷情緒什麼時候才會結束呢？並沒有明確的時間表。

許多文獻試圖訂出時間，例如：Hardt（1979）研究因親密的朋友或親人逝去所產生的悲傷過程，其特色是將悲傷過程的時間明確的標示出來，分成五階段：(1)震驚／否認（shock/denial）：死亡發生後至一個月；(2)假性的接受（false acceptance）：死亡發生一個月後至二個月；(3)假性的重組（pseudo-reorganization）：死亡發生一個月後至三個月；(4)憂鬱（depression）：死亡發生三個月後至八個月；(5)重組／接受（reorganization/acceptance）：死亡發生八個月後或更久的時間。其中，第二及三階段會出現假性的重組現象，喪慟者表現出已經重新適應他的生活，但這個階段是短暫的；大約八至九個月左右，喪慟者開始接受所愛的人死亡的事實、對於失落有新的看法、能區辨現在及過去的不同，並感到疲倦，傷慟者開始對未來抱有希望，而繼續新的生活（引自李佩容、梁培勇，2002）。

Parkes（1985）研究喪慟時間需時一年，一般醫者則認為大約於半年內，喪慟會明顯減輕（引自陳映雪，1985）。Doka、Jendreski（1985）強調，悲傷最好要與人分享，分享悲傷感受可以減低這些感受的強度，甚至在一段時間

剝奪的悲傷
——新生兒死亡父母親的悲傷與輔導

後，通常是十二至十八個月後可以復原或走出悲傷。日本安寧療護之父柏木哲夫（2000）提及，失去親人的家屬悲傷階段可分為「否認」、「憤怒」、「自責」、「憂鬱」、「接受」到「產生新希望」等六個階段過程，50～55%的家屬大約要經過親人過世後至少半年以上，才會慢慢恢復過正常生活；約70%的人則需等到一年以後，才會恢復正常生活；80%的人約需經過一年半的時間才能復原；少數約20%的人則需用更長的時間才可以走過失落的悲傷階段（引自曹玉人譯，2000）。台灣民間有喪儀習俗「做百日」，百日為三個月，或許是多年民間認定之參考值。

死產喪慟者悲傷反應持續時間在六至九個月以內視為正常（高淑芬、李明濱，1991）；早期認為母親在死產後十二個月內會有較高程度的憂慮與悲傷，近年來發現死產後一年內喪慟會改善，但是一年後憂慮情形會上升（Turton, Hugh, Evans, & Fainman, 2001）；Clayton（1982）指出，「通常個體在一年內，即可走過與所愛的人死別的哀傷歷程」（引自陳美君、陳美如、陳秀卿、林宜美譯，2003：314）。

親密關係的失落，六個月、一年、兩年或永遠，對大部分人而言，很少在一年內完全解決，兩年並不算太長，不過隨著時間一天天過去，父母對過世的新生兒接受度也漸漸提高，也比較能正向看待孩子的過世。

A父親認為，時間是太太治療悲傷的最好方式，時間可以淡化悲傷，如同自己淡化孩子的印象一樣。他的想法：

> 我這幾年透過……時間往往是治療悲傷的一個最好的……慢慢就比較淡化了，就像我淡化了我小孩子的印象一樣。我太太在某些方面，這個過程裡面，已經自我催眠，自我安慰到一種……也不是自我安慰……透過時間的淡化，很傷心的感覺情緒出現，那是不會，因為那種感受沒有這麼深刻了，時間愈久遠就愈淡忘了。（A-222）

D母親採取不去想它，雖然還是會難過，時間愈久遠就愈淡忘。她說：

> 就不去想它囉！其實那種念頭就是這樣的閃過，我不會去仔細的

想，不會不斷的去回想當時的情況，現在不會，再提起這件事情的時候，當然還是會有那麼一點點難過，可是……平常我應該是不會再對這件事情有任何的很難過、很傷心的感覺情緒出現，因為那種感受沒有這麼深刻了，時間愈久遠就愈淡忘。這件事情我就覺得時間可以沖淡悲傷，有些事情可能時間沒有辦法撫平傷痛，可是這件事，我覺得我可以。（D-225）

本書個案A父親夢境中與孩子擬像共在持續一年，D母親難過哭泣的情緒至少一年；A父親經歷失落六年、C父親與D母親經歷失落九年，三位參與者目前喪慟情緒已較調適，且A父親與D母親認為「時間可以淡化悲傷」。B母親經歷失落兩年，情緒上仍缺乏安全感，因為已失去一個寶貝，深怕其他孩子有任何的差錯，而出現過度保護的行為（於第九章有深入探討），需要更久的時間去沉澱激烈的悲傷反應。

許多人嘗試把周產期失落的事實忘記，以為這樣做就能把其喪慟減到最低。其實悲痛的傷疤並不會隨著時間完全消逝，可能仍處於新一輪哀悼的任何時期，因為它得天獨厚，失落需要一些哀悼過程才能渡過，在悲傷最初，人們可能感受到失控，要允許時間去悲傷，隨著時間的推移，這是一個割斷繩索的過程，而且這個過程是漸進的，「時間是克服喪慟之鑰」並不意味著父母將遺忘逝去的新生兒，不要勉強自己去「忘卻」和「埋葬」這份情感，要完全在心中撤回在生命中曾經所珍視投注的，傻傻地被動地活在時間流逝當中，是不能沖淡什麼的；但是時間卻提供我們積極去觀照與轉換的可能性！意義在時間的流動中轉化，隨著歲月的流逝有機會發展新的展望、不同的情感、不同的調適方式，生活中將未盡事宜投射在其他孩子的身上，修正親子關係，撫慰缺憾，時間愈久，調適與整理得愈多，而有更多的能力選擇什麼時候進入失落的記憶與情感，對於失落事件的追憶與詮釋也將有所不同。

當一個人在提及逝去的人、事、物時，當我們經歷悲傷的強度是新的，不再是流淚難抑的悲傷，而是有一種追憶與新的詮釋感覺，到一個逐漸恢復平衡的視野，更容易與悲傷同住，需要知道「為什麼？」的問題的答案似乎不再那

麼重要，就表示悲傷的過程應該已經告一個段落了。

參、周產期新生兒死亡父母整體悲傷反應調適歷程

　　本段落以時間為主軸，統整第三章至第十一章內容，共分為「獲知胎兒異常診斷至周產期新生兒死亡前」、「周產期新生兒死亡後至今」二個階段，列出父母親面對周產期新生兒死亡事件時其自我悲傷反應、悲傷調適的整體歷程中，內在生命意義的展現等分別討論之。

一、獲知胎兒異常診斷至周產期新生兒死亡前

　　父母對初獲胎兒異常時的驚駭衝擊有震驚、晴天霹靂、不相信、悲傷、難過、擔心誤診、對孩子抱持一線希望，而處於保留與捨棄抉擇擺盪，行為上積極尋找胎兒異常的「因果關係」，認知方面一致認為胎兒是一個生命，在傾聽家庭成員的意見、信任醫療專業權威、理智衡量孩子福祉（受苦與負擔）後放手，以引產方式產下胎兒，在生理方面Ａ父親出現腦筋一片空白；Ｃ父親則無明顯生理反應；Ｂ、Ｄ母親感受引產的疼痛；Ｄ母親覺得情緒的痛苦大於生理的疼痛。

　　父親選擇看孩子最後一眼，由初為人父的高興，到放手掙扎、不捨、牽掛、可惜、罪惡感與遺憾；母親情緒低落，哭泣不捨而堅持不看孩子，滿懷可惜、自責、虧疚與罪惡感而暗自流淚，與王麗玲（1992）和陳淑齡（1997）排斥有關嬰兒的訊息情境進入知覺系統研究相同。懷孕失落最明顯的反應是憤怒和罪惡感（郭素珍，1988；Benfield et al., 1978），過程中Ａ、Ｂ、Ｄ三位受訪者一致憤怒於醫護人員缺乏喪慟關懷，並對引產抉擇充滿罪惡感。

二、周產期新生兒死亡後至今

　　新生兒死亡後出現的悲傷反應較多，父母親多經由選擇喪葬事宜交由醫院處理而接受新生兒死亡的事實。陷入悲傷的情緒中，難過、不捨、罪惡感是父母親最常出現的情感反應，藉著嬰靈安置或超渡、宗教儀式，達到心靈療癒。

在認知方面，以相信孩子在好的地方提供撫慰，為最一致的反應，唯有嬰靈獲得保護安置才可以安撫他們不安的情緒與罪惡感；父親依附關係較低、母親的痛苦比父親更沉重是一致出現的看法。部分母親在生理反應出現焦慮、憂鬱症傾向，或產後不想動，經過身體護理的舒服感以外，比較少出現其他生理反應；父親無明顯生理悲傷反應，可能是因為回溯性研究方法容易受時間影響而遺忘。此外本書發現，再次懷孕的母親會有焦慮、擔心失落的反應，而出現情緒失控、恐懼、缺乏安全感、無法控制的思考、幻想有憂鬱症傾向，需接受專業心理治療以渡過懷孕期。

依據受訪者的訪談資料可知，由於個人背景與環境、生活經驗、適應型態的不同，以及過程中各有不同形式的助力介入，呈現了相當的個別性，會同時出現消極面對與積極因應等反應，每位受訪者的悲傷反應不一，沒有相同的步驟和次序，以傷心難過、罪惡感、宗教儀式提供撫慰心靈療癒、超愈轉化生命意義的展現較為一致。

（一）自責、遺憾與罪惡感是周產期失落悲傷歷程中最具壓力的情緒

陳映燁、李明濱（1998）指出，流產或死產之經驗對婦女而言是一種創傷。失去新生兒的父母極易受到罪惡感的傷害，尤其是認為自己不能確保孩子順利地通過懷孕及生產，免於受傷害或死亡的責任。倘若沒有適當的處理，罪惡感會使父母經驗到未解決的衝突、未表達的情緒等未竟事誼，挑戰著內在的自我，使悲傷過程變得更複雜，而阻礙個人發展任務與意義追尋（張淑芬，1996）。反之，若能轉換死亡的意義，重新建構生命意義，自責、遺憾與罪惡感也能產生行動力。

從資料中發現，個案會賦與失落事件的意義，受訪者對孩子的死亡前、後容易有強烈的罪惡感，A父親指出唐氏症的引產如同殺人犯，不符合人性道德，無法陪伴孩子走完人生最後一段路途，未留下孩子的照片，沒有用火化的方式，把孩子的骨灰放在靈骨塔，深感遺憾而擔心孩子沒有受到儀式的保護，為此感到內疚，但也因為這份對孩子的罪惡感，促使他更加關愛其他的孩子，

感恩惜福；至於 B 母親則感受胎兒在身體裡面的一體感，結束孩子的生命後，心理產生障礙與恐懼，因此她以現存的孩子為重，認為孩子的死亡是痛苦的解脫與重生，以平衡自己的罪惡感；D 母親基於胎兒早期破水導致流產，充滿自責、愧疚而不看孩子，以無緣、償還兒女債、寬恕自己與關懷棄嬰，使她能從原先陷落悲傷的谷底中走出來。受訪者在情感上對孩子罪惡感的來源有：死因罪惡感、疾病導致的罪惡感、父母親角色的罪惡感及道德上的罪惡感，和 Miles、Demi（1986, 1994）的研究相同。

（二）「經驗悲傷」、「完成未竟事務」與「重新投注」是悲傷的調適策略

從訪談資料中可以發現，個人具備的某種特質，或是在面對新生兒孩子死亡，所採取的因應態度與方法，對個人的適應具有積極的效果。受訪者行為反應方面，有「哭泣流淚、難過、不捨、心痛、痛苦」與「投入工作、吃、睡正常、隱藏情緒、刻意遺忘、不再提起、避免弱者的表現、不留下孩子任何東西」等反應，默默背負著，放在內心隱密的角落，害怕悲傷的感受「脫離所有的這些難處」，同時感受到個人的自控能力，因為不知道如何因應，所以選擇放棄思念，閉口不提，其實都是在經歷悲傷，此與 Worden（1991, 2002）所提到「避免任何會想起逝者的事物」相同。Rando（1984, 1986）將「逃避」列為悲傷首要階段，可以減低觸景傷情，轉換情境達到「重新建立」階段。「嬰靈安置或超渡、心裡唸著孩子，跟孩子說話、為孩子取名字、定位逝去新生兒於家庭中長子的地位」則是為了要完成「未竟事務」；「以現存的孩子為重、替代補償」則是「重新投注」。

以上向度和 Stroebe、Schut（1999）的雙軌歷程模式喪親者，沉浸於失落導向（情感主導）的狀態時，喪親者會專注於失落親人的悲傷，當擺動處在復原導向（認知主導）的情境時，所有的活力則專注在生活上的改變，嘗試新的活動使自己從悲傷中分散注意力相似。在研究過程中，發現周產期失落父母親其悲傷情緒常介於失落與復原之間擺盪，讓自己處於多元選擇的情境下，不致崩潰，父親多傾向於復原主導，母親則傾向於悲傷導向，同時悲傷初期都傾向

悲傷主導，隨著時間流逝而漸漸傾向復原導向。A父親在回溯悲傷歷程中，對於胎兒「保留」與「捨棄」與新生兒遺體處理方式感到遺憾，雖已經過六年，至今對於當初的抉擇依然處於擺動中，包括胎兒生命權與父母親自決權及人性尊嚴的衝突，在「接受失落事實」與「逃避失落」間來回擺盪。綜合上述，經過「完成未竟事務」與「重新投注」的心理轉化，父母親對於孩子的罪惡感可以化做一股強大的力量而產生行動力。

因此，周產期失落的悲傷反應過程中，個人會在失落與復原因應中來回擺盪，初期以消極面對逃避觸景傷情占據較大部分，悲傷反應較為強烈，隨後，積極面對反應逐漸增多，自責、遺憾與罪惡感是悲傷歷程中最具壓力的情緒，「經驗悲傷」、「完成未竟事務」與「重新投注」是悲傷的調適策略，化悲傷為力量破繭而出。根據上述，筆者將周產期新生兒死亡父母親的悲傷反應整理如表6-3，以及Neimeyer（2000）提出失落者「你何時應該向外求援？」指引如表6-4。

表6-3　受訪者對周產期新生兒死亡的悲傷反應

時間	獲知胎兒異常診斷 至新生兒死亡前	新生兒死亡後至今
生理反應	父親：腦筋一片空白、無明顯生理反應。 母親：引產疼痛。	父親：無明顯生理反應。 母親：不想動、憂鬱症傾向、焦慮。
情感反應	共同的悲傷反應 悲傷、痛苦、難過、不捨壓力、罪惡感、震驚、可惜。	共同的悲傷反應 悲傷、難過、不捨、擔心、罪惡感、焦慮、觸景傷情、矛盾、痛苦、害怕、憤怒、恐懼、寬心、高興（初次看到孩子）、想念孩子、可惜。
	個別性的悲傷反應 擔心、晴天霹靂、掙扎、煎熬、牽掛、高興、難熬、難以承受、傷害、折磨、自責、情緒低落、不滿、愧疚、遺憾。	個別性的悲傷反應 無助、後悔、心痛、緊張、喜悅、不愉快、壓力大、憤怒、心理負擔不大、壓抑、情緒低落、愉快、忐忑不安、可惜、遺憾。

	共同的悲傷反應 抉擇擺盪、傾聽家庭成員的意見、信任專業醫療的權威、理智衡量孩子福祉（受苦與負擔）、胎兒是一個生命、抱持一線希望。	共同的悲傷反應 父親依附關係較低、母親的痛苦比父親更沉重、為孩子取名字、定位逝去新生兒於家庭中長子的地位、認同逝去的孩子、孩子一息尚存的印記、時間可以淡化悲傷、質疑、孩子週數小情感連結較低、以現存的孩子為重。
認知反應	個別性的悲傷反應 不相信、質疑、不確定感、倒楣。	個別性的悲傷反應 經驗白髮人送黑髮人之苦、悲傷是個人的事、痛苦無法分享只能自己調適、扛下責任以行動來表現、逃避悲傷與哭泣、四十而不惑、理性轉換內疚與難過、替代補償、孩子是自我心性的修鍊、經過孩子與家庭的萃煉思想才能成熟、感覺孩子在家附近、業障、心理陰影、情緒失控、缺乏安全感、無法控制的思考幻想、改變想法、不同角度看事情、自己可以做選擇、受苦與重生、認同選擇、情非得已、沒有對錯、不認為一定要有後代、工具性的角度看待宗教信仰與儀式、面對生死過程的醫生形塑、有苦難言，別人不瞭解、個性使然避免弱者的表現、不再特別提起這件事、內心的平靜，必須要自己走出來、別人無法瞭解喪子之慟、償還兒女債、合理化、不是不可寬恕、記憶無法磨滅偶爾想起就夠了、告訴自己不需要沉浸在悲傷裡。
行為反應	共同的悲傷反應 尋找胎兒異常的「因果關係」、隱藏情緒、父親選擇看孩子最後一眼、母親則哭泣選擇不看孩子。	共同的悲傷反應 投入工作、隱藏情緒，掌控情境、不予喪禮祭拜、刻意遺忘、不再提起、不留下孩子任何東西、嘗試懷孕、出遊、告知其他孩子、哭泣流淚、心裡唸著孩子，跟孩子說話、做夢、失眠、吃、睡正常、支持太太。 個別性的悲傷反應 食慾差、看醫生、抱、觸摸跟孩子說話、與好朋友討論、避免流產因子。

表 6-4　你何時應該向外求援？

雖然伴隨喪慟而來的痛苦、寂寞和崩潰感，並沒有所謂「不正常」的說法，但在某些情況下你還是應該為自己或他人尋求專業人士的協助，或在日常環境中安排可以求助的管道：醫師、宗教師父或牧師、支持團體的領導人，或心理衛生專業人員。儘管悲傷者的決定在於個人，但當遇到下列所述情境時，你還是必須認真考慮去找人談談自己的悲傷症狀：

● 真實的罪惡感，除了死者在死亡時你做了什麼或沒有做過什麼的問題以外，還有其他實際事件所造成的這種感覺。

● 自殺意念，超越被動的、只是想以死解脫或期望可以跟死者重聚的想法。

● 極度的無望感，一種無論你做了多少努力都無法恢復活下去的價值感。

● 長期的焦慮感或憂鬱，一種持續數月的「上緊發條」或「原地踏步」的感覺。

● 身體上的症狀，像是胸口刺痛、明顯的體重下降等，威脅到身體健康的狀況。

● 無法控制的怒氣，造成親人朋友的疏離，或使你在不知不覺中做了「暗地報復」的事情。

● 持續的發生失能現象，使你無法保有工作，或在生活上無法完成例常的任務。

● 物質濫用，中度倚賴藥物或酒精來麻醉失落所帶來的痛苦。

上述這些狀況的任何一種都有可能在正常的悲傷狀態中暫時性的呈現，但若情況持續下去的話，就需要特別注意了，不是日常生活中一般人提供支持的人可以處理的。

資料來源：引自 Neimeyer (2000: 16)

結　論

　　走入終止懷孕幽谷的父母親會出現複雜多樣的情緒樣貌，悲傷像是一個浪潮，帶來令人難以想像的淹沒感，有時讓人墜入黑暗，或是將浪滾的情緒丟在不知名的海灘，藉由療傷達到整合，這些過程對父母來說，可能會感到不自在，但是這是必須經歷的過程，其所經歷悲傷的情緒變化是複雜、難過、不規則、非邏輯性與有挑戰性的。在面對懷孕失落的衝擊時，並沒有「完美」或「正確」處理失落的一套標準模式，每個人的悲傷方式都必須得到尊重，不是每一個父母都會在相同的時間處境內經歷相同強度的痛苦，然而，遭遇孩子死

亡而沒有悲傷感覺是不可能的，這些悲傷反應，或許不會按照順序出現在生命裡，也或許不只出現一次。

　　雖然本書中的個案均認為母親的悲傷程度超過父親，呼應了文獻上的研究結論，但亦需考量男女對於悲傷的表達存在著差異，與個人悲傷表達的獨特性，以及文化脈絡深層的影響；同時胎兒的週數、父母和胎兒的依附關係、胎兒的死因以及胎兒死亡時的情況與安置，以及父母本身的年齡和個性，隨著時間、人生經歷、所獲得的支持、力量、信仰等，也都會影響到其內心喪慟的程度。當個人悲傷時又要陷入與情緒思潮掙扎，是何等的難以承受！或許是還沒有準備好和其他人談及這喪慟之事，或是擔心這只會使家人更難過，或是他們不會瞭解你，其實和配偶或家中其他的成員（子女）討論是非常重要的，因為唯有彼此分享，家人才可以互相安慰和給與精神上的支持，這都有助於共渡悲傷。

練習四

1. 人工墮胎／失去胎兒後什麼樣的失落感是您想要談的？

2. 請您描述失去孩子前，您的生活情況（包括與過世孩子的關係及互動的情況）。

3. 請您描述關於孩子出生的一些細節（包括：給孩子取名字、出生日期、星期幾、出生時間、出生時的體重，以及其他您可以記得的細節）。

4. 您記得事件發生的當時，您是如何反應的嗎？當下的感覺、想法、生理、行為反應為何？這些反應在告訴您什麼？

5. 待產、生產、孩子過世當時心裡有什麼樣的感受？如何作解釋？對自己的看法為何？

6. 生活中其他的人當時對這件事是如何反應的？他們對您的反應又是如何？

7. 在失落發生的當時，您覺得自己發展成為一個什麼樣的人？您的主要考量是什麼？

8. 這件事情對您生產住院期間，生活狀況有什麼樣的影響（例如：睡眠、食慾、人際關係等）？

9. 在人工墮胎回家當天以及往後幾天，您的感覺如何？

10. 什麼樣的「失落」伴隨人工墮胎／失去胎兒而來？您什麼時候開始瞭解到這些失落？這些失落是怎樣改變了您的生活？

11. 請您列表或描述自從胎兒死亡後您煩惱什麼？

12. 請您描述胎兒死亡前，您的家庭像什麼？描述您的家庭現況又像什麼？

13. 您與伴侶的關係後來變得如何？誰承受比較多的壓力？過程中您希望男性又該如何扮演其角色呢？

14. 您現在正處於何種悲傷歷程中？您允許自己有悲傷的機會嗎？

15. 您不允許自己出現哪些感覺？您有忽略或逃避失落的表現嗎？若有，在哪些方面呢？會產生什麼影響？

16. 孩子的過世對自己與其他人際關係影響為何？對您構成怎樣的威脅？對生活產生什麼影響？包括夫妻關係？在身體的健康情形、睡眠、食慾、工作情形、人際關係、家人互動及情緒上，產生什麼改變？

17. 您對「積極面對失落或是悲傷的信念」有什麼看法？

18. 通常在什麼情形、什麼時間您會想到失去的孩子，想到他的什麼？

19. 想到失去的孩子時感覺如何？這種感覺對您有何影響？感覺不舒服，你如何處理？通常會跟誰說？

20. 您是否曾經和朋友或其他人，分享你懷孕和吐露人工流產／失去胎兒的消息或心情？您選擇告訴誰？為什麼？

21. 是否有人可以一起分享您的感覺？誰會嘗試撫平您悲傷的情緒，保護您遠離悲傷？告訴別人失去胎兒的消息或保持隱私，對您有任何幫助或傷害嗎？對於喪失隱私，您覺得如何？

22. 您對失落感到恐懼嗎？您又恐懼些什麼呢？能否控制情緒對您很重要嗎？

23. 現在回想起來，孩子剛過世時，傷心難過的時候怎麼處理？（如常想到什麼？常做什麼事？有什麼人幫忙？）

24. 您已經經歷了哪些失落情緒？在這些情緒中，哪些是您能夠發洩出來的？您是否有處理好您所經歷的失落？如何處理？

25. 您曾否覺得可以很自在的表達失去孩子的悲傷？那又是在什麼樣的情況下？

26. 有什麼關於「悲傷」的信念是您從小到現在一直遵守的？您的伴侶或家人表達悲傷的方式有什麼不同？您希望伴侶如何與您共渡悲傷？

27. 在整個過程中，您的心情和反應為何？您如何表達您悲傷的情緒？

28. 您喜歡自己的哪些特質？別人如何描述您的特質，會提到哪些好的特質？

29. 當您處於悲傷時，您希望別人怎麼對您？

30. 請您把眼睛閉起來，想像跟這個失落事件有關的畫面：

(1) 如果有感覺的話，您當時身體上有什麼樣的反應？

(2) 當這個事件鮮明起來時，您注意到自己身體裡的變化嗎？這形成了什麼？有沒有移動的感覺？如果有，是什麼方向？如果沒有，是因為有哪些阻擋嗎？

(3) 失去孩子的經驗中，哪一部分對你來說是最影響情緒的？

(4) 失去孩子的經驗中，哪個部分是您感覺最痛的？

(5) 您那時對於這個失落事件是如何做合理的解釋？

(6) 您現在又是如何解釋這個失落？

(7) 這個失落事件有沒有在任何一方面使您的生命故事受到中斷？經過了這段時間，您是如何處理它的？

(8) 這個經驗是如何地影響了您對事情輕重的看法？

(9) 對於這個失落事件，您會用什麼樣的比喻或畫面形成您的悲傷？

(10) 哪些事件或其他經驗會觸動您惡劣的感受或記憶？

(11) 您如何幫助自己渡過這個人生的危機？現在有沒有什麼步驟可以讓您用來幫助自己進行療癒的工作？

(12) 在這些時刻哪些自我照顧策略會有效？

(13) 當過去尚未處理的失落重現讓您觸景傷情時，這些情緒如何影響您？您現在找到處理失落的方法了嗎？您是靠什麼力量來鼓舞自己的？

部分內容引自 Neimeyer (2000: 166-169)

Chapter 7
喪慟父母親的罪惡感

　　生命方向盤總是駛向「無常」之境、「無常」之路，面對「無常」而來的
罪惡感，即是面對生命。

　　失去一個親密的依戀關係，即使是死亡過程中非創傷性或在客觀的評估標
準下終止生命的選擇，都會構成挑戰。周產期失落的悲傷經驗中，有許多感受
都是令人不安的，失去胎兒不僅僅是母親幻想象徵的失落，而內在意識深層矛
盾與孕育胎兒內疚都需審慎評估；其中，罪惡感是所有的悲傷反應中重要的一
部分，瞭解罪惡感的定義，認清它是一種正常的感覺，將使你踏出第一步。罪
惡感代表著父母內心的失落感、現在仍然背負的痛苦根源、害怕不被社會接納
或過分的道德或社會觀，違背自己的核心信念，選擇「放棄一個生命」；所以
罪惡感與歉疚此兩種情緒，顯然如刀刃般橫跨刃口，一直在心裡糾纏，但是父
母對此種內隱負向情緒的表達，往往壓抑，不及其他正向情緒顯現來得強烈，
對失去孩子的父母卻是影響深遠。

　　因此，本章將罪惡感從廣大的悲傷經驗中抽離出來詳加討論，包括：喪子
父母罪惡感模式、看或不看新生兒的兩難、惦念嬰靈的去處與因果業報等議
題，帶出胎兒失落生命的特殊性。悲傷，從廣義上來看，是失落的反應行為；
而罪惡感則是在失落底下所導致責難（通常是自責）、過錯、譴責的思想和感

覺（Corr et al., 2003; James & Cherry, 1998）。喪慟者之所以會經驗到罪惡感，可能源自於個人所扮演的角色（比方說，扮演父母親或保護者的角色）或者是源自於他的信念，認為他應該或者是能不能去做（Corr et al., 2003）。

壹、罪自何來：「選擇」後投擲的陰影

「死亡」是生命中的「常」，但總發生於「無常」，其所產生的罪惡感是憤怒轉向自己，我們有一個內置系統——「良心」，喪慟者對於希望能得到、感到不安的事情、已經說過或做過傷害的人已經死亡，由於目前沒有機會道歉而留下未竟之事，感到有責任、受到了譴責，認為應受懲罰……等，如同一個沉重的陰影在我們的腦海中籠罩一切而感到內疚，「我是不是做錯了什麼……」、「我要是也……」或「我要是沒有……」是痛苦和難以應付，在雜亂的思緒中，罪惡感會延伸到我們看不到的未來，但這是一種正常的失落感覺，並且最終是可以解決的。

處於渾沌狀態，個體與生活脈絡產生斷裂，「我的傷口先於我而存在」，失控感與個人對於生活世界的基本信念與規則產生瓦解碎裂（林耀盛，2005b）。家中失去一個孩子，通常被視為是一種時機不對與違反大自然的悲劇（張淑芬，1996；Znoj & Keller, 2002）。忌談死亡的文化禁忌，不是將想法和感覺藏在心底，就是急忙拋開，在這個生命章節闔上、劃上句點，被壓抑未處理的悲傷，讓至慟的父母決定將悲傷深化潛藏在內心深處，背後也同時隱含著對孩子的遺棄；這種缺乏哀悼和記掛所失去的，儼然以一種「嬰靈」的方式「存在」，日後卻形成揮之不去的陰影。「因果業報」的觀念透露出當前所造的業力牽扯與罪惡感，而超渡嬰靈儀式希望出世無緣的孩子能夠安好，除了對嬰靈的懸念救渡，同時也是文化象徵給出的心理連結與經驗轉化，極具穩定力量，在我們的文化裡，創造了這種特定的告別方式，使個人在復原的歷程中重建生死關係上可能之意涵。

失去新生兒的父母親常常是處在死亡斷裂的破口和連續之間存活，面臨到親情拔河的深層衝突，個人能力中的薄弱，一方面掙扎於醫療領域強調專業的

見解，大眾普遍的心理與社會成本的考量；另一方面不捨於父母與孩子之間關係極為強烈的情感聯繫，這一刻選擇讓孩子離開，下一刻又想留住他的生命，父母的「心」最難的就是學會放手，放手讓孩子到一個自己無法瞭解的世界……，然後揣想他在哪裡，千迴百轉，不安於孩子是否安好？是否已經超脫進入生命輪迴？我們心知肚明揣想的牽掛永遠無法得到真正的解答，在這生與死輕重的兩端，我們的左邊是出其不意孩子的「死亡現場」，右邊是眼前現實的世界，前面是難以達到的照護遠景，後面是難以擺脫的歷史文化，父母親既想要「跟著感覺走」，但又必須顧慮到社會對於個人行為的規範與拉鋸，身置其中帶來激烈的衝擊，甚至是相當程度地撕裂、重組、改造原本的結構，種種情緒反應中最為強烈的是罪惡感，此罪惡感和羞愧乃源於人意識到存在的割裂性，而失去新生兒的父母須承受這個烙印，甚至不能舉行「死」的宗教儀式，沒有機會見孩子最後一面，導致孩子死亡的陰影在心中忽隱忽現，這樣的罪咎很難解套，因為這份質疑乃是源自於對生命的熱愛及渴望。

H母親的故事

H母親二十八歲，結婚三年，高中畢，職業婦女，第一胎懷孕二十二週突然破水，安胎失敗，胎兒娩出後，實質地與腹中胎兒分離，其身心靈遭受衝擊並承受著喪慟逾恆的痛苦煎熬，返家後坐月子期間空虛、落寞及罪疚的心情紀錄：

> baby走了，這是我們第一個失去孩子的母親節，多麼諷刺的母親節！從廣播、電視、報紙和商店中所傳播的母親節「快樂的心情」……是多麼難熬，在在都讓我覺得我的心已經碎了，我的心裡好難過，總覺得做什麼都不對，似乎樣樣東西都失去意義，也失去生活的重心。早上起床還是會漲奶，坐月子吃的東西也都是一些補品，雞湯、魚湯、腰花，一吃就漲奶，還得了乳腺炎，乳房硬得跟石頭一樣，外科醫生不知所以，還問我說是不是哺餵母奶有問題？baby不會吸母奶？我……無言以對。baby走了，我也不吃不喝，食之無味，那些補品吃不吃好像都沒

有太大的意義。

　　我以為可以走出來，但是每每閉上眼睛，都會想到我的孩子，每個晚上都睡不好、很痛苦……好怕一個人在家，偏偏坐月子哪裡都不能去，到處都空盪盪的，好朋友結婚我們兩夫妻還是決定不要去，碰到這種事更會覺得自己帶「衰」，還是不要去的好，然後……到處都是為baby準備的東西，到處都會讓我想起baby，雖然先生已經把一些張貼的嬰兒照片撕掉了，但是那些影像早已烙印腦海……閉上眼睛，我會想起我拍拍肚子裡baby的情形，baby在肚子裡動個不停的情形，彷彿baby還活著，耳邊清楚傳來超音波咻、咻、咻……的心跳聲，夜裡彷彿聽到baby的哭泣聲，強烈子宮的收縮痛……一摸肚子，才驚覺到孩子已經沒有了……我發現自己逃不開也揮不掉，「我的孩子！」「我的孩子！」原本迎接生命的喜悅，一夕之間，沒想到卻讓我嚐盡了喪子的悲痛……只能椎心痛楚地哭，十足的像個喪失魂魄的瘋女人，我的心真的好痛！好痛！好像「快瘋了！」很難受！身體好像硬生生的被割了一塊肉，原來失去孩子的痛是如此煎熬，誰可以告訴我們怎麼做才是好、才是對的？

　　沒有經歷過的人是不知道那種滋味的，當我悲傷得無法控制自己的時候，我與先生的關係也滑到谷底，他百般忍耐，提醒我要吃，身體才會好，他覺得我的情緒太失控了，可是他怎能對「失去baby」這樣的死別，如此的平靜與不知不覺、無動於衷？！好像是什麼也沒發生，還是這些都是因為我的錯……。

　　中秋節那天晚上和先生坐機車去烤肉、兜風，baby就在我的肚子裡和我們一起去玩，我懷的是健康女寶寶，我和先生兩人連孩子的名字都已經取好了，所有的人知道我有的時候，都為我高興。回來後，那個星期產檢，醫師還說一切正常，還送一張baby在肚子裡睡覺吸手指的超音波照片給我，很可愛喔！怎麼會到了晚上就肚子痛，發現有一點點淡淡的粉紅色血跡，趕快到醫院掛急診，一直到我住院，醫師看我胎位都還沒有下降，告訴我說：「羊水破了，二十二週需要安胎！」然後就到產房安胎，打安胎的點滴，肚子還是持續不斷的劇痛著，一陣一陣的，我

一直祈求上天讓我的baby平安無事，我從來沒有想到，我可能會失去這個孩子，沒想到baby都沒有給我機會……。

護士說baby的心跳異常，叫另一位醫師拿另一種更精確的儀器過來，然後告訴我：「baby心跳很微弱，幾乎找不到！」我仍然覺得我的寶寶動了，大家也聽到了心跳，護士幫我戴上氧氣罩，要我大口深呼吸，一時之間我的身旁圍了五、六位醫師與護士，表情很奇怪……他們在說什麼我都聽不清楚，彷彿世界上只有沉默，探頭看到老公看著我，我的淚水開始止不住地流，心情始終處於緊繃的狀態，心裡開始感到不安害怕，深怕會失去我得來不易的胎兒。連絡主治醫師後，我問主治醫師：「現在要做什麼？」他說：「羊膜破裂，羊水大量流出，胎兒失去羊膜的保護，因為時間急迫，胎兒不穩定很危險，必須要緊急剖腹生產！」緊急剖腹開刀後，baby都沒有哭，醫生就開始急救，身上一堆管子，看到他生出來的樣子好像很痛苦……如此突然。

等我再度醒過來回病房時，問老公的第一句話：「baby呢？」老公握著我的手說：「baby臍帶繞住脖子，出生時腦部缺氧，無法自主性呼吸，住進了加護病房。」晚上老公希望我先有個心理準備，baby情況不樂觀……怎麼會這樣！隔天老公跟我討論就讓baby重新投胎，我開始歇斯底里的哭，原來baby已經走了，老公早已放棄急救，不忍baby一再受苦……只有我被蒙在鼓裡，情況比我想的還嚴重！我們都好捨不得，想把小孩留住，又怕生下來問題更多！堅強的老公選擇獨自面對，不讓我與家人看baby。我想是我不好，為什麼要去夜遊！為什麼要坐機車！是不是坐機車才把羊水震破因而動了胎氣？是我沒有好好的照顧baby，沒有小心翼翼保護baby，才讓baby受這些罪，還是以前年輕無知墮胎的懲罰，讓我不能當母親……。

周遭人的「關愛」眼光，爸媽也會為我難過，安慰我說：「baby跟我們的緣份淺，baby太小了，只有五個多月活下來也是受罪，會使整個家庭窮於應付，大腦好不好，會不會出血，會不會變成腦性麻痺，肺功能不足要靠呼吸器維持呼吸、眼睛、耳朵也會有問題……強留下來也是

受苦，會造成孩子一生的陰影，不如就不要再救了，既然無緣，就讓孩子跟著菩薩走，以早日投胎，祈求孩子能早日再來到⋯⋯妳還健康、妳還能夠生育！不要放棄，一定會再懷孩子的⋯⋯。」

啊！我不知道！這些話是沒辦法安慰一個失去孩子的媽媽的，我只要一想到沒辦法保住孩子，我就覺得心真的好痛！好痛！好希望這只是一場夢，如果我選擇不要baby，會不會對不起baby？這是我不斷的到廟裡祈求註生娘娘給我的孩子，結果依然什麼都沒有，我無法理解為什麼很多不喜歡小孩的人、虐待小孩、把小孩活活打死，不要小孩的人，生孩子那麼容易，而我卻那麼難？那麼苦！為什麼！為什麼！爸媽說或許是神要給我一些啟示，但為什麼是我？為什麼要這麼殘忍，犧牲一個小生命又要告訴我什麼意義呢？連最後處理，都交給醫院，來不及給妳穿上一套漂亮的衣服，媽咪只能幫妳念佛，求佛祖引領妳，我常想：不知道baby妳跟上阿彌陀佛了沒有？

一個悲傷的我

雖然早期流產或早產兒自然死亡，讓早產兒可能會出現許多合併症的「問題」解決了，但部分父母親可能長期持續此一創傷經驗。懷孕流產，母親會因失去孩子而有罪惡感，甚至認為，如果自己多留心呵護、增加警覺性與提早就醫，可能就不會流產，孩子或許會存活下來。尤其是選擇性墮胎，捨棄胎兒看似問題解脫，若未妥善處理除了會帶給父母無法抹滅的陰影之外，對其家庭的生活與情緒卻可能產生負面影響，長期承受此壓力而身心俱焚，這可能是「決定」當時始料未及的。

所以，在本章節我們將會探討人工流產後父母親的罪惡感，罪惡感是幫助我們產生羞愧或懺悔之心的工具，這是一種用外在事物「檢視」自己內心的方法，是一項很重要自我修正的機制。因為人工流產是個重大的決定，以誠實的態度面對自己，能夠質疑自己是健康的，在碎裂時刻點出「我需要幫助」，探索一些抉擇的動機和感受，覺悟到自己的問題、創傷與疤痕所在，當罪惡感來自個人深沉的悲憫，甚至可幫助父母親察覺到生命中的其他傷痛，而成為一種

有建設性的情緒。

貳、喪子父母親的罪惡感模式

　　當父母親得知胎兒有嚴重異常或遺傳疾病的跡象，雖然他們認為決定終止妊娠是做出正確的決定，但在另一方面，可能繼續經歷情緒上的困難而感到罪疚（Seller, Barnes, Ross, Barby, & Cowmeadow, 1993; White-Van Mourik, Connor, & Ferguson-Smith, 1990）。罪惡感是喪慟父母親周產期失落的悲傷歷程中常見以及正常的悲傷反應，尤其是對母親而言（Benfield et al., 1978; Lang et al., 1996; Smith & Borgers, 1988/1989）。當婦女失去胎兒會經驗到挫折，並懷疑是否因沒有遵守懷孕禁忌所造成，而感到罪惡，自認是角色的失敗（賴惠姿，1994）。

　　罪惡感的來源常發生於，沒有預防死亡事件發生的失敗感、對孩子死亡有否定或矛盾的想法、因為過去或現在的罪行而被懲罰，或執行父母親角色期待的失敗等。成年人的發展任務是完全承擔責任，如何在不切實際的罪惡感和拒絕擔負所有道德責任之間找尋平衡點，父母必須願意承認、接受悲傷事件已經發生，願意拋下他們的成見，才會對他們的反應做出公正合理的評估。人工流產後的父母親可以藉由「罪惡感」接納自己這種行為是經過深思熟慮，並完全理解為何選擇這麼做，使這些罪惡感促使他能去自我檢視而非自我懲罰；罪惡感也可以產生建設性的功能，因為在極端情況下並沒有可供諮詢理想的道德標準。

　　一般社會的期望是，母親能生下健康的小孩；當生下不正常的小孩時，母親所感受到的壓力源有兩方面，包括：來自罹患疾病的孩子（診斷的衝擊、擔心嬰兒的治療過程及預後情形、與期望不符合的失落），以及來自母親本身知覺（罪惡感、他人的責備）。母親常會覺得有非常強烈的罪惡感，並歸咎於自己身上，加上他人的責備，將孩子異常的原因歸罪是母親所造成，將會加重婦女產後的心理壓力（鄭麗薇、林明珍，1998）。林秋菊（1989）探討兩次生育失敗後婦女再度懷孕生產時的不適應行為中，表示：失去胎兒的母親會將情感

剝奪的悲傷
——新生兒死亡父母親的悲傷與輔導

內射而出現羞恥及罪惡感。張蓉蘭（1992）發現，先天性心臟病孕婦面對終止妊娠之悲傷反應，提及個案會覺得因為自己有病，無法生下孩子而對不起孩子，太殘忍等於扼殺孩子而有罪惡感。師慧娟（2004）發現，子宮內胎兒死亡之產婦面對引產壓力，會出現失去母職的挫敗感外，面對先生時亦會感到罪惡不安。

有罪惡感的人通常都是低自尊、容易自責，深覺做錯事就應該得到報應，父母親在喪子之痛中絕對逃不了有罪惡感，而且罪惡感是這類悲傷的主要成分（Corr et al., 2003）。罪惡感部分源自於相信自己做錯事，違反若干原則或責任，罪惡感可能是基於事實、有憑有據的，也可能是憑空想像、毫無根據道理的（Stearns, 1984）。De Puy、Dovitch（1997）認為，對於自我意識很強的人，成熟的罪惡感會有一種檢視的功能，能夠刺激洞察力和反省，改變舊有的信念，讓人知道什麼是正確的；反之，負向罪惡感對意識薄弱的人而言，面對選擇墮胎的挑戰，便會造成巨大的內在焦慮、緊張，擔心別人對於自己的墮胎抉擇和行動會怎麼想，形成有害的毒性罪惡感（黃瑋瑩譯，2000）。

父母面臨周產期喪子失落內心的悲傷，常有罪惡感與憤怒反應，當悲傷無法紓解時，情感會轉向內在自我，情緒反應通常是自責，甚至自我攻擊、毀滅，導致強烈的罪惡感，其中罪惡感是種內射反應，總認為自己做得不夠完善、未盡保護責任，才使胎兒遭致死亡或意外；怨憤是罪惡感之反向，是種外射反應，認為胎兒死亡是外界未做好才導致結果，這兩種反應有時是非符合現實情況之極端現象。在西方國家中，影響生育決策因素常在於信仰宗教對於生命的詮釋，而在傳統中國文化上，生出缺陷兒則是家族的羞恥與詛咒，即使孕婦在面臨致死性的胎兒異常，有些人還是無法承受中止妊娠所帶來的失落感和罪惡感（何師竹，1995）。Miles、Demi（1986, 1994）研究指出，喪子父母在情感上罪惡感的來源有下列六種內涵：

1. **死因導致的罪惡感**（death causation guilt）：罪惡感來自孩子的死因揭露過程中，父母親相信是自己促使死因發生在孩子身上，未善盡保護之責，他們應該有責任保護孩子遠離死亡。

2. **與疾病有關的罪惡感**（illness-related guilt）：罪惡感來自父母親察覺到

孩子罹病與死亡期間其父母親角色的缺乏；另一方面，疾病導致的罪惡感源自父母希望孩子存活，又希望孩子能脫離病痛死亡。

3. **父母親角色的罪惡感**（parental role guilt）：罪惡感來自父母親感到自己在父母親角色上，無能承擔自我期許的角色或社會期望的角色。

4. **道德上的罪惡感**（moral guilt）：罪惡感來自認為孩子的死亡是因為自己做了不好的事情，或是違犯道德、倫理、宗教準則導致的報應、懲罰。

5. **存活的罪惡**（survival guilt）：罪惡感來自違反孩子應該活得比父母長久的準則──父母應該要先孩子而死，孩子夭折導致白髮人送黑髮人違反自然常規。因此，子女死亡對父母而言，是一種椎心至痛，「不自然」（unnatural）的事件。

6. **悲傷的罪惡**（grief guilt）：悲傷的罪惡感來自父母面對孩子死亡時與過世後，在復原過程所出現的種種行為與悲傷反應的知覺情緒。

上述各項罪惡感，其中以死因及文化角色最常見，喪慟者常會因為自己對逝者不夠好，沒有及早就醫等事感到愧疚，源自於深沉的「無力感」，和自覺「需要為子女死亡負責」想法的雙重交錯。尤其當孕婦認為是她的健康狀況引發危機的肇因時，罪惡感會更顯著，有些人會感到內疚，為了應該做而沒有做或做了不該做的而內疚，也常會為了死亡事件發生時的一些狀況或疏忽而自責，責怪自己為何漫不經心，以致不能做好「保護者」的角色，由於悲傷遠多於期待，有許多的情緒在喪子父母心裡底層，可能還是會起伏著，第一年是父母親特別調適困難的時間，被許多的問題和痛苦所折磨（如：為什麼上帝讓他死？上帝為何懲罰我？生命的意義是什麼？生活是不公平的？為何是我的孩子出現這種情況？為什麼我們的家庭會有這種情況？為什麼我不知道我是錯的？我做了什麼不對？）常見譴責自己的例子如：「是我的基因不好才造成孩子患病」、「是我的疏忽，才演變到這種局面」、「我沒有資格做父母」、「是我前世做了孽才懲罰到孩子身上」、「為什麼生病要死亡的不是我而是孩子？」、「我怎麼會無動於衷，不感到悲痛欲絕？」其模式如圖7-1所示。

過去部分研究認為，罪惡感可能引發病態結果（Lieberman, 1978; Parkes & Weiss, 1983）。James、Cherry（1998）認為，悲傷者普遍有「罪惡感」，罪惡

剝奪的悲傷
——新生兒死亡父母親的悲傷與輔導

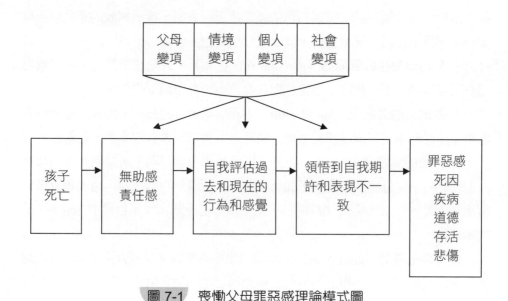

圖 7-1 喪慟父母罪惡感理論模式圖

資料來源：Miles & Demi (1986, 1994: 109)

感中包含了很強的自責成分（引自 Williams & Bybee, 1994）。然而，學者也指出，罪惡感是哀悼過程中普遍和正常的反應（Bowlby, 1980; Lindemann, 1944）。罪惡感乃是個人發現其自身行為上的錯誤，但無否定自己的行為（Tangney, 1995）。罪惡感具有同理心、前瞻性行為，並將憤怒作建設性轉換，有罪惡感的人會出現激動、悔恨情緒，或是尋求道歉，並且承認以及承擔修復的行動（Bar, 2004; Gilbert, 2003）。

　　研究顯示，因墮胎衝擊其道德價值，男性在伴侶墮胎四個月後依然會出現罪惡感和空虛感（Kero & Lalos, 2000）。Bar（2004）針對死產或周產期新生兒死亡七十二位父親研究指出，失落早期父親出現顯著的羞恥與罪惡感，隱藏情緒表達，較易出現晚期的悲傷反應。Benfield 等人（1978）和 Hughes、Page-Lieberman（1989）在周產期失落悲傷父母研究中，出現罪惡感的母親占 90% 以上，而父親約占 50～57%，這些父母親感到自己做了一些事傷害了胎兒導致孩子死亡，同時也會有羞恥感、失敗感，而從社交生活中退出。父母親對於

罪惡感常見的描述是「失敗」，父親則是感到自己是家庭保護者，出現自我認同上的失敗；對母親而言是生物能力上的失敗，特別是胎兒由於基因異常所導致的死亡（Lovell, 1983）。

　　許多研究發現，周產期失落母親的罪惡感更甚於父親，特別是在失落後一至二個月內（Benfield et al., 1978; Stinson et al., 1992）。失落後超過三年，母親的罪惡感依然比父親顯著（Lang et al., 1996; Smith & Borgers, 1988/1989）。同時，當孩子的死因不清楚時，罪惡感的出現尤其普遍（Mandell, McAnulty, & Reece, 1980）。Worden（1991, 2002）也提醒在流產後，婦女需要為流產找一個責備的對象，而往往自己就成為箭靶，自責於做了什麼造成流產（李開敏等譯，2004）。其中，造成失落的歸咎原因，在現實狀況中例如：在出現醫療上無法遵循醫師處方；在非現實狀況中例如：不當的飲食習慣、運動習慣、性生活或是父母親對於懷孕的感受以及想法等（Fish, 1986; Leppert & Pahlka, 1984）。

　　這些罪惡感常常伴隨著強烈的悲痛與內疚感，從事各種活動都在想著造成失落的原因，可能沒有任何足夠的陳述可以滿足答案，母親可能責怪自己不夠小心而造成周產期失落，雖然在現實中可能沒有這些方面的肇因，但儘管如此，她的感受是真實和悲傷的，嘗試分享這些感受，雖然這些情緒可能會很可怕，但重要的是必須讓自己的內在情感自由地提問，記住！表達也是一種釋放的途徑。

參、看或不看新生兒的兩難

　　因懷有先天異常胎兒而選擇墮胎的父母親，常會自覺未盡（父）母職、愧對胎兒及產生情境性低自尊，對於需終止妊娠也讓夫妻面臨抉擇衝突的兩難，待胎兒娩出後，又面臨親眼目睹孩子死亡之慟，「觀」的抉擇具有內在必然的關聯，整個過程使得夫妻面臨極大的心靈震撼。美國在1960年以前，對遭逢周產期新生兒死亡的父母，沒有提供任何的支持，產科醫護人員被教導應該保護生下死胎的母親，如果確信嬰兒已死亡，在生產過程中，將給與足夠的藥物

與麻醉，儘量採取無痛方式分娩，協助婦女產下孩子，並且儘快將死嬰由產房中移除，未讓母親見其一面，以免母親遭受巨大喪慟。但研究發現，這些沒有機會看到嬰兒及表達悲傷的父親或母親，經過數年仍無法解除悲傷及進行喪慟（Freda, 2001）。

李碧娥（2003）根據臨床經驗發現，中止懷孕的婦女常受限於他人的經驗或長輩的限制，認為胎兒與他們無緣，或是因胎兒嚴重畸形，出生後若看了會有不好的影像纏繞，而產生不良影響，多數個案會因此猶疑不決產後是否要看小孩。

而部分中止懷孕的婦女會在私底下詢問護理人員，醫院如何處置胎兒或是詢問有關文化的儀式，是否要替胎兒超渡，可能原因是「嬰靈」之說在坊間流傳，造成婦女內心的恐懼。在歐美醫療人員多體認到，如果父母沒有機會看嬰兒，他們會很難渡過悲傷期。鍾聿琳（1992）呼籲，協助父母在產後看看死去的孩子或觸摸孩子，可以幫助他們完成親子依附與放棄孩子，以進入悲傷過程。王慧蘭（2003）照護第二孕期接受終止妊娠產婦，發現產婦有機會擁抱孩子，會對孩子外貌長相出現評價行為，例如：長得像誰、很可愛等而認同孩子。

吳淑玲、吳惠娟（2004）指出，在個案夫妻同意下，協助其探視死去新生兒，可以減低個案夫妻日後對胎兒遺憾感有所助益。許多文獻認為，看、抱與觸摸孩子的主要目的是給父母親一個機會，幫助其接受新生兒死亡（或死產）的事實，向逝去的孩子道別，完成哀悼的任務，「眼見為真」讓父母親看一看及觸摸他們逝去的小孩，並將小孩抱在臂彎裡，來促進親子關係的建立及親子關係的終止，這個過程可幫助這些父母接受愛兒死亡的事實，更有助於悲傷工作的進行（白淑碧，1988；郭素珍，1988；鍾聿琳，1992；Furrh & Copley, 1989; Limbo & Wheeler, 1987; Stierman, 1987; Worden, 1991, 2002）。父母親需要與孩子說「再見」（Good-bye）前，有機會說「哈囉」（Hello）（Schwiebert & Kirk, 1985），同時可提供日後的回憶（Parrish, 1980）。這顯示撫摸、凝視和擁抱嬰兒的感覺經驗，是父母面對失落經驗的一部分。

然而「母親是否應當看到她們死產的胎兒？」另有研究提出不同的看法，

一項針對六十五名生育過死產嬰兒的婦女中進行的研究發現，見過並且抱過她們死去嬰兒的婦女中，有39%的人在將來的生育中將會出現憂鬱症；而只見到但是沒有抱過她們死產孩子的孕婦有21%的人發生憂鬱症；但僅有6%沒有見過也沒有抱過他們死產的新生兒母親會經驗到憂鬱症（Hughes, Turton, Hopper, & Evans, 2002）。近年研究也對鼓勵母親與死胎接觸的治療價值提出懷疑的看法（Hughes & Riches, 2003）。Turton等人（2006）針對三十八對經歷死產的父母親研究指出，父母親在未與死胎接觸的情況下，面對再次孕育胎兒時，憂鬱與焦慮程度較低，有較佳的失落適應。

　　Hughes等人（2002）發現，增進親子接觸行為對死產婦女的心理也會有不良影響，抱過她們死產嬰兒的婦女中，出現憂鬱症個案超過只是見過死產嬰兒的婦女，見過死產嬰兒的婦女比完全沒有見過死產嬰兒的婦女有較高焦慮、創傷後壓力症候群（PTSD），以及在死產之後的脫序與再次生育孩子依附問題愈多，而完全沒有見過死去嬰兒的婦女則較少出現憂鬱症狀。這項發現提醒醫護、輔導專業工作者們，應當尊重體諒父母對他們的孩子們所做出的「決定」，並非接觸死產的嬰兒對所有悲傷的父母都是不好的，或是唯一面對嬰兒死亡的「健康」辦法。相反的，顯示父母在為他們失去孩子的紀念中，不同的父母有著不同的需要，應考慮當事人所處的發展情境、身心狀況、文化與國情的差異性，避免對這些父母存有偏見及預設立場，限制他們的選擇權，不要勉強他們做一些他們不願意去做的事。

　　在本章中，研究發現母親因為擔心看見孩子後會情難割捨，出現愧疚感、業障感，為了避免情緒崩潰失控選擇不看孩子；父親因為親眼看見孩子，腦海裡留下印象深刻而難忘，詳如下述。

一、父親選擇看孩子

（一）情難割捨

　　當父母處在孩子死亡急迫性臨界點的共在（co-presence）狀態，用父母的眼睛看著子女逝去，如臨生命深淵，內在心理情緒的矛盾、掙扎與衝突，盼他

活、又怕苦相互拋擲的聲音,絕望與存活又是如此這般同時存在,「天人交戰」硬生生的感覺就在期間流動,置身處境再度被逼迫重返生命現場,喚起身為人父母的渴望與依附關係的剝離,到一個必須面對死亡現身的情態,逼著父母必須真實的面對自己,「決定」,真的好難!

A父親認為,孩子經歷旺盛的生命力,那種旺盛的生命力對他來說是一種很大的衝擊:孩子是多麼努力的活著,是在等待一個存活的人為抉擇,產生對孩子的無限關念(concern),最後一眼的印記與孩子建立更深的依附關係,雖然孩子只有五百多公克,但形體已具,難以割捨,想到早產兒存活率,心裡燃起一線希望。然而,他把本我的心體社會的底層狀態,逼迫本我去接應、去回答,將孩子的存有投射到未來的時間,考慮照顧的醫療費用,與其讓孩子出生在一種不安全的狀態裡,更無法保證孩子的未來不會受到任何病苦磨難,那種巨大不確定感的壓力侵襲與承擔,再次放手的心情。他說:

> 那時候好像五百多公克,已經二十幾號過完耶誕節,然後……生下來之後有給我們看,有給我姊姊看,可是……這個應該怎麼講,因為我心裡面對這小孩子是很割捨不掉。醫師和那個護士跟我講說,他沒有看到這麼……生命力這麼強的一個小孩子,只有五百公克還能夠二十幾個小時不吃不喝,缺水的狀態時間還能夠活那麼久,他其實是在等我們給他一個答案,給他一個決定,如果我們要救他的話……這個小孩子在某些方面來講,他其實是早產,在台灣的技術,五百公克以上,其實你要去救他,還救得活……可能要花滿多的錢去照顧他。(A-55)

(二) 新生兒異常的不確定感

郭素珍(1988)研究指出,胎兒死亡後專業人員的態度,若缺乏瞭解,會加強個案知覺上、情緒上的困擾而逃避,更增加悲傷、罪惡感的看法。

A父親看到孩子長得眉清目秀,生命力旺盛,加上醫護人員懷疑的口吻,再次出現對檢查結果的疑慮,難以「眼見為真」,出現「我會不會是錯的?」對自己整個人性的基礎及存在的完整性,產生深深的迷惑及挫敗感,他拒絕複

檢，害怕知道真相，開始輾轉質疑唐氏症檢查結果的真假，擔心成為劊子手，內心感到遺憾、煎熬、愧疚不安，出現罪惡感。他深刻的剖析自己的不安：

> 奇怪！這長得眉清目秀的，一直想說這怎麼會是唐氏症，感覺不出來……心裡面開始懷疑，是不是真的有問題？如果不是有問題的話，心裡面就會覺得遺憾，自己那個……劊子手……殺了自己小孩的感覺，心裡面其實是一種煎熬。因為，我那個小孩子五百公克都成形了，都滿健康的，生命力也很強，護士都講沒有看過小孩子生命力那麼強……覺得我們這對夫妻，又好像滿正常的，都滿ok的這樣子，雖然……她不好意思講，她心裡面也是儘量壓制她的情緒。（A-173）

> Z醫院是教學醫院，另外一個醫師跟我講說小孩子出生二十四小時之內，還活著的時候，他們想抽小孩子的臍帶血來做研究，因為臍帶血是真正可以研究基因的因素，除了染色體之外，它還可以研究這個小孩子所有的人類基因密碼，都在幹細胞裡面，因為醫師認為我們兩個平均學歷都在大學畢業以上，照理說這個機率不是相較一般。我就跟他講說：「不要！」因為我不想知道結果，要嘛！就在之前做複檢，那……已經做了決定，我害怕知道真相。（A-89）

（三）孩子一息尚存的印記與牽掛

A父親對於孩子漸逝的生命一息尚存的牽掛湧上心頭，他不停的詢問護理人員，但護理人員不瞭解，冷漠回應，缺乏人性化的關懷。他遺憾的感嘆道：

> 每隔一段時間我就去問那個護士：「小孩子怎麼樣？還有沒有呼吸？」第一次問的時候，可是……護士說：「你問這幹嘛？」我說：「我關心一下。」其實整個心裡面還是很牽掛，然後……我大概每隔一兩個小時就去問她，一直去問、問、問。（A-54）

胎兒生下來後，太太沒有看孩子，C父親擁抱、觸摸、看了孩子最後一眼

的印記，留下一息尚存的印象深刻而難忘，把它當作是另外一種象徵式的儀式，認爲人生中能夠留下深刻印象的經驗並不多，特別是失去長子。

> 他生下來的時候……他們抱上來我還看了一眼，媽媽就沒有看，印象很深刻就是好像還喘了一、兩口氣，那一幕，很深……很深！眞的是看他一眼是這樣子，然後去摸了他一下，去抱了他一下，如果你把它看作是儀式的話，有點像儀式……嗯……再來一次的話，我應該還是會再重複，跟他講一、兩句話這樣子。因爲那個對我們來講，在人生裡面實在是太……難忘的經驗，因爲人生裡面難忘的經驗實在是不多啦！講起來，那個實在是太深刻、太難忘的經驗，而且又加上那是第一個，所以就會……更深刻。（C-60）

（四）失去父親角色的挫敗感

A 父親看到孩子很可愛，長相像自己產生認同，經驗到轉換成爲父親的知覺，回憶觸摸活躍胎動與孩子互動，流露出初爲人父的悲喜交集，但生死一線之隔的抉擇，那種驟然失去的感覺，瞬間讓他墜入萬丈深淵。這些生命的本覺，他說：

> 那時候想說，這小孩子長得很可愛，像我啊！心裡面很高興，可是……高興完了之後，馬上就墜入萬丈深淵，就很難過。因爲，回想他在媽媽的肚子裡面踢來踢去，然後……摸著媽媽的肚子在裡面踢的狀況……。（A-52）

二、母親選擇不看孩子

（一）儘快埋藏

A 父親認爲，太太選擇不看孩子，儘快埋藏在心底深處，突顯出太太傷心欲絕的脆弱，無法再受刺激，採取逃避方式與孩子切斷連結。他有更深切的明白：

我太太處理的方式沒有看這個小孩子，只有爸爸看而已，除非媽媽另外特別有要求要看，所以她都沒有看，她可能……那個時候媽媽她自己想說……儘快忘掉這個，趕快把他埋藏掉……埋藏在心底的深處不去看。（A-237）

（二）一輩子的業障

B母親認為，只要看到孩子，就會無法忘記孩子的臉，難以承受，是一輩子的業障，她主動告知護士不要看孩子。她道盡了生命最深的痛：

之前護士就有問我：「要不要看這個小孩子？」我就跟這個護士、醫生講說：「我不想看到這個孩子。」我知道我只要一看到她，這是我一輩子的「業」，因為我沒有辦法去忘記這個事，我也沒有辦法去忘記她的臉，對我來講是一個很大的障礙，所以我有跟醫生講說這個小孩子出生了以後，不要讓我看見她，因為我會非常難承受。（B-16）

明顯的胎動讓母親感受胎兒在身體裡面的一體感，結束胎兒的生命，如同結束母親與孩子的生命共同體，心理的障礙與恐懼感將一輩子無法抹滅。B母親將我們對世界蒙蔽的現象反照出來：

我覺得媽媽當然……那種恐懼感是不會抹去的，因為這個小孩子在身體裡面跟我是一體的，所以她所有的活動……當我在結束她的生命的時候，那心裡面的障礙會很大，我一輩子都會記住，沒有辦法忘記。（B-29）

（三）愧疚感

D母親在孩子生下來後，她認為是盲腸炎害孩子變成這樣子的，眼角餘光看到孩子還有心跳、呼吸，一息尚存的印記，讓她產生虧欠感，不敢看也不想看，又愧疚於覺得孩子需要擁抱愛撫，要跟他講講話，會比較舒服，而請先生

去看、抱小孩，之後採取詢問先生以知道孩子的長相。她這樣的明白說明：

> 他生下來的時候，還有心跳，也還有呼吸，可是我不敢看他，我也不想看他。大概護士小姐有問過：「要不要看看他，抱抱他？」我說：「不要。」他在旁邊，我的眼角餘光還可以看到他，他還在呼吸。所以……我就是因為看到他還在呼吸，胸腹部還在起伏，我就會覺得很愧疚，他還在很努力、很奮鬥的呼吸，放棄他好像很殘忍，可能有一點愧對他的那種情緒，所以，不敢面對他這樣子，我那時候立刻覺得我不要看他。然後……我先生他進來產房，我就跟他說你去抱一抱、看一看那小孩，對他……就是說比較會有一些虧欠的感覺，好像是我害他變成這樣子的……就是那個盲腸炎的事情，但是我又覺得很愧疚，又覺得好像要跟他講講話，跟他愛撫一下可能他會比較舒服，baby 需要擁抱嘛……所以，我才會要求我先生去抱抱他。（D-96；D-97）

（四）情難割捨

D母親認為，看了以後會有更深的情感，而且腦海會一直浮現孩子的樣子，所以決定不要看孩子。她察覺自己情難割捨的實相：

> 妳看了以後是不是會有更深的情感這樣子？就好像大概有人……那個未婚媽媽要生下小孩子之後交給人家抱走，她害怕看了以後會有感情吧！而且看了以後妳的腦海裡面就會一直浮現那個小孩子的樣子。所以，當時我就立刻決定說我不要看他。（D-93）

（五）避免情緒崩潰失控

D母親因為產房裡有醫生、護士，醫生又是先生的同學，因此強作鎮定，只能偷偷掉眼淚，怕看到孩子後，情緒可能會崩潰或失控。她說明無法面對孩子的心情：

> 當時在產房有醫生、護士在，醫生也是我先生的同學，我還是保持

很鎮定……我偷偷掉眼淚，醫生、護士大概也沒看到，或者有看到……
應該是沒有看到，我怕看到了以後，情緒可能會崩潰或失控，所以我才
選擇不要看孩子。（D-92）

　　林佳穎、曾雅玲（1997）和杜蕙明（1998）的研究指出，母親雖然會想要
看看死去的胎兒，但因為害怕看見胎兒的模樣，因此拒絕看，會詢問先生以知
道胎兒的長相。陳淑齡（1997）也發現，引產的個案會阻隔有關胎兒的訊息進
入自己的知覺系統，以免思緒深陷其中，再次受到傷害。本書研究也發現，母
親認為會無法忘記孩子的臉，難以承受，是一輩子的業障而產生負面的印象，
因此於產後拒絕探視孩子。關於婦女於產後探視胎兒與否的論述，強調探視可
對胎兒異常診斷的確認，完成依附情感，婦女若於產後未能探視孩子，將持續
對孩子抱持負面的感覺，且日後悼念孩子時，亦無法刻劃出具體的影像；另一
方面，本書也發現婦女害怕探視孩子後可能促使產生負面的印象，而出現拒絕
探視孩子。逝者已矣，有形的身體雖然不復存在，當父母親選擇看孩子最後一
眼，留下一息尚存的印記，「看見」生命就在一呼一吸之間，也是完整的存在
性，一息尚存顯露出一種期望與難以割捨，難掩失去父母親角色的挫敗感。

肆、扼殺生命的罪惡感

　　人遇到事情難免會做道德價值判斷，以及處於道德抉擇的情境，特別是面
對不可逆之生命課題，尤其會讓我們如此悲懷地陷入無比的挫敗中，「拿掉孩
子」的確沒有想像中的簡單，夾雜著很多未被承認、正視的感覺，可能會埋
伏、遊盪在父母親的潛意識內，難以釋懷。當父母親必須親自決定以人為的方
式終止胎兒的生命，胎兒的生命權彷彿交在自己的手裡，而自己殘忍的掌控孩
子必須犧牲掉的事實，而胎兒卻沒有選擇的權力，被動的接受被安排的命運。
因為在乎生命的逝去，所以讓我們如此悲傷地陷入無比的挫敗中，因此內心對
於失去的胎兒感到愧疚與虧欠，在割捨抉擇的過程中充滿了負面的看法、罪惡
與衝突。

A父親指出，胚胎的形成就是一種生命，認為自己在謀殺一個生命，處在內疚與罪惡感的痛苦，原無犯罪之意卻造成他殺之事實，急於掙脫，「趕快把這個痛苦清理不見」是在毀滅性衝擊下繼續存活下去的方式之一，彰顯內心生活的受苦世界。

> 胚胎的形成，本來就是一種生命，只不過差異是說，那個是不是你抉擇的？這個痛是加倍的……當時是很痛苦的……就是想趕快把這個痛苦清理不見，因為你在謀殺一個生命。（A-65）

> 現在想說那個邱小妹妹，被家暴……打昏了頭，那個爸爸謀殺生命，我們在譴責他，其實在某些方面來講，我們跟他是沒有什麼差別的，我們也是在謀殺生命，不要因為說這個小孩子放他慢慢的死，就比那個被打死的好到哪邊去，其實沒有好到哪裡去？也沒有說差異到哪裡去？因為也是剝奪了生命，我們現在覺得那小孩子很可憐，其實在某些方面，我們第一個小孩何嘗不是這麼可憐。（A-125）

（註：2005年1月，受父親家暴女童邱小妹被判定腦死，結束了她不到五歲短促而痛苦的生命。）

伍、惦念嬰靈的去處

「人從何處來，死歸何處去？」對喪親家庭而言，即使亡者已入土為安，仍然無法揮別陰霾，尤其是「死歸何處去？」更是遺失親人最捨不得、放不下的問題。一般信仰中較少對早夭、墮胎的新生兒採取紀念或追思儀式，而胎兒遺體多以廢棄物方式處理，而盛行的嬰靈論述更反映出社會文化的價值批判，胎兒遺體不能僅僅視為組織和器官的複合，也不是和動物屍體一樣的評價，而是有人體構造的部分，必須受到尊重。很少有歷經過人工流產的女性，能夠克服心頭纏繞不去的痛苦，不論信不信嬰靈，經歷失去胎兒的父母親，悲傷始終都隱隱潛伏，獨自承擔，此種承擔的經驗是非常深刻的經驗。

　　有很多「看不見」驅之不去的東西，存在喪親者的內心才是真正重要的，很多失落的父母並沒有哀悼胎兒死亡的機會，心中留下了難以抹滅的傷痕與疑問，在此我們關心的是父母對胎兒失落後的悲傷事實，由於我們不僅是對於死亡無知，更是「畏」於對靈魂無知，陷入「虛無」的整體性害怕，造成的驚嚇、恐懼及喪嬰的悲痛，都是強烈的感情經驗，而這個靈魂也是生者永遠無法領會的，彷彿是「人」之外脫離世間，漫遊於陰陽兩界的另一個主體，在現世流離失所，無所依歸，無依無靠的「歸屬焦慮」那種的經驗，成為所謂的遊魂，對新生兒死後靈魂的「受罰」或「救贖」，嬰靈魂魄的牽掛在喪慟的父母的心裡其實是存在的，也是最根本的在世牽掛，對孩子所出現的現身情態，自然也讓他們的內心千迴百轉，他們的心靈深處埋藏著沉重的罪惡感、羞恥感和悲傷，所有的焦慮、憤怒或沮喪可能會相隨而來，表面上的生活依舊，但內心的陰影卻成為個人揮之不去的「夢魘」，生死互滲，刻不能安，深邃的悲傷依然塵封，對喪慟父母而言，所產生的不安及懷疑，讓人不得不去正視喪嬰的悲傷及失落的生命議題。

　　面臨死亡的斷裂，惦念是隨著牽掛而來的呼喚，與牽掛彼此的感情有關係，人們常常在失落初期會經驗到死者仍然存在的感覺，很多文化都認為這是合理的，他們不會視為異常，若把此現象貼上標籤污名化成幻覺，會驚嚇人們使他們退縮。在台灣民間，有不少喪親者會藉用民間宗教儀式，詢問過世親人是否顯靈來到他們的身邊，或是否曾經回家過，甚至會去找靈媒來引介，幫已逝親人做法事，來取得心靈的慰藉。

　　A父親與太太觸景傷情，對於喪葬事宜的忽略，未適當將孩子的屍體安置，加上報章雜誌負向報導連結，後悔難過的意識型態在電視的催化下，聯想到嬰靈而產生罪惡感，質疑孩子的安置，害怕孩子纏著沒有離開，擔心孩子墮入沒有儀式保護和超渡亡魂的痛苦，下地獄或成為孤魂野鬼，而對孩子感到愧疚和自責，罪惡感從細微之處發生長大。他會擔心著：

　　　　以前在林口附近有一些台地裡面，挖出來小孩子的屍體……很多，
　　其實我現在心裡面有一個結，到底這個小孩子是怎麼處理？我不知道，

我也無從問起，因為我心裡知道，他一定把他當作一般廢棄物處理，如果是火化，煙飛雲散也就罷了，如果是像林口XX那種的處理，被野狗挖出來咬，心裡面會很難過，那我會後悔，我當時沒有做火葬處理。（A-178）

我太太她心裡面會難過，看到電視裡面……小孩子……嬰靈的問題，看到新聞從那林口XX裡面挖出來，小孩子被狗……那個時候……她心裡面會難過，她會一直想說：「小孩子都在纏著她。」因為我們家晚上有時候樓上不知道什麼《一……《一……的聲音，她就一直認為說那是什麼怪里怪氣的聲音，我們講說那是樓上水管的聲音啦，或者什麼之類的去轉移她，讓她不要去……她那個心態就跟小孩子一樣說：「有鬼ㄟ！有鬼ㄟ！」的那種想法。（A-244）

她是認為說：「會不會……在她的附近還有這個小孩，這小孩還在我們家附近？」她原先也沒有說這個聲音就是小孩子的聲音，她只是說：「奇怪？我們家有時候……莫名其妙地電視會打開，明明關起來莫名其妙會打開，我們想說會不會是小孩子啊？或什麼之類的。」我們在這個過程裡面去問黃大哥那個是不是他？黃大哥說那個是附近別的小孩，他說他幫我們去處理掉這個事情，他去跟神明說這件事情，之後電視機突然間打開的情形就沒有了，覺得滿奇怪的就是了。（A-258）

我們怕他受苦，受到我們傳統對宗教儀式的苦，怕他下地獄，因為，我們怕他飄流，變成孤魂野鬼，安神……或許對他這個是一種安神、一種狀態。所以為什麼台灣會有很多那種地下宗教，嬰靈大興其道，斂財斂色，什麼都來。（A-257）

D母親沒有宗教信仰也不迷信，由於孩子屍體交給醫院葬儀社處理，經過當義工的同事告知有些人不會好好處理更感到愧疚不安，一直在想孩子，後來聽說嬰靈處理不好，鬼魂會來纏著而覺得應該給與超渡。她這麼認為：

　　我沒有宗教信仰也不迷信，可是……在出院之後，這種一直對他很愧疚的感覺，而且當時這個寶寶的屍體也不是我們處理的，我們覺得說交給葬儀社比較省事。我有一個同事，她當了二、三十年的義工，她告訴我說：「處理這種事要看良心，有些人不會好好的處理那些遺體，他就……扔掉那樣子。」我就會覺得：「對呀！我就不知道他到底有沒有好好的處理他？又會覺得……實在是很對不起他。」所以……很多因素加起來讓我覺得一直在想他。嬰靈之類的問題是後來才聽說的，處理不好，他的鬼魂是不是會來纏著？我才會想到說：「對呀！應該要去給他超渡一下。」（D-15；D-71）

　　H母親失去胎兒後內心感到痛苦及捨不得，出現對嬰靈是否安好之擔憂。她說：

　　baby走了以後，我一直沒有夢見過他，我先生也沒有，不知道baby會不會回來看我們，不知道在那邊會不會有人欺負他？我想菩薩和佛祖會幫我照顧baby的，我也有跟往生的公婆說要幫我照顧他。（H-9）

陸、因果業報

　　A父親對於保險公司在孩子死亡後不理賠，用因果的省思合理化達到調適，但對於生下唐氏症孩子的負向評價時，內心的喪慟會再次地被挑起，因而歸因於因果業報，讓他對「因果業報」感到矛盾疑惑，陷入人生的迷霧，盡在一問一答中。他用處境來說這件事：

　　我就跟保險公司講……不理賠就算了，我也不要這筆錢，我們講說……那保險科的經理他種什麼因，或許他以後要承受什麼樣的果。中國人在這種想法裡面……難道我們造了什麼因嗎？今天才會生下這個小孩子，是不是我上輩子做了什麼事？還是說我這輩子做了什麼壞事？為什麼活著……才會承擔這種果。（A-204）

我太太她爸爸以前看電視常常……看到小孩子智障或是白痴，或這個人做事情很離譜，就會嘲笑這些是唐氏症或是笑他白痴！白痴！可是聽在媽媽的心裡面，又是一個痛，常常回去的時候……跟她爸爸講……罵她爸爸，你怎麼可以說他是一個白痴，就是你這個罵……罵別人白痴，然後……才害我生下白痴，你造了什麼口業或是結了什麼果，對媽媽是一種傷害。這是一個矛盾的結，若就自然科學來講說，其實這是基因的問題，是機率的問題；就宗教的自我安慰來講，又是從因果關係來釋懷。所以，很多東西其實是自我催眠。（A-205）

「因果業報」和「輪迴」觀念，在中國一般普羅大眾之中，「嬰靈說」隨著墮胎人數上升而充斥在整個社會中，具有很大的影響力。在國內文獻中，也提出相同結果（方立天，1990；李碧娥、楊玉娥，2000；林綺雲，2002b；葉珍杏、郭素珍，2001）。在本書中父母親經驗的罪惡感從孩子死亡前、後都會有，也都聽說過所謂的「嬰靈說」，這種社會文化烙印在個案心裡深刻而無法抹滅，留著一種無法釋懷的痛楚和陰影，也因此突顯個案尋求相關儀式的撫慰，達到被寬恕（嬰靈）與寬恕（自己）的需求。

結 論

走出罪惡感的泥沼

終止妊娠後發生真正精神疾病的機會不高，但是罪惡感卻是很常見的，可以說是父母調節喪子悲傷反應的機制之一，也是最隱約的情緒，但其影響力卻是極其深刻連續的。由於自責、內疚與罪惡感是種內射反應，不是外顯性的，只能打開心門的一條細縫，常以憤怒、內疚恐懼或是自責的身影來釋放，許多父母親常常不自覺地去控制、轉移、壓抑或是否定內在產生對嬰靈的惦念、因果業報，甚至扼殺生命的罪惡感，存在意念中隱隱作痛，無厘頭的不時在內心裡騷動、張狂翻滾，連鎖「衝撞」。

　　「過多的自責會阻礙人的成長進步」過度的認為一切都是自己的過錯，處在一種極度自責的情緒中時，被衝擊的自我認同與自我概念，就會對自己懷有扭曲的認知和情緒，將所有的責任攬到自己身上「都是自己造成的」，會造成極度的自我價值否定，覺得自己是個失敗的父母親，只會讓我們看不到問題的癥結。此時此刻的情緒碰撞中需要更多的寬容，要寬恕自己，寬恕自己對失去或是離去的人生氣或失望，以及無法阻擋而感受到的無力感，「停止自責」並不表示不承認錯誤、不做反省，而是拋開罪惡感和愧疚，為了曾經做過的事或沒有做過的事，原諒自己。

　　提供個案適當抒發喪慟的機會，在情感生命中為逝去的孩子到一個適宜的地方，喪慟諮商（bereavement counselling）也許是必要的，提供關於罪惡感正確的資訊，讓個案適當揭露與發洩情感有益於緩解罪惡感，但是，在後續的懷孕中還是可能會復發（參考第九章）。同時諮商員必須保持對複雜性悲傷徵候的警覺（參考第六章），確認病理症狀並轉介（Identify Pathology and Refer），因為大部分尋求專業諮商協助喪慟者的父母親，可能尚未處理好複雜性的悲傷反應，諮商員需扮演「將需要適當資源的喪慟者轉介」的重要角色，這是對自己的限制負責任的做法。

　　其實，去質疑自己是健康的，「疑」是因為對自己「誠實」，以現有的知識情境作「當初」因緣的衡量，不失為一種內在「起心動念」間的檢視方法，利用這個機會，思考自己生命的規劃、所處環境、所在立場與所做之事，找到這些心緒波動或懲罰的聲音，踏上追求自我瞭解的旅程，你可能會發現需要改變個人的信念，或是重新認識自己的價值，自己若在當下的立足點上穩實前行，站在中心立場與大方向下盡力於此寬恕自己，不要問「為什麼？」請問「我現在要做的？」時時用正向的說法來勸告自己，告訴自己我有權力尋求協助，我有權利過更好、更健康的生活，開放自己聽聽別人不同的聲音和解釋，建立新的認知方式，才能真正的降低罪惡感。

練習五

1. 在您懷孕之前，您是如何看待自己的？結束一個胎兒的生命，對於您的意義是什麼？您犧牲了什麼？您獲得了什麼？

2. 這個經驗是如何影響了您對自己的看法？什麼樣的疑問挑戰了您對生命的看法？您怎麼看待您自己？

3. 失去胎兒後如何影響您的目標，您是否變得比較有行動力？比較焦慮？還是比較憂鬱？哪一部分讓您難以說出口？

4. 您有沒有讓自己失望？您有沒有讓胎兒失望？那是什麼？

5. 在人工流產後，您對什麼感到罪惡？您有怎樣的罪惡感？

6. 這些罪惡感代表什麼意涵？

7. 您有沒有被別人批評過？那是什麼？

8. 對於告不告訴別人這件事，您有沒有罪惡感？如果您曾經告訴別人，您是獲得支持，還是覺得因為「做錯事」而得到懲罰？您現在有此種感覺嗎？請您試著傾聽內在對於人工流產經驗，產生的負面看法有哪些？

9. 您是否對哪些社會上的意見，到現在還是很敏感？當時那些外在的聲音告訴您什麼？現在又可能告訴您什麼？您現在仍然對一些人或事感到氣憤或想責備誰嗎？您對自己的決定感到氣憤嗎？

10. 請您談談在孩子生產後，選擇看或不看的原因？有人去探望您的孩子嗎？

11. 如果您可以再一次看到孩子，您將會說什麼？

12. 如果您可以再一次改變一件事或做一件事的機會，您會想做哪些不一樣的事？您會做什麼？您會有哪些不一樣的做法？（引出已存在的罪惡感）

13. 人工流產前／後令您害怕或感到困難的情緒是什麼？什麼可以幫助您降低這些害怕或感到困難的情緒？

14. 當您決定看孩子時，什麼樣的情境可以幫助您與孩子說「哈囉」與「再見」（例如：鮮花、蠟燭、拍照、衣服的準備、儀式、需要多少時間

等）？

15. 誰可以幫助您與過世的孩子說「再見」？

16. 人工流產後，什麼樣的疑問在您心裡至今依然存在？

17. 您是否曾經因為自己沒有看到過世的孩子，或是沒有留下任何的紀念物而感到後悔？如果是的話，您現在可以怎麼做來幫助自己？

18. 您是否曾經因為自己的悲傷反應或無法悲傷哭泣而感到罪惡感？

19. 您覺得可以做一些什麼事情來提昇自己的信心，讓自己擁有能力去愛與被愛？

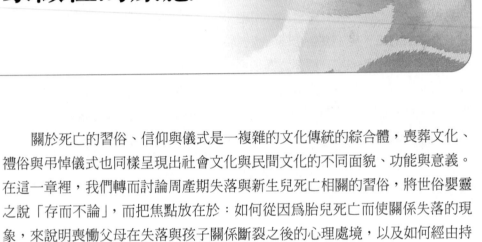

Chapter 8
象徵性的療癒

　　關於死亡的習俗、信仰與儀式是一複雜的文化傳統的綜合體，喪葬文化、禮俗與弔悼儀式也同樣呈現出社會文化與民間文化的不同面貌、功能與意義。在這一章裡，我們轉而討論周產期失落與新生兒死亡相關的習俗，將世俗嬰靈之說「存而不論」，而把焦點放在於：如何從因為胎兒死亡而使關係失落的現象，來說明喪慟父母在失落與孩子關係斷裂之後的心理處境，以及如何經由持續連結達到再接續（re-connecting）或再遭逢（re-encountering）的行動中進行修補「未竟事務」行動。

　　由於本土文化早夭的胎兒，並沒有喪葬儀式提供父母親哀悼，在悲傷療癒裡，宗教的向度也因此被遮掩起來。在此我們要再回到第七章，我們曾經討論關於周產期新生兒死亡父母親罪惡感的議題，與第五章被社會文化剝奪的悲傷，並掩飾、否認胎兒死亡中悲傷的面向，呈現出文化態度是如何影響實務的。而這次要考慮的是父母親在主流文化缺乏哀悼儀式中，個人是如何知覺、看待「周產期新生兒死亡事件」？在這章被提出討論的習俗都是特殊與重要的，由於社會對於孩子早夭和生活主體保持一定的距離，這樣的知覺、看待個人又是如何去因應，如何從他們的生活中接受到支持和協助的一些方式，其所產生次文化象徵性的治療儀式為何？新生兒死亡的悲傷藉由象徵性的療癒儀式可以如何被釋放和滑動？

　　父母親在依附關係形成的過程中，遭逢周產期失落也需要透過一些方式來達到分離，本章旨在探討經歷新生兒死亡父母親求助象徵性的療癒行為背後觀念是什麼，如何幫助那些正在因應失落和悲傷的人，這些觀念又如何被詮釋以及影響，或決定其求助的對象、方法與選擇。正如在這章中，我們將透過民間宗教信仰、民俗信仰：儀式結構與功能分析儀式功能，與恬念世界「嬰靈」的安置象徵意義，探究它們如何幫助父母親調適當他們失去胎兒時所產生的瓦解和迷惘，而周產期新生兒死亡事件所帶來的傷害，是否因為上述的因子而減小或形成加乘效果，從中去談悲傷療癒經驗的核心，正是本章所欲探討的。

　　隨著西方精神、心理醫學逐漸成為社會醫療體系中重要的制度，社會各界亦在近年來開始對喪親的失落與悲傷投入大量的關注與討論，心理學向內看心理的存在所提出的答案是「自我」，而深度心理治療就是重新認識自我、療癒自我、自我成長的心理旅程。在台灣「本土文化中」對於人的心理情緒問題與心理治療之探討，一直沒有受到應有的重視，以往的研究較偏重於以西方心理學理論概念、方法工具及臨床應用為主，而對於傳統文化所延續下來之民俗療法（folk therapy），例如：超自然觀念的「儀式行為」——失去胎兒後象徵性治療（symbolic healing）議題的瞭解，在傳統醫療及學術領域裡，則相當有限與式微，在社會上的地位不受重視，其主因與其「個人觀」、「社會文化觀」之建構堅如磐石有密切的關係，人與社會及超自然之間的和諧關係，是中國文化的根本關懷，在說不出口的悲傷中，基於傳統社會的意義距離，對於「所為之事」尋求象徵性的治療，說一個特別的「再見」，以達到「善終」的過程，變成是「心的照顧」（care of mind）另一種的選擇。

J母親的故事

　　J母親三十歲，研究所畢業，個性獨立，她在結婚前即與先生取得共識要當頂克族（雙薪無兒，Double Income No Kids, DINK），故結婚後一直沒有懷孕計畫，因紅斑性狼瘡（Systemic Lupus Erythematosus, SLE）住院治療後，意外發現懷孕八週，此次為第一次懷孕，由於大量藥物使用，醫師告知會影響胎兒發育異常，與先生商量考慮下最後不得已決定放棄胎兒，墮胎後繼續治療。

住院期間她的心情：

　　以前的我一直覺得沒有孩子，生活一樣可以過得很自在，先生不是長子，所以有沒有孩子也無所謂，孩子意外的到來，在這樣的時間……現在的我才知道失去肚子裡的孩子是如此難熬，心是如此的痛；以前的我喜歡動個不停，各種運動讓我表現樂觀正常有活力，喜歡幫助別人；現在的我彷彿失去生命能量完全不想動，同事朋友看見我直對我說：「她們喜歡看到以前的我，不喜歡現在的我這樣失魂落魄的，大家對我態度不是叫我要振作，就是不知該如何安慰。」現在的我很想去強迫自己去做以前的我，可是現在的我卻一點也感覺不到開心，直到頭上掉了許多頭髮，醫師說是壓力太大所造成的，原來我是如此悲傷於無法用生命保護寶寶。

　　「寶寶你過得好嗎？」原來我也跟世界上其他的媽媽一樣，孩子死掉後，也會想知道他現在過得好不好，我只能用想的，沒有其他人可以說，我從來沒有跟任何人說我現在多痛苦，可是一個人面對這些，我真的壓力好大，也許是寶寶讓我看到生命裡我從來沒有的經歷，這是我第一次說那麼多，第一次毫無遮掩地流下一滴滴淚水，以前我從不知道自己有這麼多淚水，我很佩服我有勇氣說那麼多關於我墮胎的事，我真想說出來……希望有人能給我安慰。

　　為什麼要我一個人承受這些！為什麼！要是我沒有生病，我一定會很高興的生下寶寶，我跟一位年長的護工阿姨說我墮胎了，我想幫寶寶做點事，覺得很愧疚，護工阿姨告訴我可以參加醫院內佛堂七月的超渡法會，一起幫孩子超渡，可以引渡嬰靈往生，是免費的，那天我私下一個人去，在法會裡跟孩子說了很多話，護工阿姨還教我說：「請佛祖渡我無緣子女，急急前往西方淨土極樂世界，望我無緣子女早日迴向慈祥父母。」讓嬰靈淨靈轉生福地，請孩子安心離開，早日再投胎到好人家家裡，之後就覺得心裡放下許多……。

　　象徵性治療儀式可以是簡單或複雜的，其有效性牽涉更深刻的精神層面，

剝奪的悲傷
——新生兒死亡父母親的悲傷與輔導

靠儀式的詮釋而深化其引導作用，從藏身在人心裡最深處之不適或罪惡感的減除可以得到驗證，爲媒介生命脈絡失聯後找到縫隙修補的技術，牽引出生命的轉化，而其背後的機制、奧祕或往內觸碰之所在，來自治療者之功力、神明之法力或者儀式本身之撫慰力量，用一種非主流儀式的形式代替主流，在與胎兒死亡潛在地破壞、壓力和混亂的交會後，象徵嬰兒之魂魄「嬰靈」獲得安置，彼此重新得到人際之間與超自然之間一種動態的平衡，達到和諧與圓融的狀態，好像許多無法解開的結都會在此充滿超凡中鬆開了，當事人的生命因此開展活出來。於是，超渡嬰靈成爲一種象徵儀式的文化性與社會性。

壹、民間宗教信仰

一、民間信仰與宗教對墮胎的看法

Jung（1938）予「宗教」下了一個廣泛的定義：宗教是人類心理特殊罕見的態度，一個細心的體恤以及數種動態因子的觀察，這些因子可被認爲是「力量」、「精神」、「守護神」、「神祇」、「律法」、「概念」、「理想」等或是其他名稱。當一個人被賦與這些因子時，他會發現他的世界具有足夠的力量、有幫助的被帶入細心的體恤；有足夠的崇高、美麗和有意義的被虔誠地崇拜和被愛（引自Young-Eisendrath & Melvin, 2000）。宗教雖被視爲死亡焦慮的緩衝劑（例如重生、救贖與不朽），但也可能成爲某種特別壓力的來源（例如因果業報、害怕嬰靈糾纏報復）。

以宗教的觀點來說，不論是回教、基督教、天主教、印度教或者佛教等，大部分之宗教是反對墮胎的，以基督教、伊斯蘭教及猶太教主導的國家（中東、歐洲及北非），認爲生命是神所賜與的，所以只有神才有權取回生命，而非人類，這個觀念在部分天主教國家尤爲強烈。故有國外研究報告顯示，天主教對流產的態度較苛責，教徒流產後罪惡感、心身症狀較嚴重（陳映燁等，1998）。猶太教強調生育是人的天賦；基督教認爲，生命是上帝的禮物，人是上帝的創造物；佛教認爲，所有生命都有同等價值，人們應該「普渡眾生」等

（邱仁宗，1988）。雖然輿論或者宗教譴責墮胎，強調生命之延續或消失應自然進行，每個人在有限生命期間，各有應盡之義務與責任，不可輕言放棄，毀滅生命，應藉修行或其它方法來進入另一世界，以得永生；但是事實上，在世界各國的歷史中，幾乎都找得到墮胎的蹤跡。

二、因果輪迴的疑惑

「業報」和「輪迴」觀念，在中國一般普羅大眾之中，具有很大的影響力，今生所作的善業和惡業都會產生果報，會決定來生輪迴的境界（方立天，1990）。佛教相信前世、今生、來世的「三世因果」與「輪迴說」，前世行為（業）所種下的「因」，決定了今生的「果」；今世的行為（業）之「因」，將是來世「果」報的根據，個人命運取決於自造的業（行為），因此，有所謂的「善有善報，惡有惡報」（黎小娟、李從業，1998）。郭朝順（1998）研究輪迴思想認為是建立在「自我」（atman）與「業力」（karma）兩個觀念之上，佛教的輪迴思想，認同了業力的觀念，卻批判了自我，而「輪迴」是印度傳統下的一種世界觀，它告訴我們的是世間眾生生死流傳的「事實」，也提供了善惡有報的道德保證。

陳淑君、邱宥儒（2001）指出，「因果輪迴的疑惑」是本土文化中特有的現象，「嬰靈說」隨著墮胎人數上升而充斥在整個社會中，以佛教的眼光來看，是阻止新生命的誕生而形成的「孽」與「業」（引自李玉嬋，2002）。國人因果報應的觀念深植人心，例如：「這個小孩前世有什麼……」、「你做了什麼缺德事……」對個人調適歷程極具影響力（林家瑩，1999）。巨大的指責浪潮會將喪痛的父母親推擠到有苦難言的境地，其中牽涉到的不只是單純的喪子之痛，更難承受的是倫理的不堪。

三、生命的起源──胎兒究竟是不是人

在孕婦子宮中的是一個胎兒（Fetus），胎兒是人嗎？胎兒是從胚胎（Embryo）演變成的，所以胚胎是人嗎？然而胚胎又是相繼從受精卵演變而

來，那受精卵算是人嗎？關於「人」的生命起始點應從哪一階段算起，至少有六種意見（邱仁宗，1988；羅秉祥，1992）：

1. **卵細胞受精後**：受精卵是分別從父母雙方各承繼一半的46條染色體，其中遺傳密碼決定了這個生命將來的許多特徵，如性別、身高、頭髮、眼睛及皮膚的顏色、個性、智力等。因此，只有在受精卵中才具有人類生命的充分潛能，精子本身或卵細胞本身皆不具備。

2. **精卵結合成功植入（著床）於子宮壁後（懷孕兩周之後）**：植入子宮壁後胚胎形成一個多細胞體，細胞之間有緊密的發育聯繫。

3. **胚胎略具人形，腦電波能測到（第八周）**：臉、手指、腳指、內臟、骨骼等皆具雛形，有固定的心跳，腦電波能測到。

4. **胎動（四至五個月後）**：胎動以前，母親認為胎兒是自己的一部分；胎動以後，母親會認為胎兒是獨立的個體，會用名字來稱呼胎兒。

5. **離開母體仍能存活（Viability）（六至七個月後）**：胎兒離開母體仍能存活，就表示胎兒已成為一個獨立不再依賴母親的實體。

6. **胎兒出生後**。

陳淑君、邱宥儒（2001）指出，西方觀點：人的靈魂六個月左右才會附著於胎兒，但一時與肉體尚未能適應，直到呱呱落地出胎的剎那，兩者才會真正結合；基督教視胎兒為人體存在（Human being）。東方觀點：人在母體受胎時，就由宇宙主宰將「靈」送入剛萌生的肉體中，佛教以為眾生平等，成人與嬰兒死後均為「中因身」輪迴、轉生；道教主張胎兒即有靈，無法誕生，應供養以送往靈界（引自李玉嬋，2002）。

因此，選擇性墮胎之所以一直被大家爭論不休，正是因為我們很難找到一明顯的分割點來指出人的生命是從哪一剎那開始？墮胎究竟是不是殺人？若是生命開始於受精之始（持這樣說法的人甚至反對某些避孕方式，導致受精卵無法著床）？還是從胎兒有心跳、胎動或胎兒離開母體能夠自行存活出生時刻開始？眾說紛紜，只因每個人對於生命的起源都有自己不同的看法。

貳、民俗信仰：儀式結構與功能分析

儀式可以幫助家屬確認失落的事實（Robinson et al., 1999）。Corr 等人（1994）提出，儀式可幫助喪慟者和社會實現三個任務：(1)以適當的方式處理死者的身體；(2)協助使死亡的涵義成為真實；(3)協助日後的生活恢復整合和意義（引自 Corr et al., 2003），詳述如下：

1. **遺體的處理**：以適當的方式處理、尊重死者的遺體，如同他是一個有價值的人，大部分的人對遺體被丟棄或橫屍遍野的感覺是不舒服的。

2. **接受死亡的事實**：提供生存者一個對他們所愛的人身體最後而溫馨的「記憶圖象」；購買與喪禮有關物品，對某些人來說使他們能給死者最後的禮物和服務的表現，相信遺體將「從這些因素獲得保護」，能對逝者提供某些心理上的滿足。

3. **重新整合和繼續生活**：死亡會帶來個人、家庭、社會、靈性層面的瓦解，喪禮的公開儀式提供個人獻身於未來更好的社會利益中工作的機會給與證言，並透過哀悼服務中分享關於那個人的事跡，讓死者可以被安置和保護好，而達到重整。

一、分離、過渡、聚合

儀式在大部分的人類生活中扮演很重要的角色，眾多儀式存在於社會，儀式的產生，緣於人類的社會需要、精神與靈性的渴望，這些儀式標誌著一個人通過一種社會或宗教地位到另一種社會或宗教地位。在宗教儀式中常見有禮儀、慶典、祈禱、經懺、法會、彌撒與祭祀等活動，一方面代表的是人與超自然界之間的一種聯繫感通；另外一方面傳遞著神的啟示與佛的慈悲，例如：透過儀式達到祈福、消災、解厄、驅邪、鎮煞、救贖，甚至醫療等效果（傅佩榮譯，1986）。

Victor Turmer、Edith Turner 所撰寫的一本書 *Image and Pilgrimage in*

Christian Culture: Anthropological Perspectives，依據人類學者 Arnold van Gennep（1873～1957）於 1909 年著作中 *Les Rites de Passage* 提出「通過儀式」（Rites of Passage）這個理論，將生命禮俗作深入的分析（劉肖洵譯，1983），說明許多重要的通過儀式是和生物學上生命的各階段有關，強調儀式和人類生活之危機或重要轉捩點之間的連結。

不論哪種族群，彼此間的儀式雖有極大的差異性，然而皆脫離不了生命的出生、成長、結婚、生育、死亡等幾個重要階段，每一階段的生命會在其間經歷轉折的危機期，稱為人生的一道道「關口」（life crises），「關口」包含了一種人類生命中有意義的變化或中斷入侵威脅人們。人自出生經歷結婚、死亡等儀式，區分為分離（separation）、過渡（transition）、聚合（incorporation）三階段，第一階段「分離」儀式，包括象徵性的行為，表示個體或群體離開先前在社會結構或社會階層中的某個定點；第二階段「過渡」儀式，清楚地將神聖的時空與世俗的時空劃分開來；第三階段「聚合」儀式，代表受禮人回歸社會，也常展示種種新生或再生的象徵物。此三階段是從一種狀態過渡到另一狀態，從一宇宙世界過渡到另一宇宙世界的種種過渡禮儀。

另有一些則是慶祝那種完全是文化性地位變化或社會階層的通過儀式，比如加入某個特殊的社會團體。在現代社會，從學校畢業也成為一種通過儀式。學者通常認為通過儀式是一種伴隨社會衝突和合併變化的機制，它不會打破對於維繫社會秩序所必要的平衡。

為使自然生命順利地成長，解厄渡關，社群中逐漸創造出各種形式的「通過儀式」（或過關儀式、通道儀式、通過禮式、關口儀式），而此儀式歷程又稱為「生命禮儀」，指人經由過關儀式的洗禮，便能順利渡過危機關口，讓生命安然地走向下一個階段，彷彿經歷一次象徵性的死亡，靈魂洗滌後獲得重生。

二、罪與解罪

台灣民間信仰常以畏懼亡靈（如：嬰靈崇拜）以求福祈報。經歷引產墮胎的背後都會揹負著沉重的罪惡感，強烈的內在自責，減輕思念、不捨、罪惡感的方式很多，藉由宗教儀式的轉移、布施植福、念經迴向……等，讓這些父母

親有機會實際透過某些儀式紀念孩子，為孩子盡一點心力；民間的摺紙錢、蓮花、燒衣物等「超渡嬰靈」習俗，亦是具體的哀悼方式之一，在俗與聖的神祕氛圍中，彷彿經歷一場象徵性生命的死亡與復活，不僅是協助嬰靈能尊嚴的完成人生的終點，同時具有宗教性的祈禱功能，又可以預期結果，讓父母親在悲傷混亂之餘保有結構及穩定性。

藉由儀式的轉移，擺脫俗世的不潔，靈魂得以超越凡俗，昇華進入神聖純潔的境地；代罪過程具有淨化、贖罪的治療功能：「他們可以為逝者做一些事情」，使生命中的罪愆得以洗滌，藉由聆聽其壓抑在內心的悲傷、悔恨、苦悶，情感得以抒發淨化，祈願得以實現，包括：安心、再保證、鼓勵、給與支持建言……等。以社會化意義而言，人們同時參與了一個過程，一個與他人共享一種經驗，使其不再孤單，而是感受到一種心理上的安全感，不僅自助而且也給自己一個支持以及哀悼的機會。

三、獲得支持，重建生命意義

儒家一方面以道德的圓成為人生命存在的終極意義；另一方面重視喪禮要求「事死如事生」，「喪思哀」而「致乎哀而止」，祭祀時須「事亡如事存」、「祭思敬」，以禮法表達誠敬之心，並在人倫關係中展開生死關懷。由儒家喪祭禮「祭思敬，喪思哀」的特質為核心精神，透過適當的葬禮安排來表達對死者的敬慎尊重，可以增加失落的真實感，適度的宣洩悲傷情緒，從社會支持與認同中，重組人倫關係，超越生死的鴻溝，回歸正常的生活軌道，重新建立人生意義與價值（王玉玫，2003）。一個適切的儀式應提供「重新註記意義」的機會，使深受影響的人認知到自我認同的改變，對生活的變化提供「變遷的儀式」，使當事人重整與失去的人、地位或物件的關係，提供一個「重新連結的儀式」（Neimeyer, 2004）。

減輕周產期失落悲傷，對早夭胎兒的不捨、思念與罪惡感的方式很多，西方利用洗禮與追悼來紀念胎兒短暫的一生，有詩歌有回憶更珍惜全家與全程「生前相聚」的悼念方式跟孩子說再見，過程拍下紀念性錄影帶或照片，來幫助失落父母親確認死亡事實，學習以正面的態度看待「死亡」；本土民間宗教

剝奪的悲傷
——新生兒死亡父母親的悲傷與輔導

儀式、布施植福、念經迴向等，都可讓喪慟者有機會透過某些方式實際地紀念逝去的孩子，或為他們盡一點心力；民間的摺蓮花、燒衣物、供奉嬰靈等習俗，將「不捨」、「不甘」轉為祝福，祝福孩子離苦得樂，也提供了具體的哀悼方式，處理未表達的或潛在的情緒，在參與過程中與親友結伴，與喪慟者同行而能對親子關係的「分離苦」感受到支持。

林婉玉（2003）研究顯示，未婚青少女學生墮胎後，有些青少女會認為自己傷害了一個生命，會暗中以不同的儀式尋求心靈的寄託，以減低心中的不安。李玉嬋（2002）認為，對於喪失胎兒的孕母而言，儀式具安慰與救贖的力量，包括：法會前告解具表達悲傷的力量、儀式的準備過程深具悼念的功效、儀式的進行中完成告別與療慰。喪慟者藉由世俗所認同的儀式得以宣洩悲傷憂慮情懷，無形中消除與死者間的情緒衝突與複雜的情節，慢慢調整自己的角色與功能，再度面對無死者存在的現實生活世界，建立新的生活方式與秩序（陳映雪，1985）。

邱碧玉、蘇燦煮、陳月枝與柯滄銘（2006）認為，由於本土文化相信鬼魅之說，經歷減胎手術的孕婦會擔心胎兒死後會變成嬰靈跟著自己，而增加其內心的罪惡感與不安，因此，可以利用本土民間信仰的觀點，教導其利用念經或至廟裡以宗教儀式的方式超渡嬰靈，來化解其內心罪惡不安的情緒。張蓉蘭（1992）研究發現，孕婦面對終止妊娠幫孩子超渡之後，可以減輕內疚，悲傷反應與罪惡感需由先認同胎兒，瞭解胎兒必須與自己分離，再藉由宗教儀式確認胎兒地位而紓解，以避免延緩或扭曲悲傷過程，有助於解決個案的憂鬱。吳淑玲、吳惠娟（2004）也有同樣發現，胎死腹中產婦利用寺廟幫胎兒超渡後，父母表示覺得孩子能往極樂世界重新投胎，在極樂世界快樂生活而心安。此外，林家瑩（1999）指出，「孩子過得很好」的訊息，都來自民俗信仰或宗教，可見民俗信仰與宗教有其功用存在。而佛教的「無常」觀念也深植人心，而且經常被引用來解釋這種生命中不可預知的變動（方立天，1990；廖梅花，2003）。

本土民間信仰中與婦嬰有關的神明皆是女性的神明，如：觀世音菩薩、媽祖或註生娘娘等，人們為瞭解不確定，使得傳統的民間信仰和個人的生活有密

切相關，成為解決問題的重要憑藉（李碧娥、楊玉娥，2000）。傳統上宗教指引著靈性發展，大部分的宗教信仰或民俗信仰儀式提供了對世界運行、生命去向軌跡、建構生死的意義，所以宗教或民俗信仰也可以藉由影響個人的意義建構，間接影響了個人悲傷反應與調適。正因安撫嬰靈矛盾地蘊含著剝削與援助，又涉及宗教與信仰範疇，而使得此一議題顯得更形複雜。因此讓失去嬰兒的父母親或家屬選擇其信奉的儀式來哀悼減輕心中的罪惡，也是一種心靈慰藉的安定來源，故宗教儀式是用來幫助存活者重要方式之一。

（一）夢境中擬像共在

心靈深層的活動可以藉由作夢時清楚地被探觸感受到，夢到已逝的親人，有時是表示喪親者處於悲傷過程的某個階段。有時記憶藉著「夢境」不斷地反覆縈繞在喪慟者腦海之中，結合著關於死亡謎樣的惡夢或逝者重現，甚至栩栩如生般的「實體」歷歷再現，喪慟者的「夢境」會被迫停滯在死亡情景的當下甚至停格，跌宕到時間現象的回憶重演「失落」，啟動悲傷療癒機制（如：居喪、死亡或創傷性的夢境），這些「侵入」的經驗在失落初期尤其常見並且強烈，存在於我們的心與腦、意識與潛意識，是心靈生活自然的一部分。

在台灣民間許多喪親者會表示，在親人過世後他們偶爾或經常會夢見已逝的親人，視為是過世親人的亡魂回來托夢，通常他們都會具體的描繪夢中的情境，並將夢中情境，解釋為親人要生者幫逝者做什麼事情等，從夢境中去瞭解過世親人的近況，或與親人對話，所謂日有所思，夜有所夢，透過「轉移、壓縮和象徵」，藉此來宣洩內在悲傷獲得心靈的平安或慰藉。

徐富昌（2001）指出，夢是每個人都曾有的生理經驗，而中西方對夢詮釋的角度則不相同：中國對夢的解析除了含有生理經驗、讖緯預測、疾病醫療等，更重要者已將夢做為哲理思考的一環，夢列入發展思考人生之意義與省思自我生命的價值判斷；而西方對夢的觀察較著重於心理學與醫學範疇，一般普遍認為夢的特點有：

1. 夢通常用象徵或隱喻的語言表達出來。
2. 夢在其它方面來講是一種精神事件。

3. 夢能提供治癒和使人精神完整。

4. 夢允許清醒的自我和最深處的自我之間建立關係。

當遭逢生命失落時，總會帶著悲傷，這些悲傷會存在於人格內層與潛意識之間，存在於身體的記憶世界裡，這些悲傷平日被包裹得不錯，沒事不會外露。然而，言辭未盡之事會以迂迴的方式，以夢境取而代之，畢竟在夢醒了之後有所「覺」，會將深藏的沉默之聲敘說出來，夢境中的掛念可說是生者與逝者的交會點，夜深人靜時夢境裡的「勾引」是對逝者有強迫性的思念，顯露出強烈的情蘊共構世界，反映思念的內容通常是渴望再與失去的親人相逢。有時夢境的影像會突如其來地占據喪親者的心思，迴盪在腦海裡揮之不去，讓喪親者感覺到逝者仍存在於同一個時空之中持續性的連結，反映了我們內在的某些部分，藉此貼近自己能量，聆聽內心，觀照到內在的紛擾。

A 父親身受這種喪子的煎熬，把那一份思念情愫，也都移到夢裡繼續牽縈，將悲傷感知經驗投射於重複的夢境，不斷回憶孩子相處的最後影像，調適持續了一年，認為是感性與理性兼俱。他的夢是這樣生命經驗的無言，他做了這樣的夢境：

> 日常生活作息，我是覺得還好，但是小孩子過世後有一段期間，晚上睡覺的時候，常常會想到……因為……是我自己處理的，心裡面會難過，晚上睡覺都會想，然後重複像錄影帶一樣自動播出，一直走、一直走那一條路，夢裡重複送他去的那個過程，沒有夢到這個小孩子怎樣跟我玩、跟我互動，晚上睡覺睡不著，會想到這段情景，在那一年當中，有時候常會想到。我沒有夢過這個小孩的樣子，我太太她好像有，但是她沒有跟我描述他夢境裡的樣子。（A-262）

（二）持續性的連結

過去悲傷理論認為，悲傷工作的目的乃在於與逝者切斷連結，自他們所愛的對象身上撤回依附，自我才會自由及不再受限，並重新展開新關係（Freud, 1917）。然而，Klass、Silverman 與 Nickman（1996）的《持續連結》

（*Continuing Bonds: New Understandings of Grief*）一書，提出對喪親輔導不同的看法，認爲悲傷工作的目的乃在與逝者間持續連結，與逝者同行是有幫助的，同時也不強調一定要表達情緒，提出另一種悲傷的參考和補充模式。有的人喪親後「放手」（letting go）有困難，連結對他們是有益的（張玉仕，1997）。

Klass 等人（1996）近十年的研究顯示，喪親的悲傷者會持續性在心裡深處保持與死去親人的連結，獨自以此方式來安慰自己的靈魂。Buchsbaum（1996）指出，「回憶」是喪慟者於親人在世與死亡後連繫的重要橋樑，不僅可以提供喪慟者安慰，更可以藉此豐富內在而走過悲傷。學者在日本哀悼儀式的跨文化研究中，亦發現儀式具支持喪慟者功能，喪慟者相信逝者在死後的世界中仍和他們保持連繫，如：相信逝者（或祖先）的看顧、保佑並指引人生方向（Klass, 1996; Klass & Heath, 1997）。持續性連結的渴求，象徵超越生死的互通，不單是生者抒發對死者懷緬，更是一種精神的聯繫，一種關係的保持，總是透過一些受苦的人，把生命景象的光透露出來，因而讓人明白生命的暗處，藉由連結來繼續關係，才有助於適應，是從悲傷中再獲得釋放之道的方式之一。

Walter（1999）認爲，經由分離、放手進入新的關係，悲傷才能被解決，雖然大多數傷慟者的確是「放手」、「發展新關係」，只是這些人把關係轉換，喪親者被鼓勵及允許一再談論逝者並常憶心中，繼續與逝者保持聯繫關係，「談論」幫助傷慟者澄清思緒、處理未完成事件及走向未來。在英國有少數研究發現，許多喪慟的人，特別是父母親爲了要查明他們心愛的孩子是否安好而諮詢靈媒。對於理性而言，「通靈」於現象的存在，是個令人尷尬又極力排斥的存有狀態；但是在心靈撫慰而言，既是生命的存有狀態，我們就必須回到現象自身。因此，對於「通靈」現象，不是信或不信的問題，而是人如何解除文明的遮蔽，可以自我揭露生命痛處的問題。

Vickio（1999）提及持續連結常見的五個策略：

1. 找出死者留下的那些不可磨滅的印記。

2. 從死者的生命中找出意義及目的，加諸在生者持續的生活中。

3. 找出清楚物體或象徵性經驗與死者連結。

4. 在我們生活中確認可以特別紀念逝者的儀式機會。

5. 選擇生活故事讓死者呈現。

維持連結的方法有許多種類,例如:幻覺經驗、口語溝通、祈禱、象徵性重現、提供一些題材與死者靈性交流(生者所擁有遺物),經由認同、精神不朽、宗教儀式文化及回憶與做夢提供支持性(Rosenblatt & Meyer, 1986)。

Silverman、Worden(1992)對失去父母的小孩研究發現,父母與小孩的連結行為,如:夢、對話、被看顧的感覺、常去墳前、保有遺物和思念。經歷周產期新生兒死亡或嬰兒猝死的喪慟父母也發現,在孩子死亡後,出現被孩子影像占據腦海的情形是非常普遍的(Benfield et al., 1978; Sanders, 1980)。對喪慟父母而言,經驗到不尋常的意念或覺得孩子還活著,並非罕見;許多文獻顯示:引產後母親可能充滿因為對胎兒的思緒,而急切的想尋回胎兒,因強烈思念而聽到胎兒的哭聲,或是依然感到胎兒的存在、胎動感,可能會持續一段很長的時間,而這些反應依然是屬於正常的悲傷範圍之內(Averill, 1968; Bohannon, 1990/1991; Menke & McClead, 1990; Smith & Borgers, 1988/1989; Stierman, 1987)。

Wallis(2001)研究,生者與逝者間持續連結本質,發現靈性主義提供方法與支持性環境,來進行生者與死者關係的持續,生命雖不再,但靈魂依舊存在,仍然會被思念,在喪慟下找靈媒,做了有意義的結構性連結,當他們知道死者是一切安好並在保佑他們,就會有安慰。靈魂存活的話語對活著的人是個重要訊息,靈魂可以告訴喪親者:「他們是安好的、在新世界安居、死亡是安詳的、知道死前親人對他的愛及幫助(特別是死前意識不清楚的人),或痛苦現在已經不存在、遇到比他們更早過世的家人及朋友。」神人交會的過程中,亡靈也會提供支持或情緒協助活著的人,此種支持與忠告連結包括:可以做什麼事情來彌補,或者不能做什麼事情,為非命令性的,比告誡聽起來舒服,特別是恩怨化解,以幫助活著的人給他癒合的能量,不僅是思親的撫慰,更重要的是倫理的救贖,尋求脫困解厄的依托。關於持續性的連結,靈性溝通要素與彼此間關係,如圖8-1。

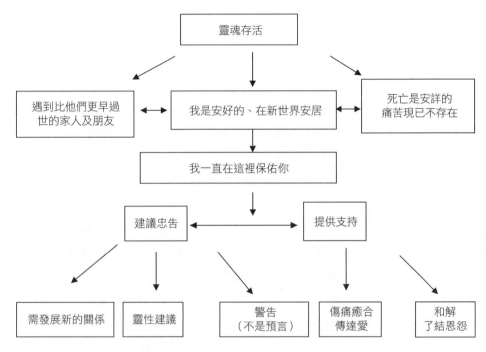

圖 8-1 靈性溝通要素與彼此間關係

資料來源：Wallis (2001: 135)

儒家文化的子民則在華人文化論述的資助之下，合法地採取與亡親的締結（余德慧、彭榮邦，2000）。在台灣民間，喪親者會藉著宗教、靈媒的引介，去尋覓過世親人的影子，除了前往逝者放置骨灰的廟宇，去拜拜或幫已逝親人做法事，有時也會藉用卜卦的宗教儀式，詢問過世親人是否顯靈來到他們的身邊，或是否曾經回家過；甚至會去找靈媒來牽過世親人的亡魂回來，與他們對話等行為，藉此得到心靈的慰藉。「牽亡」為台灣本土民間宗教裡的象徵治療（symbolic healing）或儀式治療法（perfomance healing）。治療者使用符碼（codes）來解釋求助者的問題，求助者的經驗於是和治療系統象徵意義產生共鳴，也可以說是治療系統的象徵意義制約了求助者的經驗。一般而言失親者牽亡常見的原因有下列三點（彭榮邦，2000）：

1. **為了生者**：想見面的肉身情懷（常常藉由托夢來顯示，惦記死者是否一

剝奪的悲傷
——新生兒死亡父母親的悲傷與輔導

切安好）；失親者與過世親人之間有未盡的人事（包括財產糾紛、家人失和、解冤報仇、求個交待等等）；身體運途不順遂等等（若是死者未安置好，生者會受到影響——風水之說而爲亡靈的居所遷移墳墓）。

2. 爲了死者：托夢、移靈檢金、釐清是否爲枉死（當意外發生的時候確認死因）；買罪（要求生者燒紙錢給死者，送給范謝將軍，讓其在陰曹地府中離開枉死城）；傳遞香火（是否希望有子孫爲其傳遞香火及祭拜牌位，其中也會牽涉到條件交換，例如：亡靈會保佑家人生兒育女）。

3. 原因不明：過世親人的「象徵物」突然出現異狀（例如說家裡拜祖先香爐突然發爐、遺照突然從牆上掉下來）等等。

在平常性的文化設置中，不管是葬儀、祭祀、超渡等，都是藉由象徵性的行爲讓失親者與「亡靈」交涉，但是這些文化設置卻可能因爲儀式本身的制式化而失去了「靈通」的能力。台灣的習俗對失親者來說，「牽亡」最大的意義在於，他給出了一個與過世親人「重逢」的短暫時空，讓他們因能「再見」而得到安慰，做爲一種「最後的依靠」。

曾英芬、陳彰惠（2005）針對台灣十一個家庭爲死產孩子參與或舉行儀式，將儀式背後的意義歸納成十個主題，分別是：(1)徵詢對引產的意見；(2)讓孩子找戶好人家再投胎；(3)照顧孩子免於受欺；(4)將孩子接往極樂世界；(5)跟孩子告別；(6)避免造成家庭事業不順；(7)探查子女命；(8)打探懷孕消息；(9)換取可以生小孩的好肚子；(10)祈求肚中孩子安康。無疑地，失去胎兒的女性會有著表現跟胎兒切不斷、理還亂的依賴情感的象徵關係，試圖努力抓住摯愛的存在。

處於非主流文化下的敏感範疇，家屬彼此意見可能會不一致，不只在一般葬禮儀式上的角色，特別是在此特別的例子中，特殊儀式是否確實能提供一個有用的服務，在以下內容，我們要提供個案實際的見解分析，透過這個分析，我們希望對「象徵性的治療的」本質和目的達成一個更好的理解。

A父親與太太惦念孩子死亡後的世界，透過通靈感應之人傳達，獲知孩子得到適當安置，到西方的極樂世界，並且把罪孽丟給神明，情緒因此而寬心安定，內在得到平安，同時又認爲應該敬鬼神而遠之，適可而止就好，他的心理

的陷落與生命苦痛的療癒過程，正是他逐步相信通靈的信仰過程，也是他選擇且相信通靈者給出的說法與詮釋系統的過程，在此過程中心思不必再隱藏而獲得重解（reframing）。他的描述如下：

> 我太太有一個朋友，他認識一個自稱有通靈能力的人，他的通靈是通神明的能力，他說他會聽到神明跟他講話。其實我們兩個都是受過高等教育，照理說不應該去信這種，因為我學姊非常相信他，他還講說吃豬肉是造了很多的孽，我們生的疾病是很多孽，他會透過他的法力……把這些不好的東西丟給神明收走。然後……我就帶我太太去他那個地方，我也是儘量讓她的心裡面感覺舒服。在那一次裡面……她終於問那個人我們都叫他黃大哥，她問黃大哥說：「這個小孩子到底怎麼樣，他是不是還在我們家附近？」黃大哥就感應神明的說法，他說：「你放心，這個小孩子……已經到神明那邊去，他是一個天使。」他說很多是屬於精神層面，不管是什麼自然科學，也都是有情緒，人不是東西，他跟我們講說他已經到了西方的極樂世界，我們的心才寬心下來。（A-182）

> 我太太要是相信這個黃大哥就好了，可是我又一直怕她太相信黃大哥，有一次我就叫她不要再一直去找那個黃大哥了，因為我認為有些事情偶爾相信就好了。我太太也是希望我們跟他變成好朋友，但是我又不希望介入宗教太深，因為有些冥冥之中不可觸及的事情，不需要去太……因為儒家講說：「敬鬼神而遠之」，或許他真的有某種超能力，但是我認為儘量適可而止這樣子。（A-261）

喪慟者不僅持續與死者彼此相互倚賴，並且熱衷於內心再現死者，重新建構死者形象，當做這些是正常喪慟過程中的一部分，藉此可以表達對自身內在的渴求，產生好的連結（Silverman & Klass, 1996, 引自Wallis, 2001）。如果感覺孤單時能在心裡對著心愛的孩子說說心裡話，可能對喪慟者有幫助，即會說的是「對不起」，因為在喪慟父母心裡總認為是自己做得不夠好或做錯事才會

促使失去胎兒。D母親有時會藉由跟孩子對話，緩緩地與自己連結，在心裡念著希望他在天上要好好保佑其他家人，把他當成是一個過世的家人。她說：

> 我記得我那個時候還常常不斷的就是在心裡唸著他，有時候會跟他對話，那我就會說：XX你在天上要好好保佑誰、誰、誰……這樣，會這樣把他當成是一個……過世的家人。（D-60）

H母親在流產後也常常藉由向往生的公公、婆婆禱告，心裡祈求、唸著要好好照顧在天上的孩子。她說：

> baby太小了，不知道在那邊會不會有人欺負他，我想菩薩和佛祖會幫我照顧baby的，我也有跟往生的公公、婆婆說幫我照顧他，baby是他們的孫子，他們一定也會照顧妹妹的，那天晚上我夢見baby漸漸走遠，我想是baby回來看我跟我告別……那件事情之後（流產），我也常會跟baby說話，要他乖乖的，有時候我也搞不清楚，我究竟是在跟baby說話，還是喃喃地跟自己對話。（H-2）

參、惦念世界「嬰靈」的安置象徵意義

「靈魂」也是一種靈性的存在，中國先民的傳統宗教信仰可包括：祖先崇拜、神明崇拜、歲時祭儀、生命禮俗等。而台灣民間宗教的文化產物，諸如廟宇、神、鬼、教義經典、儀式、符咒法術、神話、宗教語言或結合各種超自然力量等等，都混融著抽象或具體之事物，以及對死亡的敬畏，一旦產生隨即延展出一種「空間臨在」，就是利用這些靈性傳統，試圖與內在深處本體連結的方法。嬰靈（fetus ghosts）文化既有的研究，雖然這個主題陸續已有在日本和台灣進行評論與調查，但在台灣針對嬰靈所作的系統性研究、明確的因素探討資料缺乏，所以在此我們必須去瞭解：嬰靈文化是如何形成的？其內涵如何？民間供養嬰靈之功能與流弊？造成流弊的因素何在？以下討論之。

一、嬰靈文化的形成與內涵

　　許多的宗教都認為，在我們所處的現實世界之外，尚存有神秘的超自然力量，例如：天地、陰陽、氣形、上帝、神靈、魂魄或鬼魅等，產生了聖界／凡界／魔界（天堂／人間／地獄），或是前世／今生／來世的對比，而且認為這種超自然力量能夠影響人們的命運，這些超自然世界的描述除了能引發與鼓動情緒之外，也同時使人們產生敬畏和崇拜的思想情感。雖然人死如燈滅，陰陽殊途，生死兩隔，由於中國人重情感，血脈相連，認為早夭嬰孩亡故後，三魂七魄之歸宿，仍會與親人保持千絲萬縷的聯繫，甚至仍能影響、干預生者的健康禍福。

　　由於流產、胎死腹中、死產、墮胎⋯⋯等，在主流文化中沒有公開儀式來悼念死去的對象，也沒有提供相關的社會支持給與有此類失落經驗的人。擁有這類失落經驗的人，多半是自己承受巨大的悲傷，或是尋求另類的心靈慰藉而形成社會特異的現象，如：存在於社會中祭拜嬰靈的祭壇（Leming & Dickinson, 1994, 引自李玉嬋，2002）。

　　在台灣、日本乃至其他華人地區，流行一種嬰靈信仰的傳說。一般民間的說法包括墮胎、流產、夭折，就可以稱之為「嬰靈」。聖嚴法師（1988）與品豐居士（2002）認為，嬰靈包括人工流產、胎死腹中或出生不久即夭折的嬰兒靈魂。嬰靈文化的形成來源又有兩個說法，根據林楓（1999）從1996到1998年研究曾經參與民間供養嬰靈之四十二位女性、十一位男性與其九十一位親朋好友和民間宗教人員，認為「嬰靈」一詞之說乃是1970年下旬至1980年間，自日本傳到台灣，由於台灣過去受日本統治，加上此時經濟起飛具有商機，故台灣社會流行起「供養嬰靈」的信仰。另外的民間傳說，據說是1980年代出於苗栗縣造橋鄉龍湖宮，是台灣最早、最具規模的嬰靈廟，因為這詞「經典沒有，只有『胎魂』兩字」而「勉強取的」。

　　品豐居士（2002）強調，在各宗教的經典中，對墮胎或嬰靈的說法並不多見，大多是對出生後夭折的小孩，才有所謂的供養或超渡儀式。聖嚴法師

（1988）論述嬰靈作祟之說「是由於節育，以及婚前懷孕或非婚懷孕等的風氣，所帶來的精神負擔。」發現民間常引《佛說長壽經》為證，經查證其內容記載著佛陀為一個名叫「顛倒」的婦女，因家庭問題，殺死了已懷孕滿八個月的胎兒，佛陀告誡她說：「殺胎的罪行，與殺父、殺母、出佛身血、破和合僧，五事並列，稱為五種逆罪。」滅罪之法，便是受持此《長壽經》，書寫、讀誦、自書或遣人書，便能不受罪報而生於梵天，此經強調護胎，未見有超渡嬰靈之說；另外，有人傳稱日本有嬰靈祈求地藏菩薩救渡之說，根據日本民間對地藏菩薩的信仰自十一世紀開始，才有了為除病延命而造地藏像的記載。其後，民間並漸漸將地藏菩薩演變為嬰兒的守護神，而有了「守子」、「安子」、「育子」、「持子」的地藏信仰，其作用在於祈求保護胎兒的安全出生，而至於嬰兒平安成長，亦與所謂的嬰靈作祟無關。

此外在台灣過去有「倒房而家運不順」的傳說。台灣民間流傳婦女墮去的胎兒，因為夭折無法順利投胎，會變成怨靈，使「家人有災難」（張珏，1992）。黃郁雅（2002）研究發現，不孕症婦女對其病因解釋會以文化面的解析看待，包括：魂魄觀、祖先崇拜、鬼魂信仰、因緣果報及命定思想，其中內容則有沖煞鬼魂與嬰靈作祟之說等。

社會不斷地透過社會觀念、民間風俗、傳統道德或寺廟廣告贈書和含有嬰靈道德觀寓意的文章等等告誡：「墮胎是有罪的」、是「殘忍的行為」。單就報章雜誌持續登出「嬰靈供養」寺廟及神壇顯著篇幅的廣告來看，宣稱能夠為人超渡嬰靈，解救嬰靈造成的困擾問題，告誡婦女若不好好安置這些在陰間受苦的「嬰靈」，會帶給親人災厄，指導婦女必須去寺廟安置「嬰靈牌位」，花錢請法師日夜供奉、唸經、祈禱等，皆是利用婦女罪惡感的心理，把人生可能發生的不幸，凡病體、運途、事業、婚姻與解惑等，如：家庭不和、夫妻不睦、子女不孝（肖）、事業失敗、運勢不順遂、身心疾病、難再懷孕生小孩、離婚、自殺……等，全都以受到嬰靈干擾作祟，穿鑿附會來解釋。除了人工流產過的父母與家庭受到困擾外，一般人遇到一些物質和精神上的意外現象，也會疑神疑鬼，認為是嬰靈作祟，將人間的苦難、挫折的原因簡單化歸因於嬰靈業力所致，加上害怕於禁忌下捨人事而任鬼神，以致談起的人很多，強調供養嬰靈的

通靈師也多起來。

二、民間供養嬰靈之功能與流弊

（一）達到彌補的心態

　　古代人十二歲以下或夭折的孩子稱為討債子，是指向父母討回上輩子父母欠他的債務之意，沒有喪禮，也不祭拜，認為如此才能夠使其靈魂轉世不致成為孤魂野鬼（魏英滿、陳瑞隆，2001）。楊玉娥（1996）研究子宮內胎兒死亡婦女，亦發現個案放棄給孩子穿衣服，認為台灣的習俗是不能給死去的胎兒穿衣服或買棺材，這樣孩子才能早日投胎。然而，就是在這種「內在」逃避之中，物質文化能為悲傷事件開啟一扇窗，被剝奪哀悼儀式的情況下，會漠視了悲傷和哀悼形式的物質文化表現的相互依賴關係。許多研究卻指出，台灣社會流產及死產受此經驗磨折的婦女，只能暗自飲泣，而求助宗教習俗及託付民間信仰，以「嬰靈」之說（張玉芬、朱翠萍，1999；陳映燁、李明濱，1998；楊玉娥，1996）。藉助宗教力量幫孩子超渡，讓孩子投胎到更好的家庭，認命、隨緣、不能強求、命中註定等合理化行為撫慰創痛（李幼華等，2004；林淑宜，2000；張玉芬、朱翠萍，1999；楊玉娥，1996）。

　　社會用宗教來「警告」女性墮胎是如何的不好、不應該做，在這種意識型態的催化下，讓許多墮胎、引產或新生兒死亡的喪慟父母聯想到嬰靈而心生害怕。這些失落經驗的人，多半自己承受巨大的悲傷，或是尋求另類心靈慰藉祭拜「嬰靈」，這樣的行業同時也訴說著失去胎兒的父母渴求處理失落經驗與悲傷情緒的需要（李玉嬋，2002）。林楓（1999）研究指出，祭拜嬰靈的確為墮了胎的女人提供了重要的心理慰藉，將個人及整個家庭所感受到的道德上的罪孽投射於其上，如此，安息的嬰靈使得家庭裡潛藏的緊張得到公開的化解。如同中國宗教中處理與神鬼關係的方式，這一現象也展現出或可稱作「罪的商品化」的處理模式，透過經濟管道彌補自己曾做錯的事，付錢來彌補自己意識到的違反道德的行為。

　　因此，到底嬰靈存不存在？說法真的是見仁見智，姑且不論嬰靈之說是真

是假，縱使這種孕育早夭死亡事件大部分是隱藏在其他面向中，且不可言說的，然而其（嬰靈）面向仍可能是被普遍承認的，也就是說我們也許「創造了另一個系統」，連接失落的痛苦，做為表達的悲傷象徵，此方式開展了喪慟父母無法表達的內在感覺，而引起我們對周產期失落的注意，並對它的出現有所反應。

同時我們應該考慮到由於喪痛的父母親，心中已經留下難以抹滅的傷痕，在胎兒早夭失落後，缺乏正統儀式撫慰內心的悲傷，內在受到各式各樣的折磨，有時候是隱祕的痛苦，在苦苦思念中，此時胎兒以另一種時空樣態在父母親的生活世界中重生重聚，盼其有所歸屬，這種心情也是無可厚非的；部分父母親選擇相信嬰靈的存在，希望藉著供養、法會超渡，引渡小生命在另一個世界能夠平安快樂，消業障與功德迴向，而提供了想彌補罪惡感的心態，同時也求得自己心靈的平安，皆是因情而發，如此提供機會給墮胎相關人員（包括所有家庭成員，尤其是母親）一個解脫痛苦的機會，慰藉嬰靈以求赦罪，為悲傷和贖罪找一個地方，他們能在這裡得到釋放並且走出陰霾，而不再被責罵為殺人或加害人的陰影中，達到「卸除依附」（detachment），進而「轉化」（transformation），從中再建構對「嬰靈」的新看法，這種情形下顯示儀式既理性又合乎世俗需要，而令人難以取捨。

（二）慎防詐財淵藪

嬰靈的「在」與「不在」之間，看似虛無，毫無科學根據，但在民間傳說中，卻又是那樣的無所不在。嬰靈廣告的訴求對象是曾經有過墮胎、流產、子女夭折的父母或男女。而業者鼓勵向外求安，總以宣稱供養嬰靈可以化解業障、消除罪孽，用詞嚴厲震撼，並且引述一般人看來似懂非懂的宗教經文、圖片，讓讀過的人半信半疑，心裡發毛，而害怕屍體或亡靈、鬼魂等可怕景象，害怕鬼魂的超自然力量對生者不利，產生贖罪的心理，廣告效果十分巨大，突顯早夭的嬰兒在出生之前已失去生命權，往生後還要擔起人世間的不幸歸咎，情何以堪？其本身不僅沒有撫平喪慟的功能，甚至扮演「淵藪」的角色，個人除了失財以外，少數人容易造成僥倖心理，以為花錢便可消災，而更不猶豫地

去墮胎；或媒體新聞報導和娛樂節目的互動為增加收視率，造成社會產生了各種荒謬的怪力亂神風氣，人心更不安，它不但沒有幫助人，反而可能讓人更為焦慮，導致更大的緊張和壓力，而去除了內在的安定，如此並非喪慟者的初衷。

　　林綺雲（2002b）指出，台灣社會近年出現了一些專門超渡「嬰靈」的精舍，而這些假借宗教名義的組織，在報章雜誌刊登廣告以招攬生意並收取高額費用；尤其針對墮胎經驗的婦女，利用她們因墮胎後產生的不安與愧疚感來達到詐財目的，這也是在社會宗教沒有正信以及有心人利用人性弱點等情況下獲取暴利的行業。批判祭拜嬰靈行為的人認為，嬰靈的形象是被塑造來操控女人的，使她們感到恐懼或者罪惡，從而願意支付離譜的費用來安撫嬰靈（林楓，1999）。張士彥（2006）指出，龍湖宮建廟三十年來已經供養二十五萬個嬰靈，供養者來自世界各國，雖然宗教信仰不同，卻深信嬰靈的存在。根據統計，台灣地區每年被墮胎的嬰兒有三十二萬到四十萬名（顧浩然，2000）。以前是密醫，現在則是藥物（RU486），讓墮胎從地下走到家裡，確切數據不得而知。林楓（1999）訪談研究發現，民間供奉一位嬰靈的價錢每年從一千二百元至一千四百八十元不等，而且必須連續數年；若是因為嬰靈導致家中其他孩子生病，消災儀式一次為二萬元左右。據此而觀，再加上其他要求添購供奉「物品」費用，嬰靈法會的經濟效益很可觀，這是相當值得探討的社會問題，更有不法之徒藉超渡「嬰靈」之名，行斂財之實，這些社會現象，的確是社會陰暗面中的冰山一角。

　　而國人忌談死亡的文化禁忌，墮胎幾乎是禁忌的話題，一切有關墮胎的自覺是被消音的，見不得人的（即使它已符合優生保健「合法化」），墮胎的痛苦和遭受忽視，以及把墮胎行為遺棄在不可知世界中的悲慘後果，更形成周產期新生兒死亡父母的悲傷，不被社會文化認可的次文化，讓至慟的父母決定將悲傷深化潛藏在內心深處，成為生命中難以磨滅、被遮蔽的原痛，孤單面對而無法言說，不再提及並不表示消失無蹤，沒有牽掛。儘管人死後屍體會歸於「無」，雖然經過社會變遷，但靈魂之說卻依舊存有，儼然以一種「嬰靈」的方式「在」內心流動，而非「不在」，「在」與「不在」看似虛無，但在民間敘

說中，「再」重新回來人的心理世界，卻又是那樣的無所不在，喚醒父母對失落的覺知，孕育深切的痛楚，而不是無關痛癢的抽象理念。

喪慟父母處於極大壓力下，「象徵性的治療」通常在相當短的接觸時間之內的情境下所提供的，由特殊的個人和群體，決定他們自己是否參加此儀式和他們對這些儀式價值的評價，在失落後不知該如何回應的時候，成爲另類行爲的指導方針。由於男女生理自然功能、角色截然分明，女性具備了生育孩子的能力，一但有了墮胎、流產、夭折的事，女性自然而然承擔明顯的身心痛苦及後果，私密地影響著，變成了深刻的個人經驗；在這種情形下嬰靈廣告很明顯的就以女性爲訴求對象，對於不得已的墮胎，我們同情、安慰還來不及，何忍以恐嚇的言詞，讓她們心生恐懼，遍體鱗傷，遭受第二次的摧殘呢？

經過一段內在自我拉扯與鬆綁的過程，象徵性治療提供父母親與逝去的孩子新互動的可能，能協助周產期新生兒死亡的父母親坦然面對生死，在對話過程裡，能展現出對孩子深層的接納與愛，讓他們能夠在整個過程中，尋找自己的核心信念，產生積極的生命意義，從自然現象、疾病痛苦之解脫、宗教領悟等來詮釋死亡的意義。

1. 離苦得樂

A父親惦念孩子死後世界的處境，盼望透過宗教與儀式將孩子安置，到達西天是一個天使，讓他覺得孩子獲得保護，放心孩子的去處，家屬受到尊重，安慰活者，失控的情境中提供一些可以掌控選擇的機會，讓孩子好走，喜悅的面對死亡，離苦得樂，也能夠讓活著的人繼續走得更好，在看不見之處有了依歸，藉此幫助找出「知」的途徑。他表示：

> 這個過程裡面爲什麼不透過宗教的一些儀式，不需要像一般傳統那個敲鑼打鼓，透過佛教誦經、故事角色的扮演，中國傳統說：「過橋囉……現在佛祖引導你囉……到……到西方極樂世界。」讓我們感覺他回到上帝的身邊，或是回到佛祖的身邊，他是菩薩、是童子、是仙童，這儀式主要是給活著的人，安慰活著的人。既然做了抉擇，就應該用喜悅

的心情，去面對生命的流逝，讓他……在這個過程裡面，也是很喜悅的面對死亡與未來。即使是我們自己要走的時候，我……也要很喜悅的跟我的小孩子講説：「開心的去走完這一段路」……就像我希望第一個小孩子要走之前，也能夠很開開心心的走，如果有透過這個儀式的話，也能夠讓活著的人走得更好。透過黃大哥宗教的一種勸導，他跟我太太講説ok了，小孩子都ok了，在她的心裡面，這也是一種宗教的儀式，相當於……透過一種傳統儀式送小孩去西天，只不過過程裡面他直接跟你講答案：「他已經到西天了，他已經是一個天使。」（A-222）

2. 受苦與重生

死亡是一道門或牆？視死亡是牆，意指死亡是生命停止，人無可逆轉地喪失生命，死亡就是大難，意味著人所做的一切或所有的知識都告終結，等於人撞上一道牆，無法通過；視死亡是門，則死亡是另一段生命的開端，是人不得不跨越的河川、攀爬的階梯和一道門，是從生命的某個階段邁向另一個階段。Nabe（1982）提出，人可能視死亡爲牆，以致將死亡評估爲好事，至少一切痛苦全都結束了（引自Corr et al., 2003）。

B母親根據心裡的信仰，給與嬰靈超渡，把心裡的話告訴孩子這麼做情非得已，認爲留在世上是受苦，老天會安排她到另外一個世界投胎，引導孩子有好的轉世，反而是一種重生，死亡「既是一種終止，也是一種機會」，而心裡感覺比較平靜減少陰影，以下説明轉世投胎（更生）的狀態。她如此認爲：

我根據心裡的信仰去拜拜……去幫她做嬰靈超渡之類……就像跟她講話一樣説：「媽媽是因爲不得已的，因爲我要考慮到很多因素。」把心裡的話告訴她，拜完超渡了以後，心情上面我覺得會比較平靜一點。因爲，我覺得……好像老天會安排她去另外一個世界投胎，我不會覺得後悔，如果當時我把她留下來的話，她在這個世界上是一個受苦，她如果投胎的話，對她來講是一個重生……這個部分我覺得我有去跟她拜過、講過後，我就不會有太大的陰影在。（B-46）

3. 減輕罪惡感

　　D母親覺得沒有好好的埋葬孩子，雖然她不迷信，仍擔心孩子怨恨，一直有愧疚感，透過超渡亡魂法會覺得孩子得到安息、有個交代及減輕罪惡感，認為說民間的儀式、習俗對自己有幫助。她敘說著她的做法：

　　　　原來也不知道有這樣的儀式和方法，第二年看到廣告吧！還去特別問一下同事：「這是幹什麼的？」因為她有提到這是超渡亡魂的，就去跟她詢問一下：「我們這小孩子可不可以？」她就帶我去，我自己去，先生他不知道，我好像也沒跟他提過，因為他……一直完全不信這一套，我好像連問他都沒有問，就直接請我一個很要好的同事，她比較懂這些處理方法，怎樣去買祭品，怎麼去替代，好像都是她帶我去的。會覺得說我沒有好好的埋葬他，會不會……其實我是不迷信的人，可是我就會覺得說，他……會不會很怨恨我們？一直對他很愧疚的感覺，後來……七月的時候，什麼水……法會的那種，超渡亡魂的，我們選……萬人大會就去參加了……希望透過那種方式，讓我會覺得他得到安息的那種感覺，我好像對他有個交代這樣子。一些民間的儀式、習俗，我想還是會有一些幫助，因為根本不知道靈魂是否存在，那做了對我沒有傷害，我就去試試看。因為不確定葬儀社有沒有好好的處理他的遺體，不曉得他的靈魂是不是……因為如果沒有好好處理遺體的話，好像就變成孤魂野鬼一樣，希望藉著這個讓他能夠……也是減輕自己的罪惡感。（D-221）

　　儀式可以幫助家屬重新整合和繼續生活（Robinson et al., 1999），給與「重新註記意義」的機會（Neimeyer, 2004），具安慰與救贖力量（李玉嬋，2002）。綜合上述探討得知，終止懷孕後父母親會有一種無法釋懷的痛楚，沉潛起伏，長期呈現顯著的心理反應，從悲傷、罪惡感、沮喪到睡眠障礙，表面上互讓當事人解脫人生的困境，實際上卻隱藏這個祕密無法釋懷。生命史在腦海裡留下深刻的印記，出現於身體運作的意向性之中（operative intentionality），A父親將悲傷感知經驗投射於重複的夢境，失落與悲困的意像（images）

重複在身體的記憶現象，以一種「擬像」的共在，夢境中不斷回憶孩子相處最後的影像，而將悲傷宣洩。

A、B、D與J個案不約而同的利用儀式完成未竟事誼、超渡嬰靈「到西方的極樂世界」、「投胎重生」、「得到安息」，達到心靈的寬解如：「把罪孽丟給神明」、「減輕罪惡感」、「心理平靜」、「減少陰影」、「情緒安定」與「內心平安」等，也因此使得生者與孩子的世界持續性的連結，不因為死亡而完全斷裂，與一篇扭轉喪慟文獻方向相當重要的概念「Continuing Bonds」（Wallis, 2001）的論點一致。

「因果業報」的觀念對於過去、現在、未來的累世因果，不只是侷限於當前所造的「業」，還可能涵蓋前世之罪惡，所衍生的強烈感受；表面上引產解脫自身的困境，卻切不斷早已進駐在受訪者心中的情愫，並未隨著時間流逝而消失，反而是被壓抑在深層的自我儀式中，「嬰靈」之說讓父母不會將孩子遺忘，置身於這樣的存在，聽到了他們內在的聲音，是種安全感的企求與減低罪惡的渴望，雖然不是無時無刻地惦念著，卻會利用不同的儀式來紀念。

A父親透過民俗中通靈能力的人傳達孩子得到安置，並將罪惡丟給神明，內心才得以平安；B、D母親透過超渡嬰靈讓孩子安息，減輕罪惡感，更突顯出個人對所處社會文化的心理連結，希望出世無緣的孩子能夠安好，除了對嬰靈的懸念救渡，同時也是對喪慟父母受苦心靈的照拂，做為文化象徵給出的經驗轉化，使個人在復原歷程中能較易尋得一平靜狀態，重建生死關係上可能之意涵，不再對此關係「存而不在」的痛苦感到無力。國內相關研究也觀察到，人工流產婦女會前往佛堂或寺廟燒香拜拜，將嬰靈超渡，祈求胎兒能夠得到神明保佑，以求心安（李碧娥、楊玉娥，2000；林淑宜，2000；曾英芬、陳彰惠，2005；楊玉娥，1996；葉珍杏、郭素珍，2001；Hsu et al., 2002），與本書之研究結果一致。

「嬰靈」的這個論述讓我們對於失落與悲傷的議題有了更深刻的瞭解與體會，此概念試著描繪喪失孩子的父母親處於各特殊社會文化脈絡中的苦處，生活在一個充斥著成文或不成文的社會期待與社會壓制的真實社會中，只好「忍」了下來。宗教、親屬、同事與友誼等一向為傳統的助人系統，台灣人以四處去

燒香、拜佛、問卜、乩童辦事、相命、收驚、牽亡等，來滿足他們的「心理需求」，以「惦念世界的安置」替悲傷找出口，做為受苦療癒的一條出路，為何他們鮮少去找專業的心理治療師或精神科醫生呢？可能原因如下：

1. 祭拜嬰靈核心價值一方面容易（不必說話），又為社會習俗所接納，符合「個人觀」與「社會／文化觀」。

2. 祭拜嬰靈方式安全（甚至有網路祭拜方式，不會曝露隱私）。

3. 祭拜嬰靈其涵蓋一個重要的概念，亦即它能達到某種均衡，或是「圓融、安定與贖罪」，此為很重要的生活與信仰的力量。

4. 精神醫療與心理衛生資源，包括專業人力與經費預算、醫護專業人員輔導教育，相對於全民健保處於弱勢的地位，在整個心理衛生工作上是十分不足的。

5. 台灣精神醫療對於悲傷治療，常將悲傷指向是一種「症狀」、「疾病的隱喻」來理解，試著區分何者是正常的悲傷與不正常悲傷，而「心理疾患」的標籤化更讓喪慟者怯步。

6. 台灣對於悲傷治療，大抵採取西方輔導專業的心理諮商治療，總是敏銳的抓住問題，尋求技術層面的解決，卻缺乏人文社會、另類民俗治療意向結構的見識而扞格不入，出現本土化的問題。

新生兒「離開世間」對現實來說可能是一終點，但卻是生命另一個境界的起點，對沒有宗教信仰的人來說，「胎兒死亡的軀體無異就是一個生物體的終結，回歸到大自然一般」，但對一個有宗教信仰的人而言，強調如永生或輪迴的意義，無論如何關係並未因死亡而終止，掙扎於父母親心底，難免彼此牽掛，如何以「人」為本位的將「他」安排得妥善、不留遺憾，平息生者的情緒，完成告別或追思，不要以死害生卻是一大課題。

「愧疚感」（guiltiness）與「自責」（self-blame）是失去胎兒後引發個體長期心理困擾的重要因素之一，因為心靈的信仰而感到痛苦，或是對奪走胎兒的生命感到矛盾驚嚇，雖然懺悔和超渡儀式，對當事人具有治療效果，但是喪慟的父母親需要一個比較好的時間去澈底想清楚，考慮家庭情感適當表達，何種表達可統整失落？什麼樣的緣由？什麼樣文化儀式或遺體處理在胎兒死亡的過

程中能產生紀念意義？其背後所牽涉的「醫療」（Medical）、「道德」（Moral）、「教化」（Enlightenment）、「補償」（Compensatory）等四種問題，這些都是專業的心理治療者可以提供討論與協助的重點，以建構真正以受助者的需求看法及身心安適（well-being）為基礎的諮詢模式。

結　論

　　宗教儀式乃因心靈的需要而存在，在理論上是一種哲學，但是在信仰及感情上，卻是具有一種心靈儀療的支托，無論其思考架構或是象徵化行為如靈性連結，如何善終、善別，均具有平撫喪慟、安穩心情的作用，很多人掛念親人死後的歸處求助於靈媒，希望再與逝者獲得聯繫，對失序陷落的個人所進行的心理援助及療癒，其社會功能與文化意涵在此亦不可抹滅，考慮這些任務的「需求」必須預先計畫，才能成功地提供一個符合個人、家庭和社會需求的「象徵化儀式」，藉此能再一次的正視並接納悲傷的情緒，讓悲傷得到出口，遺憾得以釋懷，得以重新獲得對已經受到死亡影響的生命控制。

　　悲傷歷程不是要喪慟者忘記失落或將失落在個人人生中剔除，而是找到新的關係和定位，從實際可接觸面，轉換成心靈層面的連結和象徵性的連結。不管怎麼做，人生總有些許的「未竟」，而未竟常常是無法完全被他物替代或解決，但是它卻必須被關照到。雖然宗教對於失喪的父母親是有幫助的，但是有時候表面上，當事人似乎是「以信仰填補希望」，實際上更多的部分是「當事人對人的失望、對未來的無望、對自己的無力」，在缺乏「控制感」的情況下，尋求抽象層次的心靈慰藉來彌補現實世界的無助與失落，用「祭拜嬰靈」、「依賴宗教」的方式發出求救信號，以及無聲的吶喊，在當事人人際或相關資源不甚豐富的前提之下，助人者與求助者的社會網絡系統中，哪些重要的原則概念被操作，不管是語言的或是詮釋象徵的，不要奪去求助者自身的「牽掛」能力，如何讓求助者在牽掛中，深化浮現有意義的展望是協助的重點，諮商師若貿然阻斷這條宣洩情緒、尋找希望的出口，並將其視為無稽之談，恐招致反效果！任何文化的論述行動其實都可能是多元的，如何建立貼近

著人們理解與行動的生活場景，以現象為本，非以理論為本之本土化心理諮商
療癒理論與技術，以提供喪慟父母面對生命難題時可能協助的管道，在當前台
灣社會裡必須被鋪陳出來。

練習六

1. 請您談談孩子過世後如何處理孩子的遺體（交由醫院處理還是自行處理）？使用何種儀式？對於這個儀式的滿意程度如何？哪些意義是您想要傳達的？

2. 關於新生兒死亡您想讓哪些朋友、親戚知道這件事？

3. 關於新生兒的葬禮／儀式，您所處的社區與文化提供哪些相關儀式？什麼是您想要的形式？（例如：取名字、受洗、牧師服務、音樂、詩歌朗讀、訃聞或其他宗教儀式）這些形式對您有哪些意義？哪些方面對於先生與家人的想法必須考慮？

4. 什麼樣的環境布置有助於您和胎兒道別（例如：單獨環境、蠟燭、鮮花、玩具等）？有相關的親友或禮儀師可以協助您嗎？何處可以取得這方面資訊？您想要寫一封告別信給您過世的孩子嗎？您允許其他人閱讀嗎？或僅是放置於過世孩子身邊一起火化？

5. 您想為過世的新生兒穿上衣服嗎？哪些地方可以購得？您要親自為過世的新生兒穿上衣服嗎？

6. 您與伴侶或其他家人需要多少時間陪伴過世的新生兒？

7. 什麼樣的紀念物品是您想要永遠保留在記憶中的（留下與孩子相聚的記憶，如：照片、頭髮、腳印、錄影、錄音、圖畫、書信、手工作品等）？

8. 當您擁抱過世的孩子時，或與孩子說話時，有什麼特別的話語或想法想對孩子說的？

9. 哪些家人會想要擁抱過世的孩子？

10. 什麼樣的方式可以協助家中其他的孩子與小手足道別（圖畫、寫一封信、洋娃娃、禮物等）？

11. 孩子是否已有取名字（如果您先前已經有取名字）？

12. 對於過世的新生兒處理至今您仍存在有哪些疑問？

13. 如果沒有舉行儀式（或在法令、文化、家人信念以及宗教上不允許），您

能想像一些適合的或有意義的方法來紀念這個孩子嗎？這些儀式、行動或這些話有什麼意義？

14. 您有孩子的照片或任何紀錄嗎？

15. 您個人如何去紀念您過世的孩子？

16. 您懷念孩子什麼？您不懷念他什麼？

17. 如果可以重來一次，您希望自己可以做一些不一樣的事情嗎？

Chapter 9
生活的重新適應與情感的投注

　　本書第二章 Worden（1982, 1991, 2002）論述，哀悼的任務可分為四項：(1)接受失落的事實；(2)經驗悲傷的痛苦；(3)重新適應一個逝者不存在的新環境；(4)將情緒的活力重新投注在其它關係上。第六章的書寫主軸，已介紹有關周產期失落父母親悲傷反應及相關影響因素，對不同的人來說，有不同的影響因子，得視生者與逝者的依附關係、所曾扮演過的角色、父母性別角色面向等。

　　周產期失落的父母在失落之後，也許永遠不可能去除曾在父母生命史中如此親密的胎兒，可以持續擁有對孩子的想念與回憶，把孩子放在心理生命中一個重要的地方，同時也為其他孩子保留空間，也惟有真正的經歷過悲傷，才能重新審視失落，重新定位，找到可以讓自己活下去的方式，這項任務的完成與否影響到失去胎兒哀悼的結果。重新適應一個胎兒不存在的新環境與失落胎兒的定位，有助於處於悲傷的父母採取行動，讓生命再出現熱力，以恢復「愛」的投注能力，需要適應的包括：自我概念、個人的世界觀與價值觀，以及家庭與生活信念等（將在第十章討論），這項任務的完成與否影響到哀悼的結果。因此，本章以探討父母失去胎兒後如何重新適應環境，再投入原來的生活軌跡，重回正常的工作崗位，面對每日的生活模式，悲傷情緒態度之調適處理；如何去適應失落，如何定位失去的胎兒在家庭中的角色地位；失去胎兒後再次

懷孕的壓力與調適歷程等。

壹、重新適應失去孩子的新環境

　　失落是一種日常生活轉變，面對悲傷情緒的處理，無法如「拔起的插頭，只需另置他處」一切就可以重新開始那麼簡單，在此轉變中包括投入生活中的改變、做一些新的事情，有時亦會否認及逃避悲傷。Neimeyer（2001a）認為，輔導一個有失落經驗的人，使之恢復的並不是原來的生活秩序，而是重新建構一個包容甚至充滿了悲傷情緒的新生活秩序。喪親者失去某些原來擁有的，儘可能恢復或回到失落前的生活狀態，對於失去孩子的父母親而言，並非是處理失落的唯一方式，其重點應放在個人在經歷生活變動後，是否重新調整、重新適應失去孩子的新環境，與變化後的人生中重組自己的生活，以重建一個生活中個人及社會的平衡狀態。曾英芬、陳彰惠（2005）研究指出，台灣婦女死產失落的調適策略歸納如下：

　　1. **轉換死亡的意義**：喪慟母親試圖為其失落尋找解釋，她們嘗試建構以正面取代負面想法，以對抗其失敗感與罪惡感。

　　2. **對死者做某些事**：以死者之名義執行某種活動，可以做為那些相信自己是造成死亡導因的個體之一種補償形式。

　　3. **期待下一次懷孕**：期待下一次懷孕是所有喪慟母親的共同期盼，可以獲得機會消除將孩子死亡歸罪於自己做錯事的感受，重獲健康的身體與自我以及完成文化的期待。

　　4. **重建一個社會動線**：意指試圖重新開始新生活時扮演一個重要的角色，重新建立日常生活常規，包括社區、工作與社交互動，例如：為了避免街坊鄰居的詢問，死產後就不再去傳統市場買菜，寧可走到較遠的超市購物（Hsu et al., 2002）。

　　Schuchter、Zisook（1986）認為，失落後經過一段時間，種種負面意向通常會被更多正面想法取代，生者便能夠執行各項任務且學習新的處世之道，並指出 Worden 對「重新適應」（readjustment）的另一些解釋：「生者是否準備

好進入新的關係，不在於對逝去的伴侶放棄，而有賴於在生者的心理生命中為對方找一個適當的處所……同時也為他人保留空間」（引自李開敏等譯，2004）。

一、日常生活的重新適應

（一）歸返日常生活

Stierman（1987）指出，父親經歷周產期失落後，可能會快速的回到工作崗位，並且將自己浸沒在工作中。

A父親認為，太大的改變反而會逃避、愈逃避反而會逃避不掉，生活作息儘量按照原來的生活方式。他表示：

> 生活作息也沒有特別的改變，我儘量希望生活作息愈……按照原來的生活方式愈好，太大的改變你反而會逃，愈逃避反而會逃避不掉，就平靜回復到原來的生活吧！（A-246）

D母親維持吃、睡正常，回復日常的生活作息，因為醒著的時候，反而會常常想起這件事而難過、掉眼淚。她回憶道：

> 這事情發生的當時，我不會吃不下，還是照樣吃，好像也沒有失眠的狀況，不會睡不著，我還是會睡覺，吃、睡我都很正常，只是說當我醒著的時候，我就是常常會想到這個事情，就會很難過掉眼淚，在日常生活中，一般的正常作息，沒有太大影響。至於怎樣走過來？我好像沒有去看什麼書，也沒有藉助什麼特殊的方法讓自己心情比較平靜一點，音樂、書都沒有，我就是按照日常的生活……我覺得大概就是這樣子。（D-44）

（二）養身與安心

A父親把重點放在調養太太身體讓子宮復原，儘量平息內心悲傷，為第二

胎的懷孕做準備。描述如下：

> 引產也視同生產，不能做太激烈的運動，醫師也跟我們講：「不能
> 夠做太激烈的運動，避免子宮下垂，妳要懷第二個小孩子……。」那種
> 早產，再懷第二胎，太早懷孕流產的機率也很高，一定要等她的子宮復
> 原，可能要經過不斷的像……生完小孩子……女孩子每個月都會有生理
> 期，那就是不斷的把……子宮內膜做修補的動作，修補整個子宮壁，然
> 後慢慢的修復。另外一個剛生完小孩子的時候，她的子宮厚度比較薄，
> 撐大、收縮回去時是比較沒有彈性的，再受第二次孕的話，對子宮是傷
> 害，它根本沒有辦法再承受第二次，對女孩子來講也不是很好，身體都
> 很虛弱，所以我們也儘量讓她……心裡面儘量平息。（A-101）

（三）出遊

A 父親藉由帶太太出國找朋友，把心情慢慢的調適。他說：

> 我們兩個慢慢的把自己的心情調適，後來我不曉得有沒有再出國去
> 玩？因為結婚的時候度蜜月是在夏威夷。後來我們又到美西去找她的朋
> 友，就是說讓她心裡面比較調適。（A-104）

C 父親在孩子過世後兩個月，帶太太出國到芬蘭、巴黎旅遊，立刻轉換悲
傷心境而認同自己如此安排。他說：

> 好像是五月發生流產，七月初的時候我就帶她去芬蘭走了一趟，那
> 時候芬蘭是一個很特別的國家，跟我們熟知的美國是完全不同，因為它
> 是北歐，我們去那邊待了一個禮拜，好像是立刻脫離了我們周遭的生活
> 圈子，換到另外一個世界的那種感覺，所以她好像一進到那種環境，神
> 經就……忘了很多東西，然後我覺得那個安排，到現在想起來還覺得非
> 常的好，因為她馬上就……好像回復到正常了，後來再經過巴黎待了一
> 個禮拜，一個禮拜再回來以後，她就好多了，大概是這樣。（C-21）

D母親與先生出遊，回憶在芬蘭、巴黎玩的時候感覺非常愉快。她說：

> 正好我先生說七月份有一個會議在芬蘭，他說：「要不要我們就去芬蘭玩一玩？」所以……上了兩個月的班之後，七月就去芬蘭、巴黎走了一趟，我現在回想當時在芬蘭、在巴黎玩的時候是非常愉快的。（D-47）

（四）投入工作

C父親不知是否為潛意識壓抑，事件發生後，僅陪伴太太一、兩天，很快的就把生活的焦點投入繁忙的醫院工作，覺得日常生活、作息並沒有因此受到太大的衝擊影響。他說：

> 我不曉得潛意識有沒有把它壓下去或怎麼樣……因為那年醫院工作繁忙，所以每天都要值班，什麼事情都照樣要處理，我大概只陪她一天還是兩天，我忘記了。其他後面的都照樣做，對我來講衝擊沒有什麼太大……因為那個一整晚……我印象中，好像三、五點，五點還是幾點，然後七點我照樣就去開會啦！開會我就跟科裡面的人說：「小孩子流產了……。」大家都有點shock（震驚），那天我白天稍微休息了一下，第二天我就照樣工作。所以……我自己沒有什麼太需要支持的，吃飯睡覺完全沒有問題，也沒有任何什麼好像做夢，完全沒有。（C-56）

D母親認為，最難過的時間是流產後兩個禮拜，單獨一個人在家情緒更低落，因此很快的恢復正常生活作息，上課、人際互動，好朋友提供支持，減短了悲傷的情緒。她說：

> 畢竟兩個禮拜之後我就要立刻回到學校上班，我想可能跟我必須要立刻回到學校來上班有關係，就是說妳必須要很快的就恢復日常、正常的生活作息，我一樣要上課，要跟人有人際上的互動，如果我今天是單獨一個人在家裡，情緒會更低落吧！學校畢竟還是有好朋友嘛，可以給一些支持。我現在想會不會是因為這個上班，這個旅遊，讓我……減短了那種很悲傷的情緒，最難過的時間應該是在兩個禮拜，就是……流產

剝奪的悲傷
——新生兒死亡父母親的悲傷與輔導

的那兩個禮拜。（D-50）

失落後生活軌道的重新適應，有許多不同的形式，喪慟者把焦點放在因失落而須進行的許多外在的調適，有人突然變得格外忙碌，專注於工作和家庭責任，建立和維持關係等等，以確定沒有絲毫空間可以讓不愉快的思緒浮現，從情感深淵中獲得暫時的解脫「止痛」，暫時「擺脫」還會再找上門的悲傷，注意力放在生活的復原力上，藉以獲得適切的生活變化，並且在整個悲傷調適過程中都可能會經驗到，是屬於必要的「正常」反應。

貳、對逝去胎兒的定位

面臨失落後重新定位彼此的關係，對逝去生命的尊重和懷念，其實就是對我們活著的人最好的慰藉，透過這一方式在修正的過程中，尋找自己和逝去胎兒的角色，在內心重新定位，重新詮釋，透過肯定、接納胎兒、保守「生命」的曾經存在，而調整自己以適應未來的生活。

（一）懷念逝去的孩子

C父親偶爾會想起逝去的孩子，如果依然存活，會是什麼樣子。他說：

偶爾很少的機會，還會想起一下，會想說如果那時候他活起來的話，那大概現在是怎麼樣啦！什麼什麼的……不過那個次數跟時間都很少，因為平常都忙很多的事情。（C-26）

（二）為逝去的孩子取名字

台北市北投區戶政事務所（2005）網站發表因胎死腹中，醫院所開之證明書為死產證明書者；另如醫院開出之證明書為出生證明書及死亡證明書（胎兒出生後，僅存活數秒或數分以上者），需辦理出生及死亡登記。

為逝去的孩子取名字，即使孩子存活沒有超過數個小時，這是非常重要的，這將有助於讓孩子有一個身分，可以談論他。M. Heidegger認為，給出名

字它的根本意義是給出了依靠，人的存在不僅是基因庫的存在，人的名字一給出，人才會被指認（figure out）出來，給出一個某人的現場，當我們談及某某人的時候，人有了名字就可以把他召喚到眼前來，他雖不在場，但是卻可以在現場任我們（召喚他名字的人）打罵或疼愛；也就是說，眼前給出的不是唯一的現場，在語言的召喚下還給出了一個不在現場的現場。例如：當我們的親友死去，他們明明已不在人世，卻依舊可以在不在現場的現場裡讓我們悲泣傷懷（余德慧，2001）。

因為沒有其他紀念物品，為孩子取名字，對於 A 父親而言，是喜歡這逝去的新生兒，重新註記的意義：

> 我們根本不曉得要怎麼紀念他……那時候我們有給小孩子取個名字，我們叫他○○，……因為要去……那個戶政事務所，報那個死亡證明的時候，取的名字，那時候就沒有什麼忌諱，就叫○○，可能說是對小孩子……千禧年嘛，第二個其實我們是喜歡這小孩子的。（A-242）

D 母親覺得孩子報戶口有名字，是一個存在：

> 那時候政府剛開始規定，如果出生後是活產的話，寶寶必須要報戶口。所以，他必須要取名字報戶口，然後再報死亡，因此……他是有一個名字的，就覺得他是一個存在的。（D-16）

（三）認同逝去的孩子

A 父親認為，第二個孩子沒有逝去的孩子漂亮，長得像自己，出現比較與評價行為，覺得是自己生命的延續，揭露出更多的不捨：

> 我認為生下來的小孩子，在剛出生baby的時候，第二個小孩還沒有第一個小孩長得漂亮。所以為什麼我對第一個小孩子難過就是這樣子，因為覺得他很漂亮，我二姊說一句話讓我更心痛，她說：「好像你喔！」不是說帥，主要是「像你」這句話，就覺得說是自己的骨肉。（A-119）

C父親初為人父，看到孩子長得像自己，對逝去的孩子產生認同：

因為那時候之前沒有生過小孩嘛！就覺得說總算看到一個……自己的小孩，然後就覺得……長的樣子好像還滿像我的那種感覺，印象就是這樣子。（C-8）

D母親藉由先生的描述，孩子長得像先生，認同孩子：

他沒有立刻跟我描述，是我後來突然想到以後問他（先生）：「他（孩子）長得怎麼樣？」他說滿像他的，他有這樣跟我講，我只記得這句話，當時我就是說：「你去抱抱他、摸摸他嘛！」他就這樣做了。（D-76）

（四）定位逝去新生兒於家庭中長子的地位

A父親告訴第二個小孩要感謝逝去哥哥的犧牲，定位逝去新生兒於家庭中長子的地位，永遠占有一席之地：

這小孩是我們第一個小孩，第一胎又是男生，傳統的社會裡面又比較重男輕女。第二個小孩出生的時候，我一定要講說：「你以後一定要感謝你的哥哥，因為……他犧牲他的生命，然後……讓你成就一個比較好的生活環境。」（A-122）

因為要報戶口取名字，C父親夫妻兩人會告知現在的大孩子，過去還有一個哥哥，將逝去的孩子定位為家中的長子。他說：

教育其他的孩子，有時候就會跟現在比較懂事的老大，六歲半，跟他講說：「其實你上面還有一個哥哥。」因為那個時候……要報出生、是要取名字報戶口嘛！然後報什麼……。因此，那個孩子就是長男，現在這個老大其實是次男，所以有時候跟他講一下。其實我比較少講，我太太會跟他講。（C-50）

戶口上定位逝去新生兒於家庭中長子的地位，D母親會跟現在老大講有一個哥哥及發生的事情。她說：

> 我會跟我們家老大說：「以前你其實還有一個哥哥。」他就會問：「那發生什麼事情？」我就會跟他講一下。戶口上面……他已經算是長子，報戶口的時候，我們家現在的老大他是次子，有時候會想到這個問題，譬如說：我完全不信，有時候又好像會想到這件事情，老大是有老大的命，老二跟老三，老二跟老大的命是不一樣的，有時候會想到我們家○○……就不是老大，他其實就不是老大的命格了。（D-99）

由於死亡的發生，失去胎兒的父母親雖然與孩子宣告分離，然而卻會對逝去胎兒在內心重新定位，使得原本斷裂的關係因著「對逝去胎兒的定位」，讓失落之後的失序攀引著象徵意義而重建關係，持續著孩子在家族親緣的關係，長子在本土文化中有很重要的地位，不但可以繼承家族產業，而且是家庭的領導者，有很高的地位和責任，而形成在世的「另一種存有」價值。

參、再次懷孕的壓力與調適

女性再經歷周產期失落後，再次懷孕是一個非常不同的經驗，如果之前失去的胎兒是頭一胎，最大的壓力是：「對未來生育有無影響？」這些婦女是處在一個被情緒籠罩非常不同的狀態，而經驗到高焦慮和壓力、擔心失落重演和罪惡感疑懼，悼念失去的嬰兒，雖然思考懷孕可能提供一個新的希望，然而重新踏上孕育歷程的常軌，主要的焦慮來源於無法確定能否生下健康的下一代，擔心胎兒的安全，應付不確定性，要達成圓滿懷孕的結果是具有挑戰性的，因而較一般正常的孕產婦感受到較大的壓力。對父母而言，悲傷要花很多精力調適，尤其是孕母的身心健康狀況，都可能因孕育失落而受到影響。因此，以下研究以探討父母失去胎兒後再次懷孕的壓力與調適歷程。

一、性關係困難

研究顯示周產期失落初期，女性會出現性交冷淡。由於流產或生產前後過程中強烈的精神壓力，引發妊娠恐懼，失落的痛苦而視性行為為畏途或性交伴侶為罪魁禍首，或成為發洩對象，完全提不起性趣。夫妻性關係可能會因失去嬰兒大受影響，有些夫妻認為這是互相扶持的一個或唯一方式；有些則認為他們不應該有任何生活的享受（廖珍娟，1998）。Hagemeister、Rosenblatt（1997）根據二十四對訪談對象進行紮根理論分析提出發現：研究對象中，有三分之二的人表示在孩子死亡後，夫妻的性關係明顯中斷或減少；在性接觸改變的描述中，發現夫妻對於性交所附帶的意義看法，有時甚至是矛盾的。並指出周產期失落夫妻關係困難，想要避開性的原因例如：

1. 有些夫妻承認在孩子死亡事件之後，他們會避免性交很長一段時間，因為這象徵著孩子誕生的行為。

2. 另外有一些夫妻在性接觸上退縮，是因為那象徵著歡愉，而這跟哀悼狀態是無法契合的，同時性的愉悅感與哀悼的情感造成矛盾（性的愉悅感常常伴隨來強烈的罪惡感）。

3. 部分夫妻認為性如同是提醒著孩子是如何死的，讓他們感到情緒淹沒。

4. 還有一些人則是刻意尋求性行為，因為這意味著再度擁有孩子的「另一個機會」，或表示著對關係的再確認，以及生命的重新連結。

因此，夫妻在性所代表的意義上有不同的看法，對男性來說，經驗到身體上的親密接觸，可以是使安撫與關係的資源；但對於女性而言，則較傾向於將伴侶的行為解讀成侵犯或是自私，這些性衝突常常造成配偶間性冷感、缺乏支持關懷、出現指責，或彼此間罪惡感行為、孤立感上升，需要更多的關懷。除此，懷孕失落以後，性關係若以計畫未來再次懷孕為優先考量，會對女性性功能造成強烈衝擊，不僅與疼痛及失落產生連結，再次懷孕成功與否更會帶來沉重的壓力，需要伴侶體貼的照顧、耐心等候支持（Black, 1991; Brisch, Mune, Kachele, Terinde, & Kreienberg, 2005）。

二、再次懷孕的壓力

造就一個健康的小孩是再次懷孕最終的目的，經歷懷孕短暫的喜悅後，情非得已剝奪了原屬於胎兒的新生命，然而面對基因與重大異常疾病，父母親們在悲傷之餘，不免擔心悲劇是否會再重演？由於經過懷孕失敗的經驗，害怕胎兒會不會存活或會受到傷害，對於無法生育下正常新生兒產生自責與罪惡感，因此，父母親在再度懷孕的過程相當艱辛、時時充滿壓力。

一項針對台灣婦女面對胎兒死產後調適因應行為研究，發現婦女會嘗試儘快懷孕的方式，以渡過死產的悲傷（Hsu et al., 2002）。吳淑玲、吳惠娟（2004）也指出，當流產或胎兒不幸死亡，有50%至80%的婦女會儘快懷孕。當第一胎染色體異常時，75.2%的孕婦及其配偶75.4%仍會選擇繼續懷孕，而且當孕婦及配偶表示此次羊膜穿刺結果異常的話，有37.3%的孕婦和48.1%的配偶表示不影響下一胎的生育計畫；就懷孕夫婦而論，生育過遺傳疾病的小孩，並非決定夫妻未來繼續生育下一胎的主要因素（王瑤華，2004）。

根據Armstrong、Hutti（1998）、Côte-Arsenault、Mahlangu（1999）、Franche、Mikail（1999）和Janssen、Cuisinier、Hoogduin與Graauw（1996）發現，經歷周產期失落後再度懷孕的婦女，其出現憂鬱即焦慮症狀的程度超過先前沒有懷孕失落病史的孕婦。許多研究也發現，女性經歷了一次周產期失落，她可能在後續的孕育中難以感受到正常懷孕，而可能有敵意、焦慮、不安、矛盾與疑問，同時擔心另一個孩子會出現失落，而延遲與胎兒的依附關係（Bar, 2006; Caelli et al., 2002; Côte-Arsenault & Dombeck, 2001; Côte-Arsenault & Marshall, 2000; Lamb, 2002; Rillstone & Hutchinson, 2001; Van & Meleis, 2003; Wallerstedt et al., 2003）。上述研究推翻了妊娠流產失落對婦女是沒有重大或重要影響的假設。

懷孕初期會出現警覺流產徵兆、擔心再度流產，不確定懷孕後身體的變化是否為正常，擔心胎兒無法安全存活及健康成長（方雅莉，1997）。方雅莉（1998）探討六位曾有重複性生育失敗經驗婦女，再度懷孕後，於懷孕期間的

生活處境，包括四類：(1)處在無法確認孕育安全的疑慮中；(2)處在生活常模重新建構運作的躓礙艱澀中；(3)處在時間知覺拉長、寢食難安的困境中；(4)落入理想與現實差距的挫折中。經歷懷孕失敗的孕婦，會對自己能否完成懷孕並造就一個健康小孩之能力相當沒有信心，這種不確定狀態，一直到通過了其認定之懷孕危險警戒期，才會解除而終止。所以，個案對其本身之身體活動、飲食時時關注，處處小心，出現自我保護行為，為胎兒及自己尋求並維持安全（廖天麟，1990）。

根據高美華（2001）研究發現，先前的懷孕失敗經驗讓孕婦的懼怕及焦慮感都會比以往要高，因而降低了處理焦慮的能力，增加對醫療人員的依賴以確保胎兒的健康安全。此類孕婦會特別關心胎兒的健康，對任何可能的危險顯得非常敏感，擔心未來懷孕胎兒可能再度異常，會更警覺流產徵兆、擔心再度流產，不確定懷孕後身體的變化是否為正常，擔心胎兒無法安全存活及健康成長，出現更多的矛盾與不確定感（方雅莉，1997；林佑樺，1999；高美華，2001；Hutchins, 1986），特別是原因不明足月的死產（陳映燁、李明濱，1998）。

女性在先前的懷孕失落中，視胎兒為人的程度愈高，則下次懷孕期間面臨的焦慮程度會愈高，相反的較低連結者，可能與自我防衛機轉免於情緒痛苦有關（Côte-Arsenault & Dombeck, 2001）。懷孕失落後，未再懷孕的母親比再次懷孕的母親有更高程度的悲傷、絕望及調適困難，而父親的情緒悲慟或強度在此無明顯差異，女性的負向情緒高於男性，再次的懷孕對於先前周產期失落的母親，以哀悼歷程來說可能帶來有利影響，主要是減少失望和調適困難。然而，這些母親悲傷繼續存在強度依然高，顯示後來的懷孕並不能夠隱藏哀悼歷程中喪子之痛（France & Bulow, 1999）。

Armstrong（2002）研究一百零三對懷孕中期的夫妻，三十三對為第一次懷孕，三十對為前次懷孕成功生下孩子，四十對曾經經歷懷孕失落的個案，發現其中四十對曾經經歷懷孕失落的個案，在第二次懷孕時會出現特別高度的憂鬱與焦慮情形，且出現的症狀母親高於父親，顯示先前的失落經驗會造成長時間的影響，特別是再次懷孕時，影響父母親與未出生胎兒依附關係發展與期

待。Armstrong（2004）認為，喪失胎兒的夫妻，若未能處理好此次的創傷事件，會有長時間的心理症狀，如：憂鬱及焦慮等壓力反應，會影響是否要再次懷孕及胎兒是否又異常等不確定的疑慮，故在恢復期間，個案及家屬仍需得到專業人員的持續支持與關懷。

　　根據上述，由於有過懷孕失敗的經驗，婦女的情緒狀態、對胎兒的評價會威脅其如何應對下次的懷孕調適，個人是會類化過去對悲傷的經驗因應到此次的事件中，在過去的經驗中對悲傷事件的看法，形成在處理悲傷經驗的自我效能。周產期失落的焦慮可以從輕微的不安全感，到強烈的恐慌反應，其焦慮的主要來源是因為害怕再次失去親人或孩子。因此，再度懷孕的過程相當艱辛、時時充滿壓力，對自己能否生下一個健康的小孩相當沒有信心，一方面擔心害怕胎兒異常或會受到傷害，婦女不僅對其自身之身體活動處處小心外，飲食時時關注，儘量注意懷孕飲食禁忌，對於醫療人員「孩子正常」與否再保證的需求增加，當父母親發現醫療人員無法提供其胎兒安全的保證時，會尋求超自然力量的協助（如：算命），此高度警戒之行為是為了控制懷孕結果，以確保胎兒安全。

　　決定何時再擁有另一個屬於自己和伴侶的孩子，有沒有「適當的」等待期？計畫懷孕，除了先行詢問醫師外，最重要的是要視夫妻雙方生理和心理的恢復狀況，以及家庭對於新生命的規劃，待一切正常後再來迎接健康的新生命降臨。Turton 等人（2001）認為，一般悲傷過程所需的時間，視失落對個人的意義而定，早期認為母親在死產後十二個月內會有較高程度的憂慮與悲傷；近年來研究發現，產後一年內喪慟會改善，但是一年後憂慮情形會上升，且再下次懷孕的第三期易出現產後創傷壓力症候群（post-traumatic stress disorder, PTSD），因此建議下次懷孕至少需間隔一年以上。

（一）懷孕前的壓力

1. 身體心像受損，期待生出健康的孩子證明自己是正常的

　　A 父親指出，太太期待用第二個孩子來證明自己是正常的，雖然抱持希望，同時也揹負著再度失敗的壓力，甚至對於再度生育產生恐懼，猶豫不決，

一直到檢查結果正常才如釋重負。他指出：

> 就是擔心自己是不是真的有問題？自己有問題，會有一種害怕……
> 要不要懷第二個小孩子的恐懼？要去調適要不要懷第二個小孩？可是又
> 很希望這個小孩去證明說自己是正常的。第二個小孩要做羊膜穿刺的時
> 候，我們也是很緊張，擔心說是不是又跟第一個小孩一樣，有基因上面
> 的問題。結果我們去看的時候我們就很高興！總算……我太太她心裡面
> 的一塊石頭放下來，因為她主要是想要證明：「我不是有問題！」（A-
> 137）

2. 再次孕育既期待又怕受傷害

A 父親對第二個小孩子既期待又怕受傷害，很擔心面臨再次失落，決定即使孩子有狀況，也接受考驗。他說：

> 我們心裡面對未來還是滿有希望，又期待第二個小孩子，對於第二
> 個小孩子是既期待又怕受傷害。那時候其實心裡面對第一個小孩子就是
> 說，第一個小孩子做了決定，再有一個小孩是這樣子，是上天給我們的
> 一種考驗的話，第二次我心裡面就想說即使小孩子有狀況的話，也希望
> 能夠把他留下來。（A-108）

3. 擔心是否能生出一個孩子

吳淑玲、吳惠娟（2004）研究發現，當個案經歷「胎死腹中」事件的發生後，會相當自責、難過，質疑自己身體功能不正常，擔心自己無法像一般人一樣正常生育、擁有自己的孩子，無法正常生育而對不起祖先，擔心會被先生的家人說閒話，造成情境性低自尊的健康問題。

D 母親會擔心自己是否能生出一個寶寶，情緒自責、內疚、覺得丟臉，別人不知情問起孩子會無言以對，有難言之隱，百感交集，淚水只能往肚子裡吞。她的敘述：

那種悲傷的反應情況，因爲我會擔心自己到底還能不能生出一個寶寶？大概就是那三年，剛開始就是……情緒也是滿複雜的啦！自責啦、內疚啦、覺得好像有點丟臉啦，因爲別人會問到說：「妳不是已經懷孕五個月了嗎？妳的小孩呢？」然後，又覺得很可惜、很悲傷，嗯……反正就是很多種情緒交雜在一起，很難過的，然後，可是又……又不願意在別人的面前表現出來，眞的淚水往肚子裡吞這樣子。（D-220）

4. 努力嘗試懷孕

D母親把重點放在再生一個寶寶，以了結先前的流產失落，若是無法懷孕會讓她焦慮覺得很可惜、遺憾。她說：

努力的去……試著再去懷孕，因爲我的重點要放在我還想要生一個寶寶。所以，我沒有辦法懷孕的話，反而是讓我比較難過，因爲如果我能夠再生一個寶寶，那前面那件事情好像就做了一個了結的感覺，要不然，他就會是一個很大的遺憾啊！因爲，妳沒生小孩，然後妳曾經有一個懷孕五個月的時候流產掉的小孩，實在是很可惜。（D-223）

（二）懷孕後的壓力與調適

1. 沒有代價的懷孕──先生扮演支持角色

再次的流產，C父親同理太太經歷孕吐不適後前功盡棄的失落感，女性婚姻發展中生兒育女角色，在心理上倍感壓力而扮演支持角色，長時間未再懷孕，太太考慮要使用中藥，C父親認爲中藥不可亂吃，而提醒此舉是不該做的。他說：

太太再次懷孕，唯一想到要再提醒她一下的……就是不要又像上一次那樣子，因爲她……有很多原因造成她心理壓力這麼大！本身就是因爲之前已經結婚滿久了，沒有生小孩……另外就是懷孕的時候吐得很厲害，懷孕七週再次的流產，她也會覺得說：「好像，我有一點前功盡棄的感覺，我又白懷孕了一段時間，然後……我又要重新開始。」所以這

個也增加她沮喪的程度。所以，我覺得我還是滿支持她的啦！不過，後面……有時候……講到一些什麼事情的時候，譬如說……她後面懷孕又很困難，有一段時間又沒有懷孕，她又要吃什麼中藥啦！那時候……好像有一、兩次我又把它拿出來講一下，我就覺得……我就說：「妳……不要亂吃亂吃的，然後有的東西根本就是該做的不做，不該做的做。」（C-42）

2. 擔心再次失落

A父親在心裡留下陰影，對未來不可預知，害怕會再度面臨同樣問題，深邃的悲傷及其症狀依然塵封，產生失落的恐懼感，反應在再次懷孕的焦慮中。他表示：

太太再次懷孕我也是很擔心……因為之前沒有好好的做準備，也有一些感冒、拉肚子、吃一些藥，但是間隔時間有差不多半年，但我們本來是希望至少一年當中即使有生病、感冒也不要去吃藥，讓自己身體的抗生素排到最少，對基因的影響最小，再去受孕。第二個小孩又是安全期沒有計算好，然後也是不小心懷孕，那時候就很擔心……心裡面就很難過擔心說：「會不會又碰到前面的問題？」又很緊張，可是看到別人的小孩子又這麼正常。（A-136）

雖然跟先生檢查的結果都正常，然而B母親產後在心裡依然留下陰影，害怕會再次面臨同樣問題，產生失落的恐懼感，甚至對先生說不要再有孩子。她說：

我有一段時間很恐懼……甚至我自己想跟我先生說我們不要有孩子，因為我不知道……雖然醫生都跟我講說這個機率非常的低，但是再怎麼樣低的機率，卻還是發生在我們的身上，那我不知道我下一個baby會不會又有這樣的情況？我跟我的先生也去做了一些基因的檢查，都是正常的，但是這個在我的心裡面是一個很大的陰影。（B-21）

　　第二次懷孕流產，藉由畢竟才七週，較低的母子依附感，D母親不覺得很難過，以保護自己，避免再度失敗時受到更大的傷害，並於失落後能快速適應角色。後來再懷目前的老大，因為一般懷孕前三個月容易流產，感到緊張、忐忑不安，希望懷孕成功。她的經驗：

　　　　因為懷孕前三個月比較容易流產，所以……在那之後，我又懷孕過一次，但是第七週就流掉了，那次我也不會覺得很難過，因為畢竟才七週。所以後來又懷現在的這個（目前的老大），當然前三個月就會比較緊張，可是，我還是會覺得……我不是那種很容易流產的體質，那是一個單獨的事件，所以……很希望這一次懷孕能夠成功，大概前面三個月還是會比較忐忑不安一點，會希望趕快把這三個月過去，就萬無一失了。（D-81）

3. 避免可能造成流產的因子

　　D母親為保住肚裡的小生命，戰戰兢兢地懸著一顆心，深怕一不小心，胎兒會保不住，所以懷孕四個月，學校辦萬里長城旅遊，雖然她一直很想去，考慮以後出國的機會很多，大陸醫療不發達，萬一又流產，擔心家人想法，為了不落人口實，所以決定不要冒險，避開可能會造成流產的因子，付出全部的心力來保護胎兒。她說：

　　　　學校每年會辦一個旅遊，那時候就是懷孕四個月吧，他們要去北京，我就很想去，非常想去，我想說那小孩子生下來以後就沒有機會玩了，而且去萬里長城我一直很想去，我就想好久，後來還是算了，以後要出國的機會很多。大陸的醫療不發達、不進步，如果真的發生什麼事情的話，可能處理並不是很好，衛生狀況很差嘛，萬一又流產了，即使不是我的錯，就是因為懷孕初期造成的，那……家人可能不一定諒解，他可能會覺得說：「妳看！是不是因為妳……」，當然家人可能並沒有這樣講，他們也沒有這樣想，有沒有這樣想我不知道，可是我連提出來都

沒有提出來，因爲我會覺得說，他們可能會這樣想，雖然他們嘴巴不說出來。爲了不要落人口實，就是說：「就是因爲你長途旅行……」，其實也沒有長途，幾個小時而已，可是人家可能會覺得說：「妳看！就是因爲妳這樣做，所以又流產……」，所以我決定還是不要……冒這個險，避免一切可能會造成流產的問題，會比較小心一點吧！。（D-82）

4. 憂鬱症傾向——尋求專業心理諮商

　　經歷失去新生兒的父母親內心極爲脆弱，常有強烈的焦慮、失眠，因缺乏安全感與控制感後伴隨而來；由於經歷胎兒失落的情緒反應，往往痛苦而印象深刻，父母親常會在睡夢中驚醒，想到孩子就痛苦不已。失眠象徵害怕，害怕做夢，失眠如果持續太久，必須注意可能會引起憂鬱的現象，若是症狀持續或負面情緒太嚴重，建議早日求助精神科、身心科或輔導專業人員配合會談下，重拾原來的自己。

　　B母親第二胎懷孕時，出現嚴重的失眠，常做惡夢，夢到孩子異常而無法入眠，情緒失控，懷疑自己是不是得了憂鬱症，到精神科門診求治，醫師診斷認爲有憂鬱症傾向，因爲無法服用藥物，採用心理輔導以渡過懷孕期。她說：

　　　　第二胎懷孕一直到生產，心情上擔心是有，其實……我……滿常做惡夢的，就是我常常會夢到我的baby出生，夢到他不是很健康，哪邊有問題！哪邊有問題！身體的症狀很明顯的就是我有非常嚴重的失眠，還會做惡夢，晚上幾乎斷斷續續沒有辦法一覺到天亮以外，就是我常常半夜就醒來，只要半夜醒來以後就完全沒有辦法入眠。我發現了我的生理發生了這樣的情況，然後……心裡面變得……情緒不能……控制以外，所以我那時候才覺得我應該是生病了，我在這方面有……問題，我那時候就懷疑說：「我是不是有憂鬱症？」。所以我去……市立療養院看心理……看精神科，那醫生判定我是……憂鬱症的傾向……因爲當時我是……因爲懷孕，沒有辦法服用藥物，所以醫生那時候就安排了心理諮詢的醫師，我每個禮拜要接受一次的治療，就是心理醫師來做心理輔導，每

個禮拜一小時這樣子。（B-38）

5. 先生的支持獨具意義

B母親覺得先生不斷的給與鼓勵，認為第二胎應該沒問題，醫師也說基因的缺陷比例非常低，只是比較不幸運，上帝不會把同樣的惡運放在自己身上，提供很大的支持。她說：

> 先生在我懷第二胎的時候，不斷地給我鼓勵，他覺得我們的小孩是沒有問題的，而且醫生第一次跟我們講……基因上的缺陷是一個……他跟我講那個比例非常低，只是我們比較不幸運，我先生就鼓勵我，他就跟我講說：「他相信上帝不會把這樣的惡運兩次都放在我們的身上。」他就不停的這樣子給我鼓勵，他在這方面給我的支持是滿大的。（B-26）

6. 提早羊膜穿刺篩檢

A父親為了確認胎兒健康、正常與安全，直接讓太太在懷孕十六週做羊膜穿刺術，結果正常，證明自己是沒問題就比較安心。他指出：

> 所以第二次懷孕的時候，我們大概在十六週還是……就比較早做羊膜穿刺術，大概是在二十週還是二十一週，因為若有異常超過二十五週就要做（引產）……第一次有這個……因為你是有這種……案例的話，你一定會做……不用去做血液篩檢，就直接去做。後來檢查的結果是正常的，我們就比較安心。（A-134）

7. 對健保產檢感到不滿

預產期前無預警的發現胎位不正，A父親對目前的健保產檢感到不滿，認為執行超音波掃描次數太少，時間太短。他說：

> 快生（老二）的時候，醫師一摸：「咦？奇怪？好像不大對勁？」……趕快又去照第三次超音波，一看！胎位不正，腳在下面，頭在上

面，然後……預產期又已經差不多剩下四、五天而已，預產期大概剩一個禮拜。健保對於……照超音波的次數太少，是因為第二個醫師（Z醫院）他比起第一個醫師（X醫院）的，他只有照兩次，大部分用觸摸的，每一次坐車子要一、兩個小時才到……那個Z醫院，然後等個半天，醫師只是看她（太太）五分鐘、十分鐘就結束了，然後在……二十五週還是第幾週……五個多月的時候照了一次超音波，到了要生產前再照一次超音波，照兩次就判你的生死。（A-135）

8.為孩子算命

A父親覺得孕育小孩像撒種，把種子種下，期待開花結果，他依循中國傳統觀，算紫微斗數，為嬰兒挑選良辰吉時剖腹產，祈求孩子未來平安健康、順利好命。他說：

第二個小孩反而……自己覺得好像種花……撒了種子發芽長大一樣，然後……一路都是平平安安健康的，我們希望小孩子的未來一路順風，希望他有個好命，畢竟我們是傳統中國人。像我姊姊，去算哪一個時辰比較好！她還認識一個朋友會算紫微斗數，排、排、排……排哪一個時辰是最好！那醫生本來說要自然生產，後來又說要剖腹產，我們趕快就挑一個比較好的日子，就去做剖腹產。（A-140）

（三）孩子出生後的壓力與調適

1.接納孩子臉上的缺陷

A父親發現孩子生下來後，臉有很大的一個硬塊是歪的，脖子凸出一塊，出乎意料，想到沒有基因異常，也就欣然接受。他說：

沒想到剖腹產生下來之後，小孩子的臉是歪的，他的嘴巴、下巴是這樣（個案用自己的臉部表情來表達），臉是歪的，然後脖子有凸出來一塊，臉很大的一個硬塊，那時候想……小孩子的臉怎麼會歪成這樣？後來還是……很喜悅、很高興這樣子，雖然臉是歪的，那就想……孩子大

概情形來講……沒有說有基因的問題。（A-144）

2. 替代兒童或脆弱兒童徵候

　　一旦經歷了周產期失落，如果父母親對悲傷失落沒有足夠調適，無法充分和完全悼念他們失去的孩子，則他們不認為以後懷孕可視為正常，而其他的孩子均可能成為「替代兒童」（Replacement Child），出現「替代兒童徵候」（replacement child syndrome），可能是一種普遍存在的矛盾、憂患意識和不安全問題，認為隨後孩子也會被認為是極具風險度，擔心孩子也可能受到損害而限制、過度保護和替代關愛，使得孩子的素質和特點，保持持續連結到已死亡孩子、隱喻替代孩子的一個特殊意義，以填補逝去孩子的生命（Anisfeld & Richards, 2000; Cain & Cain, 1964; Grout & Bronna, 2000; Johnson, 1984; Robertson & Kavanaugh, 1998）。Davis、Stewart 與 Harmon（1989）等人將此過度保護其他孩子之行為稱為「脆弱兒童徵候」（vulnerable child syndrome）。過度保護和替代兒童其主要源自父母親尚未解決的悲傷，以及一些缺乏現實感的期待，例如：害怕可能會忘記先前失去的孩子以及擔心再次失落發生（Ney, Fung, Wickett, & Beaman-Dodd, 1994）。

　　母親於懷孕期間與胎兒連繫所產生的安全感，是發展成為母親的安全感，當這種連繫粉碎時，受傷的自我就會喪失安全感。有時父母親將情感從失落的胎兒身上轉移到其他的孩子身上，導致手足成了父母親在潛意識裡用來減輕愧疚感的焦點或是替代品，甚至有的還會取類似相同的名字，藉以來填補失落的空位。部分婦女再次懷孕會重溫過去經歷，而創傷經驗會因為重複性的意念介入與景象再現而深感痛苦，不斷浮沉呈顯創傷經驗的苦痛與混淆，面臨記憶不斷插入（intrusive）或回復反想（ruminations），以對付不確定性（不知胎兒健康與否）、預期最壞的打算，承認發生失落，並對它可能再次發生（等待失去寶寶）、或隱瞞自己的情緒，這樣的反覆性縈念衝動，撞擊的生活改變與越界漂移，往往威脅個人日常生活的統合性，同時也是個人對創傷事件無止境的回復見證歷程。因此，周產期失落後產生心理上的不安是難免的，舉凡一般所說的煩惱、擔心、害怕不幸的事情將發生，或是經歷喪子失落再為人母者天天擔

剝奪的悲傷
——新生兒死亡父母親的悲傷與輔導

心她會傷害或失去孩子，因此在餵奶前洗手數十次等，都是焦慮的一部分。

當自我責備之下內心的無助感，層層負面思想，深邃凝結的悲傷及其症狀依然塵封或被埋藏的結果，恐懼的感受會讓人無法感覺安全，當個人經驗過胎兒健康的威脅與失落胎兒的情境，即使環境已經不再有危險，依然會抱持著「如果有風險在，我就無法安心」的信念，出現擔心無法保護其他孩子，或是孩子會遭受其他危險因子威脅的意識，常常滿腦子會被自己和所愛的人的健康問題所填滿，揮之不去。

(1)缺乏安全感

B母親在孩子出生後，擔心有潛在的疾病被醫生忽略掉，無法控制幻想孩子生病、自己抱孩子從樓梯上摔下、晚上孩子睡著的時候，持續觀看孩子，擔心害怕再一次的失落焦慮反應。她說：

> 我現在心裡面都不是說……很放心，到目前為止我都還滿小心翼翼的，怕說有些什麼基因，基因上有些病，或者是什麼樣的疾病哪一天會跑出來，這個我都不曉得，我現在還有這樣的一種障礙在，比較沒有安全感，而且就算醫生跟我講我的小孩子很健康，我都會懷疑會不會有部分是醫生忽略掉了，就是很害怕還會有一個疏忽，造成後面的一些問題。然後常常會出現一點幻想：他萬一生病……。甚至因為我們住五樓，我每天抱他去奶媽家、去我婆婆家的時候，我都會常常想我會不會這樣子一不小心跌倒，他就這樣子下去了，類似……這樣子很滑稽的事情。但是我就一直覺得……很害怕有什麼意外發生會保不住他，常常會這樣子幻想，一直到現在都還會發生。我不曉得，這可能跟第一個小朋友發生的事情還有影響，這個是我到現在就是我沒有辦法控制自己去想這些事情，甚至晚上他睡得很香的時候，我就會這樣一直看他，我很害怕他會不會離開我或什麼樣，這個到現在還是這個樣子，雖然他現在都是好好的，但是，我還是會擔心有些什麼事情發生。（B-48）

(2)替代補償

新生命到來沖淡痛苦，體驗當父親的成就感，孩子帶來沖喜的感覺，A父親對沒有給逝去孩子的愛，要加倍給後面孩子，同時後面孩子的陪伴也讓太太產生替代補償，而淡化失落悲傷。他說：

> 我會把一些想法轉為比較積極一點，我想說……對這次老大沒有給他愛，對第二個小孩要加倍給他愛，這樣子我心裡面會比較好。他們的歡笑，會分擔……把我們的痛苦給沖淡了，把我們的痛苦加倍變成更多的愛，給第二個、第三個，對第二個、第三個，對整個家庭就會美滿。她（太太）之所以淡化的原因，是因為後面這幾個小孩子陪她，家裡面就是我陪她，陪她走過這一段，讓她釋懷掉。我就是那一段時間享受爸爸餵奶的那個樂趣，第二個小孩吃奶很快，每一次都第一名，然後……一下子就吃完了，幫她拍這樣子（表演出打嗝的聲音），打嗝的聲音很大聲，然後就很高興，把……第一個小孩所遭遇到的痛苦，慢慢就比較淡忘了，所以……就說生小孩子，沖喜、沖喜，的確是有它的道理在。
> （A-145）

A父親心情平靜的時候比較能夠承受喪子之痛，懷念逝去的新生兒，對於孩子的長相記憶模糊，未留下照片，把記憶記在老二身上替代補償，感到遺憾。他說：

> 當時沒有做火葬處理是我不想擺著一個記憶……可是事後我現在後悔了，我希望看到他的容貌、照片，我現在的記憶是模糊的，只記得他跟我很像，我也是覺得他跟我的老二很像，我只把他的記憶……把老大的記憶把他記在老二的身上，可是這畢竟不是我心裡面真正想要的他。
> （A-179）

由於沒有一個具體的生命或記憶提供悲傷，女性身體再創生命的能力也會使她延後對前一個失去的孩子的哀悼。譬如說失去一個孩子之後成功的再生一個孩子，這樣的故事也會傳為令人安心感謝的美談，好像後一個孩子來了，縫

補著缺角的親情，以重拾過去的失落，悲傷才會眞正的撫平，其實不然，生命
是獨一無二的，補償移轉或是重新「生回」之說，對後來出生的孩子並不完全
公平，因爲喪慟可以昇華、紀念，但難以取代。

（四）先生沒有加註傳宗接代的支持是重要的調適因子

D母親對於先生的表現雖然不是很悲傷，也沒有很努力的安慰，因爲沒有
加註傳宗接代的態度，是她減輕失落感的支持力量。她說：

> 先生的支持也是很重要的，雖然他表現得不是很悲傷，好像也沒有
> 很努力得安慰我，可是因爲他不會很在意有沒有小孩這件事情，也不會
> 說一定要生，一定要生小孩，一定要……其實要生小孩是我自己做的決
> 定，因爲他說有或沒有都沒有關係，可能我覺得這也是一個支持的力
> 量，可以讓我比較去……不會覺得……那麼……那麼……失落感會比較
> 減輕一點吧！（D-66；D-68）

失去胎兒後嘗試再次懷孕爲個案共同目標，此與Hsu等人（2002）研究死
產婦女調適策略期待下一次懷孕結果相吻合。因此，成功的孕育小孩雖可以帶
來正向的人生觀，面對再次懷孕的成功與否的壓力本質卻是多面向的，需要多
發面的支持。此外，專業助人者及醫護人員應善用個案的社會支持網絡，提供
其所需要的社會支持，而配偶的支持是失去胎兒的婦女最主要的支持來源，這
顯示在規劃臨床照護時，將家屬一併納入的重要性，藉助其支持力量，亦可減
輕個案的失落感。

（五）再次懷孕的成功與否影響悲傷反應因素之一

面對傳宗接代的壓力，女性往往會擔心沒有孩子會導致婚姻問題而感到難
過自責，無法孕育出健康的孩子在「媳婦」、「妻子」的角色上，必須面對長
輩的壓力，期待下一次懷孕是失落後，重獲健康的身體自我以及完成文化期待
的共同期盼，在她再度嘗試懷孕之前，身心都必須恢復健康與自信。在四位參
與者的訪談個案中發現，個案與其伴侶對未來懷孕的信念，雖然抱持希望，同

時也揹負著再度失敗的壓力，甚至對於再度生育猶豫不決，若無法懷孕將更缺乏自信；A父親指出太太身體心像受損，期待用第二個孩子證明自己正常，對生育角色功能懷疑，產生自我價值的動搖，一直等到孩子生下健康無恙，方能真正渡過基因異常的夢魘；C母親經歷漫長孕育等待期，讓原本自信孕育功能淪為無法掌控的局面；D父親沒有加註傳宗接代的壓力，接納與體諒的特質，也扮演著維繫夫妻關係的關鍵。

再次懷孕成功與否，更會帶來女性沉重的壓力（Black, 1991; Brisch et al., 2005），有更多的矛盾與不確定感（陳映燁、李明濱，1998）。面對再次懷孕，懷孕前會出現「用第二個孩子來證明自己正常、自責、內疚、覺得丟臉、無言以對、擔心是否能生出一個孩子」，懷孕後「擔心再次失落、緊張、忐忑不安、失眠、做惡夢、情緒失控」等壓力，此反應支持上述文獻研究結果。Turton等人（2001）認為，經歷周產期失落後，再度懷孕的第三期易出現產後創傷壓力症候群，B母親在懷孕時出現憂鬱症傾向，孩子出生後，擔心有潛在的疾病被醫生忽略掉，無法控制幻想可能會失去孩子的情境且持續觀看孩子，害怕再次失落的焦慮反應，那些未解決的悲傷，在現實生活中處處隱現，餘波盪漾，甚至在新的關係中發酵著，如同France、Bulow（1999）的觀點，再次懷孕可以減少失望和調適困難，然而，這些母親悲傷繼續存在強度依然高，顯示後來的懷孕並不能夠完全隱藏哀悼歷程中喪子之痛。

結論

孩子的死亡是父母親最深刻的失落，由此帶來的悲慟尤為激烈和漫長。父母親對完美小孩的哀悼過程包括：需漸與此失去的理想個體分離，不再將孩子的缺陷視為自我系統的缺陷，透過意義重建機制，父母親才能重新找回自己的自尊與自信再次孕育。對失去新生兒的父母而言，對先前曾擁有過的孩子是難以遺忘，擁有的記憶往往是苦樂參半，而且悲傷往往會被特殊的日子勾起激發，能夠重新投注生活，寄情於其他孩子身上，具有重獲健康的身體自我以及完成文化期待的作用，可以在失落之後持續擁有對孩子的想念與回憶，同時找

到可以讓自己活下去的方式，也就是說恢復愛的能力。據此，顯示再次擁有孩子在喪子失落的調適歷程中，確實是很重要的。

練習七

1. 失去胎兒後，從想要有小孩，到真正懷孕相隔多久？

2. 您為何想懷孕生育？想要體驗做母親的感覺？還是想要增進您在夫家中的地位……？

3. 失去胎兒後您曾為不孕感到沮喪嗎？原因是什麼？

4. 失去胎兒後您對懷孕感到著急或擔心的是什麼？

5. 您是否擔心先前失去胎兒會影響懷孕機率？

6. 您是否感覺自己迷失在過去懷孕經驗中？

7. 您是否擔心會有最壞的情況發生在這次懷孕中？

8. 您對孩子的過世對後來懷孕過程的不可預測有何看法？

9. 如果您發現您想著失去的孩子，描述一下這些想法，您所感受到的情緒有哪些？

10. 人工墮胎／失去胎兒的當時，您會不會擔心這一次懷孕是您唯一一次當母親的機會？您現在還在擔心嗎？

11. 您為什麼會擔心／害怕？您不想面對的問題是什麼？

12. 您以不想面對方式拒絕問題，是在助長問題還是消除問題呢？

13. 在決定再次懷孕的過程中，您是否與醫生協商，是否有先前準備功課再與醫生討論？

14. 您如何看待現已經過世的孩子？

15. 您如何看待現在的孩子？

16. 您認為這些新發現對您自己的態度會有什麼影響？

17. 這個新發現對您和孩子的關係有什麼影響？

剝奪的悲傷
——新生兒死亡父母親的悲傷與輔導

Chapter 10
生命意義的建構與詮釋

　　生命意義是一個個人建構（meaning construction）的核心歷程，一個生活事件會變化個人的內在生命，而新生兒死亡是一個甚具壓力的生活危機事件，也是一種生存現象或生命存在的意義。本章試圖探索周產期新生兒死亡父母經歷悲傷的調適歷程中，從胎兒的出生看到死亡的實然，對於胎兒死亡事件背後的生命觀點及當下的生活目標設定，每一件事、每一個反應背後潛藏的各種統整論點，或是存有自身顯露可能的意義，在父母身處話語的經驗、內涵及其解析之中，意義之抉擇與責任之承擔，如何面對事件，採取行動，整合出愛與被愛的能力，給出意義與價值，給出語言世界的社會文化脈絡，在其一生中具有什麼重要性。本章涵蓋生產對女性的意義、死亡與生命意義的關聯，與成熟的靈性三個部分進行相關文獻回顧，以及喪慟父母生命意義的追尋探討。

壹、生產對女性的意義

　　Keller（1974）強調，女性生命的核心集中在婚姻、家庭與小孩，強調女性的撫育功能，例如：愛與照顧等特質（引自劉惠琴，1999）。心理分析論者將成為父母的動機，從生物基因的傳衍論點轉化成認同的歷程，說明個人透過生育子女，內化母親的親職角色，以便複製出過去自己孩提時期與母親的關

係，並且將孩子視為自己或自我（ego）的延續，並將對自己的愛轉移投注在孩子的身上（Michaels, 1988, 引自梁香、林淑玲，2001）。Shek（1996）研究發現，婦女認為有孩子以後，人生更有意義、家庭更快樂。湯素月（2004）研究指出，中國婦女生育的意義分別為自我期許的實現、家庭地位的確立、婚姻的保障與孝道的表現。據此發現，懷孕生子對已婚女性似乎具有多重意義，分述如下。

一、自我期許的實現

Deutsch（1945）認為，懷孕是女性最深、最強烈想完成的願望，是女性自我實現的一種方式，也是一種富有創造性的行為（引自周雨樺等人，2001）。懷孕及生產的完成是多數成熟女性追求的目標之一，懷孕證明一個女人的生殖能力，也是女性自我實現的一種方式（周治蕙，1982）。對婦女而言，懷孕不僅代表了自我實現，同時也代表了生物、性與社會價值的成就（Floyd, 1981）。梁香（2001）研究了四百七十六位十八至五十歲台灣南部地區婦女之生育動機，結果依序為：「親密情感聯繫」、「愉悅快樂滿足和成就感」、「有孩子家庭健康幸福快樂」、「個人生命擴展延續」、「社會比較」、「道德上的價值」、「傳宗接代社會認同」及「權力和影響力」。Hoffman、Hoffman（1973）將婦女生育的動機歸納為下列九項（引自梁香、林淑玲，2001）：

1. **獲得成人的地位和家族、社會認同**：有子女之後，個人才像個大人，為社會所接受。

2. **傳宗接代**：有子女可使個人的生命與自我以及家族得以延續。

3. **道德上的價值**：提高個人在社會大眾心目中的道德性，包括勤奮工作、服從規範，表示個人不自私、能自我犧牲奉獻。

4. **親密情感的聯繫**：與子女建立親子關係，能滿足為人父母的心理情感需求。

5. **子女可帶來愉悅和滿足。**

6. **創造性及成就感。**

7. **權力與影響力**：個人可以塑造自己想像中的孩子，有子女可以提高個人

地位與影響力。

　　8. **社會比較及光宗耀祖**：生育子女以提昇個人之競爭能力與名譽。

　　9. **經濟價值**：生育子女以期未來在生產與經濟方面得到幫助，並養兒防老。

　　懷孕是生命的創造，也是女人最深層、強烈的慾望完成（Freeman, Boxer, Rckels, Treck, & Mastroianni, 1985）。Rubin（1975）提出母性發展任務，包括確保自己及胎兒的安全、確保家人接納新生兒、認同胎兒成為自我的一部分，以及奉獻自己（引自 Robinson et al., 1999）。因此，確保胎兒安全順利地通過懷孕及生產，並於妊娠中期開始與胎兒建立依附關係（attachment），獻出自己與孕育生命對於女性是很重要的。懷孕生子對於傳統文化中的婦女而言，是一種成為完整女人的自我實現，所以會以深思熟慮的態度來看待懷孕，視懷孕為其生命中最重要的改變。

二、婚姻與家庭地位的確立

　　中國是個「家的文化」，無論男女，皆以婚姻來成就人格的完整，而成家的首要目的即在養育後代，香火傳承對中國人極具重要意義（楊懋春，1987）。台灣俗語：「好歹粿，愛會甜，好歹查某，愛會生。」粿不論好壞，都要講求甜度，女人不管她是好是壞，總要能夠生育，有人稱呼此中國文化為「子宮文化」。承上啟下，傳宗接代（continuity）是為人妻、為人媳該負起的責任與義務，成為母親，乃是其「生涯的選擇」（career choice），還有來自社會期待關懷的世俗眼光，無法生育小孩會受到鄙夷歧視為「肚子不爭氣」、「無子西瓜」，就像「不會下蛋的母雞」，是最不被看見的弱勢族群。中國傳統社會把生殖之大任加諸於女性，禮教所規定丈夫休妻「七出之條」，其中首要一條便是「無子」，無子，為其絕世也，可以依法被迫休離或同意丈夫納妾（姚儀敏，2005；張豐隆，2000；勞悅強，2004）。由此可發現，過去傳統價值觀認為已婚夫妻親子關係的重要性凌駕於婚姻關係之上，生兒育女是促成及維持婚姻的主因與強韌的護牆。

　　一項針對四百五十位台灣成人親子角色、配偶角色研究更進一步發現，女

性比男性更認同父母角色的重要性，也感受到較高的「為人母」的壓力；不論男女，「為人父母」的角色均對個人的心理健康及幸福感具增進作用，而無法完成此角色所帶來的壓力則有損個人的心理健康（Luo & Lin, 1998）。懷孕對婦女來說有其獨特的意義，除了能證實婦女的生育能力之外，婦女在家中的地位有時會因孩子的出生而改變，甚至可以保障婚姻的存在。當得知懷孕的那一刻，已經對婦女宣告她的生命角色即將轉變成孕婦和母親（李玉嬋，2002）。

楊麗齡（2001）研究中發現，不孕症會令婦女感到不安，感受到婚姻是有風險的，能否在無子婚姻中繼續，仍要看公婆臉色，取決於公婆或夫家的態度。根據Erikson的心理分析理論，懷孕是人生的一個階段，是人格發展上必須完成的一項任務，也是個人角色轉移之歷程；因此，若能順利成功的生育，可使女性產生成就感，反之，則往往被視為女性角色的失敗（林秋菊，1989）。因此女人生存的意義也隨之呈現高度的焦慮、出現自我形象與地位的低貶，沒有小孩或生出不正常的小孩，背負的包袱與壓力也格外沉重，部分女性還將面臨家族中地位喪失，甚而失婚可能，陷入雙重打擊，呈現出女性生命週期中，終其一生在傳統社會價值空間轉換之形貌。

由此可見，在中國文化的脈絡中，「為人父母」是完成人生社會使命的必經之路，無法生育或生不出健康的孩子，對女性的壓力和衝擊應可想而知，帶給婚姻生活的震撼及潛在的婚姻調適問題，更不容忽視。

三、孝道的表現

在社會要求下，傳統孝道已內化成為人媳者必須遵從的行為準則（蕭群忠，2001）。孟子離婁章句上篇：「不孝有三，無後為大」（蔡志忠，2003）。「無子」之過為孝道之首，言嗣續之至重也，香火相傳，必須有後，有後才是孝之大者，已被中國人視為人生最重大的義務；無後無法祭祀祖先，香火斷了，不能把祖先姓氏一脈延續下去，是很大的罪過，「絕後」為中國人意識中最大的不幸和恐懼。可能「無子」這個議題在中國傳統社會中非常重要，所以，為了不在自己之後滅了香火，不被罵為大不孝，每一個家庭都會為生一個男孩而努力。

懷孕、生育小孩被視爲女性的一種成就，由於這種創造能力可以擔任母親角色，所以懷孕期中遭遇死產、終止妊娠、新生兒死亡這種懷孕失落（perinatal loss）讓女性感到：(1)認爲自己身體無法完成孕育的功能，而產生自我價值感的動搖與自尊的低落，覺得自己不是完整的女人；(2)終止與胎兒發展親密關係；(3)實質感受到永遠失去這個孩子；(4)失去成爲孩子母親的角色（林雁秋、顏妙芬，2003；陳淑鈴、余玉眉，2000；鍾聿琳，1992；May & Mahlmeister, 1990）。「有子有子命，無子天注定？」此種失落對父母是一種無形的壓力，除了過去傳統的家庭壓力之外，還有對婚姻的的衝擊，來自社會角色期待或關懷的世俗眼光，以及情緒上沉重的打擊壓力，這些都可能讓失去新生兒的父母缺乏個人的自信心，對夫妻雙方都是一種生命的考驗。

貳、死亡與生命意義的關聯

生命不問爲什麼，生命本身就是存在，存在本身就是意義。「生」原有險難之義，是「小艸」從「土地」裡冒了出來，看似微弱，其實堅韌。「命」是限制，是「口」「令」之而定限，人正視自己之有其定限而「知其命限」。「意」的構造爲「心」「音」，源自心靈的聲音，是來自生命最爲根源的眞實「意向」（intention）、實存（exist-ential）的聲音。「義」爲「羊」「我」所構造，指自我生命內在的完善要求所成的確定性，是人在生活世界的安身立命之處，它是公正的（fair）、普遍的（universal）、理想的（ideal）（林安梧，2002）。

人生如果沒有方向和目標，生存會缺乏意義（陳琴富譯，2001）。Yalom（1980）將生命意義分爲兩個部分：(1)宇宙生命的意義（Cosmic Meaning）：係指宇宙中有一不變的規律，而這規律是超越於個人之上或之外，非人類所能理解，個人的生命意義也是神的命定，人類的生命要致力與仿效上帝的目標，努力達到完美；(2)世俗生命的意義（Terrestrial Meaning）：即個人有個待實現的目標，包括：利他、爲理想奉獻、具創造力、快樂主義的解決方法、自我實現、自我超越；在這過程中，個人可體驗到自己的生命是有價值的（引自易之新譯，2003）。

剝奪的悲傷
——新生兒死亡父母親的悲傷與輔導

　　Imara 牧師指出，使生命有意義的三項做法如下（引自陳琴富譯，2001）：

　　1. **覺照與自我接納**：也就是必須要活得實在，完全地覺知並接受當下的經驗，從「自我隱藏中走出來」，以開放的心態讓生命變得更有意義。

　　2. **和他人真誠的對話**：就是開展與他人真誠的關係並做建設性的對話，也就是「從別人的隱藏中走出來」。

　　3. **決定一個正面的成長方向**：尋找人生的意義，找到可以為生命奉獻的途徑。

　　猶太藉精神醫學家 Frankl 寫了一本書《活出意義來——從集中營說到存在主義》（*Man's Search for Meaning: An Introduction to Logotherapy*）（趙可式、沈錦惠譯，1989），敘述他如何在納粹集中營慘絕人寰的境遇中，當精神浩劫、心靈枯死之際，為了求生存而激發出無限潛能，提出「意義治療」（Logotherapy），越過了佛洛依德的「快樂意志」、阿德勒的「權力意志」，從生死之際中領悟出來的是「意義意志」，探尋人性如何於極限環境之苦難與命運無可預期之斷裂中，大體區分為三個層次：(1)意志的自由；追求意義的意志；(2)生命的意義：在工作中付出、奉獻、創造的價值；體驗人世間真善美或愛的感受；從自己獨特的生命歷程，面對生命的課題、任務、使命，這是一種態度上的價值；(3)人的生命意義與價值，容易被痛苦、罪惡、死亡動搖，可以因為「選擇態度的自由」來克服，當自由變成責任，意義就誕生了。

　　Frankl 主張，人生不僅傾向追求意義，更進一步活出生命的意義。人們面對傷害受苦與失去，必然震驚、失望，而接著即會自己營造出一個冷漠的保護殼，用來抵抗世界與自己。到了超越階段，小我消失、感性昇華，始能重新愛人與愛這個世界。藉由自由、抉擇能力與責任之覺察而獲致此生之意義，透過創造性活動、真愛感受與轉化態度中實踐存在的價值與目標，以克服深層之焦慮與恐懼，促使自我性靈橫渡一切苦難，主體跨越生命頓挫與精神危機。

　　Frankl 認為，人生的意義是展現在回應現實生活中隨處所預見的狀況，並且尋找與實踐自己獨一無二的生活使命，進而藉此讓自我經歷其終極意義，他強調構成人類生命存在的極限境況的主要三個面向，即：(1)受苦（suffering）；(2)責疚（guilt）；(3)死亡或無常（death or transitoriness of life）。面對受苦，轉化其為生命的成就或任務完成，他引用尼采的話說：「懂得『為何』而活的人，差不多『任何』痛苦都忍受得住。」（趙可式、沈錦惠譯，1989：8）；借助於責疚感的機會，轉變自己，創造更有意義的人生；體認生死無常的有限性條件，當做再生的契機，而採取有自我責任的行動。

Frankl 認為，生命可以從三方面獲得意義（傅偉勳，2000）：

1. 創造意義的價值：藉由對生命的付出與奉獻，創造行為所得到的成就感，也就是個體在創造的活動中所實現的價值，創造新的意義（creating new meaning）。

2. 經驗意義的價值：由個人得自於生活的體驗或對世界的感受，即個體得自所處情境中感受到深刻的體驗，使得生命有意義，如對真、善、美的體驗及愛與被愛的生活經驗中獲得。

3. 態度意義的價值：可由成敗苦樂經驗及困境抉擇中學習獲得，即使遭受苦難，亦能從中發現意義。端視我們對人生不可改變的命運、苦難所抱持的態度，當個體對於所面臨的處境無法改善時，個體對該處境的態度去決定生命的意義，這個觀念並不同於人們在存在主義哲學中所見到的悲觀色彩。

根據意義治療的說法，失去意義會引起沮喪，導致 Frankl 所謂的「存在的空虛」（趙可式、沈錦惠譯，1989：131）。張利中（2002）指出，尋獲事件的意義，尤其是事件對生命的意義，是受難者能夠恢復身心適應的一個重要因素，所以對於喪慟的父母親，「尋獲生命的意義」似乎是其最終也是最有效的「因應」之道。Yalom（1980）認為，物質上的死亡毀滅我們的生命，死亡的意義卻拯救了我們（引自易之新譯，2003）。日本作家岸本英夫在《凝視死亡之心》（關正宗譯，1997：91）一書說：「死亡的意義改變的同時，活著的意義也跟著改變……透過對死亡的理解，生的問題也解決了。」

心理學家 Jung（1967）認為，我們在潛意識裡面塞了很多理想觀念，當此面具人格被遮住後，不面對人性陰暗面與黑暗世界，終致混亂不清。他強調一個人被啟發靈性成熟，不是告訴他光明面，而是面對黑暗，意識人格才會被啟發，在心理上認為是黑暗的、令人害怕的，透過統整會產生超越自我力量的展

剝奪的悲傷
——新生兒死亡父母親的悲傷與輔導

現（引自Beebe, 2000）。人生若沒有一些超越私利的意義，我們會對未來感到絕望、內在空虛或是無法停止休息，而成熟靈性並不是試圖抹去痛苦或是逆境的困難；事實上，它包含了痛苦且是人類生活的一部分，而且它使我們能忍受痛苦或逆境，甚至變成我們接受的結局（Young-Eisendrath & Melvin, 2000）。Frankl進一步指出「超越的意義」（The Supra-meaning），必超越並凌駕於人類有限的智能之上；並非如同某些存在主義哲學家所言，是去忍受生命的無意義；而是要忍受自身的無能力以理性抓住生命的絕對意義（趙可式、沈錦惠譯，1989）。

自我超越（self-transcendence）可以幫助父母自生存的罪惡感中轉化為生存的責任感，從死亡的焦慮中激發出創造力，藉由創造性的活動將所有的創傷轉為有意義的事（張淑芬，1996）。余德慧（1998）提到，「生命的意義並不一定是在事情發生的經驗，而是後來發生的事情開啟當年的意義。當我們回顧過去的時候，我們才產生現在的知識。這種知識就叫作是『生命史學』」（頁4-5）。

對人類而言，意義建構的保存及改變都是極其重要的，意義是經由行動、參與，以及對世界具體具有代表性的改造而來（Neimeyer, 1995）。Neimeyer、Prigerson與Davies（2002）形容悲傷會在心理上做為回應個人假設和關係維持、中斷的自我感覺。Neimeyer（2004）在失落和意義重建中指出，死亡可以使我們對原有的生活信念更為確認或喪失，悲傷是屬於個人的歷程，是我們對於自我認同而產生特殊、心靈深處複雜的感覺，為內在自發的狀態，而非外物加諸在我們身上的事件，是一種最重大失落後對個人其生活世界的意義做確認或重建的行為，我們以遺族的身分與他人連結，建立或重建對自己的認同，對於失落的調適，我們需要去敘說自己的生命故事以重建一致的感覺，回憶死亡事件中發現可能的意義，幫助其超越自我，明白生活的意義是自己可以給與的，他建議悲傷治療的介入和評估，應以喪親後的「尋求意義」過程為焦點。

意義重建的過程是悲傷經驗中獨特的一環，特別是對孩子死亡的瞭解和意義，父母在喪慟經驗中是否有正向的成長，較難以使用現存的悲傷理論來解釋。Wheeler（1994）認為，一般的喪親理論並不適用於描述喪失子女者的悲

傷情形；在其研究中顯示，喪失子女的父母，其悲傷的長度與複雜度，都較一般的悲傷來得嚴重。此外，更發現研究中有58%的喪失子女父母表示：當子女過世之後，他們覺得自己活著是沒有意義的；77%的研究參與者表示：子女的死亡改變他們對生命意義的看法（引自黃鳳英，1998）。因此，子女常是構成父母生命意義架構的一部分，喪失子女或多或少會威脅個人的生命目標與意義性。

參、成熟的靈性

　　多數論述同意成熟靈性對心理健康很重要，與生命意義相關聯的靈性是一種完全活著和完全人性的本質。Spiritual來自拉丁文的Spiritualis，意思是有氣息具生命力的。靈性（Spirituality）的概念，因文化傳統不同而有不同的名詞或描繪。例如：spiritus及anima（拉丁文）、soul及spirit（英文）、rush（希伯來文）、atman（梵文）、靈、心靈、精神、佛性、真我（中文）等等。雖然這些術語嚴格而論，內涵未必完全一致，但是都肯定其普世的經驗和普遍的信仰（李安德，1992）。Maslow（1976）的需求理論：生理的、心理的、愛與所屬感、受人尊重、自我實現以及靈性的需求，強調靈性生活是存在本質的一部分，是自我認同、內在核心為人生的一部分。人本心理學家認為，自我實現或自我統整為人的終極目標，對於超個人心理學家來講，自我實現與自我統整固然重要，但不可忽略了靈性潛能的實現，缺了這一環，便無圓滿的實現及統整可言。

　　Young-Eisendrath、Melvin（2000）研究成熟靈性的內容包含三個主題：統整（integrity）、智慧（wisdom）、超越（transcendence）。

　　1. **統整**：定義源自拉丁文——整體（wholeness）、全體（entireness）、完全澈底（completeness）、健全（soundness）、合併成為一體（integrative）（Miller, 2000）。道德哲學家Calhon（1995）認為，統整的意思是指：整合個人的部分成整體，忠實用人的核心認同原則，特別在外在骯髒的情境下保持內心純正，統整的社會面向受到重視，這種統整包括：(1)知道社會整體需要；(2)

照顧世界上其他人的倫理；(3)要有正義感及待人如己。Loevinger（1976）指出，「自我發展」，其最高的階段是「整合」，為一種能容許模稜兩可與矛盾整合多重意義的能力。

2. **智慧**：可以跳脫出我們認為「應該是」以及被套用於我們現有的經驗，古老西方哲學教義和東方佛陀哲學，包含了可以幫助人們增加他們支撐與內省的「智慧實踐」。

3. **超越**：藉由符號的或現象的事實延伸，或擴充我們原本認知或經驗的限制，包括超越我們平常局限的範圍——地點、時間、因果事件，或是超越我們害怕和自我保護的習慣。「超越」因著不同的文化傳統而有不同的名稱，如「梵」、「佛性」、「菩薩心」、「真性」、「本來天性」、「本來面目」等，都屬超個人心理學所謂的精神性（spirit）層面，皆是人的超越性需求（李安德，1992）

死亡帶給生者悲傷的身心情緒，往往會引發對生死深層的思考，成熟靈性並不是試圖抹去痛苦或是逆境的困難，事實上，它包含了痛苦是人類生活的一部分，是「現在」、「過去」和「逐漸出現的未來」流變過程中無終止的對話，而且它使我們能忍受痛苦或逆境，甚至變得有趣，而這種充滿「意向性」的過程，就是一連串意義的選擇與重建，把這些痛苦變成我們接受的結局。

肆、喪慟父母生命意義的追尋

重要他人的死亡會導致生命的創傷（Figley, Bridge, & Mazza, 1997, 引自Wheeler, 2001）。Frankl（1978）指出，當孩子死亡，父母生存的意義與目標也隨之離去，破裂與痛苦會導致「存在的空虛」（引自Wheeler, 2001）。因此，對父母而言孩子的死亡如同一個生命意義的危機（Braun & Berg, 1994; Florian, 1989; Miles & Crandall, 1983; Wheeler, 1994, 2001）。Braun、Berg（1994）針對十位喪子母親所做的調查研究，先前意義結構之所以無法解釋孩子的死亡，大致有以下幾種型態：(1)孩子是父母生命意義感和目的的重要來源，父母親視孩子的生命為自我和未來的延伸；(2)相信生命的本質基本上是好的，存有

自己可倖免於悲慘事件的想法，可以免除悲劇；(3)個人的掌控能力可以影響生命事件的結果；(4)假設孩子不會死；(5)相信外在的操控力量取決於既存的上帝或造物主；(6)相信世界上所發生的事情有它一定的定律。

　　當先前的意義結構包含認知到孩子會死時，先前意義結構碎裂的威脅性將減少；父母一旦假設世界基本上是公平的、正義的，或是人們的不幸來自於他們的作為（作孽），孩子的死亡對他們而言，將是極大的震驚。這顯示個人對於孩子的地位、生命本質、個人掌控能力、外在控制力量、世界運行的規則等五方面的意義建構，能夠解釋孩子死亡事件的程度與後續調適有關。若能在喪子事件發生前，使父母親瞭解到或意識到孩子的死亡，對父母的悲傷情緒將會有所助益。

　　談論喪慟的經驗過程，對喪慟者有助於療癒與找到意義（Neimeyer Ed., 2001b; Steeves, Kahn, Ropka, & Wise, 2001）。Lang 等人（2001）研究發現，喪慟父母面臨周產期失落，有三個主要的概念可幫助他們渡過悲傷：

　　1. 自我實現：喪慟父母雖然經歷失去胎兒的強烈悲傷，但同時也經由此在他們的生命及關係中發現人生的意義，達到自我實現。

　　2. 超越的能力：不僅面對孩子死亡的悲劇，更強迫喪慟父母自己去面對隨後而來的挑戰。

　　3. 讓自己活得更健康：喪慟父母改變個人的信念，找到意義與自我實現以達到個人的成長。

　　死亡與生命意義之間的連結是由內而發，而不是向外尋求的，唯有清楚的認識死亡和接納死亡，體驗真實的人生，創造自己的生命意義，生命的意義才有彰顯的可能性。因此，父母面對周產期新生兒死亡這樣難以承受的喪慟，若能勇於承受，放手過去、展望未來，從死亡事件發現可能的意義，從中激發出不同的動力，就有機會頓悟或成長。

　　儘管失去新生兒之慟難以復原，本書將呈現出，四位父母親仍然認為他們的悲傷可以帶來正向改變，視為自我成長與價值觀的改變，並且發現前所未有的適應潛力，且更珍惜家人關係而非物質，因失去新生兒而引發對生命意義主觀的體悟與領受。以下內容根據受訪者訪談時所揭露的內容，具有主觀性與獨

特性，以生命意義分為人生觀的調整、生活目標的修正、受苦的詮釋，以及正視死亡的存在等向度加以討論。

一、人生觀的調整

史丹佛大學的歷史系教授Robinson認為，現代人的「忽略死亡」也是心智成熟的一種表現，我們都知道，人就像其他生物一樣難逃一死，但我們應該儘量少花時間去想那「無用」的死亡，而多花時間在有生之年去追求美好的事物（余德慧，1996）。父母親在承擔新生兒死亡喪慟之後，觸及生命強烈的脈動、自我世界觀的調整，藉由「失去、領悟、獲得」斷裂後的生命重組，自身的言說，他們怎麼看死亡、怎麼從死亡現象重新詮釋生命的意義，體悟在失去與擁有間放手的真意，進入另一個新的人生視野，是對於死亡的「主體」經驗，一路走來能重新體驗人生。

（一）逃避與重整重新定錨

無法選擇內在的渴望，由他人承擔抉擇責任以寬解心理苦痛，A父親認為，應該自己做抉擇，當心情平靜時會以比較平和的心態去緬懷。他說：

> 我太太大概不知所措，就交給第三者——我丈母娘來處理，因為她跟我們這種心裡面其實一樣，想儘快抹煞掉對這個小孩子的記憶……後來我那個丈母娘就說：「就……不要做靈骨塔。」當你沒有辦法做抉擇的時候，那會……希望另外一個幫你做抉擇，你把這個責任丟給另外一個人，現在發現……這是一種錯誤，是自己的問題要自己做決定。抉擇裡面是你心裡面還有某些牽絆，牽絆裡面往往是後面你想要的東西，可是……在當下……你沒有做了正確的抉擇。（A-63）

（二）感恩惜福

A父親認為，把痛苦加倍轉化成更多的愛，積極地對待家人，家庭因此美滿更加惜福：

> 我把我們的痛苦加倍變成更多的愛……對整個家庭就會美滿，會去
> 疼惜、會去珍惜一些……會去惜福，惜福現有的福氣，不要把你有的福
> 氣給浪費掉、給糟蹋了。（A-200）

（三）面對死亡就是人生

死亡乃自然之道，無可避免，觸動 A 父親內心深處，牽引震盪，體會到抉擇沒有絕對的對或錯，與其沉溺於過去的痛苦，不如坦然的面對，面對死亡就是人生，因為面對死亡才懂得真正的生活，用心去承擔活著的責任，使自己很真誠、很認真的過自己的生活，產生一種承擔的勇氣，這種面對為生者尋找出新的活路。他的敘說：

> 第一個小孩子……就是說……如果說我們以天主教的想法，我們是
> 殺人兇手，如果以大自然的人生哲理來講……這就是人生，面對死亡就
> 是人生。很多事情沒有絕對的對或錯，這或許又是另外一種自我制約，
> 自我的一種催眠，只不過慢慢經歷之後，是自己的一個體認，體認是
> 說：「經歷一段……」，自然界很多也是這樣子……自然、生存與面對生
> 死抉擇。事情發生了你也不可去避免，那沉溺於過去的痛苦呢，也並不
> 能夠代表會有更好的未來。（A-155）

（四）人生的樂是去經歷，不是結果

佛教的創始人釋迦摩尼（Rahula, 1974），教導信徒諸法無常的道理，世上沒有任何事情會永遠毫無改變的存在（甚至靈魂也是如此），這個事實促使佛家認為：「人生是苦海，凡事悲苦。」對人類來說：「生是苦，病是苦，死是苦，哀傷悲歡、疼痛、煩惱和失望是苦，怨憎會是苦、愛相離是苦，得不到渴望之物也是苦」（引自 Corr et al., 2003）。

A 父親認為，人生真正的喜樂是驗之以體、以體驗之，去經歷感受生、老、病、死的必然過程，經過了苦，才能把自己提昇新的生命視野。他的想法：

　　我的觀念是認為，人生的……樂，是在這個人生的過程裡面去經歷的，而不是結果，只有經歷過生小孩子，生、老……然後自己未來病……然後自己承受這個「死」。「生、老、病、死」這是必然的過程，你去感受這個過程，感受完了之後才能夠得到真正的喜樂。才能真正覺得……原來人生是這個樣子，人生是……人生苦多啦！但是……經過了苦之後，才能夠把它……慢慢的把自己提昇，怎麼說……我認為人生……不在於結果看到小孩子很美滿，而是在於我撫養這個小孩子，我感受這個過程，或許得到的比我付出的會更多。（A-132）

（五）孩子是自我心性的修鍊

　　A父親體認孩子是老天爺給的修鍊，如果能渡過這個關卡，對孩子好，孩子就有福，修煉暴躁的情緒，自己就變成菩薩心。他說：

　　在這過程裡面我也是在學習，不知道怎麼教育小孩子……通常以傳統的教育方式來教育小孩子，也是等於對自己的一種修鍊。如果我們都不知道這個事情，小孩子生下來的話，我相信是老天爺給我們的一個修鍊，修鍊我們……如果能夠渡過這個關卡，對這個小孩子很好，這個小孩子也就有福，而你也就變成菩薩的心，把自己的一些情緒暴躁修鍊掉，其實是對自己人生……如果能夠通過這個磨練，才是真的……可說是菩薩心。（A-157）

（六）人生是持續修正，慢慢達到調適

　　文化對於生命價值的安身立命及人格的修持養成有著深厚的影響力，而在中華民族裡，生命修養根源，便是以儒家思想做為主軸。《論語》〈為政〉篇中，孔子所自述的：「吾十有五而志於學，三十而立，四十而不惑，五十而知天命，六十而耳順，七十而從心所欲不踰矩。」這幾句道出聖人是如何經驗這樣的生命，「四十而不惑」將一件件的經驗世界之理，充分地去體悟、經驗，而找到人世事物本有的存在形式。

A父親認為，人生過程就是修正，修正對孩子的教育方法、奮鬥目標，在不斷學習中因修正而成長，慢慢達到調適，覺得人生更趨於四十而不惑。他說：

> 因為失去前一個小孩子的關係，導致對兩個小孩子又愛、又氣，然後教育方法偏頗，可是自己又慢慢的修正，也是在學習當中。人生過程就是這樣子……修正，可以說每個階段奮鬥目標都不太一樣，小的時候，拚命想要長大！那時候就想說升學考試要考到一個好的大學或好的專科，出了社會要找到好的工作，有好的工作。生了小孩子，又要拚家庭，為家庭付出，到了……三十而立，四十而不惑，現在慢慢的心境就有點沉澱下來，大概還是有很多事情有些迷惑，在這個過程裡面，經歷這些事情，慢慢好像看出了一些真相，也慢慢調適自己的一些心態。（A-152）

（七）鬆綁與放下

B母親認為，不能改變別人的想法，但可以改變自己的想法，依自己的主觀判定為主，安定了震盪的心靈，將別人的看法跟做法，置之度外，放開而釋懷。她說：

> 心理諮詢可以說是一種開導吧！就是……他（精神科醫生）告訴我說：「用另外一個角度去看這件事情，我們不能改變別人的想法，但是可以改變自己的想法。」慢慢的……就比較可以不會這麼在意別人的看法跟做法。當你慢慢的不去……在意的話，那……就對這個事情給自己的壓力不會這麼大了，漸漸我的焦慮就……好很多這樣子。（B-42）

（八）人生有得有失，順其自然

C父親六年沒有小孩的日子也都習慣了，覺得人一輩子，得與失是一體兩面，順其自然，他在孩子生命的盡頭已學會「捨得」。他說：

我自己個人覺得……那時候已經六年沒有小孩了，好像沒有小孩的日子也都習慣了。我沒有太……我覺得人一輩子，凡事都是有得有失，你得到一個小孩你會失掉一個東西，然後……沒有小孩也可以得到很多東西。所以，我好像比較接受那種自然狀態啦！對（笑著說），所以……我覺得沒有什麼太大的心理波動。（C-19）

（九）沒有加註傳宗接代的壓力

由於沒有宗教信仰與迷信，C 父親不認為一定要有後代。他說：

其他一些什麼迷信、信仰的東西也沒有，一定要……一定要有一個小孩，一定要有一個後代的這種想法也沒有。（B-44）

（十）自己這輩子很重要

雖然很多父母親會為小孩犧牲，D 母親與先生都覺得小孩很重要，可是自己這輩子也很重要，不會因為小孩而完全犧牲。她說：

失去第一個孩子對我的人生觀，沒有什麼很明顯的改變，因為我一直覺得說，其實他只是一個還沒有……雖然出生的時候他有心跳、有呼吸，他是一個生命，可是……因為我們……我都跟我先生一直都覺得說，雖然很多父母親他會去為了小孩犧牲，可是我們一直都覺得說，小孩很重要，可是我們這輩子也很重要，所以，我們……我那好像是比較不會說什麼事情都為了小孩而犧牲，不會！（D-84）

（十一）記憶無法磨滅，偶爾想起就夠了

D 母親覺得孩子過世後，再留下那些關於孩子紀念東西，等於是一個遺體的照片很可怕，沒有必要，超音波照片還是保留著，但也沒有再去看過，認為記憶是不能磨滅的，偶爾想起就夠了。她說：

我不會考慮要留下一些孩子的東西，我覺得留下那些東西很可怕，

因為那等於是一張遺體的照片，而且我覺得那件事情也沒有必要一直去回想……這個事情過了就算了……我也覺得那是沒有必要去紀念、去想起的一個人，當然記憶是不能磨滅的，所以偶爾會想起這件事情，我覺得這樣就夠了……而且他也沒有什麼東西可以讓我留的，比方說頭髮之類、照片也都沒有。但是，在肚子裡面超音波的照片，我還是保留著，因為……也沒有丟掉的必要，我不是刻意保留的，而是我們家小孩的我都有留著，可是放到哪兒去我不記得了，所以我不是一天到晚拿來紀念他，是因為醫生給我了，我就……留了他一張照片……後來也沒有再去看過。（D-98）

（十二）自己的健康出現問題人生觀才會影響

D母親覺得健康出現問題，人生觀可能會有些影響。她說：

我看倒是覺得說如果今天是我的健康出現問題的話，可能對我的人生觀會有一些影響。（D-88）

（十三）失落的敘說期待對研究論文提供幫助

A父親因為跟作者比較熟，思想夠成熟把事情分析掉而願意參與研究，希望對研究者的論文提供幫助。他說：

說句老實話……因為……我是跟妳比較熟，我願意把我心裡面的感受跟妳講，其實……我個人認為說……我的思想是夠成熟……去把這件事情……去分析掉，希望對此研究議題提供幫助。（A-213）

B母親考慮很久，不是很想再回憶這段事情，希望對研究者的論文提供幫助，提供醫護人員照顧上的參考，讓未來相同的個案受傷可以減少一點。她說：

其實我考慮很久，因為我不是很想再回憶這段事情，這段事，本來

我哥哥跟我講說，妳現在有在做一個論文，是希望醫院的醫護人員可以多做一點什麼讓他們（失去新生兒的父母親）在心裡上面比較不會有……受傷可以減少一點，我後來想一想……好吧，所以我才……我覺得說……應該……盡力啦，但是，就是不愉快的過去總是不希望一直回憶它，因為過去就已經是過去，希望對妳的論文有幫助。（B-49）

C父親希望對研究議題提供幫助，就像醫學研究一樣，探索當時心理負擔最沉重的壓力點，加強醫療照護，瞭解是第一步，同時對研究的發現也樂於知道。他說：

我不曉得這樣的研究……對這一類的事情有什麼特別幫助啦！最後有什麼……效果，有什麼幫助我很樂意知道，對呀！不過……我覺得……就像所有的醫學研究一樣，也許你不知道它到底有什麼幫助，可是至少瞭解它是第一步！如果你不去瞭解它你怎麼知道……到底哪個地方可以有什麼幫助這樣子，那我是對如果真的有什麼幫助，我很樂意去知道，我對這個滿有興趣的……如果我跟其他人有什麼異同，其實也滿有興趣知道的。那另外有某一些特別點……非常容易造成心理負擔的或者什麼的，那個倒是……在醫療照護過程中也許可以特別加強這樣子，對呀！你總是要去探索一下，你才會知道說哪些點是大家……總是心裡覺得好像……不太滿意，或是不太不舒服的地方，心理負擔比較重的地方。（C-63）

二、生活目標的修正

「希望」是生命內在的本質，是一種人對於未來的憧憬、生活與生命的動力，亦是多層面向的動態力量（Cutecliffe, 1998）。Mcgee（1984）認為，「希望」是一種表達願望（desired）及需求（needed）的一種期待，此反應的選擇並非隨機發生的，而是基於個人知覺到目標的重要性、問題解決及行動成功的可能性。父母親面對孩子的離去安心放手，存活的焦點意義轉向於其他孩子身上，把生活焦點從過去受創傷的經驗，轉而投向未來有希望的目標，正向積極

的行動，不再停留在悲傷無助中。

（一）以現存孩子的存有為重

把重心擺在第二個小孩子……很期待，很疼他。（A-147）

我最重要的事情是怎麼跟我的孩子生活在一起，怎麼樣讓他好好的成長、長大，這個對我來講是最重要的事。（B-43）

我現在的老大我也是繼續教育，對，我們並沒有什麼移情作用什麼。（C-51）

那件事情現在已經不會帶給我很大的痛苦、難過的這種情緒了，因為，我的生活重心就放在現在這兩個小孩的身上。（D-63）

（二）愛能溶化負擔與悲傷

A父親透過愛把悲傷溶化，對自己的存在便有了「大悲大情」，把對第一個孩子的愛轉換成積極的對待現在的孩子與家人，經由愛而成於愛，成就了生命的「圓滿」，認為只要能夠付出關愛，唐氏症的殘缺不見得僅是一種負擔而轉換心境。他說：

把對第一個孩子的愛轉換成比較積極的對我現在的小孩子、我的家人，我希望自己的愛，我就覺得說……透過愛，把這個悲傷、把這個情境去溶化它，那我不會說特別的去歧視它，然後自己慢慢的去轉換它，轉換心境就對了。很多案例小孩子生下來，他付給他的愛，他不覺得那個是……一種負擔，很多小孩子你看他們都是唐氏症來講說是天使……他除了沒有辦法照顧他本身身體之外，他很多那種baby的笑容是跟天使一樣。（A-68）

三、受苦的詮釋

受苦的詮釋讓失去胎兒的父母親再進入另一個新的生命視野，一路走來能

重新體驗人生，對於其所面臨之苦難所做之解釋與看法的方式。

中國人的緣分觀：中國人的宿命觀念很強烈，十分強調社會和諧性及人際關係的合理安排，視爲一種命定或前定「冥冥之中」、「因緣果報」的安排，無法預知也是人力難以改變的，用社會心理學的術語來解釋，就是一種人際關係，建立在「緣在」（機緣），在表現上便形成了「緣」的想法。其中，楊國樞（1982，2005b）研究指出，「緣」的概念在華人人際關係的重要性，相較於西方的個人主義社會，中國是一個典型的集體主義社會，因此看重血緣親情，父母與子女的關係是古人歸因於緣的主要人際關係。台灣俗語：「有子有子命，沒子天註定。」有沒有子嗣是註定的，不必強求。

Huang（1978）指出，當個人將人際關係的問題歸因於命定的、無法改變的因素時，個人通常會採取一種較被動的因應方式（接受、忍耐或認命）來處理。「有緣」代表繼續互動的可能性，「無緣」則代表沒有機會與對方產生互動，使個人得以解釋人生的種種際遇，不再內疚就易於心安，情緒得以穩定。

許多周產期失落的研究指出，父母會認爲自己與孩子無緣，所以不要強求，而合理化了這份喪子悲傷（張蓉蘭，1992）。邱碧玉等人（2006）研究十位多胞胎孕婦接受減胎手術後，也會以「緣分」來加以解釋留下來的孩子就是跟自己有緣，被減掉的胎兒就是此生與自己無緣分，沒有緣分的孩子強求也沒有用，來化解內心罪惡不安的情緒。

緣分無所不在，生命際會是波浪某個暫時靜止的節點，緣有深淺的不同，藉由因緣和合暫時給出的一點時刻，人與人之間會有一些緣分，親與子是因緣，子女緣的厚薄有的是一時的因緣，不是一世的因緣，可以「雙方無緣」、「緣分已盡」等「隨緣」方式來處理，深具免於強求的功能，不失爲一種有效的自我防衛與社會防衛方法。因此，緣分意涵的轉變，固然有其消極的一面，使人「順天應命」，但也有其積極的一面，使人先盡人事而後聽天命，是個人因應失落的方式之一。

（一）無緣

D母親不斷地安慰自己與孩子緣盡於此。她說：

　　我會不斷地安慰自己，我跟他沒有緣分，本來人與人之間都會有一些緣分，這個是緣分，不要強求，很多事情強求不來，我就是……沒有緣分，沒有緣分就是這樣想，就覺得說有的人你可能跟他緣分一下，有的小孩他跟你的緣分可能十幾二十年，有的小孩可能就只……我跟他的緣分就是這樣子。（D-88）

　　C父親覺得跟逝去的孩子無緣，若是緣起繼續當他的孩子也會好好的施予教育。他說：

　　我覺得主要是前面那個孩子比較沒有緣分！如果他有緣繼續當我的孩子，我也是照樣教育他啊！我現在的老大我也是繼續教育，我們並沒有什麼移情作用什麼。（C-51）

（二）割捨

　　A父親用理性轉換內疚難過，認識真相，知道「不捨」的可以捨，脫苦離難只有看透捨，認為放棄擁有，是一種割捨。他震儡心弦的再發現：

　　當你有這個條件去放棄某些東西的時候，你反而會說這是：「做某一些割捨。」我們比較轉換成……你如果不朝這種想法的話，你會一直很內疚很難過，其實……我是比較理性的把這事情處理掉。（A-128）

（三）償還兒女債

　　父母親是上輩子欠了子女的債，這輩子來償還，D母親安慰自己可能上輩子孩子欠自己的債，或是自己欠孩子的債比較少，償還到這裡合理化，對回復到正常的生活、情緒有幫助。她說：

　　做父母親是……上輩子欠了子女的債，這輩子來償還，我不曉得這個是……我的朋友提醒我的，還是我自己想到的，就是說可能他上輩子欠我的債，或是我欠他的債比較少，所以我就是償還到這裡就好了，我有時候可能是這樣想啦！其實這樣子的想法是在安慰自己，把他……把

一些事情合理化，因爲這樣子其實對自己回復到正常的生活、情緒是有幫助的。（D-89）

（四）體會照顧者「菩薩般自承大愛與苦受」

看到鄰居唐氏症的小孩子，A父親體會照顧者沉重的心情，「菩薩」一般自承大愛與苦受，唐氏症兒似天使般可愛，不再以智障心態看待，若事先不知孩子是唐氏症兒，自己也能把孩子當天使般照顧。他說：

> 我們那一層大樓，就有一個小孩子是唐氏症，已經念國中了，我每每看到他的爸爸眞的是心情很沉重，他都不講話，蹲在我們家門口抽菸……我覺得那個爸爸是菩薩，我們敬佩那種唐氏症兒的爸媽，他們是菩薩心去照顧他一輩子，那種人眞的是大孝，眞的是很偉大！我的想法是這樣。我看那小孩子眞的是天使，很可愛！他不會去做那種……他的教養……他的爸爸、媽媽是一個平凡的老實人，他的姊姊……也長得眉清目秀，還念XX女中。以前的心態會覺得，智障！唐氏症兒！現在就不會用這種心態去想他，甚至認爲他是天使。（A-192）

> 假設我們一開始沒有去做這一些檢查的話，其實反而比較好，我相信我會有能力去處理我的情緒，去把他當做天使一樣，因爲……你知道這件事情的時候，就發現造成這種抉擇上面的痛苦，如果其實在當初就不知道的話，依我的想法，我會……去好好的照顧這個小孩，既然生下來了，就好好的去照顧他，讓他去做早療，因爲我看到很多唐氏症的孩子，某一方面他對父母的那種互動就跟天使一般。（A-73）

（五）經過孩子與家庭的萃鍊，思想才能成熟

A父親認爲，還沒結婚的人都是不成熟，只有經歷過生孩子與家庭的萃鍊、修鍊，才能成爲一個思想成熟的人。他說：

> 雖然是三十四、三十五歲才結婚，可是跟大人講的一樣，只要還沒

結婚的話都是小孩子，沒有經歷過生小孩子、沒有經歷過家庭，在某一些方面都是一個大、老的小孩，只有經歷過生小孩子、家庭，你的心境才會萃鍊、修鍊自己成為一個成熟的人，沒有經過家庭的萃鍊，思想其實都是不成熟的，經過一個家庭的生、老、病、死……生小孩子這個過程，思想才能夠完完全全的成熟。（A-185）

（六）夫妻關係變得更好

利翠珊（1999）對華人夫妻親密情感的分析與評量中發現：華人的婚姻親密情感包含了感激、欣賞、親近與契合四種成分，而男性在婚姻中感受到較多的感激、親近與契合之情。

攜手共同走過黑暗期，夫妻的感情反而會更好，A父親感念太太救命之恩，一路相依扶持，表示夫妻長期生活是感情，不是年輕時認為的漂亮，察覺夫妻的愛情，是一種超乎父母及兄弟姊妹至親之情。他說：

> 某一方面也是感謝我太太，盲腸炎的時候我肚子很痛，我太太很緊張打119，把我送到醫院裡面，那時候如果沒有我太太打119送我到醫院，恐怕我這條命就沒有了，也沒有後面這小孩子，所以在這方面，我太太就像我的救命恩人一樣。你只要事先做好這些心理準備，共同渡過那個黑暗期，其實夫妻的感情反而會更好。我也是回報她就像扶持，老了以後就像一個伴，年輕的時候你可能會覺得哪個女孩子很漂亮，長期生活是什麼？要感情，那種感覺……等於是一種親人，以前是一種夫妻為了那種愛情……經過一些事情之後，是一種親情，比父母、兄弟姊妹更親。（A-209）

（七）轉念，用不一樣的角度看事情

情緒的紓解，不是預期的回饋，會傷得更重，B母親覺得跟陌生人講內心恐懼、焦慮或難過，透過專業心理諮商，自己比較容易往不一樣的角度去看事情。她說：

心理醫師最大的幫助是在想法上面，一是情緒的紓解，很多事情……
…我也不好跟我的家人說，跟我媽媽講，因為每個人的觀念不一樣，得
到的回饋也會不一樣，如果不是自己預期的回饋，可能會傷得更嚴重。
所以……我覺得比較好跟陌生人講這些事情……我可以把我內心的恐
懼、焦慮或難過，跟我的心理醫生講，他可以用第三者的方式、角度來
看待這件事情，因為他有做一個這樣的情境，來看這個事實，給的一些
建議或是看法，會讓我比較容易往不一樣的角度去想這個事情。（B-39）

（八）回復自我

婚前B母親對自己很有自信，但是婚後以家庭為重，在意與考慮的事情太
多，認為帶給自己不需要的情緒困擾，經過這件事情以後，學會把事情都分成
輕重緩急，自己可以做選擇，不再受流言所傷，萃鍊出自己的主體性。她說：

應該是再回到最早以前的自我，因為，在這件事情還沒有發生，沒
有結婚之前，我對自己很有自信，比較自我中心，因為知道自己要什
麼，不是這麼在意別人。但是，結婚以後要考慮的事情很多，家裡有先
生、有一大堆的事情，一直到那件事情發生……後來我覺得……我在
意、考慮的事情太多了，所以帶給自己困擾……一些情緒上面的反應…
…其實是不需要的，在這個事情以後，我學會了用另外角度看這個事
情，我把……事情都分成輕重緩急，什麼樣對我是最不重要的，他的聲
音我就……不去理會他，不去聽他；那什麼對我是重要的，我覺得我自
己可以做選擇。（B-44）

（九）經驗苦受者更能感同身受

若有朋友流產，會比一般人更能夠感受到朋友的痛苦。D母親認為，唯有
自己經歷過同樣的問題，才比較能夠體會同理別人的心情。她說：

如果現在有朋友流產的話，我相信，我會比一般人更能夠感受到她
的痛苦……因為我是結婚後三年才懷這個寶寶，在這三年當中不斷地有

人會問起說：「你們為什麼還不生小孩？」那我聽到這種問題就覺得很煩，前面第一年，是因為我想要先過一段兩個人的生活，後來其實是因為生不出來。可是，別人卻偏偏那壺不開提那壺，你們為什麼不生小孩？那就找各種理由……我想要順其自然……可是心裡面……很不舒服，很生氣！所以……現在如果有這樣的朋友的話，我不會去問他說：「你們為什麼還不生小孩？」……大概是自己經歷過才能夠體會別人的心情。（D-57）

受虐兒的新聞我完全不看，因為看了好難過，所以會把他跟自己的……就是會覺得……那麼可愛的小孩你怎麼捨得去打他呢？捨得這樣去對待他呢？可是在我自己沒有小孩之前，它就是一個社會新聞，因為沒有當過媽媽沒有辦法理解那種感覺。所以這種情況，可能旁人沒有辦法……除非自己也同樣經歷過一次同樣的事情。（D-112）

（十）關懷捐款給棄嬰

看到電視上棄嬰募款廣告，baby孤獨的呻吟，也沒有玩具，D母親聯想到那個baby好可憐，得不到擁抱、愛撫，把撿到的錢，捐給基金會。她說：

我曾經在電視上看到募款的廣告……那個組織叫做基督教救世……基金會，他們是專門收留那些棄嬰，攝影記者就照baby很孤獨的呻吟，趴在那裡睡覺，然後他們就描述說，這個機構專門收養這樣的小孩，他們都沒有玩具，那我就想到說，每個baby都是爸媽生的，自己生的話都是自己的寶貝，整天一直抱他、愛撫他，可是這些寶寶就得不到……。所以，我那時候撿到的錢就留著捐給這個基金會，有一段時間是這個樣子，因為會特別……聯想到那個baby好可憐，沒有人要。（D-110）

（十一）與更不幸者比較

藉由其他人更不幸的例子，D母親感覺自己還好，未與孩子建立深刻的情感，而造成陰影或禁忌。她說：

　　我先生有個同學，他的小孩四歲的時候得了癌症就走了……我相信
對他們會引起很大的改變，而且我也看到了一些改變，比方說……他就
違抗父母親，就是離開家，帶著他太太過他們自己的生活。可是，這個
小孩不一樣，他才……我連看都沒有看過，坦白說沒有建立很深刻的情
感。所以，對我養育小孩子的方式並沒有什麼影響。我會覺得這比我先
生那個同學小孩過世的情況會更……現在我的日常生活沒有任何禁忌，
可是像XX幼稚園，他們的媽媽有很多人到現在小孩的房間還保留、還不
敢進去或很害怕失去小孩，這對她們會造成比較大的影響，我會覺得這
小孩畢竟是還沒有跟他有互動的一個……所以我不會……對他念念不
忘，或是想著他。畢竟我是結婚三年後才發生這件事，有的人可能結婚
十年，或是好不容易試管嬰兒做成了，結果發生這種事情，我想那個對
她打擊可能更大。（D-114）

四、正視死亡的存在

　　人們常將死亡視為禁忌話題，大多避而不談，對大部分的受訪者而言，坦
然面對孩子的死亡事件，讓他們體會到死亡是「自然過程」無可避免，必須正
視它來解放「我執」。

（一）生命是適者生存、不適者淘汰的自然過程

　　A父親以生命是一種適者生存、不適者淘汰的自然法則，為保存生命需喪
失生命，才能增強其他真實的生命，面對與釋懷。他說：

　　我看Discovery（探索）頻道，老鷹生了兩隻小老鷹，小老鷹巢裡如
果糧食不足的時候，就會相殘，爸爸媽媽（母的老鷹跟公的老鷹）飛走
的時候，小老鷹之間會搶比較瘦弱的食物或傷害它，這是自然的一種法
則，生命就是這樣子沒有了，是不是我們要以自然界的一種……生命的
心態去面對它。（A-206）

（二）孩子沒有痛苦感知，死亡過程平靜

A 父親認為，孩子痛苦只有二十幾個小時，由於身體系統發展不全，沒有喜怒哀樂，悲歡離合的痛苦感知，死亡過程平靜，短暫的存活宛如純潔天使。他說：

> 孩子死亡過程裡面他平靜了二十幾個小時，痛苦只有二十幾個小時，他很平靜的飛走……走下去。其實有很多知覺他都沒有，不像我們……一般大人神經系統已經發展，有一些想法、有一些感覺，有哭、有笑的情感，不像一些已經念幼稚園的小孩子……有喜怒哀樂、悲歡離合的痛苦，他那麼小根本沒有悲歡離合，其實就是一個天使，完全是一張白紙。（A-168）

（三）受苦與重生

對每一個「存活者」而言，「一個個體的死亡不僅是種結束，而且更是另種新的開始」（Shneidman, 1973: 33）。「無可挽回」的情境下喪慟者會試圖以「必有安排」的希望「出死入生」。雖然胎兒是一個生命，但是不能陪伴孩子一輩子，未來會受苦，投胎轉世是一種重生。B 母親說：

> 老天會安排她去另外一個世界投胎，但是我不會覺得後悔，因為我覺得如果當時我把她留下來的話，她在這個世界上是一個受苦，她如果投胎的話，對她來講是一個重生。（B-46）

（四）「醫生」職業過程形塑的生死觀

胎兒早產死亡對 C 父親沒有產生太大的影響，認為是「醫生」這項職業，面對許多生死歷程的形塑。他這樣認為：

> 我們看東西……因為對生死看得……太多了，對生死影響比較大的是當醫生這件事情，可以這麼說，當了醫生以後，已經……有一個形狀出來，在碰到像胎兒早產死亡這件事情，沒有太大的影響這樣子。（C-

53）

（五）死亡本身是一種回歸自然

易經說，人與宇宙是從「太極」而來，因為太極生兩儀，兩儀生四象，四象生八卦，八卦就生萬物，而我們每個人都是萬物之一，其中坤是大地「土」的意思，表示生命來自塵土，最終將歸於塵土（方蕙玲，2001）。

死後回到其根源，得其所終，人從何處來，死後往那裡去，C父親對於孩子遺體的處理方式，雖然有時候他會在心裡略有疑問，但是覺得自己的話塵歸塵、土歸土回歸自然就好了，不需要什麼葬身之地。他說：

> 孩子遺體後來是如何處理？這點確實心裡面有時候也會略有疑問，可是我覺得……我對這件事情，我自己的話我覺得塵歸塵、土歸土就好了，我自己的話，也不覺得……需要什麼葬身之地。我對生命的看法本來……可能是因為……在醫院裡面工作，就比較自然看待，人生就是這樣。所以，沒有太多……影響，因為就是這樣看待生命。（C-49）

（六）工具性的角度看待宗教信仰與儀式

C父親沒有宗教信仰，對於宗教儀式用工具性的角度看待，覺得當時沒有這個需要所以就不會採用，也許以後覺得事情會有另外使用的考量。他說：

> 我的記憶中沒有夢到過這個小孩，我個人對那些儀式、宗教信仰，因為我沒有信仰，我頗工具性去考慮看那些事情，那些儀式、宗教信仰也都是工具而已，如果真的有需要就拿來用，沒有需要也不用拿來用，我當時覺得沒有這個需要，也許……以後碰到一些什麼別的事情，也許會考慮（C-57）。

（七）小孩只是生命中一段重要插曲

D母親認為，小孩只是生命中一段重要插曲，沒有對自己的人生觀、想法產生很大的改變。她的觀點：

　　小孩只是我們生命中的一段插曲，很重要的一段插曲，但是他對我的人生觀、想法有很大改變的話……應該是沒有。（D-101）

（八）情非得已、不是不可寬恕

　　C父親認為，失去孩子這件事情的發生，情非得已、沒有對錯，沒有人犯什麼錯誤，對太太沒有什麼責備、不諒解，認為不會這樣想就不會這樣講。他說：

　　這件事情沒有人犯什麼錯誤，沒有人說誰犯什麼過錯，家人完全是安慰，沒有任何的什麼不高興、責備完全沒有，我們家都還好。也許有人迷信，說……妳本來不應該做一個什麼事情，然後結果妳做了……那我們家都沒有這樣子講，完全沒有。太太再度懷孕，那就會……覺得要特別注意，其實她後來又懷了一次孕，然後九週又流產了，那一次我完全……沒有……對太太有什麼……不諒解、責備，根本就是沒有這樣想，然後更不會這樣講。（C-40）

　　D母親認為，是滿大的打擊，還好他人並沒有指責，否則可能會很受不了；雖要負一點責任，但不是要檢討什麼，就算是無心之過，也並非不可饒恕。她說：

　　我就不會覺得……那是一個打擊，沒錯，那是一個滿大的打擊，可是……不是我要去做什麼檢討，因為那個……就算是我的錯好了，那也不是我故意犯的錯，如果說真的是因為我提早出院，沒有打足夠的抗生素的話，如果真的是我的錯，也是我的無心之過，所以我並不覺得……我要為這個負一點責任，但並不是一個不可饒恕的錯誤。假如有人對我這樣講：「看吧！當時要是妳不那麼早出院的話，就不會發生這種事情！」用責備的語氣來跟我講，我可能會覺得很受不了、很難過，但我不是對那個人生氣，而是因為他勾起了我的痛，就是……我這件事不應該……不應該當時做這樣的決定，要不然的話……。好像沒有誰說了什

麼話會讓我覺得很受不了的或特別難過，好像沒有。（D-119）

（九）認同選擇

C父親藉由之後早產兒極端例子的相關報導，瞭解早產兒必須要在世界級的醫療中心才能救活，因此評估孩子當時的情況與醫療水準，或許會產生許多問題，故而降低心理負擔。他說：

> 後來……就是會注意一些後續的，有時候報導上的一些報導，幾週、幾週又可以救啦！多少克、多少克又可以救啦！那又很確定說，我們那個真的實在是太早產了，一般來講，那種極端特殊的例子都是世界級的醫學中心，也許可以把他救起來，一般我們這樣子的，就會太多太多問題，所以，心理負擔就更放鬆了很多。（C-24）

Neimeyer（2004）指出，回憶死亡事件中發現可能的意義，可幫助喪慟者超越自我。然而，人究竟是「看破」了什麼，才有「大自在」？還是人的內心住進了什麼心境而得到大自在？承受生命漸逝的難、振盪後的生活回歸，以及生命轉彎處的看開。「希望的滲入」（instilling hope），瞬間對生命「去執著」，人要進入這個世界，他必須經歷六個層次的生命轉變，人必須從「自疑」的態度轉換成「自見」（一種自我發現，看到自己一生的路），從「自慚」（Shame）轉換成對自己負責；從「自障」裡進入「好玩」的世界；從「絕望」轉變成「喜樂」（余德慧，1996）。

A父親奠定基礎於家庭穩固，在生活態度方面珍惜身邊的家人、用感恩的心積極樂觀，不局限孩子的死因，因鬆綁而變得自由，人生的路並不會因而暫停；B母親認為孩子的過世反而是一種解脫；C父親與D母親因本身的醫護背景，原來就已是對生死有所接納和體悟的人，所以在調適上會較快走過否認與逃避的歷程。展望未來，就可表示其擁有持續發展的希望與潛力，會著眼於自己現在尚能做些什麼，讓未來能夠更好，因而其行為較有目標與建設性減少負向的關注，對個案的功能回復有莫大的提振；注視焦點從「過去」拉回到「現在」展望「未來」，而非凍結在過去的悲傷時空場景中，尋求人生的價值和意

義上「愛」與「付出」，「寬恕」自己以重建生命意義。受訪者生命意義分析結果對照如表 10-1。

表 10-1　四位受訪父母親生命意義分析結果對照表

參與者	人生觀的調整	生活目標的修正	受苦的詮釋	正視死亡的存在
A 父親	1. 逃避與重整重新定錨。 2. 感恩惜福。 3. 孩子是自我心性的修鍊。 4. 人生的樂是去經歷，不是結果。 5. 人生是持續修正，慢慢達到調適。 6. 面對死亡就是人生。	1. 愛能溶化負擔與悲傷。 2. 以現存孩子的存有為重。	1. 體會照顧者「菩薩」般自承大愛與苦受。 2. 割捨。 3. 時間可以淡化悲傷。 4. 經過孩子與家庭的萃鍊，思想才能成熟。 5. 夫妻關係更好。 6. 對研究論文提供幫助。	1. 孩子沒有痛苦感知死亡，過程平靜。 2. 生命是適者生存、不適者淘汰的自然過程。
B 母親	鬆綁與放下。	以現存孩子的存有為重。	1. 轉念—不一樣的角度看事情。 2. 回復自我。 3. 對研究論文提供幫助。	受苦與重生。
C 父親	1. 認同選擇。 2. 情非得已、沒有對錯。 3. 沒有加註傳宗接代的壓力。 4. 人生有得有失，順其自然。	教育現在孩子。	1. 無緣。 2. 失落的敘說期待對研究論文提供幫助。	1. 醫生「職業」過程形塑的生死觀。 2. 死亡是一種回歸自然（塵歸塵、土歸土）。 3. 工具性的角度看待宗教信仰與儀式。

| D母親 | 1. 自己這輩子很重要。
2. 自己的健康出現問題，人生觀才會影響。 | 以現存孩子的存有為重。 | 1. 記憶無法磨滅偶爾，想起就夠了。
2. 無緣。
3. 償還兒女債。
4. 時間可以淡化悲傷。
5. 經驗苦受者更能感同身受。
6. 與更不幸者比較。
7. 關懷捐款給棄嬰。 | 1. 小孩只是生命中一段重要插曲。
2. 情非得已、不是不可寬恕。 |

　　生命意義的展現，是個案自己從受苦過程中建構而來，與他人分享悲傷經驗，是恢復對失落事件意義重建的先決條件，悲傷隨著時間的淬礪，依然存在，未曾消逝，因為找到意義而透過重新的詮釋，讓喪慟者在悲傷時獲得生命支撐點而繼續走下去。從訪談資料中得知，新生兒死亡對任何人來說都是很深刻的生命經驗，受訪者本身會自己找到意義，藉由「無緣」、「割捨」、「償還兒女債」、「受苦與重生」等面對失去，領悟到「面對死亡就是人生」、「生命是適者生存、不適者淘汰的自然過程」、「人生的樂是去經歷不是結果」、「孩子是自我心性的修鍊」、「人生是持續修正，慢慢達到調適」、「人生有得有失，順其自然」、「自己這輩子很重要」、「情非得已、不是不可寬恕」，而獲得「鬆綁與放下」、「回復自我」、「經過孩子與家庭的萃鍊，思想才能成熟」、「夫妻關係更好」。

　　對於大部分的受訪者而言，在生活目標上也因而更加感恩惜福與珍愛身旁的家人，用心養育子女或在生活中去關懷棄嬰，自我對於價值觀之詮釋也跟著有所反思，對於死亡也採取正面的看法，並且能夠勇於去談論。綜合上述，周產期新生兒死亡父母親的悲傷調適歷程，以及生命意義的展現表示如圖10-1。

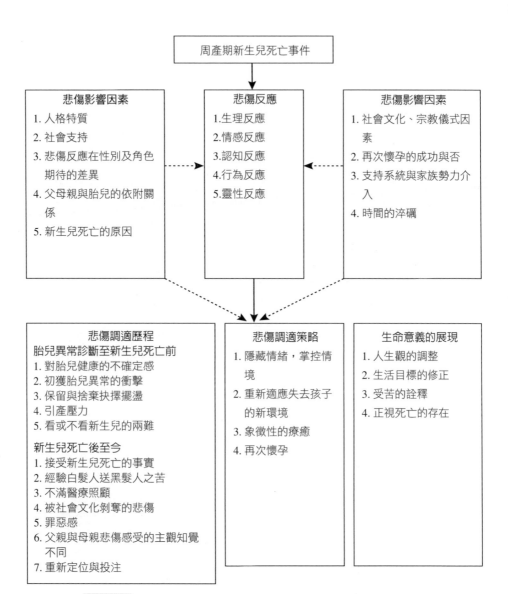

圖 10-1　周產期新生兒死亡父母親悲傷調適歷程關係圖

（───▶ 表前進的方向┈┈┈▶ 表影響力）

剝奪的悲傷
——新生兒死亡父母親的悲傷與輔導

結 論

　　生命意義的建構詮釋不但是健康的，更是人類全然健康與實現所不可或缺的，說明了個人生活、社會及精神（理性與知性判斷）之意義與目的的追尋。人在逆境時會有「超越性」需求，當遭遇挫折時，可以產生一股依靠，安身立命的力量就會出來，常可幫助人在災難痛苦之中，仍能安身立命而且活得正向積極的一個關鍵因素。總體言之，個人對生命意義建構中，對人生觀的調整、生活目標、受苦的詮釋及死亡觀等向度，若是存有「失去」、「領悟」、「獲得」體悟在失去與擁有間放手的真意，選擇療癒生命的道路，不再任由罪惡感吞噬人生，進入另一個新的人生視野，一路走來較能重新體驗人生，呈現較正向的看法，較容易接納新生兒死亡的事實，其後續的悲傷調適歷程會較為順利。

練習八

1. 走過失去新生兒歷程後，您如何回頭看待這個過程？胎兒過世直到現在，形容一下您的悲傷過程（您能描述一下您所見、所聞、所思或所感）。

2. 這個經驗是如何地影響了您對自己的看法或您的世界？

3. 如果這件事沒有發生，您覺得您的日子會有什麼不一樣？

4. 您對於胎兒過世當時的那些感受、想法與反應，到現在有什麼不一樣？您的感覺是如何改變的？

5. 胎兒過世後經過多久時間，您才想要做一些改變？有哪些改變？為什麼想做這樣的改變？

6. 您用什麼方法讓自己變得不同？

7. 什麼樣的信念或信仰讓您對這個失落有所調適？反過來說，您的信念或信仰又是如何受到這事件的影響？

8. 做了改變後到現在這段時間，覺得最大的不同是什麼？

9. 您所感受到的不同是如何地影響了您對自己以及對生命的看法？

10. 您從胎兒過世的經驗中學到了什麼？給了您什麼樣的課題？

11. 您覺得這個事件對於「愛」這件事，給了您什麼樣的課題？

12. 在這個歷程中，您如何定位自己？

剝奪的悲傷
—— 新生兒死亡父母親的悲傷與輔導

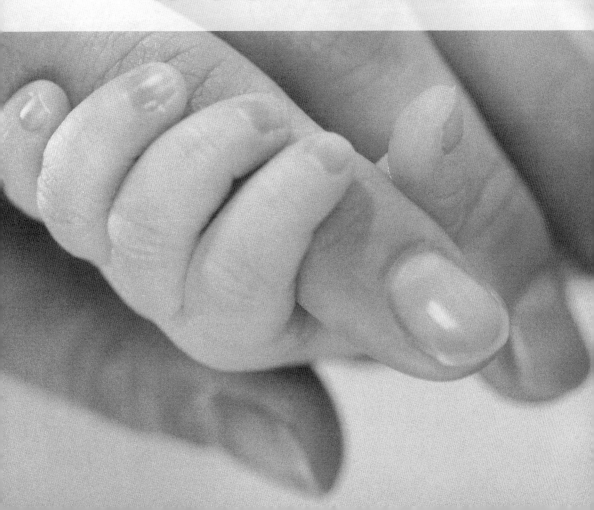

Part 3

面對失落時的
服務與資源

剝奪的悲傷
——新生兒死亡父母親的悲傷與輔導

Chapter 11
周產期新生兒死亡的喪慟關懷服務

　　近年來，台灣各大醫學校院強調宣揚與實踐「醫學人文教育」，企圖能重新把「人」帶回醫學護理領域，期許新世代的醫護人員能具備更豐富的「人文素養」。護理人員在醫院照顧經歷了周產期失落的家屬，採取哪些政策、程序，在實務中有利於照顧父母親及其家庭經歷痛苦的過程。在充滿喜悅的產科病房裡，更加突顯出失去胎兒母親的悲傷，更需要護理人員的照料、關心與協助。在這一章裡，我們要把探討的焦點放在幫助那些經歷了周產期失落父母親的時候，臨床醫療專業人員如何做，在實施的正式照顧計畫中所持的協助原則。簡單的說，在本章，我們是把原來討論父母經歷早產失落及胎兒基因異常，在保留與捨棄抉擇擺盪過程中，所建議提供事前、事後諮詢與評估（請見第四章），以及提供周產期失落在國內外相關資訊與支持團體等資源（請見第十二章），父母親所渴望的重要內容是什麼，轉變摘要出醫療機構對胎兒臨終照顧所需的社會工作計畫與工作原則。

壹、醫療機構的喪慟關懷服務

　　許多研究發現，儘管醫療單位議定關照經歷周產期死亡的失落家屬，家屬仍然會覺得因護理人員不當的照護或情緒支持而感到受傷，因此專業醫護人員

剝奪的悲傷
——新生兒死亡父母親的悲傷與輔導

需要增加周產期死亡失落的教育課程，以知覺家屬的情緒需要（DiMarco, Renker, Medas, Bertosa, & Goranitis, 2002; Kavanagh, Trier, & Korzec, 2004）。瑞典研究新生兒生命末期護理關懷，發現經歷周產期失落的母親，知覺到有力量或無力感，端視接獲專業人員提供情感照護與否；並建議提供這些婦女包括給與足夠的資料和需要文化敏感性的照顧（Lundqvist & Dykes, 2003）。曾英芬、徐敏桃、郭玲莉（2001）研究死產之台灣婦女，大多相當感懷護理人員提供選擇、分享經驗、真心瞭解的關懷照顧，分娩過程中護理人員的支持行為，是協助婦女因應分娩壓力的主要來源之一。

Bryanton、Fraser-Davey 與 Sullivan（1994）將護理支持定義為護理人員使用人際技巧以協助產婦因應分娩壓力，歸類為情緒支持（emotional support）、實質支持（tangible support）與訊息支持（informational support）。研究發現，分娩護理支持與產婦之生產經驗呈正相關，而「情緒支持」和「訊息支持」對因應分娩壓力有重要幫助（張韶敏、陳彰惠，2000；曾英芬，2000；Davies & Hodnett, 2002）。

除了醫護人員的支持外，保留孩子珍貴的記憶是協助悲傷父母親的重要方式之一（Samuelsson et al., 2001），並可減低創傷的發生（Robinson et al., 1999）。同時醫護人員在照顧和支持嬰兒死亡的喪慟父母，是非常困難及具壓力的（Billson & Tyrrell, 2003; Nussbaumer & Russell, 2003），台灣婦女於懷孕失落後，75% 的婦女在住院過程中家人能給與支持，46.7% 的婦女覺得醫護人員曾給與支持（陳映燁等人，1998）。吳淑玲、吳惠娟（2004）認為，婦女因為失去胎兒後，缺乏充足的支持系統，會出現哀傷功能失常。郭素珍（1988）研究指出，胎兒死亡後專業人員的態度，特別是護理人員深深地影響產婦的反應，若護理人員能鼓勵產婦表達且接受她的感受，則產婦較容易接受這些痛苦的感受；反之，若缺少護理人員的瞭解，會加強產婦知覺上、情緒上的困擾而逃避，更增加了悲傷、罪惡感及失去個人的價值感，壓抑情緒的表達阻礙悲傷工作的完成。

護理人員在經歷周產期失落個案的照護上，應協助喪親家屬表達感受，但有些護士卻常不知所措而採逃避心態（Levin, 1998）。由於過去人類文化對悲

傷的抑制，以及沒有好好處理失落的經驗，因而影響醫護人員在這方面的準備，也因此無法提供個案及加速情緒上的支持。所以護理人員會感覺壓力很大，然而讓喪慟的父母知道：有人同行、聆聽、陪伴，是最基本的支持。臨床上，護理人員因照護經驗的缺乏，常有刻意迴避此類問題，反而表現出冷漠及在照顧上和產婦保持距離，更容易造成產婦二度傷害及延遲恢復的時間（廖珍娟，1998）。醫護人員不僅要面臨個案的喪子之痛，同時也感覺到自己的無能及挫折，長期會造成個案及專業人員的損害，因此心理健康專業諮詢不僅要提供給個案，更要提供給醫護人員（Defey, 1995）。因此，護理人員更強調需要增加喪慟護理相關知識及經驗，提昇溝通技巧，以及醫療團隊的支持（Chan, Chan, & Day, 2004)。

　　國內醫療機構喪慟關懷服務的狀況，已著手進行人工流產諮商機制，提供個案情緒支持與陪伴、資訊與諮詢（李玉嬋，2007）。國內已有少數醫院開始提供周產期失落喪慟關懷服務，內容如下。

一、人員配置

　　採跨領域合作組成喪慟關懷委員會，各組人員的角色分工，最好具有碩士學位，每年定期舉辦課程及人員培訓（RTS Bereavement Training Program）、專業醫學攝影師訓練課程，以增進諮商與輔導技巧。

　　1. **醫生**：病情解釋，通知家人胎兒／新生兒狀況，解剖結果。

　　2. **護理人員**：協助轉介給其他相關領域人員，提供家人選擇孩子處理方式、提供單獨的環境、情緒支持、必要文件書寫解釋及說明。

　　3. **社工師、心理師**：協助評估諮商、精神、經濟、轉介服務等。

　　4. **牧師**：提供靈性需求，協助家人由「死亡」中找到「意義」、協助喪葬事宜。

　　5. **葬儀社人員**：與牧師或其他神職人員共有協助喪生事項，協助火化訃文通知，解說喪禮各種選項等。

二、住院中個案的處理

有時是突發於分娩的過程中，歡喜的孕育投注落空突然受挫，毫無預警，硬生生截斷與胎兒的生命連結，常見到醫護人員先採取通知胎兒的父親而隱瞞母親，忙於替新生兒插管急救或替逝去的新生兒屍體護理，忽略了母親心理方面的問題，此種隱瞞反而會更增加其焦慮，因為產婦從周遭緊張的氣氛就知道發生了什麼事。最好能同時告知夫妻二人，以使其參與決定。此期醫護人員最佳的協助行為如下：(1)給與明確訊息，可瞭解的語言協助父母親能夠掌控當時情境以減輕或緩和害怕；(2)傾聽及利用醫護知識提供完整的照顧；(3)提供隱私及神職人員訪談及靈性的需求（DiMarco, Menke, & McNama, 2001）。接受孩子死亡事實是悲傷的第一任務，當流產或死產的診斷發生於產科急症的狀況，例如：突然間的大量出血，劇烈的子宮收縮或醫師指出超音波上流失的胚胎或胎兒已經停止的心跳，孕婦常常在診斷後的最初幾小時仍然會告訴醫護人員感覺到胎動，此刻醫護人員必須同理、接受孕婦的感覺；必要時，可再慎重的安排一次檢查，幫助孕婦渡過這段「拒絕接受期」。

醫護人員在確立診斷及瞭解父母或家屬的準備後，當胎兒死亡、基因異常或嚴重畸形決定引產分娩時，應盡量提供足夠的止痛劑，採取無痛分娩減輕不適，且在待產及分娩過程中，醫護人員的陪伴支持及對孩子出生時可能會有的情況解釋，以減輕其恐懼及焦慮。有關胎兒死亡之諮詢，應給與充分的時間，並要從旁協助父母親做決定，例如：

1. 如何準備生產？
2. 選擇合適之醫院做子宮擴刮術？
3. 何時產下死胎或畸形胎兒？
4. 決定由誰來陪伴孕婦至手術室？
5. 如何向胎兒道別？
6. 若是死產，徵詢父母的意願是否希望看到孩子？
7. 鼓勵父母為胎兒取名字，並且讓父母親有機會擁抱孩子，向孩子說再

見，並決定是否合照留念，或依其意願交由院方處理或自行依某種宗教儀式及習俗完成告別。

8. 安排一個遠離其他寶寶及產婦的房間，適時陪伴她、傾聽並鼓勵表達其心中感受及接受情緒的宣洩，提供隱私空間以表達他們的震驚與失望，例如：抗議上天的不公平，埋怨寶寶為什麼不給她機會？並回憶及尋求產前危害胎兒的因素及情況：包括「是不是動到胎神及懷孕時的禁忌？還是生產的日子不吉利？醫護人員處理及治療過程是否有疏失？」此時應該引導個案說出內心的疑慮、有關新生兒死亡的原因、抱怨醫護人員處理不當……等，適時給與討論及澄清疑慮，並分發「產後護理須知」小冊子，其中包括：如何坐月子？退奶方式？避孕方式如何及何時可再懷孕？等相關資訊，使夫妻在產前即有可傾訴對象。

許多研究指出：(1)適時的陪伴、傾聽並鼓勵個案表達其心中感受及接受情緒的宣洩；(2)給與適當解釋，並提供有關的資訊與明確訊息；(3)協助找尋並澄清胎死腹中的原因，以減輕父母的罪惡感及自責；(4)幫助父母瞭解孩子之真實性和個別性；(5)提供機會讓父母去看和擁抱死去的胎兒，並同意他們為嬰兒做一些事，如：拍照、更衣；(6)提供保留有關於孩子的紀念物，如照片、腳印、手圈或手冊等，做為思念的依據，提供悲傷父母與過世孩子說話或回憶的機會；(7)尊重其信仰，鼓勵父母由信仰中去適應這個危機，有助於周產期失落調適（李幼華等，2004；李從業，2002；師慧娟，2004；Hammersley & Drinkwater, 1997; Radestad, Steineck, Nordin, & Sjogren, 1996; Sanchez, 2001）。Jack（1995）也發現，提供周產期失落父母「紀念包」（Memory packer）能提供一個健康的悲傷過程。

評估及教育個案的支持系統討論悲傷處理技巧，當個案住院情緒不穩定時，避免接觸生產成功的產婦、嬰兒用品及花，以免觸景傷情。情緒穩定後，可鼓勵個案及家屬正視寶寶的照片、遺物，例如：腳印、手印、毛髮等，並將過世寶寶視為家中的一份子，為孩子命名及安葬以表達心中的悲傷。台灣目前少數醫院設立早產兒安寧室或喪慟關懷服務，設計喪慟盒，將屬於胎兒的東西，例如：手環、胎兒手、腳印蓋在慰問卡片上，記錄身高、體重、週數，剪

剝奪的悲傷
──新生兒死亡父母親的悲傷與輔導

取少量頭髮以絲帶繫好、製作腳印石膏模型、手圈、腳圈、嬰兒穿戴整齊包好，按父母意願是否觀看孩子或與孩子相處一段時間，或是拍下相片後，按父母意願是否帶回。並安排喪嬰後一個月、三個月諮詢人員與父母親會談，以瞭解其感受。其中喪慟父母表示嬰兒石膏腳印及相片是父母覺得最有用的幫助之一（李幼華等，2004；李從業，2002）。

攝影紀念可使存活的人能保留死者有形的紀念品和喪禮，幫助他們遠離死者，承認失落的意涵，可以帶著紀念圖像意義繼續生活（Corr et al., 2003）。照片可以做為緩衝情緒創傷的方式之一 （Primeau & Recht, 1995）。周產期失落父母發現情感表達、珍惜現在、擁有可紀念物品包括照片以及創造意義，是經驗悲傷最有用的支持策略（DiMarco et al., 2001）。幫助喪慟父母及其家庭成員創造記憶，提供真實紀錄，對這些照片影像做重要的陳述，協助他們渡過悲傷歷程（Mander & Marshall, 2003; Meredith, 2000），提供與失去的孩子「持續性的連結」，對於沒有孩子的生活產生調適，協商一個比較「舒適自在」的關係，重建對孩子的記憶，尋找意義，包括：(1)確認父母親身分：確認死亡及分享孩子生命最終盡頭；(2)頌揚生命：建構一個持久傳記；(3)幫助傷痛的父母親面對生命的每一天（Righes & Dawson, 1998）。

國外研究發現，大部分的失落母親害怕忘了所發生的事情，因為處於驚嚇當中，無法在短時間內理解這些事情，孩子的照片、手印、腳印或是頭髮都是極為珍貴的，有些母親只敢看幾眼，因為她們脆弱得無法再受刺激，有些放大孩子的照片，強調他是家中的一份子，有些一開始拒絕看孩子的照片，但是護理人員還是將照片拿給她們，她們往往之後會很珍惜這些照片（Lundqvist et al., 2002; Robinson et al., 1999）。雖然照片和其他紀念物似乎讓歷經流產或嬰兒死亡失落的父母親傷心，但是允許創造喪嬰的記憶、保有一些特殊的醫院紀錄、證書、慰問卡、圖片、毛毯等，卻是父母親另外一個重要的選擇。

A父親在心情平靜的時候比較能夠承受喪子之痛，會懷念逝去的新生兒，對於孩子的長相記憶模糊，產生斷裂感，無法記憶卻又難以忘記，由於引產當下處於驚嚇，不知所措，無法在短時間內理解這些事情而事先準備，留下孩子的照片，把記憶記在老二身上替代補償，感到遺憾。他說：

　　時間久了，記憶模糊掉，他長得什麼樣子……也都不記得了，而實際上很懷念這個小孩，我……不曉得我太太是不是也是這樣，可是當時的情緒，就認爲不要去想它……。我們根本不曉得要怎麼紀念他，也沒有任何的東西呀！唯一大概只有超音波的一些紀錄，好像還有保留下來，我不曉得，我不敢問我太太那個東西還在嗎？……其實那個時候，我是有想到要拿照相機，可是身邊沒有照相機，因爲，沒有生產過的經驗，怎麼會帶照相機，如果很開心的去生一個小孩子的話，你會帶照相機去照、照、照，就像我後面的幾個小孩子，我都會照一堆照片這樣子，那醫院也會幫你留一些照片。其實後來想起來，就是說滿希望還有一個照片去回憶……回憶當時的樣子，因爲現在心情比較平靜。（A-187）

　　當時沒有做火葬處理是我不想擺著一個記憶，可是……事後我現在後悔了，我希望看到他的容貌、照片，我現在的記憶是模糊的，我只是記得他跟我很像，那我也是覺得他跟我的老二很像，我只把他的記憶……把老大的記憶記在老二的身上，可是這畢竟不是我心裡面眞正想要的他。（A-179）

　　D母親認爲，不會考慮保留孩子的照片，因爲那是遺照；對於產後身心俱疲，護理人員提供產後的護理，覺得身體上面舒服很多，比較有幫助。她說：

　　當我進到一般（產後）病房的時候，我記得病房那次給我做需要的產後護理，那位護理人員，她也是盡她的職責，可是我就覺得，哇！她很認眞的這樣子幫產婦擦澡，你知道那上面塗了一大堆優碘，很不舒服又黏黏的，然後又有血，我覺得她很仔細、很仔細的把它擦拭乾淨，我當時覺得舒服很多！至少在身體上面舒服很多。在當時因爲情緒很低落，也很不想動、很不舒服的情況下，所以……她那樣子的護理我是覺得比較有幫助，我爲什麼會印象這麼深刻，就是覺得當時很舒服。（D-35）

三、新生兒的處理

看、抱和觸摸孩子可提供真實感及日後的回憶。美國已有專業的醫學攝影師，提供照相及化妝服務，為家屬保留喪嬰經歷及記憶。「眼見為真」尊重父母親個別意願，讓父母親看一看及觸摸擁抱他們逝去的孩子，可促進親子關係的建立及終止，有助於悲傷工作的進行。胎兒誕生並完成例行處理後，當父母決定要看孩子時，儘可能避開孩子拔除維生管子（特別是管子殘留滴血），容易造成創傷的記憶，保留完美的一面，如同對待一個有生命的新生兒般，穿戴上特別設計的帽子、衣物且包妥，置放於特別設計之嬰兒床，提供一個隱私空間，「抱」給父母及其家人看，並鼓勵他們抱和觸摸孩子，事先提醒父母，孩子身體是冰的還是溫的，略述孩子的情形，畸形嬰兒略加遮掩或包裹，鼓勵夫妻為孩子命名，並給與父母親適時的安慰與擁抱。

當不明原因的嬰兒猝死醫療糾紛發生時，學術研究需要以及胎兒異常診斷的確認，瞭解流產或死產的原因，可提供父母親安全感，並且消弭父母親不必要的罪惡感、憤怒感，醫護人員應該要儘可能找出流產或死產的原因，與父母親討論他們的擔心和疑問；有時候驗屍（例如：理學檢查、抽血、照 X 光、超音波等）或胎兒遺體病理組織切片、解剖對死因的瞭解有幫助，若是決定解剖時，則請醫生為夫妻解說解剖之目的、部位，並要給父母親保證，將賦與胎兒絕對的尊嚴，將胎兒視為醫學奉獻之大體老師，儘可能不破壞他的臉部或容貌或毀損四肢，非不得已時，也會將胎兒所有身體上的傷口完整縫合，若是父母親能夠確定知道胎兒異常的原因，除了有助於喪慟調適之外，還能降低下次懷孕的焦慮感。屍體解剖對瞭解死亡原因有重要的價值，但許多的文化或宗教信仰並不允許這麼做，因此需給與足夠的時間尊重其決定。

四、早產兒安寧病房的設置

善終服務（Hospice）是一個安寧服務的觀念，為死者及其家屬提供全面的照顧，這個服務基於一個信念，就是人在生之日，其生命應受尊重，富有意

義，以及值得他心所關懷。筆者在新生兒死亡的父母親會談經驗中，發現父母親有想要到往生室陪伴孩子的需求，更深深地發現，早產兒安寧病房提供善終服務的確是很需要的，其所需的獨立空間其實不大，約需五到七坪，內部最好能有搖籃或嬰兒床、沙發、壁畫、電話等能讓人感到溫暖舒適的陳設，早產兒醫療團隊包括醫師、護士及家長、輔導人員等，可以在此討論孩子的情況，最重要的是家屬可在此陪伴及照顧可能早夭的孩子，甚至當孩子往生的時候，給全家一個最後相處擁抱的時間與空間，讓父母陪著可能不幸早夭的孩子，走完人生最後一程，或是完成一些儀式；同時也能夠隔離其他父母的不安，避免其他父母親看到這樣的狀況。當父母親懷中擁著早夭的孩子，誰能不被這摯愛的畫面撥動心弦。死亡不是最後的悲劇，真正的悲劇是早產兒臨終前被冷落，失去愛的援助。因此，當社會大眾在關切這些母親身體之際，更應注意到這些父母的感受和實際需求。

五、依個人宗教儀式或習俗，提供哀悼心靈慰藉

容許父母親透過「自己的決定」，在「失去」之餘擁有一些「自我控制感」（白淑碧，1988）。父母親與孩子相處最後的時光彌足珍貴，驅策生命做出新的應答，讓失去嬰兒的母親或家屬選擇其信奉的儀式來哀悼減輕心中的罪惡，是一種心靈慰藉的安定來源，法會前告解具表達悲傷的力量、儀式的準備過程深具悼念的功效、儀式的進行中完成告別與療慰。若父母親決定胎兒遺體交由醫院代為處置，應該分發「胎兒死亡後，醫院之處理原則」小冊子，讓夫妻明瞭整個儀式之過程。

有宗教信仰的父母親，被認為孩子被上帝帶到天堂做小天使，或是被菩薩接引西方極樂世界，而不再會有身體的病痛，經由宗教及喪葬儀式處理好，可以讓父母宣洩悲傷，覺得對孩子盡了最後的責任。

多元文化社會的來臨，過去「以某種意識型」為中心或標準，受到許多質疑，真正傷害人的往往不是孩子死亡本身，而是周遭人的態度與反應。社會大眾常不知如何安慰新生兒死亡的家屬，而採以沉默或逃避的方式而讓父母覺得被孤立與隔離，認為自己羞恥有罪而刻意迴避及保密，除非很熟的朋友才會告

知孩子的狀況，限制了可用的支持系統。

六、悲傷輔導支持性團體的重要性

根據Parkes等人（1997）對喪子（女）父母的研究指出，悲傷支持性團體不但能讓喪子（女）父母一同分擔彼此的悲傷、紓解壓力、減少孤立的感覺，同時學會自助及專業的技巧，幫助父母做積極的思考，並減低負面的後果。團體的最終目的是要讓這些父母用希望與和平來取代強烈的怨恨和喪慟。有一些研究也發現，與同樣有孩子死亡經驗的父母分享悲傷感受和經歷，能獲得很大的情緒支持，有助於痛苦的減低。大多數的父母表示，願意參加悲傷支持性團體，提供自己的悲傷歷程做為分享，也相信這樣的團體可帶來支持和鼓勵的效果（林家瑩，1999；Hughes, 2001）。

索甲仁波切（Sogyal Rinpoche）在《西藏生死書》裡提到：

> 在西藏人中，每當有人過世時，他們的親友就會自然聚集在一起，每個人都會以某種方式伸出援手。整個社區提供強大的精神、情緒和實際的支持，亡者的遺眷絕不會感到孤單無助，或不知如何是好。（鄭振煌譯，2002：384）

Lukas、Seiden在《難以承受的告別——自殺者親友的哀傷旅程》（*Silent Grief: Living in the Wake of Suicide*）裡進一步指出：

> 自助團體能有效益還有其他原因，它鼓勵與會者參加能幫助他順利渡過哀悼期的活動——協助他人。因為幫助其他人時，就治癒了自己的創傷。團體也是可以紀念某人過世、自由談論死者，而不必感受社會和朋友壓力的地方（楊淑智譯，2001：262）。

療傷是一個耗時且緩慢的過程，必須在他人支持和個人努力下逐漸渡過（Jordan & Ware, 1997）。沉默的承受痛苦會加深孤立麻木感，憤怒和罪惡感則會使孤單惡化，孤單也會自行增長（陳琴富譯，2001）。Limbo、Wheeler（1987）指出，失落後一星期、四至六星期、三個月、六個月、週年忌日、逝

者生日和特別節慶等，都可能引發生者的喪慟，可以電話問候、寫一封安慰信、家庭訪視等提供支持。獲得來自周遭的情緒支持、陪伴和傾聽，對悲傷的復原有正面的功效，尤其是有同樣遭遇的人陪伴（林家瑩，1999）。

悲傷應該被視爲一個持續的生命過程，這個過程可以通過文字、活動和非語言的溝通來接觸。新生兒死亡悲傷支持性團體，同時也是父母親自我協助的團體，在團體中較容易進行悲傷工作。許多自助團體鼓勵喪慟的父母親，爲孩子留下紀念，例如：在他們出版的書籍留下孩子的姓名，在紀念公園栽種一些花朵，或是紀念日的時候爲孩子點上蠟燭，朗誦一首詩或爲孩子唱一首歌，提供一些相關的儀式，有助於父母悲傷表達以及進行（Lang et al., 1996）。Rando（1984）強調，社會支持團體有助於彰顯死者的價值。

國外已有許多周產期喪慟關懷服務，提供周產期失落國內外相關資訊與支持團體等資源（請見第十二章），例如：(1) 體恤之友聯誼社（The Compassionate Friends），「體恤之友」是由曾經歷喪慟的父母及其家人成立的組織，爲經歷子女去世的父母提供撫慰、支援及鼓勵，讓喪慟的父母不是獨自在這條路上行走，設定每年十二月的第二個星期日爲點燭日，舉行懷念孩子的燭光晚會，點燃代表悲痛（Grief）、同情心（Compassion）、愛（Love）和盼望（Hope）的蠟燭，紀念所有死亡的孩子；也爲其他親友和正在輔導因子女去世的父母提供協助的專業人士，提供諮詢及資訊查詢服務；(2) 懷孕及喪嬰支持公司（SHARE, Pregnancy and Infant Loss Support, Inc.），協助活在流產、死產及新生兒死亡陰影的家屬；(3) 周產期喪慟關懷服務（Perinatal Bereavement Services），提供終身喪慟關懷照顧；(4) 多胞胎生產失落中心（Center for Loss in Mutiple Birth, Inc., CLIMB），由歷經嬰兒死亡的母親們所創立，提供經歷到多胎次失落支持。

懷孕失落的父母親可以從悲傷支持性團體的人際網絡中，獲得資訊、情感與陪伴的支持，有助於身心健全，其中情感支持（socio-emotional support）是最重要的支持面向，也是社會生活中不可或缺的憑藉。悲傷支持性團體可以從個人的人際關係爲出發點，看出個人從人際關係中得到的資源與生活憑藉爲何，也可以擴大到社會整體，呈現社會系統中各種資源的流通，包括：社會情

剝奪的悲傷
——新生兒死亡父母親的悲傷與輔導

感幫助（socio-emotional aid）指人際之間情感的交流與扶持，工具性幫助（instrumental aid）為金錢物質的幫助或是付出勞力，資訊性幫助（informational aid）屬於資訊提供或消息告知的幫助。

　　一般社會大眾常不知如何安慰新生兒死亡的家屬，而採以沉默或逃避的方式，這樣的方式會讓父母覺得被孤立與社會隔離，覺得自己是羞恥有罪的（張碧芬，1993；Levies, 1976）。當他們面對不知情的疑惑或無預警的溝通時，亦會感到不適，同時也擔心別人如何看待自己而刻意迴避及保密，除非很熟的朋友才會告知嬰兒的狀況，所以坐月子期間也沒有同事探訪，反而限制了可用的支持系統。國外無坐月子傳統習俗，較少發生產後困於坐月子的困境，雖然父母可能要暫時自社交圈中退回，處理自己的悲傷，但是社會的支持系統仍是不可缺的。

　　護理人員待個案願意談論內心感受時，則應引導表達對死去胎兒的看法及埋葬方式以釐清疑惑，討論下次懷孕時機及一些危險徵兆，安排返家後轉介社區訪視及哀傷處理技巧，衛教何時是產婦最需要支持的時刻，如父親恢復工作，母親第一次單獨在家、產後脹奶有乳汁分泌時、產後第一次月經來臨、產後檢查的日子、預產期日，或母親恢復上班的第一天及嬰兒過世週年紀念日等，都需要安排適當的人相伴與支持（Newman, 1984）。尤其出院後要面對更多的家人、鄰居、朋友及嬰兒的衣物用品，更要幫助母親及家屬克服失落感。承認及認知其他孩子的喪慟反應，讓孩子參與這個家庭事件及實施的儀式，以讓這個死去的嬰兒永遠存活在這家庭的懷念記憶中（Wilson, 2001）。

　　從以上觀點來看，透過悲傷支持性團體，喪慟的父母親除了可以一同分擔彼此的悲傷、紓解壓力、減少孤立的感覺，可以談論私密話題外，在接受和理解的氣氛中，同時學會自助及專業的技巧，幫助父母做積極的思考，並減低負面的信念，用希望與和平來取代強烈的怨恨和喪慟，甚至結交社會夥伴，一起投入悲傷支持性團體，在團體裡面他們的難處會被接納，由此可以激發愛的能量，而歷程也得以渡過。下列個案提出對悲傷支持性團體的看法。

（一）提供相關處理訊息與選擇

A父親肯定周產期新生兒死亡父母悲傷支持性團體的功能，認為可以提供相關處理訊息與選擇，讓孩子得到適當的安置，把悲傷化成一種唯美的回憶。他說：

> 我們沒有參加其他團體，那時候只有一個醫學院護理系的學生，針對媽媽訪談一些事情。支持性團體我覺得有需要，特別在醫療團的部分，應該要把整個引產及孩子的處理過程跟我們講，因為我們都不知道整個過程，但是醫生通常都不會去講這些事情，我是覺得不一定要是醫生，也不一定要是護理人員，只要是知道這個程序的人跟我們講，然後……給我們一些建議，我們可以用什麼樣的方式……或是以往的案例情況是怎麼樣？給我們比較……可以把悲傷化成一種唯美的回憶，我覺得這是滿好的，透過照片或是一些影像，即使做了這個決定，把這些記憶留下來。我覺得醫療團體可以提供這些資訊，宗教團體可以提供在這個過程裡面，透過一種信念，讓他朝向比較好的，譬如說：「西方極樂世界，到那種上帝呀……」，依中國人來講慎終追遠的儀式，讓你……之後的情緒能夠得到一個歸宿，等於是說，一個點，讓你可以相信……這個事情是有處理完善而沒有處理不好，我是覺得這個是有必要的。（A-250）

C父親希望有同理心的安慰，除了有這樣經驗的心理諮商或護理人員，專業人員也是可以，對於有需要的人，是個較好的方法。他的看法如下：

> 希望人家怎麼安慰……應該是比較有同理心一點吧！如果可能的話，最好是找有這樣經驗的……心理諮商或是護理人員，醫護人員的安慰，如果她有這樣經驗的話，她會比較知道狀況，比較抓得住那種感覺，雖然我當時並沒有覺得有任何的需要，但是如果有人有這種需要的話，我覺得也許是一個比較好的方法。其實你要安慰別人，你不一定要每次都要經過那種情形才可以安慰到別人，專業人員可能也是應該沒有

剝奪的悲傷
——新生兒死亡父母親的悲傷與輔導

問題的啦！（C-55）

然而D母親沒有想過尋求專業的協助，因為沒有情緒失控或是失眠，不是走不出這個打擊，先生的態度已提供很大的支持。她認為：

> 尋求支持的方式，我連想都沒有想過，因為我覺得我並沒有到那種……情緒失控或是失眠，需要看醫生的地步，先生的態度也給我很大的支持。所以，我覺得就我個人而言，我從來沒有想過要去找專業背景的人來幫忙我，好像也沒有那個必要，因為我並不是說走不出這個打擊。（D-113）

（二）紀念花園會去走走

D母親紀念孩子在心裡面，如果有紀念花園會去走走，回想自己以前的狀況，想想當時的心境。她說：

> 醫院裡面放一個角落，放嬰兒的東西我可能不會去放吧！我紀念他可能就在心裡面，弄個花園，我可能會去，我是想那個二二八紀念公園，他們就會……雖然那裡並沒有他們親人的骨灰，但是這個紀念日的時候，他們還是會去，所以如果有個花園我可能會去。但是我不會定時就去，就是說……我走到這裡，這個花園很不錯，既然新蓋了這樣的一個花園，我來看一看，既然去這樣的一個地方，就會回想自己以前的狀況，想想當時的心境，我想我是不會花很多精神、時間去紀念這件事情，但是他如果是一個相處過一段時間的人，我想情況會不一樣。（D-117）

（三）對宗教法會的看法

宗教團體法會，只會去那麼一次，D母親因為跟孩子沒有深刻的感情，沒有必要每年去回想。她的經驗：

> 至於宗教團體，我不曉得，因為比方說那個……法會的話，我只會

去那麼一次，我覺得也沒有必要這樣每年、每次這樣去……回想這件事情，我還是覺得因為我跟他沒有什麼深刻的感情，我對他比較多的是愧疚，就是有點自責這樣的成分在裡面。（D-116）

七、短期心理治療

短期心理治療其內容涵蓋：(1)澄清她對此嬰兒的瞭解或幻想，和個案討論嬰兒的外觀，真實呈現這個死嬰，若嬰兒是畸形的，則需要解釋其無法預防和不可預測的因素；(2)討論嬰兒屍骸去處想法，可能的情形下舉行哀悼儀式，完成哀傷過程；(3)帶她到死產的那間產房並討論當時的經驗和現在的感覺，鼓勵她寫出感覺或閱讀別人所寫的，以及去看看墳墓，或大喊出「XX 死了」，此為增加現實感很好的方法；(4)可能對醫護人員生氣，治療者應儘量保持中立的立場；(5)若生產的過程有麻醉，會感覺自己背棄小孩，沒有盡到保護的責任，應鼓勵她宣洩情感；且在悲傷反應未解決之前，不要對未來有關懷孕或結紮等事宜做任何決定（高淑芬、李明濱，1991）。除了心理治療，可視情況合併藥物治療、夫婦、家族或團體治療，以增加應付外界壓力的能力。

貳、周產期失落常見悲傷的迷思

一般人對於周產期失落父母親的悲傷，常有的迷思如下：

1. 周產期失落男性的悲傷強度較弱、時間較女性短（因為社會化對不同性別角色的期待，而在悲傷失落反應有顯著差異性。一般而言，男性的悲傷反應較傾向工具型壓抑情感不外顯，因此不能以有無外顯行為表現來確認悲傷的存在與否）。

2. 建議失去胎兒的父母親把身體養好，逝者已矣，來者可追，趕快再生一個孩子，可以幫助他們走過悲傷（我們應該留意，那個失去的孩子在父母心中的空位是沒有人可以替代的。能否再度懷孕是個未知數，就算這可能是真的，此時此刻周產期失落婦女最擔心的是她無法擁有一個孩子。重新定位與投注心力的重點在於父母親是想以孩子來克服悲傷，達到替代補償？還是已經能夠投

注新的親子關係？）

3. 安慰說：「他／她（胎兒）其實還不能算是一個小孩」（對任何一個經驗過懷孕的父母親而言，不管懷孕週數的長短，他／她的確是一個胎兒小孩，並且真實的存在過的小孩。再者，如果去否定父母親的情緒感受，只會讓他們感到更孤單而已）。

4. 安慰說：「你已經有其他小孩了，有這（些）孩子就夠了」（因為每一位小孩都是一個獨立的生命個體，沒有人能互相取代）。

5. 安慰說：「不要想了，保持忙碌，專注於工作，悲傷就會過去」（重新投入工作是有助於悲傷復原的必經歷程。但過度地使用分心原則，拒絕去面對、否認、抗拒悲傷時，就必須小心出現複雜性悲傷）。

6. 安慰說：「這種事情不會再發生在妳身上了」（因為流產有可能是會再次發生的，這種假保證的說法太過冒險了）。

7. 當父母面對失去胎兒而悲傷時，要讓他獨處不要打擾他，要避免談起與新生兒相關的事情，以免觸動好不容易平靜的心情，再次悲傷失控（當喪親者期待獨處時，我們必須能夠允許他能獨處療傷。然而許多時候是因為我們無法面對不知如何談，而剝奪其需要宣洩悲傷的機會）。

8. 時間是悲傷癒合最好的方法，時間會沖淡不幸，治療一切悲傷（實際上悲傷歷程會隨時間不同有所改變，是一個長期動態的過程，但並不是照著階段直線的方式復原，失落的情緒可能會以來回擺盪方式出現而需要再處理）。

　　其他一般人對於悲傷常有的觀念如下（李佩怡，2000）：

1. 悲傷是軟弱與無能的表現，當你表現得悲傷時，你就是被失落擊垮的失敗者。

2. 悲傷是消極、不健康、無建設性的。因此，親人死亡後的目標就是要儘快走出悲傷，要節哀順變。

3. 悲傷只是一個名詞，是人生的片段與插曲，時間過了就會好起來。

4. 你永遠無法走出這樣的陰影。

5. 換個環境，避免觸景傷情。

6. 我必須堅強，難過只會愈陷愈深，更難以自拔。

7. 事情已經發生，難過流淚也沒有用，於事無補。

8. 痛苦只能自己承擔，沒有人可以幫你。

傾聽可能會比給建議更重要！以下介紹協助悲傷者基本技術：

1. 傾聽，協助喪慟者接受失落的事實並表達內在感受。

2. 同理心，協助喪慟者經驗悲傷的痛苦，接納其情緒表露。

3. 提供時間悲傷，支持、陪伴喪慟者完成哀悼任務。

4. 表達真誠的關切，不評斷喪慟者的悲傷反應，允許個別差異。

5. 以不批評、非道德判斷式的方式「接納」喪慟者所表達的負向感受與想法，不主動給與建議或做決定。

6. 協助喪慟者適應沒有逝者的生活，重新適應新環境。

7. 協助喪慟者在情緒上重新定位逝者。

8. 鼓勵喪慟者在靈性上的意義探尋，重建新關係。

9. 尊重喪慟者的信仰並接納喪慟者對宗教的堅持或抗拒。

10. 辨識複雜的悲傷反應並轉介給專業人員。

悲傷的人是不需要被糾正的，而是需要被接納與撫慰的，一般人常慣用的陳腔濫調，以為是在安慰悲傷者儘快揮別悲傷，殊不知有時反而適得其反，將難以瞭解其悲傷的長度和深度，讓悲傷者的內心感到更挫折。然而在周產期失落事件中，男性的悲傷通常比較容易被忽視，所以請將父親納入，對於一位期待成為父親的先生而言，他也經歷了相同的失落。讓我們改變一下常用話語，如表11-1。

表 11-1 對周產期失落父母親適當與不適當的反應

對周產期失落父母親不適當的反應	對周產期失落父母親適當的反應
1. 對周產期失落父母親說你瞭解他的痛苦。 2. 要他儘快走出失去胎兒的陰影，不要想了，人生就是如此，有得有失，要趕快振作起來，要堅強、要勇敢、看開一點。 3. 告訴他「每個人都會死」，別難過了，逝者已矣，來者可追。 4. 在與周產期失落父母親談話過程中，刻意地迴避談論失去的胎兒，免得引起其悲傷。 5. 認為這只是一種階段，事情很快就會過去，時間久了，就沒事了。 6. 鼓勵周產期失落父母親移除為胎兒準備的房間、用品或做重大的生活改變。 7. 失去聯繫或不敢造訪，從周產期失落父母親的生活中退出。 8. 建議失去胎兒的父母親把身體養好，還年輕，還會有其他子女的，趕快再生個小孩。 9. 提醒失去胎兒的父母他們還幸運的有別的孩子。 10. 對周產期失落父母親的情緒反應，給與價值性的批判或比較。 11. 這種事情不會再發生在你們身上了。 12. 神的旨意。	1. 協助周產期失落父母親完成失去胎兒的喪禮或儀式，主動提供家事或其它生活問題的協助。 2. 安全及開放地談論失去的胎兒：當你想念胎兒時，可以寫下來或找個可以傾聽的人訴說。 3. 與周產期失落父母親分享孕育胎兒的回憶；告訴他這段時間你受苦了，雖然失去胎兒，但仍有其他摯愛的親人需要你。 4. 你可以好好的哭一場，每個人失去所愛的人都會難過的，難過並不表示你不堅強，你只是需要好好的悼念及整理混亂的心情。 5. 時間久了，你還是可能感到悲傷，會懷念孩子在肚子裡／生活周遭的感覺，但別擔心，這是正常的，這個過程很難熬，我很心疼你的辛苦和痛苦，若需要我，告訴我。 6. 你可以依照自己的腳步調適，但儘可能的讓自己的飲食與睡眠保持正常。 7. 鼓勵及主動聯繫喪親者培養參與活動的活力及興趣。 8. 對周產期失落父母親表達關懷並在需要時給與陪伴或擁抱，在失去胎兒的紀念日（忌日或生日）、節日以卡片或信件、電話、拜訪表達關懷：表達這段時間對你來講很困難，但我很願意陪伴你。 9. 鼓勵周產期失落父母親寫信、日記或作詩，悼念失去的孩子。 10. 共同創作紀念孩子的方式，製作孩子的回憶錄（例如：照片、腳印、手印、頭髮等），共同分享回憶。 11. 可以提供關於流產失落或是與生命議題相關的書籍。

結　論

　　周產期新生兒死亡的喪慟關懷服務，與周產期失落悲傷調適的關係極深，不僅能提供同理認同，亦可協助喪慟者免於受到壓力事件的衝擊，或緩衝喪嬰壓力事件的影響；可是喪慟者周遭的親友，由於缺乏這方面的認知，常常期望喪慟者儘快克服失落，恢復正常的生活和作息，使正常典型的急性悲傷變成慢性複雜化，反而形成療癒的障礙之一。因此，喪慟關懷應從短期的危機處理轉為長期的悲傷療程，才能達到悲傷輔導的目標。限於人力，採取悲傷者自助團體的團體輔導方式，應該是一個可能給與的有效而持續的支持方式。國人對於死亡臨終關懷及生死教育課題已有初步概念，醫療與社會資源體系更需提供失落新生兒的父母走出悲傷的機會，國內周產期失落尚未有正式的輔導團體組織，雖然喪慟中的父母可能會選擇暫時自社交圈中退回，處理自己的悲傷，但社會支持系統仍不可缺，更突顯國內周產期新生兒死亡支持性團體及機構能早日成立的重要性，讓這些經歷打擊、掙扎、失落、傷慟的人破繭而出。

剝奪的悲傷
——新生兒死亡父母親的悲傷與輔導

練習九

除了第八章「象徵性的療癒」所提供練習內容外，本章節再補充下列內容：

1. 您對於產科醫療體系所提供整個生產經驗的滿意度為何？

2. 您是否有參加支持性團體的經驗？何種團體？是否對您提供哪些幫忙？原因為何？

3. 如果當時有支持性團體較可接受哪一種？醫療團體？宗教團體？基金會？朋友或是同事？您需要其他人什麼樣的幫忙與支持？

4. 當您思念逝去的孩子時，您採用什麼方式？您對於這種方式的滿意度為何？

Chapter 12
周產期失落國內外相關資訊
與支持團體

　　本章介紹國內外有關於周產期失落的相關資訊、社會資源與支持團體方面，如：情緒與感覺一覽表、政府單位、社會福利機構、現有醫療網絡、諮商輔導機構的服務機構，以及延伸閱讀書目簡介。從專業人員協助父母親在體驗痛苦悲傷的經驗中，可為周產期失落的父母親及其家人給與不同的協助，提供資訊性的指引，介紹如下。

壹、情緒與感覺一覽表

高興的	喜樂的	沾沾自喜的	羨慕的
快樂的	安祥的	樂觀積極的	自私的
愉快的	忘形的	充滿希望的	解脫的
愉悅的	優雅的	從不放棄的	瘋狂的
舒服的	競爭的	接受事實的	悲慘的
欣喜的	自律的	自我肯定的	疏忽的
祥和的	仁慈的	情有可原的	壓抑的
寧靜的	冷靜的	驚訝的	傷害的
自信的	理智的	激動的	疑惑的
熱忱的	謙虛的	緊張的	生氣的
幸福的	樂觀的	衝突的	討厭的
滿足的	安詳的	矛盾的	憤怒的
得意的	輕鬆的	困惑的	惱火的
興奮的	知足的	懷疑的	憂慮的
感動的	堅定的	猶豫的	傷心的
好 的	堅持的	徬徨的	難過的
振奮的	自豪的	無辜的	痛苦的
感激的	欣慰的	為難的	煩悶的
感謝的	感恩的	無趣的	悲哀的
感動的	寬容的	不確定的	煩惱的
得意的	疼愛的	無聊的	擔心的
驚喜的	領悟的	不捨的	怨恨的
感謝的	面對的	鎮定的	悔恨的
開心的	積極的	平靜的	憎恨的
幸福的	負責的	溫和的	憤怒的
甜蜜的	放鬆的	無力的	矛盾的
溫暖的	期待的	軟弱的	不安的
喜悅的	自在的	疲倦的	乏味的
欣慰的	自立的	害羞的	徬徨的
溫馨的	放心的	幻想的	沮喪的
驕傲的	安心的	忘形的	無聊的
自負的	放下的	羞愧的	困惑的
滿足的	能體諒的	糟糕的	羞辱的
有價值的	有價值的	膽怯的	孤單的
瞭解的	充滿期待的	無聊的	孤獨的

絕望的	無助的	沒有幫助的	煩躁的
空虛的	嫉妒的	不能勝任的	憂鬱的
無望的	失望的	被遺棄的	焦慮的
可惜的	寂寞的	神經質的	不甘心的
不舒服的	單調的	腐朽的	不耐煩的
灰心的	挫折的	悲觀的	罪惡感的
惋惜的	害怕的	怨嘆的	遺棄感的
感慨的	恐懼的	逃避的	不耐煩的
糟糕的	自卑的	無奈的	疏離感的
失敗的	羞愧的	煩惱的	被欺騙的
愚蠢的	抑鬱的	認命的	被壓迫的
狂亂的	沉悶的	辛苦的	被藐視的
批判的	恐怕的	消極的	被激怒的
冷漠的	冷落的	埋怨的	被擊垮的
獨裁的	絕望的	掛念的	被排斥的
嚴厲的	消沉的	震撼的	不甘心的
猶豫的	挫折的	懷疑的	受到傷害的
徬徨的	懊惱的	茫然的	不知所措的
忽視的	窘迫的	焦慮的	不安全感的
限制的	自責的	震撼的	不能面對的
脅迫的	困擾的	受傷的	若有所失的
刺激的	失落感的	迷失的	沒有道德的
徬徨的	虛弱的	自憐的	筋疲力盡的
心酸的	幻想的	痛苦的	局促不安的
憐惜的	揭穿的	沉痛的	沒有價值的
心疼的	愚蠢的	厭惡的	不可信賴的
擔心的	尷尬的	著急的	格格不入的
封閉的	害羞的	絕望的	不好意思的
屈辱的	內疚的	悲傷的	生命不公的
防衛的	嫉妒的	反感的	自我否決的
摸索的	退縮的	沮喪的	猶豫不決的
擔憂的	後悔的	後悔的	失去控制的
悲觀的	不滿的	苦悶的	沒有權力的
難過的	霸氣的	慚愧的	有威脅性的
慌亂的	挑剔的	寒心的	無人可說的
無奈的	有惡意的	歉疚的	

剝奪的悲傷
——新生兒死亡父母親的悲傷與輔導

貳、我有悲傷的權利

加拿大教授兼悲傷輔導專家，Alan D. Wolfelt（2007）博士在其網站「失落與生命轉化中心」（The Center for Loss and Life Transition），提出關於失落後幫助喪慟者瞭解悲傷、走向療癒的十項權利：

1. 我有權利擁有自己的獨特感受死亡的失落感。我可以感到憤怒、悲傷或寂寞，我可以感到害怕或解脫的感覺，我有時會感到麻木或沒有任何感覺。

2. 我有權利隨時自由地表達悲傷的感受。每當我想要聊聊我的悲傷時，我可以去找願意傾聽並愛我的人，當我不想談也是可以被接受的。

3. 我有權利用自己的方式表達我的心情與悲傷。有些孩子當他們在悲傷時，會想要從玩樂中讓自己好過些，我可以試著好好地玩或是大笑一場，我也可以感到憤怒或叫喊，這並不意味著我不好，只是因為我有害怕的感覺，需要幫助。

4. 我有權利請求別人協助我的悲傷。大多數時候我需要人們的關注，關心我的感覺和所說的話，並且無論如何他們都會愛我。

5. 我有權利對正常情境、生活瑣事感到厭煩。我可能有時覺得脾氣暴躁，難以與人相處。

6. 我有權利有突發的情緒。突發的情緒是因為悲傷的感覺會突然來襲，甚至在死亡事件發生很久以後，這些感覺可能會非常強烈，甚至令人害怕，當有這種情形時，我可能害怕獨處。

7. 我有權利用信仰處理我的悲傷情緒。禱告或念經會讓我感到好些，並且感覺離逝去的人近些。

8. 我有權探索為什麼我愛的人死亡。但如果沒有答案也沒關係，生死問題的「為什麼」，是世上最難回答的問題。

9. 我有權利想或談論我所懷念的人或事。有時這些回憶是快樂的，有時也可能會感到傷心，不論如何，這些回憶讓我對逝去的人或事保留一份珍摯的愛。

10. 我有權利走向療癒歷程，並帶著悲傷成長。我將會有一個愉快的未來，但逝去的人或事永遠屬於我生命的一部分，我永遠懷念他們。

參、相關諮詢輔導單位一覽表

單位名稱	服務性質	地址／聯絡電話
台北市立聯合醫院	市立聯合醫院11區附設門診部，2006年開辦「女性面對墮胎抉擇」生育、墮胎、流產等議題心理諮商服務，掛號方式可以電話預約或現場掛號。每次掛號費新台幣50元，其餘費用則由衛生局補助，而每次諮詢的時間則是30分鐘。	市立聯合醫院提供孕前生育健康檢查 諮詢專線（02）5553000或撥1999按「8888」（詳細心理師服務時段表請見本章第肆部分）
中華民國早產兒基金會	早產兒醫療、居家照護，早產兒的預防與教育等。	台北市中山北路二段92號8F（02）25111608
中華民國發展遲緩兒童早期療育協會	早期療育、輔導家長認識早期療育與教導孩子的技巧。	台北市南京東路五段154號2樓（02）27520855
中華民國唐氏症關愛者協會	推動發展遲緩兒童通報、轉介、早期療育、評估、安置的制度，以及輔導家長認識早期療育與教導孩子的技巧等。	台北縣永和市中山路一段341號地下1樓（02）89233375
基督徒救世會	協助未婚媽媽問題。	台北市信義路四段415號14樓之3（02）27290265
現代婦女基金會	家庭暴力、性侵害、性騷擾婦女、兒童服務的公益團體。	台北市羅斯福路一段7號7樓之1 B室（02）23917133

勵馨社會福利基金會	性虐待、性侵害治療與輔導。	台北市羅斯福路二段 75 號 7 樓 （02）23679595
杏陵醫學基金會	性治療諮詢特別門診、夫妻性生活不協調之諮商輔導、性暴力、亂倫個案之心理重建。	台北市羅斯福路三段 171 號 11 樓 （02）23696752
友緣社會福利事業基金會	父母親團體、婚姻團體、個人會談、兒童遊戲治療、親子治療、夫妻治療、家族治療、親子教育諮詢、婚姻諮詢專線等。	台北市南京東路五段 123 巷 8 弄 8 號 （02）27693319
觀新心理成長諮商中心	個別心理諮商、婚姻家庭諮商、兒童及青少年成長團體、一般成長團體（同理心團體、自我肯定團體、完形成長團體、壓力管理團體自我整合團體、悲傷處理團體、家與枷—家庭重塑、音樂治療工作坊）等。	台北市羅斯福路三段 125 號 3 樓之 5 （02）23633590
諮商輔導中心「張老師」	個別諮商、團體諮商、生涯輔導、溝通分析學派理論諮商等。	台北市敦化北路 131 號 （02）27172990 基隆市獅球路 8 號 （02）24312111~3 台北縣三重市自強路一段 158 號 （02）29896180 桃園市成功路二段 7 號 （03）3316180 桃園縣中壢市元化路 161 號 （03）4256180 新竹市府後街 43 號 （035）266180 苗栗市中正路 382 號 （037）322134~6 台中市進化北路 369 號 7 樓 （04）22066180

		彰化市卦山路 2 號 （04）27224941 嘉義市忠孝路 307 號 （05）2756180 台南市大學路西段 65 號 （06）2366180 高雄市凱旋二路 5 號 （07）7236180 花蓮市公園路 40 之 11 號 （038）326180 宜蘭市渭水路 100 號 （039）366180
台北市佛教觀音線協會	電話協談、個別晤談、夫妻協談、家族會談、團體諮詢輔導等。	台北市南京東路五段 251 巷 46 弄 5 號 7 樓 （02）27685256 （02）27687733
華人心理治療研究發展基金會	心理治療、表達藝術治療、創傷心理輔導、婚姻兩性（性諮商）、婚姻諮商、家族諮商、女性成長、家暴及性侵害、婚姻與家庭諮商等。	台北市麗水街 28 號 6 樓 （02）23923528
心靈工作室	青少年個別心理諮商、親職、家庭會談等。	台北市建國南路二段 151 巷 181 號 8 樓 （02）27089575
心美診所	精神科疾病急性治療、成人及青少年憂鬱症及恐慌症、身心壓力失調的困擾。兩性親密關係困擾、婚姻與家庭的危機處理、夫妻或個人婚姻諮商、女性創傷、心理衡鑑、個別心理治療（包含精神病、憂鬱焦慮及各種心理治療）等。	台北市仁愛路四段 435 號 （02）27760194

肆、台北市立聯合醫院附設門診部社區心理諮商門診心理師服務時段表

門診部／掛號電話	診次時間	地址／網址
信義區門診部 （02）87804152	星期一下午	台北市信義路五段15號 （信義健康服務中心1樓） http://xyi-tpc.doh.gov.tw
	星期三下午	
文山區門診部 （02）86611653 （02）86611621	星期三下午	台北市木柵路三段220號 （文山健康服務中心1樓） http://wsh-tpc.doh.gov.tw
	星期四下午	
中正區門診部 （02）23210168	星期二下午	台北市牯嶺街24號 （中正健康服務中心1樓） http://zzh-tpc.doh.gov.tw
	星期四上午	
中山區門診部 （02）25013363	星期二下午	台北市松江路367號 （中山健康服務中心1樓） http://jsh-tpc.doh.gov.tw
	星期五下午	
大安區門診部 （02）27390344	星期四下午	台北市辛亥路三段15號 （大安健康服務中心1樓） http://dan-tpc.doh.gov.tw
	星期五下午	
松山區門診部 （02）27653147	星期四上午	台北市八德路四段692號 （松山健康服務中心1樓） http://ssh-tpc.doh.gov.tw
	星期五下午	
南港區門診部 （02）27868756	星期一下午	台北市南港路一段360號 （南港健康服務中心1樓） http://nga-tpc.doh.gov.tw
	星期三上午	
大同區門診部 （02）25948971	星期二下午	台北市昌吉街52號 （大同健康服務中心1樓） http://dto-tpc.doh.gov.tw
	星期四下午	
內湖區門診部 （02）27908387	星期一下午	台北市民權東路六段99號 （內湖健康服務中心1樓） http://nhu-tpc.doh.gov.tw
	星期五上午	

士林區門診部 （02）28836268	星期二下午	台北市中正路439號 （士林健康服務中心1樓）
	星期三下午	http://sli-tpc.doh.gov.tw
萬華區門診部 （02）23395384	星期二下午	台北市東園街152號 (萬華健康服務中心1樓)
	星期三下午	http://whu-tpc.doh.gov.tw

註：診次時間與心理師姓名以當日門診掛號櫃檯之訊息為準。
資料來源：台北市政府衛生局（2006）

伍、青少年生育保健親善門診「Teens'幸福9號」時段表

單位	時間	地址
陳文龍婦產科診所 （02）29687727 （02）29665009	週一至週日上午，週一至週六下午	台北縣板橋市東門街9號 （捷運府中站出口一）
亞東紀念醫院青少年健康中心 （02）77380025 （02）89667000#4951	週一至週五	台北縣板橋市南雅南路二段19號 （捷運亞東醫院站出口三） E-mail: teenager@mail.femh.org.tw
陳建銘婦產科診所 （03）5337789	週一至週六	新竹市武陵路218巷58號
中山醫學大學附設醫院 （04）24721859 （04）35073490		台中市建國北路一段110號
童綜合醫院 （04）26581919#4844		台中縣梧棲鎮中棲路一段699號 E-mail: t6417@ms.sltung.com.tw
台灣基督教門諾會醫院 （03）8241238		花蓮市民權路44號 E-mail: marklan@mch.org.tw
台東基督教醫院（勵馨基金會台東服務中心） （089）960888#1390 （089）339899		台東市開封街350號 台東市漢口街117號 E-mail: yuh@tch.org.tw 　　　　goh528@goh.org.tw

註：採取預約掛號。

資料來源：摘自國民健康局青少年網站（2007）

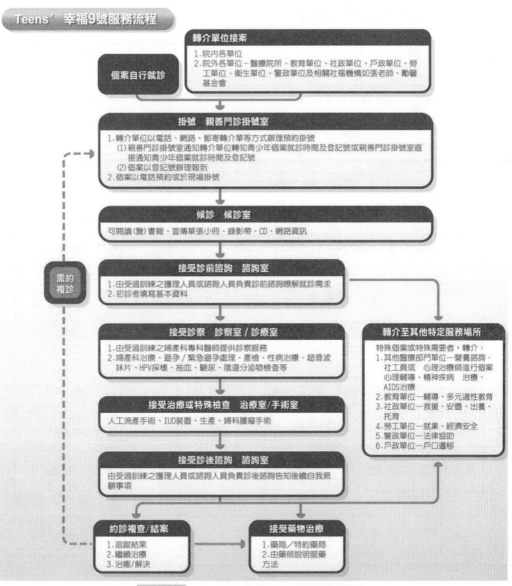

圖12-1　Teens'幸福9號服務流程圖

資料來源：摘自國民健康局青少年網站（2007）

陸、宗教心理輔導機構

醫院	地址	聯絡電話
基督教良鄰會	台北市仁愛路二段76號	(02) 23518328
台北市佛教觀音線協會	台北市迪化街一段21號	(02) 25112270
基督教芥菜種會	台北市雙城街49巷6之1號3樓	(02) 25974868
台中觀音線心理協談中心	台中市柳陽東街23號	(04) 22339958
台灣基督教福利會	台北市杭州南路一段101巷28之5號2樓	(02) 23940297
天主教仁愛修女會露德之家	台北市中山北路一段2號503室	(02) 23711406
天主教華明牧靈心理輔導中心	台北市中山北路一段2號830室	(02) 23821885
基督教勵友中心輔導中心	台北市民族東路2號505室	(02) 25942492
天主教新竹社會服務中心	新竹市北大路373號	(035) 224153~4
台南基督教家庭協談中心	台南市青年路360號	(06) 2376334
高雄縣佛光山慈悲社會福利基金會	高雄縣鳳山市平等路174號	(07) 7481803
心路文教基金會高雄服務處	高雄市自強二路170號8樓	(07) 2413119
台灣基督教主愛之家輔導中心	花蓮縣秀林鄉佳民村1號	(038) 260360

柒、行政院衛生署評估通過之人工協助生殖技術機構（以台北市為例）

醫院	地址	聯絡電話
三軍總醫院（內湖）	台北市成功路二段 325 號	（02）87927401
中山醫院	台北市仁愛路四段 112 巷 11 號	（02）27081166 轉 251
台大醫院	台北市中山南路 7 號	（02）23123456 轉 5159
台北長庚醫院	台北市敦化北路 199 號	（02）27135211 轉 3347
台北榮民總醫院	台北市石牌路二段 201 號	（02）28757826 轉 201
台北醫學大學附設醫院	台北市吳興街 250 號	（02）27372181 轉 1906 ~1907
台安醫院	台北市八德路二段 424 號	（02）27718151 轉 2582
馬偕紀念醫院	台北市中山北路二段 92 號	（02）25433535 轉 3081
國泰綜合醫院	台北市仁愛路四段 280 號	（02）27082121 轉 3557
程得勝婦產科診所	台北市中山北路二段 106 之 2 號 2 樓	（02）25111265
新光吳火獅醫院	台北市士林文昌路 95 號	（02）28332211 轉 3879
潘世斌婦產科診所	台北市民生東路一段 30 號 3 樓	（02）25235566
劉志鴻婦產科診所	台北市仁愛路四段 25 號 10 樓	（02）27785580
市立和平醫院	台北市中華路二段 33 號	（02）23889595 轉 2619
康寧醫院	台北市成功路五段 420 巷 26 號	（02）26345500 轉 6608
萬芳醫院	台北市興隆路三段 111 號	（02）29307930 轉 2501
市立婦幼綜合醫院	台北市福州街 12 號	（02）23583955

捌、優生保健服務項目補助及服務處所

服務項目	服務對象	補助金額	服務處所
新生兒篩檢	初檢陽性個案及其家屬。	每案補助250元	台大、榮總等新生兒篩檢之轉介醫院。
	優生健康檢查夫婦之平均紅血球體積值小於八十之孕婦及其配偶。	每案補助1,500元	台大、榮總、柯滄銘婦產科等衛生署評鑑通過之海洋性貧血確認診斷單位。
	證明四等親以內或本人疑似罹患遺傳性疾病需進一步檢查者；經羊水檢驗診斷胎兒異常者。	最高補助1,500元，檢查費用低於本補助標準者，實報實銷。	台大、榮總等指定院所或市立婦幼、長庚、台安等衛生署評鑑通過之臨床細胞遺傳學檢驗等單位。
婚前健康檢查	設籍台北市將婚或新婚尚未懷孕之男女，且為低收入、原住民或身心障礙者，由醫院認證。	補助1,000元，其餘費用由個案自付。	台大、榮總、馬偕、長庚、國泰、北醫、婦幼、仁愛、和平、中興、陽明、忠孝、萬芳、國軍松山、台安、新光、台北城區分院、宏恩、博仁等醫院。
產前遺傳診斷 一、羊膜腔穿刺羊水分析	1.三十四歲及以上之孕婦。 2.經診斷或證明下列四種情形之一者： (1)本人或配偶罹患遺傳性疾病者。 (2)曾生先天異常兒者。 (3)家族有遺傳性疾病者。	補助檢驗費2,000元，其餘費用個案自付。 低收入者補助5,500元，餘自付。	台大、榮總、長庚、馬偕、婦幼、三總、北醫、台安、國泰、仁愛、和平、中興、陽明、忠孝、萬芳、國立護理學院附設醫院、博仁、國泰醫院內湖分院、宏恩、國軍松山、新光、協和、李婦產科、柯滄

	(4)孕婦血清篩檢疑似染色體異常之危險機率大於二百七十分之一者。 (5)本胎經超音波篩檢胎兒有異常可能者。 符合1或2之條件，且穿刺院所將檢體送衛生署評鑑通過之臨床細胞遺傳學檢驗單位者。		銘婦產科等院所。
二、絨毛膜取樣或胎兒取血	夫婦為同型之海洋性貧血帶因者之孕婦。		台大、榮總、柯滄銘婦產科等衛生署評鑑通過之海洋性貧血確認診斷單位。
	新生兒先天代謝異常疾病篩檢——出生餵奶滿24小時以上至1個月內之新生兒。	補助檢驗費100元，其餘費用個案自付。	軍、公、市及私立醫療院所懸掛行政院衛生署發給「新生兒先天代謝疾病篩檢院所」招牌者。

註：優生保健服務項目補助及服務處所隨政府公告而變動。

資料來源：台北市政府衛生局、台北市立婦幼綜合醫院（2003）

玖、人工流產諮詢／諮商服務機制簡介

為關懷進出婦產科的婦女及其重要關係人有關懷孕與流產處境，國立台北護理學院生死教育與輔導研究所李玉嬋副教授主持設計了【懷孕諮商服務中心】，與幾家醫療院所婦產科醫護人員合作，結合心理師和社工師組成跨專業服務資源團隊，提供懷孕與流產相關醫療諮詢與諮商服務，至今已經四年。

最初緣起於專為人工流產諮商服務之【懷孕諮商服務中心】，是李玉嬋副教授受衛生署國民健康局委託，主持2005～2006年（計畫案名稱「人工流產諮商機制探討與運作模式建立」）及2007～2008年（計畫案名稱「人工流產諮商機制配套措施與資源整合運用模式之建立」）之科技研究案，花四年研發創立在婦產科場域提供醫療心理諮商服務機制的作法，意圖提供全人健康照護。

【懷孕諮商服務中心】以提供懷孕／流產的諮詢／諮商服務為主，內容分為「事前服務」與「事後服務」。事前服務包括流產衛教諮詢、多元選擇管道諮詢，以及流產決策與因應之心理諮商；事後服務則包括流產後身心復健諮商、兩性生育生涯規劃與悲傷輔導。該中心呼籲面對人工流產抉擇的婦女，當面臨這麼重大的兩難決定時，其實不需要一個人想，是可以找人商量的。除了提供懷孕或欲流產婦女及其伴侶／家人直接的諮詢或諮商服務，該中心的工作項目還包括提供婦產科等院所設置懷孕與流產諮商機制服務及人員培訓，以及發展並設置更完善之懷孕與流產諮商機制與服務效益。

與該中心合作的醫療院所婦產科各據點均安排有合法執業且受過訓練的門診醫護人員、心理師或社工師，他們結合了多元專業為懷孕或擬行人工流產婦女及其家人提供免費諮詢／諮商服務，包括就診前的決策商討或流產後的身心復健與兩性關係重建等服務。

什麼是人工流產諮詢？

通常由醫護人員根據個別需要，提供實用有助益的資訊。主要分成流產事前與事後諮詢。

「流產事前諮詢」是在婦產科門診等機構人員，接觸有意行人工流產婦女時，在事前：

1. 提供人工流產方式、程序、風險等衛教資訊。

2. 提供流產以外繼續懷孕的多元選擇資源與管道，與其共同討論。

3. 提供避孕措施衛教資訊。

4. 提供特定議題需求者更高品質關懷，徵詢同意後，代為安排進一步接受諮商。

「流產事後諮詢」服務項目：

1. 提供術後身體、心理、靈性和生活上自我照顧方式的衛教資訊。

2. 再度提供避孕諮詢，協助落實避孕與生育規劃。

3. 討論流產事後的衝擊與因應，包括身心靈社等各層面可能產生的議題；並徵詢有特殊需求者同意，安排進一步接受諮商。

什麼是人工流產諮商？

在面對懷孕繼續或終止的抉擇與因應議題上，與心理師或社工師等專業人員談話，透過諮詢商量的會談過程，釐清懷孕／流產事件引起的困擾，分析自己的能力極限與資源，為自己做出最適當的選擇，及後續因應調適計畫。所以流產諮商的功用包括：

1. 提供穩定情緒方式以冷靜面對難題。

2. 協助釐清個人解決問題的目標及計畫，並做出決策和應變計畫。

3. 協助與關係人協商出具有共識之因應計畫。

4. 協助重建兩性關係，討論落實負責任且安全的兩性互動行為方式，及未來生育計畫，減少非預期懷孕再度發生。

5. 提供身心靈社等多方面自我照顧的方式，減少心理負擔和增加身心靈平安。

【懷孕諮商服務中心】聯絡資料

專案主持人：李玉嬋副教授　　　聯絡電話：（02）28227101 分機 3253

專案聯絡人：章薇卿小　姐　　　聯絡電話：（02）28227101 分機 3257

電子郵件信箱：counseling_ntcn@yahoo.com.tw

部落格網址：http://tw.myblog.yahoo.com/abortion-counseling

拾、周產期失落國內外相關資訊與支持團體

一、延伸閱讀書目

江麗美（譯）（1995）。L. P. Pojman 著。生與死：現代道德困境的挑戰（Life and death: Grappling with the moral dilemmas of our time）。台北市：桂冠。

李孟浩（譯）（1998）。D. Goleman 著。情緒療癒（Healing emotions: Conversations with the Dalai Lama on mindfulness, emotions, and health）。台北市：立緒。

李開敏、林方晧、張玉仕、葛書倫（譯）（2004）。J. W. Worden 著。悲傷輔導與悲傷治療──心理衛生實務工作者手冊（第二版）（Grief counseling and grief therapy: A handbook for the mental health practitioner）。台北市：心理。

金　剛（譯）（2003）。因流產、死產、新生兒死亡而失去寶寶的父母協會著述。誕生死（Stillborn）。台北市：新苗文化。（原作出版年：2002）。

施清真（譯）（2007）。K. Edwards 著。不存在的女兒（The memory keeper's daughter）。台北市：木馬文化。

唐貝克（1991）。墮胎：抉擇的背後。新竹市：證主。

商戈令（譯）（1994）。J. Bowker 著。死亡的意義（The meanings of death）。台北市：正中。

張　珣（1989）。疾病與文化──臺灣民間醫療人類學研究論集。台北市：稻

鄉。

許玉來、成蒂、林方晧、陳美琴、楊筱華、葛書倫、呂嘉惠（譯）（2002）。**與
悲傷共渡——走出親人遽逝的喪慟**（Living with grief: After sudden loss）。
台北市：心理。（原作出版年：2000）。

陳月霞（譯）（1997）。C. J. Jarratt 著。**生離死別之痛——幫助孩子走出悲傷**
（Helping children cope with separation and loss）。台北市：創意力。

陳芳智（譯）（1994）。D. Carroll 著。**生死大事**（Living with dying: A loving
guide for family and close friends）。台北市：遠流。

陳貞吟（譯）（1998）。D. Kessler 著。**臨終者的權益**（The rights of the dying:
Acompanion for life's final moments）。台北市：寂天文化。

陳重仁（譯）（2001）。L. Goldman 著。**打破沈默**（Breaking the silence: A guide
to help children with complicated grief: Suicide, homicide, AIDS, violence, and
abuse）。台北市：張老師文化。

陳新綠（譯）（1994）。A. Kleinman 著。**談病說痛——人類的受苦經驗與痊癒
之道**（The illness narratives: Suffering, healing, and the human condition）。
台北市：桂冠。

傅偉勳（1993）。**死亡的尊嚴與生命的尊嚴死亡的尊嚴與生命的尊嚴：從臨終
精神醫學到現代生死學**。台北市：正中。

黃瑋瑩（譯）（2000）。C. De Puy & D. Dovitch 著。**走過終止懷孕的幽谷**（The
healing choice: Your guide to emotional recovery after an abortion）。台北
市：商流。（原作出版年：1997）。

楊植勝等（譯）（1997）。L. P. Pojman 著。**生死的抉擇：基本倫理學與墮胎**
（Life and death: A reader in moral problems）。台北市：桂冠。

聖嚴法師（2000）。**歡喜看生死**。台北市：天下。

廖世德（譯）（1992）。M. White & D. Epsto 著。**故事・知識・權力——敘事治
療的力量**（Narrative means to therapeutic ends）。台北市：心靈工坊。

鄭振煌（譯）（2002）。S. Rinpoche 著。**西藏生死書**（The Tibetan book of living
and dying）。台北市：張老師文化。（原作出版年：1992）。

鄧美玲（2000）。**遠離悲傷**。台北市：三品。

Leo Buscaglia（2000）。**一片葉子落下來——一本關於生命的書**。台北市：經典傳訊。

二、國內生死學相關訊息、輔導諮商與支持團體參考網站

1. 懷孕諮商服務中心：http://tw.myblog.yahoo.com/abortion-counseling

2. 青少年生育保健親善門診「Teens'幸福9號」：http://www.ppat.org.tw/teen-speech_1.htm。服務項目：兩性交往諮詢、各種避孕方法及諮詢、事後緊急避孕服務與終止初期懷孕服務。

3. 國民健康局的青少年網站「秘密花園」：http://www.young.gov.tw。兒童、青少年精神科醫師、心理諮商師，以及社工師輪值，透過網路攝影機，進行「面對面」交談。服務時間為每週一到週五上午九時至下午六時、週六晚上七時至十時。這項服務採線上預約，每回諮詢半小時，除了心理諮商，緩解未婚懷孕的壓力，此視訊服務同時也會轉介婦產科醫師。

4. 生死學資源網站：http://dnl.ncue.edu.tw/

5. 生命教育全球資訊網：http://life.ascc.net/

6. 台灣失落關懷與諮商協會：http://tw.myblog.yahoo.com/caring_for_loss

7. 台北護理學院生死教育與輔導研究所——悲傷療癒花園：http://www.ntcn.edu.tw/DEP/ntcndeed/intro.htm

8. 台灣心理諮商資訊網：http://heart.ncue.edu.tw/

9. 台灣心靈健康資訊協會：http://www.tamhi.org.tw/

10. 台灣心理學會：http://www.psy.ntu.edu.tw/cpa/

11. 台灣心理治療學會：http://www.tap.org.tw/

12. 中國輔導學會：http://www.guidance.org.tw/

13. 中華心理衛生協會：http://www.mhat.org.tw/

14. 心靈園地：http://www.psychpark.org/

15. 心理諮商網路學院：http://college.ncue.edu.tw/

16. 張老師全球資訊網：http://www.1980.org.tw/

17. 國際生命線台灣總會：http://www.life1995.org.tw/

18. 財團法人安寧照顧基金會：http://www.hospice.org.tw/chinese/index.php

19. 財團法人罕見疾病基金會：http://www.tfrd.org.tw/

20. 財團法人早產兒基金會：http://www.pbf.org.tw/

21. 南華大學生死學系暨研究所全球資訊網：http://www.lifeanddeath.net/

22. 周大觀文教基金會：http://www.ta.org.tw/

23. 唐氏症家族網：http://www.down-family.idv.tw

24. 聯合情緒健康教育中心：http://www.ucep.org.hk/

25. 善寧會：http://www.hospicecare.org.hk/chi/home.html

三、國外生死學相關網站

1. Association for Death Education, and Counseling：http://www.adec.org/

2. Growth House：http://www.growthhouse.org/default.html

3. Dr. Elisabeth Kübler-Ross：http://www.elisabethkublerross.com/

4. PDIA (The Project on Death in America)：http://www.soros.org/initiatives/pdia

5. The Natural Death Centre：http://www.naturaldeath.org.uk/

6. Death: An inquiry into man's mortal weakness：http://library.thinkquest.org/16665/cgi-bin/index.cgi

7. Death Related Weblinks：http://www.stolaf.edu/people/leming/death.html

8. The Natural Death Handbook-Contents：http://www.globalideasbank.org/nat-death/ndh0.html

9. The Ernest Becker Foundation：http://faculty.washington.edu/nelgee/

10. Americans for Better Care of the Dying：http://www.abcd-caring.org/main-page.htm

11. Innovations in End-of-Life Care：http://www2.edc.org/lastacts/

12. International Association for Hospice & Palliative Care：http://www.hospice-care.com/

13. Principles for Care of Patients at the End of Life: An Emerging Consensus

among the Specialties of Medicine：http://www.milbank.org/endoflife/

14. Palliative Care Australia：http://www.pallcare.org.au/

四、生命倫理網路資源

1. NIH: Bioethics Resources on the Web: http://bioethics.od.nih.gov，本網站隸屬
   於美國國家衛生署，登錄有關生命倫理的網路資源、主管生命倫理及科學政
   策之政府單位的網站、相關文件、出版品、學術資源、相關學會組織等。

2. ABILITY: Bioethics: http://www.ability.org.uk/bioethic.html，生命倫理網路資
   源。

3. American Medical Association: http://www.ama-assn.org/，美國醫學協會網
   站，爲醫學教育、臨床醫學與倫理擬定標準等。

4. Bioethics and Medical Ethics: http://www.bu.edu/wcp/MainBioe.htm，登錄1998
   年世界哲學會議（WCP）——「生命倫理與醫學倫理」中發表之論文，以及
   該學會所辦發表之論文。

5. Bioethics Discussion Pages: http://www-hsc.usc.edu/%7Embernste/index.html，
   生命倫理議題、方法、倫理與法律之同異及其關聯爭論、道德兩難的實例探
   討。

6. Bioethics Network of Ohio: http://www.beno-ethics.org/，刊登有關生命倫理的
   時事評論：

7. Center for Bioethics: http://www.bioethics.upenn.edu/，美國賓州大學生命倫理
   中心所設，介紹生命倫理各議題，收錄大量的學術論文、生命倫理相關新聞
   報導及案例探討等。

8. Biomedical Ethics: http://www.cariboo.bc.ca/ae/php/phil/mclaughl/courses/ethics/
   biomed.htm?，此爲Jeff McLaughlin於1996至1997年所開的「生命—醫學倫
   理」之課程網頁，介紹道德推理、批判思考、基本倫理學的理論與生命——
   醫學倫理議題，諸如：醫病關係、知情同意、安樂死、複製科技等。

9. Boardman Philosophy: Applied Ethics: Introduction to Bio-Medical Ethics:
   http://www.lawrence.edu/fast/boardmaw/syl_phil10.html，生命／醫學倫理課程

網頁，解釋生命／醫學倫理之常用術語，可連結醫學倫理文獻、新聞、組織等。

10. Canadian Medical Association Journal: Bioethics for Clinicians: http://www. cmaj.ca/，隸屬於加拿大醫師公會雜誌，協助醫師於日常中應用生命倫理的知識處理醫務，內容就醫學活動的倫理層面做詳盡的說明，如說明「知情同意」、「研究倫理」等。

11. Center for Bioethics and Health Law: http://www.pitt.edu/~bioethic/，匹茲堡大學生命倫理與衛生法規中心，由理論及臨床觀點探討生命倫理及法律問題。

12. General & Human Biology- Bioethics Case Studies: http://www.mhhe.com/ biosci/genbio/olc_linkedcontent/bioethics_cases/index.html，提供生命倫理的實例，使讀者更容易掌握生命倫理所探究道德兩難之所在。

13. General Medical Council: http://www.gmc-uk.org/，英國醫師公會之網站，刊登醫師專業倫理守則，對醫師從事醫業各種處境下的行為有頗詳盡的規範。

14. Georgetown University: Kennedy Institute of Ethics: http://bioethics.georgetown. edu，收錄大量關於生命醫學倫理、職業倫理之書籍、期刊、法令規範、官方出版品等文獻檢索中心。

15. IBC (International Bioethics Committee): http://portal.unesco.org/shs/en/ev.php-URL_ID=1879&URL_DO=DO_TOPIC&URL_SECTION=201.html，國際生命倫理委員會網站：

16. Journal of Medical Ethics Online: http://jme.bmj.com/，登錄《醫學倫理期刊》各期有關醫療照護之倫理議題的論文、書評、個案探討等。

17. The Kennedy Institute of Ethics: http://kennedyinstitute.georgetown. edu/index.htm，甘迺迪倫理學研究中心。

18. Links to Catholic Bioethics Web Sites: http://www.catholicdoctors.org.uk/ Web_Links/CathBioethlinks.htm，天主教生命倫理學的網路資源。

19. NIH: Bioethics Resources on the Web: http://bioethics.od.nih.gov/，隸屬於美國

國家衛生署,登錄有關生命倫理的網路資源,包含主管生命倫理及科學政策之政府單位的網站、相關文件、獲NIH獎助之訓練課程與出版品、學術資源等。

20. Religious Tolerance.org: Euthanasia and Physician Assisted Suicide: http://www.religioustolerance.org/euthanas.htm,介紹安樂死及協助自殺議題相關術語之意涵、安樂死之種類、倫理爭議、宗教界可能之看法等。

21. The British Medical Association: http://www.bma.org.uk/ap.nsf/content/splash-page為英國醫學學會的網站,介紹其歷史、業務、出版品,登錄其醫藥方面之政策;「倫理學」區有一些醫學倫理資料可供參考,如安樂死、醫師協助自殺、臨終議題等。

五、國外周產期失落支持團體與相關協助訊息參考網站

1. ARC (Antenatal Results and Choices): http://www.arc-uk.org/,提供產前檢測結果和選擇網站:

2. Genetic Alliance: http://www.geneticalliance.org/,倡導與支持特定遺傳群體。

3. Down's Syndrome Association: http://www.downs-syndrome.org.uk/,唐氏症兒童支持。

4. GIG (Genetic Interest Group): http://www.gig.org.uk/,遺傳疾病慈善支持集團,針對兒童、家庭和個人基因遺傳疾病支持。

5. Unique: The Rare Chromosome Disorder Support Group: http://www.rarechromo.org/html/home.asp,提供染色體的遺傳疾病、各類罕見染色體異常疾病支持。

6. NORD (National Organization for Rare Disorders): http://www.rarediseases.org/,罕見疾病支持。

7. DPPI (Disability, Pregnancy & Parenthood International): http://www.dppi.org.uk/,提供殘疾父母懷孕及生兒育女支持。

8. AMEND (Aiding Mothers and Fathers Experiencing Neonatal Death): http://www.amendgroup.com/,提供流產、死產或新生兒早期死亡夫婦的支

持。

9. Bereavement Support Group: http://www.northshorelij.com/body.cfm?id=1702，提供流產、死產或新生兒早期死亡夫婦的支持。

10. BPUSA (Bereaved Parents of the USA): http://acronyms.thefreedictionary.com/Bereaved+Parents+of+the+USA，失落父母的支持。

11. CLIMB (Center for Loss in Multiple Birth): http://www.climb-support.org/，多胞胎失落父母的支持。

12. FSID (The Foundation for the Study of Infant Deaths): http://www.sids.org.uk/，嬰兒死亡研究基金會是英國頂尖的慈善工作，以防止嬰兒突然死亡、支持和促進家屬照料嬰兒安全與健康。

13. Share-Pregnancy & Infant Loss Support: http://www.nationalshareoffice.com/，提供懷孕失落或是胎兒死亡的支持。

14. Marie Stopes International UK: http://www.mariestopes.org.uk/，提供流產失落的支持。

15. The Multiple Births Foundation: http://www.multiplebirths.org.uk/，多胞胎基金會，提供各相關專業教育，以及提供多胞胎家庭的關懷和支持。

16. Pregnancy Option Line: http://www.optionline.org/，提供免費懷孕協商選擇等。

17. Safe Haven: http://www.safehavenministries.com/，提供墮胎、癒合及流產傷害後的支持。

18. SANDS (Stillbirth and Neonatal Death Society): http://www.uk-sands.org/，提供懷孕失落或是胎兒死亡父母親及家屬支持。

19. SIDS / OID Network (Sudden Infant Death Syndrome and Other Infant Death): http://sids-network.org/，嬰兒猝死症與其他嬰兒死亡的支持。

20. The Child Death Helpline: http://www.childdeathhelpline.org.uk/，提供兒童死亡後的支持。

21. The Child Bereavement Charity: http://www.childbereavement.org.uk/，提供失去孩子的喪慟父母及家庭支持。

22. The Miscarriage Association: http://www.miscarriageassociation.org.uk/，流產協會。

23. Tamba (The Twins & Multiple Births Association) Bereavement Support Group: http://www.tamba.org.uk/，英國雙胞胎和多胞胎協會——提供雙胞胎、三胞胎以上家庭全國性的相互支持網絡，或是多胞胎失落父母的支持。

24. The Compassionate Friends: http://www.compassionatefriends.org/，體恤之友——子女死亡後悲傷的支持。

25. Griefworks BC: http://www.griefworksbc.com/About.asp，青少年失落關懷。

26. Infertility Network UK: http://www.infertilitynetworkuk.com/，英國不孕網。

27. NFDA (National Funeral Directors Association): http://www.nfda.org/，提供殯葬宣傳、教育、信息、產品和服務。

28. A Place to Remember: http://www.aplacetoremember.com/，提供周產期失落資源網站。

29. Be Not Afraid: Adverse diagnosis: http://www.benotafraid.net/，診斷胎兒異常，決定選擇不終止家庭的經驗分享。

30. Centering Corporation and Grief Digest Magazine: http://www.centeringcorp.com/，提供悲傷資源。

31. Forever Our Angels: http://foreverourangels.tripod.com，男女分享周產期失落悲傷網站。

32. Hygeia Foundation: http://www.hygeia.org/，提供周產期失落輔導資源。

33. Kota Press: http://www.kotapress.com/，悲傷資源網站。

34. M. E. N. D.: Mommies Enduring Neonatal Death: http://www.mend.org/，提供周產期失落資源網站。

35. MISS Foundation: http://www.missfoundation.org/，提供周產期失落資源網站。

36. My Forever Child: http://myforeverchild.com，周產期失落紀念飾品。

37. National Council of Jewish Women: Pregnaney Loss Support Program: http://www.ncjwny.org/services_plsp，提供周產期失落輔導資源。

38. NSS: The National Stillbirth Society: http://wwwstillnomore.org/，死產研究網站。

39. Grief Watch: http://www.griefwatch.com/，周產期失落資源網站。

40. Silent Grief: http://www.silentgrief.com/，周產期失落資源網站。

41. Pregnancy Journeys After Loss: http://www.pregnancyjourneysafterloss.com/，父母失落經驗、悲傷過程及如何面對未來的懷孕。

42. Subsequent Pregnancy After a Loss Support: http://www.spals.com/，父母失落經驗、悲傷過程及如何面對未來的懷孕。

43. Alliance of Grandparents Support in Tragedy: http://www.agast.org/，祖父母支持網站。

剝奪的悲傷
——新生兒死亡父母親的悲傷與輔導

六、與失落關懷相關的電影

中文片名	英文片名	疾病／議題
1. 伴你一生	Dying Young	白血病
2. 大病人	The Last Dance Collector's Set	胃癌
3. 生死一瞬間	The Last Best Year	肝癌
4. 摯愛	House of Cards	自閉症
5. 慈母心	A Mother's Prayer	愛滋病
6. 月亮裡的小孩	Moon Children	白化症
7. 人間有情天	The Son's Room	喪子之痛
8. 不要傷害我小孩	First Do No Harm	兒童型癲癇
9. 象人	The Elephant Man	先天畸型（Proteuz Syndreome）
10. 羅倫佐的油	Larenzo's Oil	罕見疾病（兒童型大腦、白質退化）
11. 天地孩兒	New Born	早產兒
12. 天使薇拉卓克	Vera Drake	人工流產
13. 醫生	DOCTOR	喪子之痛
14. 靈魂的重量	21 Grams	喪夫與喪子之痛、器官移植與身體經驗
15. 生命		喪親與喪子之痛
16. If These Walls Could Talk		關於墮胎的故事
17. 一公升的眼淚		罕見疾病（小腦萎縮症）
18. 午夜的陽光		罕見疾病（色素性乾皮症）
19. 39磅的愛		罕見疾病（脊髓性肌肉萎縮症 SMA）

參考文獻

中文部分

e世代送子鳥生殖醫學中心（2007）。**母血唐氏症篩檢**。取自http://www.e-stork.com.tw/index.do

Taiwan Today News Network（2005）。三胞胎全帶原地中海貧血夫妻中止懷孕。2005年2月18日，取自http://www.ttnn.com/cna/news.cfm

孔繁鐘、孔繁錦（編譯）（2003）。**DSM-IV精神疾病診斷準則手冊**。台北市：合記。

方立天（1990）。**中國佛教與傳統文化**。台北市：桂冠。

方菊蕊（2004）。懷孕二十八週初產婦因胎兒異常行終止妊娠之護理。**助產雜誌，47**，99-109。

方雅莉（1997）。一位曾有流產經驗之雙胞胎孕婦於妊娠中前期之關注內容及因應行為。**護理雜誌，44**（5），41-50。

方雅莉（1998）。有重複性流產經驗之婦女於懷孕至第二孕期間之生活處境及因應行為探討。國立台灣大學醫學院護理研究所碩士論文，未出版，台北市。

方蕙玲（2001）。解讀神話中的生死觀。載於林綺雲（主編），生死學（頁129-154）。台北市：洪葉。

王　行（2002）。**家族歷史與心理治療：家庭重塑實務篇**。台北市：心理。

王玉波（1989）。**歷史上的家長制**。台北市：谷風。

王玉玫（2003）。悲傷輔導在儒家思想中的意義——以「祭思敬，喪思哀」為中心。**國立台中技術學院學報，4**，207-214。

王振德（1989）。**殘障兒的教養**。台北市：時報文化。

王貴民（1993）。**中國禮俗史**。台北市：文津。

王雅芬、曾雅玲（1998）。一位罹患地中海型貧血的孕婦面臨中止妊娠之行為反應及護理經驗。**彰化醫學，3**（2），101-107。

王瑤華（2004）。**遺傳教育、資訊提供、醫病關係與社會衝擊之研究——產前遺傳檢測對於孕婦之衝擊**。行政院國家科學委員會專題研究計畫成果報告（NSC92-3112-H006-002）。台南市：國立成功大學護理學系。

王慧蘭（2001）。一位安胎失敗的前置胎盤孕婦之經驗歷程及因應行為。**護理雜誌，48**（1），59-68。

王慧蘭（2003）。一位已結紮婦女經由生殖科技再次懷孕後於第二孕期接受終止妊娠的行為反應。**護理雜誌，50**（5），29-36。

王慧蘭（2005）。多胞胎妊娠減胎術引發的倫理議題初探。**慈濟護理雜誌，4**（2），

23-26。

王麗玲（1992）。一次深刻的護理經驗——照顧一位妊娠第三期子宮內死胎的初產婦。**護理新象，2**（1），35-51。

台北市北投區戶政事務所（2005）。**有關死亡相關事項**。取自 http://www.pthr.taipei.gov.tw

台北市政府衛生局（2006）。**e網通便民服務入口網**。取自 http://www.health. gov.tw/ DesktopTPE.aspx?tabindex=0&tabid=1

台北市政府衛生局、台北市立婦幼綜合醫院（2003）。**新婚優生保健手冊**。台北市：作者。

白淑碧（1988）。週產期父母親的憂傷反應與護理。**國立台北護專學報，5**，13-26。

朱　耘（譯）（2002）。Madelyn Cain 著。**無子女浪潮——為什麼我沒有小孩**（The childless revolution）。台北市：新新聞文化。

江曉菁、余玉眉（2000）。探討初產婦坐月子期間身體活動狀況其代表意義。**大仁學報，18**，221-235。

行政院勞工委員會（2008）。**性別工作平等法**。取自 http://www.cla.gov.tw/cgi-bin/SM_theme?page=47d10c4b

行政院衛生署（2002）。**優生保健法**。取自 http://www.doh.gov.tw/cht/index.aspx

行政院衛生署（2005）。**生命統計年報**。取自 http://www.doh.gov.tw/statistic/index.htm

行政院衛生署（2007）。**衛生統計資訊網——2006 年死因統計上冊統計表**。取自 http://www.doh.gov.tw/statistic/index.htm

何志培（2002）。親人遽逝的身心反應及如何走出傷痛。**諮商與輔導，199**，11-12。

何美華（1997）。個人及家庭對懷孕的調適。載於陳彰惠（主編），**產科護理學**（上冊）（頁229-278）。台北市：匯華。

何師竹（1995）。產科超音波被忽略的層面——倫理的原則與規範。**台灣醫界，38**（6），505-511。

何師竹（1996）。孕前諮詢。**台灣醫界，38**（2），45-52。

余德慧（1996）。望穿生命秋水。載於余德慧（著），**生命夢屋**。台北市：張老師文化。

余德慧（1998）。**生命史學**。台北市：張老師文化。

余德慧（2001）。**詮釋現象心理學**。台北市：心靈工坊。

余德慧、石佳儀（2003）。**生死學十四講**。台北市：心靈工坊。

余德慧、彭榮邦（2000）。**從靈象徵領域談哀傷的抒解**。發表於「情感、情緒與文化學術研討會」。台北市：中央研究院民族學研究所。

利翠珊（1999）。婚姻親密情感的內涵與測量。中華心理衛生學刊，**12**（4），29-51。

吳武典（1987）。**特殊教育的理念與做法**。台北市：心理。

吳淑玲、吳惠娟（2004）。照顧一位多次懷孕失敗又逢胎死腹中產婦之護理經驗。**高雄護理雜誌，21**（1），57-69。

李幼華、林淑珊、邱致中（2004）。一位胎死腹中婦女引產之護理經驗。**長庚護理，15**（2），209-215。

李玉嬋（2002）。被遺忘的悲傷輔導對象──失去胎兒的孕母之悲傷輔導初探。**諮商與輔導，199**，18-22。

李玉嬋（2003）。悲傷輔導的理論基礎與康複之路。**諮商與輔導，212**，2-8。

李玉嬋（2007）。人工流產諮商機制的功能與運作模式說明。**「人工流諮商機制」96年度培訓課程手冊**。國立台北護理學院生死教育與輔導研究所：人工流產諮商機制專案。

李亦園（1978）。**信仰與文化**。台北市：巨流。

李安德（1992）。**超個人心理學──心理學的新典範**。台北市：桂冠。

李佩怡（2000）。失落與悲傷。載於林綺雲（主編），**生死學**（頁313-347）。台北市：洪葉。

李佩容、梁培勇（2002）。希望之翼──二位921地震喪親青少年之哀悼歷程。**國立台北師範學院學報，15**，337-362。

李秋珊（2004）。一位大陸籍初產婦安胎失敗面臨新生兒死亡之照護經驗。**助產雜誌，47**，110-117。

李美枝、鍾秋玉（1996）。性別與性別角色析論。**本土心理學研究，6**（12），260-299。

李從業（2002）。傷慟關懷服務與產科護理的運用。**護理雜誌，49**（1）28-33。

李敏龍、楊國樞（1998）。中國人的忍──概念分析與實徵研究。**本土心理學研究，10**，3-68。

李淑杏、郭碧照、黃梨香、李茂盛（2000）。原本不孕夫妻之中華傳統生育觀念的變化。**護理研究，8**（2），142-151。

李惠玲、林淑珊、張秀能（2006）。一位因胎兒異常需終止妊娠婦女的護理經驗。志**為護理──慈濟護理雜誌，5**（2），118-132。

李開敏、林方晧、張玉仕、葛書倫（譯）（2004）。J. W. Worden 著。**悲傷輔導與悲傷治療──心理衛生實務工作者手冊**（第二版）（Grief counseling and grief therapy: A handbook for the mental health practitioner）。台北市：心理。

李碧娥（1998）。未婚女性於第一孕期施行人工流產手術的經驗歷程與照護需求。私立高雄醫學院護理研究所碩士論文，未出版，高雄市。

李碧娥（2003）。一位懷連體胎兒而中止懷孕婦女的哀傷反應。**醫護科技學刊，5**
（3），283-291。

李碧娥、楊玉娥（2000）。未婚女性於第一孕期施行人工流產手術的經驗歷程。**護理
研究，8**（4），459-467。

李豐楙（1996）。道教齋儀與喪葬禮俗複合的魂魄觀。載於李豐楙、朱榮貴（主
編），**儀式、廟會與社區道教、民間信仰與民間文化**（頁459-484）。台北市：中
央研究院中國文哲研究所籌備處。

李銀河、陳俊杰（1993）。個人本位、家本位與生育觀念。二十一世紀雙月刊，
15，148-157。

杜蕙明（1998）。子宮內胎兒死亡之產婦的生活經驗。國防醫學院護理研究所碩士論
文，未出版，台北市。

周月清（2001）。**家庭社會工作——理論與方法**。台北市：五南。

周承珍、李從業、施富金（2001）。母血篩檢唐氏症陽性孕婦面對羊膜穿刺術的決策
過程。**護理研究，9**（1），15-25。

周承珍、李從業、施富金、陳惟華（2002）。母血篩檢唐氏症結果為陽性的孕婦面對
羊膜穿刺術時所感受的護理照護。**新台北護理期刊，4**（2），87-96。

周治蕙（1982）。以相對剝削的理論分析一位婦女之生育行為。國立台灣大學醫學院
護理系成立二十五週年系列。台北市：國立台灣大學。

周雨樺、余玉眉、謝豐舟、蔣欣欣、蕭仔伶（2001）。探討初胎孕婦透過立體超音波
檢查對胎兒影像的認知行為。**新台北護理期刊，3**（2），51-62。

周榮萍、卓妙如（2003）。運用依附概念於發展遲緩兒之親子互動。**身心障礙研究，
1**（2），12-21。

易之新（譯）（2003）。I. D. Yalom 著。**存在心理治療**（Existential psychotherapy）。
台北：張老師文化。（原作出版年：1980）。

林　楓（1999）。作祟的嬰靈：現代台灣的貪慾，療癒與宗教適應。**中央研究院民族
學研究所集刊，86**，157-196。

林方晧（1998）。女性的悲傷調適。**婦女與兩性研究通訊，47**，1-4。

林安梧（2002）。書序——「生命」、「實存」與「召喚」。載於鄭納無（譯），**意義
的呼喚**（Was nicht in meinen Buchern steht: Lebenserinnerungen）。台北市：心靈
工坊。

林佑樺（1999）。一位懷有染色體異常胎兒高齡初孕婦之不確定感行為。**護理新象，
9**（3），32-39

林佳穎、曾雅玲（1997）。一位青春期初產婦面對足月死胎之行為表現。**護理新象，
7**（3），31-42。

林炫沛（2004）。遺傳與先天障礙的發生。**適應體育的醫學知識**。取自

http://140.122.72.29/ adapted/issued-26.htm

林秋菊（1989）。如臨深淵，如履薄冰──兩次生育失敗後再度懷孕生產時的不適應行為。**護理雜誌，36**（1），45-53。

林娟芬（1996）。悲傷輔導與社會工作。**神學與教會，22**（1），73-91。

林家瑩（1999）。**喪失子女的父母失落與悲傷反應及復原歷程之研究**。國立高雄師範大學輔導研究所碩士論文，未出版，高雄市。

林婉玉（2003）。**未婚青少女學生墮胎的相關照護需求之探討**。私立南華大學生死學研究所碩士論文，未出版，嘉義縣。

林淑宜（2000）。一位住院安胎孕婦面臨失去胎兒壓力源及其行為反應。**助產雜誌，43**，22-29。

林淑玲（2003）。家庭教育的概念分析。載於國立嘉義大學家庭教育研究所（著），**家庭教育學**（頁1-54）。嘉義縣：濤石文化。

林雁秋、顏妙芬（2003）。協助一位急性腎衰竭母親面臨新生兒死亡的護理經驗。**慈濟護理雜誌，2**（2），90-96。

林綺雲（2002a）。**社會文化與悲傷反應的共構與解構**。發表於「第二屆現代生死學理論建構學術研討會」。嘉義縣：私立南華大學。

林綺雲（2002b）。另類的宗教、民俗與輔導。**國立台北護理學院生與死研究室通訊，5**，1。

林綺雲（2005）。社會文化與悲傷反應。**生死學研究，2**，107-127。

林耀盛（2005a）。說是一物即不中──從倫理性轉向療癒觀點反思震災存活者的悲悼歷程。**本土心理學研究，23**，259-317。

林耀盛（2005b）。**未完成的哀悼──九二一災後受創者創慟體驗研究**。未發表的文章。花蓮縣：國立東華大學。

邱仁宗（1988）。有缺陷新生兒。載於生死之間道德難題與生命倫理（頁135-162）。台北市：台灣中華書局。

邱碧玉（2004）。**割捨與維護孕育的經驗歷程──多胞胎孕婦接受減胎手術的生活經驗與因應行為**。國立台灣大學護理研究所碩士論文，未出版，台北市。

邱碧玉、蘇燦煮、陳月枝、柯滄銘（2006）。多胞胎孕婦接受減胎手術的生活經驗。**護理雜誌，53**（6），25-33。

金　剛（譯）（2003）。因流產、死產、新生兒死亡而失去寶寶的父母協會著述。**誕生死**（Stillborn）。台北市：新苗文化。（原作出版年：2002）。

品豐居士（2002）。**給嬰靈一個名字**。台北市：禾馬。

姚儀敏（2005）。周代「休妻」與「再醮」婚姻問題探討。**復興崗學報，83**，327-354。

施靜芳（2004）。**走過生命的幽谷──九二一喪親青少年的悲傷與復原**。國立暨南國

際大學社會政策與社會工作學系碩士論文，未出版，南投縣。

柯乃熒、蕭　琪、許淑蓮（1997）。不確定感之概念分析。**護理雜誌，44**（1），92-97。

洪志秀（2001）。婦女在不同作月子地點和時段之產後壓力及社會支持程度。**公共衛生，28**（3），241-254。

洪志秀、鍾信心、劉雅惠（1997）。夫妻對「丈夫參與分娩過程」之態度與其相關因素。**高雄醫學科學雜誌，13**（6），360-369。

胡月娟（譯）（1998）。D. M. Brodzinsky, A. V. Gormly & S. R. Ambron 著。**實用人類發展學（Lifespan human development）**。台北市：華杏。

胡因夢、廖世德（譯）（2001）。P. Chodron 著。**當生命陷落時：與逆境共處的智慧（When things fall apart: Heart advice for difficult times）**。台北市：心靈工坊。

胡淑貞、莊茹潔、王瑤華、黃怡瑾、林秀娟（2005）。遺傳服務提供者與利用者對現階段尚無法治療之疾病遺傳檢測態度之差異。**醫護科技學刊，7**（3），246-257。

孫吉珍、李從業、劉淑娟（1997）。施行羊膜穿刺術對高齡孕婦的意義。**護理研究，5**（2），171-180。

孫瑞瓊（2001）。**高齡孕婦面對羊膜穿刺術之經驗歷程與因應行為**。國立陽明大學臨床護理研究所碩士論文，未出版，台北市。

師慧娟（2004）。協助一位子宮內胎兒死亡之初產婦適應住院引產壓力的護理經驗。**火護理雜誌，51**（5），101-106。

徐金梅（2005）。胎兒染色體異常的婦女於第二孕期接受終止妊娠之生活經驗。國立台灣大學護理研究所碩士論文，未出版，台北市。

徐富昌（2001）。**老莊風貌——從莊子一書看夢與覺**。2007年6月6日，取自 http://140.112.2.84 /~fchsu/Lao-Chuang-Lecture/LCindex.html

高美華（2001）。一位曾生育失敗的經產婦合併產前出血及早產的護理過程。**助產雜誌，44**，63-78。

高淑芬、李明濱（1991）。哀傷與傷慟的身心醫學觀。**當代醫學，18**（4）348-353。

高淑芬、李明濱（2005）。濱遺傳諮詢的內容及影響諮詢滿意度的相關因子——以唐氏症為例。**台灣精神醫學，19**（3），204-215。

高樹藩（編纂）（1993）。正中形音義綜合大字典。台北市：正中。

區祥江、曾立煌（2001）。**男人的哀傷**。香港：突破。

國民健康局（2005）。**台灣地區民國92年人工協助生殖技術施行結果分析報告**。2007年2月6日，取自 http://www.bhp.doh.gov.tw/BHP/index.jsp

國民健康局青少年網站（2007）。**青少年生育保健親善門診「Teens'幸福9號」時段**

　　　表。取自http://www.young.gov.tw/teens_01.asp

張　珣（1989）。評介有關「台灣民間疾病觀念」的幾個研究。載於疾病與文化（頁51-69）。台北市：稻鄉。

張　珏（1992）。墮胎合法化對台灣婦女影響的省思。**婦女與兩性學刊，3**（1），1-23。

張士彥（2006）。**苗栗龍湖宮嬰靈廟——農曆7月信眾紛往祭拜**。取自http://www.ettoday.com /2006/07/26/123-1970803.htm

張文初（1996）。**死之默想**。台北市：新視野。

張玉仕（1997）。試論當今喪親輔導模式之過程適用否。**安寧會訊，25**，19-23。

張玉芬、朱翠萍（1999）。一位失去早產兒父親期角色及哀傷。**長庚護理，10**（1），51-55。

張玉美（2002）。**催眠療法對女性喪親者悲傷反應改變效果之研究**。私立南華大學生死學研究所碩士論文，未出版，嘉義縣。

張利中（2002）。「尋獲生命意義」的時態與心理歷程。**南華大學生死學通訊，5**，31-33。

張炯心、唐訓翰（1995）。產前胎兒異常之超音波篩檢。**醫學繼續教育，5**（2），224-225。

張美惠（譯）（2006）。E. Kübler-Ross & D. Kessler著。**當綠葉緩緩落下**（On grief and grieving: Finding the meaning of grief through the five stages of loss）。台北市：張老師文化。（原作出版年：2005）

張英熙（1998）。**身心障礙兒童母親罪惡感之諮商歷程研究**。國立彰化師範大學輔導學系博士論文，未出版，彰化市。

張英熙（2002）。特殊兒童家長的失落經驗。**特殊教育季刊，82**，16-22。

張淑芬（1996）。喪子悲傷反應及意義治療的應用。**諮商與輔導，127**，24-27。

張瑋倫（1999）。在急診是面對一位嬰兒猝死其雙親哀傷過程之護理經驗。**護理新象，9**（2），32-38。

張碧芬（1993）。週產期新生兒死亡及其哀傷。**榮總護理，10**（3），252-259。

張蓉蘭（1992）。一位先天性心臟病孕婦面對終止妊娠之哀傷反應。**長庚護理，4**（1），43-49。

張韶敏、陳彰惠（2000）。分娩護理支持與產婦生產經驗之相關性探討。**護理研究，8**（66），663-672。

張豐隆（2000）。從中國傳統婚姻禮法看女性地位的演變。**建中學報，6**，227-240。

曹玉人（譯）（2000）。柏木哲夫著。用最好的方式向生命揮別——**臨終照顧與安寧療護**。台北市：方智。

梁　香（2001）。台灣南部地區婦女生育動機及其相關因素之研究。國立嘉義大學家庭教育研究所碩士論文，未出版，嘉義市。

梁　香、林淑玲（2001）。南部地區婦女生育動機及其影響因素的調查研究。發表於「2001兩岸家庭教育學術研討會」。嘉義市：國立嘉義大學家庭教育研究所。

梁愛玲（1995）。台北市雙薪家庭休閒與家庭生命週期關係之探討。國立台灣師範大學家政教育研究所碩士論文，未出版，台北市。

莊小玲、葉昭幸（2000）。概念分析——哀傷。長庚護理，**11**（1），44-49。

莊英章（1985）。家族結構與生育模式。中央研究院民族學研究所集刊，**59**，63-90。

莊淑旂（1998）。坐月子的方法。台北市：青峰。

莊麗蘭、夏萍絗、周治蕙（1997）。具早產徵狀孕婦之住院經驗與照護需求。護理研究，**5**（6），511-521。

許玉來、成　蒂、林方晧、陳美琴、楊筱華、葛書倫、呂嘉惠（譯）（2002）。與悲傷共渡——走出親人遽逝的喪慟（Living with grief: After sudden loss）。台北市：心理。（原作出版年：2000）。

許育光（2002）。從分離個體化觀點探討——協助複雜性哀傷兒童在治療關係中疏通悲傷。諮商與輔導，**199**，13-17。

許幸琪（2000）。探討一位於第二孕期接受終止妊娠孕婦的主觀經驗與因應行為。國立台北護理學院護理（學）系學刊，**8**，27-35。

許貂琳、陳彰惠（2001）。第三孕期孕婦的壓力與孕期親子連結之探討。高雄醫學科學雜誌，**17**（1），36-45。

許福生（1999）。無被害人犯罪與除罪化之探討。中央警察大學學報，**34**，287-315。

連惠君（2000）。不同家庭發展階段父母對長子女教養方式之研究——以嘉義縣市為例。國立嘉義大學家庭教育研究所碩士論文，未出版，嘉義市。

連義隆（1998）。多胞胎的形成與減胎術。載於中華民國不孕症暨生殖內分泌醫學會（編著），不孕症及生殖內分泌學（頁377-385）。台北市：合記。

郭于華（1994）。死的困惑與生的執著。台北市：洪葉。

郭玲莉（1997）。胎兒被診斷有異常之婦女於第二孕期接受中止妊娠所承受的衝擊與調適歷程。國立台灣大學護理研究所碩士論文，未出版，台北市。

郭素珍（1988）。一位死胎產婦的哀傷行為。國立台北護專學報，**5**，27-36。

郭朝順（1998）。無我的輪迴——佛教的輪迴思想。元培學報，**5**（12），65-81。

陳　淑（1995）。一位充滿失落經驗的繼發性不孕症婦女再次生產時身體功能的關注。護理雜誌，**42**（3），57-65。

陳文海（1999）。死囚的告白。慈濟月刊，**393**。取自 http://taipei.tzuchi.org.

tw/monthly/393/393c8-1.htm

陳映雪（1985）。漫談哀傷反應。**榮總護理，2**（3），309-312。

陳映燁、李明濱（1998）。婦女流產或死胎之心身醫學觀。**台灣醫學，2**（7），204-207。

陳映燁、李明濱、李宇宙、曾美智（1998）。婦女流產或死胎之心身適應。**台灣精神醫學，12**（3），22-33。

陳美君、陳美如、陳秀卿、林宜美（譯）（2003）。**變態心理學**（Abnormal psychology and modern life）。台北市：五南。（原作出版年：2000）。

陳迺絍、張淑文、莊麗蘭、鍾芬芳等（譯）（2001）。G. H. Wold 著。**產科護理學**（Contemporary maternity nursing）。台北市：高立。（原作出版年：2000）。

陳啓煌、張盈寬、陳惟華、劉杭生（1998）。產前母血血清篩檢的現況。**國防醫學，26**（2），97-101。

陳淑鈴、余玉眉（2000）。懷有唐氏症胎兒的初產婦接受終止妊娠過程的生活處境。**護理研究，8**（2），177-187。

陳淑齡（1997）。一位因胎兒異常於第二孕期接受終止妊娠孕婦之經驗與因應行為。**護理雜誌，44**（4），43-52。

陳淑蘭、陳彰惠（2000）。高危險妊娠孕婦在第三孕期之不確定感、壓力及因應策略。**護理研究，8**（6），629-640。

陳惠敏、陳彰惠（1996）。比較青少年孕婦與育齡孕婦在妊娠第三期的心理壓力及社會支持。**高雄醫學科學雜誌，12**（3），183-192。

陳琴富（譯）（2001）。C. Longaker 著。**假如我死時，你不在我身邊**（Facing death & finding hope: A guide to the emotional and spiritual care of the dying）。台北市：張老師文化。（原作出版年：1997）。

陳瑞隆（1999）。**台灣喪葬禮俗源由**。台南市：世峰。

陳彰惠、劉瓊宇（1995）。中國文化和產後憂鬱症。**護理雜誌，42**（1），91-94。

陳瑤華（2003）。完美的 Baby？胎兒基因篩檢的女性主義立場。載於李瑞全、蔡篤堅（主編），**基因治療與倫理、法律、社會意涵論文選集**（頁93-133）。台北市：唐山。

傅佩榮（譯）（1986）。Louis Dupré 著。**人的宗教向度**（The other dimension）。台北市：幼獅。

傅偉勳（2000）。**生命的尊嚴與死亡的尊嚴——從臨終精神醫學到現代生死學**。台北市：正中。

勞悅強（2004）。《孝經》中似有還無的女性——兼論唐以前孝女罕見的現象。**中國文哲研究集刊，24**，293-330。

彭榮邦（2000）。**牽亡：恬念世界的安置與撫慰**。國立東華大學族群關係與文化研究

剝奪的悲傷
——新生兒死亡父母親的悲傷與輔導

所碩士論文。未出版，花蓮縣。

彭懷眞（1998）。婚姻與家庭。台北市：巨流。

程子芸、陳月枝（1998）。影響先天缺陷兒童母親在治療過程中壓力源與因應行為的因素。中臺學報，**10**，19-37。

曾英芬（2000）。分娩與生產過程之護理支持——比較待產婦與護理人員的知覺。**護理研究，8**（4），470-482。

曾英芬、徐敏桃、郭玲莉（2001）。關懷照護的現象學研究——從經歷死產台灣婦女的經驗談起。**護理研究，9**（3），223-231。

曾英芬、陳彰惠（2005）。台灣死產失落婦女之家庭傷慟與諮商。行政院國家科學委員會專題研究計畫成果報告（NSC92-2314-B-273-003）。台南縣：中華醫事科技大學護理系。

湯素月（2004）。**生育觀念與流產婦女哀傷反應之研究**。國立彰化師範大學輔導與諮商學系輔導活動教學研究所碩士論文，未出版，彰化市。

華筱玲（1998）。懷孕早期孕婦血清的唐氏症篩檢。**台灣醫學，2**（4），442-445。

馮滬祥（2001）。**中西生死哲學**。台北縣：博揚。

黃文博（2000）。**台灣人的生死學**。台北市：常民文化。

黃有志（2001）。悲傷輔導。載於尉遲淦（主編），生死學概論（頁111-133）。台北市：五南。

黃君瑜（2002）。悲傷治療之理念演變。**諮商與輔導，199**，2-5。

黃君綺（2001）。**高知識婦女的墮胎醫療經驗**。國立台灣大學建築與城鄉研究所碩士論文，未出版，台北市。

黃春女（2006）。**喪親青少年的喪慟因應及其對國中時期適應的影響**。私立慈濟大學社會工作研究所碩士論文，未出版，花蓮市。

黃美智、吳翠雲、林秀娟（1996）。孕婦接受台南市某二區域醫院羊膜腔穿刺術諮詢前後之認知與擔憂研究。**中華公共衛生雜誌，15**（6），546-552。

黃郁雅（2002）。**不孕症婦女民俗醫療經驗與求醫行為之研究**。私立南華大學生死學研究所碩士論文，未出版，嘉義縣。

黃淑清（1998）。**失落的因應歷程之探討——以青少年時期父（母）親過世的成人為例**。國立政治大學教育研究所碩士論文，未出版，台北市。

黃菊珍（2004）。**Between hello and goodbye**。早產兒基金會會訊，**52**，25-26。

黃菊珍（2005）。**週產期新生兒死亡父母親悲傷調適歷程之研究**。國立台北護理學院護理研究所碩士論文，未出版，台北市。

黃瑋瑩（譯）（2000）。C. De Puy & D. Doritch著。走過終止懷孕的幽谷（The healing choice: Your guide to emotional recovery after an abortion）。台北市：商流。（原作出版年：1997）。

黃瓊瑩（譯）（2004）。Osho 著。**歡慶生死**（The book of living and dying: Celebrating life and celebrating death）。台北市：生命潛能。

黃鳳英（1998）。喪親家屬之悲傷與悲傷輔導。**安寧療護，10**，69-83。

黃璉華（1994）。養育唐氏症兒對家庭的衝擊。**護理研究，2**（3），253-262。

黃璉華（1998）。孕婦接受羊膜穿刺檢查之焦慮程度。**亞洲護理學雜誌，4**（1），29-44。

暉　舟（1981）。**佛學淺釋**。台北市：國家。

楊中芳（1991）。識論中國人的「自己」：理論與研究方向。載於高尚仁、楊中芳（主編），**中國人，中國心──人格與社會篇**（頁 94 -145）。台北市：遠流。

楊玉娥（1996）。婦女面對子宮內胎兒死亡之認知反應。**護理雜誌，43**（1），64-70。

楊玉娥（2000）。產褥期疲倦感的相關因素及因應策略。**高雄護理雜誌，18**（1），1-4。

楊勉力、梁華英、楊兆麟（1988）。產前 1500 例羊膜穿刺檢查及細胞遺傳診斷。**中華醫學雜誌，42**（4），275-280。

楊國樞（1982）。緣及其在現代化生活中的作用。**中華文化復興月刊，15**，51-67。

楊國樞（2005a）。華人社會取向的理論分析。載於楊國樞、黃光國、楊中芳（主編），**華人本土心理學**（上）（頁 173-214）。台北市：遠流。

楊國樞（2005b）。人際關係的緣觀。載於楊國樞、黃光國、楊中芳（主編），**華人本土心理學**（上）（頁 567-597）。台北市：遠流。

楊淑玲（2004）。**生育習俗對中老年婦女保健觀念之影響**。私立高雄醫學大學護理學研究所碩士論文，未出版，高雄市。

楊淑智（譯）（2001）。C. Lukas & H. M. Seiden 著。**難以承受的告別──自殺者親友的哀傷旅程**（Silent grief: Living in the wake of suicide）。台北市：心靈工坊。

楊懋春（1987）。中國的家族主義與國民性格。載於**中國人的性格**。台北市：桂冠。

楊馥綺、陳欣蓉（2002）。終止妊娠婦女之處境及調適。**助產雜誌，45**，41-46。

楊麗齡（2001）。不孕婦女的心聲──婚姻的風險性。**中華民國內膜異位症婦女協會會刊，8**（5），3-4。

聖嚴法師（1988）。**學佛群疑**。台北市：東初。

葉季森、林平衡、尹磊君（2006）。孕婦選擇生產場所相關因素研究──以台中地區數家醫療機構為例。**醫護科技學刊，8**（2），144-156。

葉珍杏、郭素珍（2001）。照顧一位未婚懷孕少女施行人工流產的護理經驗。**助產雜誌，44**，79-92。

農曆諸神佛誕辰千秋表（2007）。2007 年 4 月 16 日，取自 http://www.artcichall.com/fsxoops /fsweb/menu-7.htm

靳文穎（譯）（2002）。J. L. Lief 著。學會說再見。台北市：橡樹林。

廖天麟（1990）。懷孕過程母性任務之執行——探討曾有重複性生育失敗經驗婦女再度懷孕之行為。國立台灣大學護理研究所碩士論文，未出版，台北市。

廖珍娟（1998）。喪失嬰兒父母之照顧。護理雜誌，45（4），23-32。

廖桂聲（2005）。情志致病談「身心疾病」。傳統醫學雜誌，16（2），24-28。

廖梅花（2003）。探索「悲傷剝奪」的本土社會文化意涵。行政院國家科學委員會專題研究計畫成果報告（NSC91-2413-H-150-001）。雲林縣：國立虎尾科技大學應用外語系。

趙可式、沈錦惠（譯）（1989）。V. E. Frankl 著。活出意義來——從集中營說到存在主義（Man's search for meaning: An introduction to logotherapy）。台北市：光啓社。

劉小菁（譯）（2002）。Henry T. Close 著。故事與心理治療（Metaphor in psychotherapy: Clinical applications of stories allegories）。台北市：張老師文化。

劉秀娟（1998）。兩性關係與教育。台北市：揚智。

劉肖洵（譯）（1983）。V. Turmer & E. Turner 著。朝聖一個「類中介性」的儀式現象。大陸雜誌，66（2），1-19。

劉惠琴（1999）。女性主義與心理學。載於王雅各（主編），性屬關係（上）：性別與社會、建構（頁132-170）。台北市：心理。

劉瑞德（1997）。羊水穿刺與唐氏症兒。關心您——台北長庚婦產科月刊。取自 http://www.cgmh.com.tw/heal/journal/8612.htm

劉錦源（2007）。產婦有癲癇適合自然產，竟釀遺憾。TVBS。2007年3月6日，取自 http://tw.news.yahoo.com/article/url/d/a/070306/8/b744.html

潘秀鑾（2005）。已婚婦女使用 RU486 的墮胎經驗。國立台北護理學院護理研究所碩士論文，未出版，台北市。

潘惠晴、朱佩玲、林淑娟、張翠樺、李幼華（1993）。中國傳統習俗對孕產婦健康維護行為之影響。榮總護理，10（3），247-251。

蔣欣欣（1997）。唐氏症嬰幼兒父母認知真相後之調適過和。護理研究，5（1），19-29。

蔣欣欣、楊勉力、余玉眉、喻永生（2003）。由照顧情境反思遺傳諮詢的倫理考量——產前檢測的遺傳諮詢模式分析。應用倫理研究通訊，46-53。

蔡志忠（2003）。離婁篇。載於孟子說。台北市：明日工作室。

蔡甫昌（2000）。生命倫理四原則方法。醫學教育，4（2），12-26。

蔡甫昌（2005）。生殖醫學倫理。中華民國內膜異位症婦女協會會刊，12（12），11-13。

蔡甫昌、呂碧鴻、楊智超、胡務亮（2002）。遺傳諮商的倫理原則與規則——以原則

主義為進路（I）。行政院國家科學委員會專題研究計畫成果報告（NSC91-3112-H-002-004）。台北市：國立台灣大學醫學院社會醫學科。

蔡金拉（2004）。**關懷弱勢中的弱勢──從尊重生命探討不墮胎之抉擇歷程**。私立靜宜大學青少年兒童福利研究所碩士論文，未出版，台中縣。

蔡淑芳（2004）。**已婚婦女人工流產經驗與婚姻關係之研究**。國立彰化師範大學輔導與諮商學系在職進修專班碩士論文，未出版，彰化市。

蔡淑惠（2007）。**歷經非選擇性終止妊娠之婦女的哀傷與創傷後反應及其相關因素**。國立台灣大學護理學研究所碩士論文，未出版，台北市。

鄭美金（1999）。**再次懷有重型海洋性貧血胎兒之孕婦於懷孕至終止妊娠期間的自我看法與調適行為**。國立台灣大學護理研究所碩士論文，未出版，台北市。

鄭振煌（譯）（2002）。S. Rinpoche 著。**西藏生死書**（The Tibetan book of living and dying）。台北市：張老師文化。（原作出版年：1992）。

鄭曉江（2000）。免於死亡焦慮與恐懼之方法──中國傳統死亡智慧與「生死互滲」觀。**哲學與文化，27**（3），257-269。

鄭麗薇、林明珍（1998）。一位生下子宮內生長遲滯嬰兒初產婦之壓力源及調適行為。**護理新象，8**（3），51-63。

鄧樹楨（2005）。**天星英漢百科醫學辭典**。台北市：天星。

黎小娟、李從業（1998）。母血篩檢唐氏症陽性反應得孕婦面對羊膜穿刺之決策經驗。**護理雜誌，45**（3），51-63。

蕭群忠（2001）。傳統女子孝道與孝行述論。**孔孟月刊，39**（6），47-53。

賴惠姿（1994）。一位不孕症婦女住院安胎及自然流產期間之護理經驗。**護理新象，4**（2），91-101。

賴滿蓉（2003）。照顧一位不孕症婦女成功懷孕面臨胎兒週產期死亡的護理經驗。**助產雜誌，46**，90-100。

賴鴻政、張嬴寬、陳惟華、劉杭生（1998）。羊膜穿刺術與產前遺傳診斷。**國防醫學，26**（2），102-108。

謝秀芬（1986）。**家庭與家庭服務──家庭整體為中心的福利服務之研究**。台北市：五南。

鍾聿琳（1992）。談失落的母親與家庭之護理。**國立台北護專學報，9**，1-18。

藍采風（1986）。**婚姻關係與適應**。台北市：張老師文化。

魏英滿、陳瑞隆（2001）。討債子的處理。**台灣喪葬禮俗緣由**。台南市：世峰。

魏英滿、陳瑞隆（2002）。月內禁忌。**台灣生育冠禮壽慶禮俗**。台南市：世峰。

羅月英、劉波兒、陳鳳櫻（2004）。協助一位罹患乳癌婦女面臨中止妊娠之護理經驗。**弘光學報，44**，1-8。

羅秉祥（1992）。**黑白分明──基督教倫理縱橫談**。香港：宣道。

羅黎明（1994）。一位產婦面臨失去胎兒的行為反應。**助產雜誌，38**，45-52。

蘇絢慧（2004）。**請容許我悲傷**。台北市：張老師文化。

釋弘一（1997）。**人生之最後**。取自 http://book.bfnn.org/books/0515.htm

釋慧開（2001）。**「現代生死學理論建構」學術研討會論文集**。嘉義縣：私立南華大
學。

闕正宗（譯）（1997）。岸本英夫著。**凝視死亡之心**。台北市：東大。

顧浩然（2000）。墮胎潮／年平均墮胎 32～40 萬人次　台灣是墮胎者的天堂？
ETtoday。取自 http://www.ettoday.com/2000/09/06/323-194684.htm

英文部分

Abboud, L. N., & Liamputtong, P. (2003). Pregnancy loss: What it means to women who miscarry and their partners. *Social Work in Health Care, 36*(3), 37-62.

Adler, N. (1979). Abortion: A social psychological perspective. *Journal of Social Issues, 35*, 100- 119.

Adler, N. (1992). Unwanted pregnancy and abortion: Definitional and research issues. *Journal of Social Issues, 48*(3), 19-35.

Adolfsson, A., Larsson, P. G., Wijma, B., & Bertero, C. (2004). Guilt and emptiness: Women's experiences of miscarriage. *Health Care Women International, 25*(6), 443-450.

Ainsworth, M. D. S. (1989). Attachments beyond infancy. *American Psychologist, 44*(4), 709-716.

Alderman, L., Chishilm, J., Denmark, F., & Salbod, S. (1998). Bereavement and stress of a miscarriage as it affects the couple. *Omega: Journal of Death and Dying, 37*(4), 317-327.

Anisfeld, L., & Richards, A. D. (2000). The replacement child: Variations on a theme in history and psychoanalysis. *Psychoanal Study Child, 55*, 301-318.

Archer, J. (1999). *The nature of grief: The evolution and psychology of reactions to loss.* London: Routledge.

Armstrong, D. S. (2002). Emotional distress and prenatal attachment in pregnancy after perinatal loss. *Journal of Nursing Scholarship, 34*(4), 339-345.

Armstrong, D. S. (2004). Impact of prior perinatal loss on subsequent pregnancies. *Journal of Gynecology Obstetrics & Neonatal Nursing, 33*(6), 765-773.

Armstrong, D., & Hutti, M. (1998). Pregnancy after perinatal loss: The relationship between anxiety and prenatal attachment. *Journal of Obstetric, Gynecologic, & Neonatal Nursing, 27*(2), 185-189.

Ashton, J., & Ashton, D. (1996). *Loss and grief recovery: Help caring for children with disabilities, chronic or terminal illness*. New York: Baywood.

Athey, J., & Spielvogel, A. M. (2000). Risk factors and interventions for psychological sequelae in women after miscarriage. *Primary Care Update for OB/GYNS, 7*(2), 64-69.

Atkinson, R. (2002). The life story interview. In J. F. Gubrium & J. A. Holstein (Eds.), *Handbook of interview research: Context & method*. Thousand Oaks, CA: Sage.

Averill, J. R. (1968). Grief: Its nature and significance. *Psychological Bulletin, 70*, 721-748.

Bansen, S. S., & Stevens, H. A. (1992). Women's experiences of miscarriage in early pregnancy. *Journal of Nurse Midwifery, 37*(2), 84-90.

Bar, P. (2004). Guilt- and shame-proneness and the grief of perinatal bereavement. *Psychology and Psychotherapy: Theory, Research and Practice, 77*(4), 493-510.

Bar, P. (2006). Relation between grief and subsequent pregnancy status 13 months after perinatal bereavement. *Journal of Perinatal Medicine, 34*(3), 207-211.

Baram, D. A. (1997). Termination of pregnancy for fetal anomalies. In J. R. Woods & J. Woods (Eds.), *Loss during pregnancy or in the newborn period: Principles of care with clinical cases and analyse* (pp. 307-330). Pitman: Jannetti Publications.

Barnard, C. (1990). *The long term psychosocial effects of abortion*. Portsmouth, N.H.: Institute for Abortion Recovery & Research.

Barnhill, L. D., & Longo, D. (1978). Fixation and regression in the family life cycle. *Family Process, 17*, 469-477.

Beauchamp, T. L. (2003). Methods and principles in biomedical ethics. *Journal of Medical Ethics, 29*, 269 - 274.

Becker, E. (1973). *The denial of death*. New York: The Free Press.

Beder, J. (2004). *Voices of bereavememt: A casebook for grief counselors*. New York: Brunner-Routledge.

Beebe, J. (2000). The place of integrity in spirituality. In P. Young-Eisendrath & E. M. Melvin (Eds.), *The psychology of mature spirituality* (pp. 11-20). London: Routledge.

Benedek, T. (1970). The psychobiology of pregnancy. In E. J. Anthony & T. Benedek (Eds.), *Parenthood: Its psychology and psychopathology* (pp. 137-151). Boston: Little, Brown and Company.

Benfield, D., Lebis, S., & Vollman, J. (1978). Grief response of parent to neonatal death and parent in deciding care. *Pediatrics, 62*(2), 171-177.

Bernhardt, B. A., Geller, G., Doksum, T., Larson, S. M., Roter, D., & Holtzman, N. A.

剝奪的悲傷
——新生兒死亡父母親的悲傷與輔導

(1998). Prenatal genetic testing: Content of discussions between obstetric providers and pregnant women. *Obstetrics & Gynecologists, 91*(5), 648-655.

Beutel, M. (1995). Couples grief reactions following miscarriage and stillbirth: Implications for conjoint counselling and therapy. *Psychotherapeut, 40*(5), 251-257.

Billson, A., & Tyrrell, J. (2003). How to break bad news. *Current Paediatrics, 13*, 284-287.

Black, R. B. (1991). Women's voices after pregnancy loss: Couples' patterns of communication and support. *Social Work in Health Care, 16*(2), 19-36.

Bohannon, J. R. (1990/1991). Grief responses of spouses following the death of a child: A longitudinal study. *Omega: Journal of Death and Dying, 22*, 109-121.

Borg, S., & Lasker, J. (1981). *When pregnancy fails: Families coping with miscarriage, stillbirth and infant death*. Boston, MA: Beacon Press.

Bowlby, J. (1969/1977/1980). *Attachment and loss*. New York: Basic Books.

Braun, M. J., & Berg, D. H. (1994). Meaning reconstruction in the experience of parental bereavement. *Death studies, 18*(1), 105-129.

Brisch, K. H., Mune, D., Kachele, H., Terinde, R., & Kreienberg, R. (2005). Effects of previous pregnancy loss on level of maternal anxiety after prenatal ultrasound screening for fetal malformation. *Journal of Loss & Trauma, 10*(2), 131-153.

Broude, G. J. (1988). Rethinking the couvade: Cross-cultural evidence. *American Anthropologist, 90*, 902-911.

Bryanton, J., Fraser-Davey, H., & Sullivan, P. (1994).Women's perceptions of nursing support during labor. *Journal of Obstetric, Gynecologic, & Neonatal Nursing, 23*, 638-644.

Buchsbaum, B. C. (1996). Remembering a parent who has died: A development perspective. In D. Klass, P. R. Silverman & S. L. Nickman (Eds.), *Continuing bonds: New understandings of grief* (pp. 113-124). Philadelphia, PA: Taylor & Francis.

Budner, S. (1962). Intolerance of ambiguity as a personality variable. *Journal of Personality, 30*(1), 29-50.

Caelli, K., Downie, J., & Letendre, A. (2002). Parents' experiences of midwife-managed care following the loss of a baby in a previous pregnancy. *Journal of Advanced Nursing, 39*(2), 127-137.

Cain, A., & Cain, B. (1964). On replacing a child. *Journal of the American Academy of Child Psychiatry, 3*, 443-456.

Calhon, C. (1995). Standing for something. *Journal of Philosophy, 92*(5), 235-260.

Callister, L. C. (2006). Perinatal loss: A family perspective. *Journal of Perinatal &*

Neonatal Nursing, 20(3), 227-234.

Capitulo, K. (2004). Perinatal grief online. *The American Journal of Maternal-Child Nursing, 29*(5), 305-311.

Cecil, R. (1994). I wouldn't have minded a wee one running about: Miscarriage and the family. *Social Science and Medicine, 38*(10), 1415-1422.

Chan, M. F., Chan, S. H., & Day, M. C. (2004). A pilot study on nurses' attitudes toward perinatal bereavement support: A cluster analysis. *Nurse Education Today, 24*(3), 202-210.

Clyman, R. I., Green, C., Rowe, J., Mikkelson, C., & Ataide, L. (1980). Issues concerning parents after the death of their newborn. *Crit Care Med, 8*, 215-218.

Coleman, P. K. (2005). Induced abortion and increased risk of substance use: A review of the evidence. *Current Women's Health Reviews, 1*, 21-34.

Cook, A. S., & Dworkin, D. S. (1992). *Helping the bereaved: Therapeutic interventions for children, adolescents, and adults.* New York: Basic Books.

Cooly, M. E. (1992). Bereavement care: A role for nurses. *Cancer Nursing, 15*(2), 125-129.

Corr, C. A., Nabe, C. M., & Corr, D. M. (2003). *Death and dying, life and living* (4th ed.). CA: Brooks/Cole.

Côte-Arsenault, D., & Dombeck, M-T. B. (2001). Maternal assignment of fetal personhood to a previous pregnancy loss: Relationship to anxiety in the current pregnancy. *Health Care for Women International, 22*(7), 649-665.

Côte-Arsenault, D., & Freije, M. M. (2004). Support groups helping women through pregnancies after loss. *Western Journal of Nursing Research, 26*(6), 650-670.

Côte-Arsenault, D., & Mahlangu, N. (1999). Impact of perinatal loss on the subsequent pregnancy and self: Women's experiences. *Journal of Obstetric, Gynecologic, & Neonatal Nursing, 28*(1), 274-282.

Côte-Arsenault, D., & Marshall, R. (2000). One foot in-one foot out: Weathering the storm of pregnancy after perinatal loss. *Research in Nursing & Health, 23*, 473-485.

Côte-Arsenault, D., Bidlack, D., & Humm, A. (2001). Women's emotions and concerns during pregnancy following perinatal loss. *The American Journal of Maternal/Child Nursing, 26*(3), 128-134.

Cougle, J., Reardon, D. C., & Coleman, P. K. (2005). Generalized anxiety associated with unintended pregnancy: A cohort study of the 1995 National Survey of Family Growth. *Journal of Anxiety Disorders, 19*, 137-142.

Counts, D. R., & Counts, D. A. (1991). *Coping with the final tragedy: Dying & grieving.*

Amityville, NY: Baywood.

Cowles, K. V. (1996). Cultural perspectives of grief: An expanded concept analysis. *Journal of Advanced Nursing, 23*(2), 287-294.

Crowther, M. E. (1995). Communication following a stillbirth or neonatal death: Room for improvement. *British Journal of Obstetrics and Gynaecology, 102*(12), 952-956.

Cullberg, J. (1972). *Mental reactions of women to perinatal death.* In N. Morris (Ed.), *Psychosoma, tic medicine in obstetrics and gynaecology* (pp. 326-339). Basel: Karger.

Cunningham, F. G., Norman, F. G., Kenneth, J. L., Larry, C. G., John, C. H., & Katharine, D. W. (2001). *Williams Obstetrics* (21st ed.). New York: McGraw-Hill.

Cutecliffe, J. R. (1998). Hope, counseling, and complicated bereavement reactions. *Journal of Advanced Nursing, 28*(4), 754-761.

D'Andrea, M., Daniels, J., Heck, R., & Whiting, P. (1990). *Testing the validity of a four factor model of personal loss.* ERIC/CCAPS, University of Michigan, Ann Arbor, MI.

Davies, B. L., & Doan, T. A. (1982). Factor in a woman's decision to undergo genetic amniocentesis for advanced maternal age. *Nursing Research, 31*(1), 56-59.

Davies, B. L., & Hodnett, E. H. (2002). Labor support: Nurses' self-efficacy and views about factors influencing. *Journal of Obstetric, Gynecologic, & Neonatal Nursing, 31*, 48-56.

Davies, B., Gudmundsottir, M., Worden, B., Orloff, S., Sumner, L., & Brenner, P. (2004). "Living in the dragon's shadow" fathers' experiences of a child's life-limiting illness. *Death Studies, 28*(1), 111-135.

Davis, D. L., Stewart, M., & Harmon, R. J. (1988). Perinatal loss: Providing emotional support for bereaved parents. *Birth, 15*, 242-246.

Davis, D. L., Stewart, M., & Harmon, R. J. (1989). Postponing pregnancy after perinatal death: Perspectives on doctor advice. *Journal of the American Academy of Child & Adolescent Psychiatry, 28*(4), 481-487.

Defey, D. (1995). Helping health care staff deal with perinatal loss. *Infant Mental Health Journal, 16*(2), 102-111.

DeMontigny, F., Beaudet, L., & Dumas, L. (1999). A baby has died: The impact of perinatal loss on family social networks. *Journal of Obstetric, Gynecologic, & Neonatal Nursing, 28*(2), 151-156.

Deutsch, H. (1945). *The psychology of women: A psychoanalytic integration.* New York: Grune and Stratton.

Dickenson, D., & Johnson, M. (1993). *Death, dying and bereavement*. London: Sage.

DiMarco, M. A., Menke, E. M., & McNama, T. (2001). Evaluating a support group for perinatal loss. *American Journal of Maternal/Child Nursing, 26*(3), 135-140.

DiMarco, M., Renker, P., Medas, J., Bertosa, H., & Goranitis, J. L. (2002). Effects of and educational bereavement program on health care professionals' perceptions of perinatal loss. *The Journal of Continuing Education in Nursing, 33*(4), 180-186.

Doka, K. J. (2002). Introduction. In. K. J. Doka (Ed.), *Disenfranchised grief: New directions, challenges, and strategies for practice* (pp. 5-22). Champign, IL: Research Press.

Doka, K. J., & Jendreski, M. (1985). Clergy understandings of grief, bereavement and mourning. *Research Record, 2*, 105-112.

Doka, K. J., & Martin, T. L. (2002). How we grieve: Culture, class and gender. In K. J. Doka (Ed.), *Disenfranchised grief: New directions, challenges, and strategies for practice* (pp. 337-347). Champaign, IL: Research Press.

Dorfer, M., Hausler, M., & Kainer, F. (1998). Psychological aspects of pain experience in amniocentesis. *Wien Klin Wochenschr, 110*(18), 642-645.

Drake, H., Reid, M., & Marteau, T. (1996). Attitudes towards termination for fetal abnormality: Comparisons in three European countries. *Clinical Genetics*, 49(3), 134-140.

Duvall, E. M. (1977). *Marrage and family development* (5th ed.). Philadelphia, PA: Lippincott.

Duvall, E. M., & Miller, B. C. (1985). *Marriage and family development* (6th ed.). New York : Harper Collins.

Dyregrov, A., & Matthiesen, S. B. (1987). Similarities and differences in mothers' and fathers' grief following the death of an infant. *Scandinavian Journal of Psychology, 28*, 1-15.

Englehard, I. M., van den Hout, M. A., & Arntz, A. (2001). Posttraumatic stress disorder after pregnancy loss. *General Hospital Psychiatry, 23*(2), 62-66.

Feeley, N., & Gottlieb, L. (1988/1989). Parents' coping and communication following their infant's death. *Omega: Journal of Death and Dying, 19*, 51-58.

Fish, W. C. (1986). Differences of grief intensity in bereaved parents. In T. A. Rando (Ed.), *Parental loss of a child* (pp. 415-428). Champaign, IL: Research Press.

Florian, V. (1989). Meaning and purpose in life of bereaved parents whose son fell during active military service. *Omega: Journal of Death and Dying, 20*(2), 91-102.

Floyd, C. C. (1981). Pregnancy after reproductive failure. *American Journal of Nursing, 81*(11), 2050-2053.

France, R. L., & Bulow, C. (1999). The impact of a subsequent pregnancy on grief and emotional adjustment following a perinatal loss. *Infant Mental Health Journal, 20*(2), 175-187.

Franche, R. L. (2001). Psychological and obstetric predictors of couples' grief during pregnancy after miscarriage or perinatal death. *Obstet Gynecol, 9*(7), 597-602.

Franche, R. L., & Mikail, S. F. (1999). The impact of perinatal loss on adjustment to subsequent pregnancy. *Social Science & Medicine, 48*, 1613-1623.

Freda, M. C. (2001). Editorial: If given the choice. *The American Journal of Maternal-Child Nursing, 26*(3), 117.

Freeman, E. W., Boxer, A. S., Rckels, K., Treck, R., & Mastroianni, L. (1985). Psychological evaluation and support in a program of in vitro fertilization and embryo transfer. *Fertility & Sterility, 43*(1), 48-53.

Freud, S. (1917/1959). *Mourning and melancholia collected papers*. New York: Basic Books.

Furrh, C., & Copley, R. (1989). One precious moment: What you can offer when a newborn infant dies. *Nursing, 19*(9), 52-54.

Gamino, L. A. (1999). A father's experience of neonatal loss. *The Forum, 3*, 14-15.

Geller, P. A., Kerns, D., & Klier, C. M. (2004). Anxiety following miscarriage and the subsequent pregnancy: A review of the literature and future directions. *Journal of Psychosomatic Research, 56*, 35-45.

Gilbert, P. (2003). Evolution, social roles, and the difference in shame and guilt. *Social Research, 70*, 401-426.

Gilchrist, A., Hannaford, P., Frank, P., & Kay, C. (1995). Termination of pregnancy and psychiatric morbidity. *British Journal of Psychiatry, 167*, 243-248.

Gissler, M., Hemminki, E., & Lonnqvist, J. (1996). Suicides after pregnancy in Finland, 1987-94: Register linkage study. *British Medical Journal, 313*, 1431-1434.

Gomez, L. C., & Zapata, G. R. (2005). Diagnostic categorization of post-abortion syndrome. *Actas Espanolas de Psiquiatria, 33*(4), 267-272.

Gottlieb, L. N., Lang, A., & Amsel, R. (1996). The long-term effects of grief on marital intimacy following infant death. *Omega: Journal of Death and Dying, 33*, 1-19.

Griffith, J. M., Sorenson, J. R., Bowling, J. M., & Jennings-Grant, T. (2005). Assessment of an interactive computer-based patient prenatal genetic screening and testing education tool. *Health Education & Behavior, 32*(5), 613-626.

Grout, L. A., & Bronna, D. R. (2000). The myth of the replacement child: Parents' stories and practices after perinatal death. *Death Studies, 24*, 93-113.

Hagemeister, A. K., & Rosenblatt, P. C. (1997). Grief and the sexual relationship of couples who have experienced a child's death. *Death Studies, 21*(3), 231-252.

Hammersley, L., & Drinkwater, C. (1997). The prevention of psychological morbidity following perinatal death. *British Journal of General Practice, 47*(422), 583-586.

Harvey, J. H. (2002). *Perspectives on loss and trauma: Assaults on the self.* Thousand Oaks, CA: Sage.

Helmrath, T. A., & Steinitz, E. M. (1978). Death of an infant: Parental grieving and the failure of social support. *Journal of Family Practice, 6*, 785-790.

Hill, N. E. (1995). The relationship between environment and parenting style: A preliminary study of African American families. *Journal of Black Psychology, 21*(4), 408-423.

Horecek, B. J. (1991). Toward a more viable model of grieving and consequences for older persons. *Death Studies, 15*, 459-472.

Hsu, M. T., Tseng, Y. F., & Kuo, L. L. (2002). Transforming loss: Taiwanese women's adaptation to stillbirth. *Journal of Advanced Nursing, 40*(4), 387-395.

Huang, K. K. (黃光國) (1978). The dynamic processes of coping with interpersonal conflicts in a Chinese society. *Proceedings of the National Science Council, 2*, 198-208.

Hughes, C. B., & Page-Lieberman, J. P. (1989). Fathers experience a perinatal loss. *Death Studies, 13*(3), 537-556.

Hughes, M. (1995). *Bereavement and support: Healing in a group environment.* Washington, DC: Taylor & Francis.

Hughes, M. (2001). Bereavement support groups: Timing of participation and reasons for joining. *Omega: Journal of Death and Dying, 43*(3), 247-258.

Hughes, P., & Riches, S. (2003). Psychological aspects of perinatal loss. *Obstetrics and Gynecology, 15*(2), 107-111.

Hughes, P., Turton, P., Hopper, E., & Evans, C. D. H. (2002). Assessment of guidelines for good practice in psychosocial care of mothers after stillbirth: A cohort study. *The Lancet, 360*(9327), 114-118.

Humphy, G. M., & Zimfer, D. G. (1996). *Counselling for grief and bereavement.* London: Sage.

Hutchins, S. H. (1986). Stillbirth. In T. A. Rando (Ed.), *Pareantal loss of a child* (pp. 129-143). Champaign, IL: Research Press.

Iserson, K. V. (1994). *Death to dust: What happens to dead bodies?* Tucson, AZ: Galen Press.

Jack, A. (1995). Current Canadian neonatal research: Memories of a gentle presence.

Neonatal Network: The Journal of Neonatal Nursing, 14(8), 49.

James, J. W., & Cherry, F. (1998). *The grief recovery handbook: A step by step program for moving beyond loss*. New York: Harper Perennial.

Janssen, H., Cuisinier, M., Hoogduin, A., & Graauw, P. (1996). Controlled prospective study on the mental health of women following pregnancy loss. *American Journal of Psychiatry, 153*, 226-230.

Jennings, B. (2000). Technology and the genetic imaginary: Prenatal testing and the construction of disability. In E. Parens & A. Asch (Eds.), *Prenatal testing and disability rights* (pp. 124-146). Washington, D.C.: Georgetown University Press.

Johnson, M. P., & Pudifoot, J. E. (1997). Vivid visual imagery and men's response to miscarriage. *Proceedings of the British Psychological Society*, 5, 56.

Johnson, S. (1984). Sexual intimacy and replacement children after the death of a child. *Omega: Journal of Death and Dying, 15*, 109-118.

Jordan, J. R., & Ware, E. S. (1997). Feeling like a motherless child: A support group model for adults grieving the death of a parent. *Omega: Journal of Death and Dying, 35*(4), 361-376.

Kalish, R. A. (1985). The social context of death and dying. In R. H. Binstock & E. Shanas (Eds.), *Handbook of aging and the social sciences* (2nd ed.) (pp. 149-170). New York: Van Nostrand Reinhold Company.

Karin, P., Katarina, B., Roger, B., Alexandra, H., Ingela, H. V., Marius, K., Margareta, N., Nikos, P., Kjell, W., & Kerstin, W. (2002). Diagnostic evaluation of intrauterine fetal deaths in Stockholm 1998-99. *Acta Obstetricia et Gynecologica Scandinavica, 81*(4), 284-92.

Kastenbaum, R. J. (1991). Bereavement, grief, and mourning. In R. J. Kastenbaum (Ed.), *Death, society, and human experience* (pp. 245-273). Boston: Allyn & Bacon.

Kastenbaum, R. J. (1995). *Death, society, and human experience*. Boston: Allyn & Bacon.

Kavanagh, D. J. (1990). Toward a cognitive: Behavioral intervention of adult grief reactions. *The British Journal of Psychiatry, 157*, 373-383.

Kavanagh, K., Trier, D., & Korzec, M. (2004). Social support following perinatal loss. *Journal of Family Nursing, 10*, 70-92.

Kellner, K., & Lake, M. (1990). Grief counseling. In R. Knuppel & J. Drukker (Eds.), *High risk pregnancy: A team approach* (pp. 717-731). Philadelphia, PA: W. B. Saunders.

Kenner, C., & Dreyer, L. A. (2000). Prenatal and neonatal testing and screening: A double-edged sword. *Nursing Clinics of North America, 35*(3), 627-642.

Kero, A., & Lalos, A. (2000). Ambivalence- a logical response to legal abortion: A prospective study among women and men. *Journal of Psycosomatic Obstetrics and Gynecology, 21*(2), 81-91.

Kimble, D. (1991). Neonatal death: A descriptive study of fathers' experiences. *Neonatal Network, 9*(8), 45-50.

Kirk, E. (1984). Psychological effects and management of perinatal loss. *American Journal of Obstetric and Gynecology, 149*(1), 46-51.

Kirkley-Best, E., & Kellner, K. R. (1982). The forgotten grief: A review of the psychology of stillbirth. *American Journal of Orthopsychiatry, 52*(3), 420-429.

Klapper, J., Moss, S., Moss, M., & Rubinsten, R. (1994). The social context of grief among adult daughters who have lost a parent. *Journal of Aging Studies, 8*(1), 29-43.

Klass, D. (1996). Ancestor worship in Japan: Dependence and the resolution of grief. *Omega: Journal of Death and Dying, 33*, 279-302.

Klass, D., & Heath, A. O. (1997). Grief and abortion: Mizuko kuyo, the Japanese ritual resolution. *Omega: Journal of Death and Dying, 34*, 1-14.

Klass, D., Silverman, P. R., & Nickman, S. L. (Eds.) (1996). *Continuing bonds: New understandings of grief.* Philadelphia, PA: Taylor & Francis.

Klein, H. (1991). Couvade syndrome: Male counterpart to pregnancy. *International Journal of Psychiatry in Medicine, 21*, 57-69.

Kleinman, A. (1986). *Social origins of distress and disease: Neurasthenia, depression and pain in modern China.* New Haven: Yale University Press.

Kübler-Ross, E. (1969). *On death and dying.* New York: Macmillan.

Kübler-Ross, E. (1983). *On childen and death.* New York: Macmillan.

Laakso, H., & Paunonen-Ilmonen, M. (2001). Mothers' grief following the death of a child. *Journal of Advanced Nursing, 36*(1), 69-77.

LaGrand, L. E. (1986). *Copinn with separation and loss as a young adult: Theoretical and oractical realities.* Springfield, IL: Charles C Thomas.

Lamb, E. H. (2002). The impact of previous perinatal loss on subsequent pregnancy and parenting. *Journal of Perinatal Education, 11*(2), 33-40.

Lang, A., Gottlieb, L. N., & Amsel, R. (1996). Predictors of husbands' and wives' grief reactions following infant death: the role of marital intimacy. *Death Studies, 20*(1), 33-57.

Lang, A., Goultet, C., Aita, M., Giguere, V., Lamarre, H., & Perreault, E. (2001). Weathering the storm of perinatal bereavement via hardiness. *Death Studies, 25*(4), 497-512.

Larsen, J. (1999). Post-abortion syndrome: A grief subverted. *South African Medical*

Journal, 89(6), 576.

Lasker, J. N., & Toedter, L. J. (1994). Satisfaction with hospital care and interventions after pregnancy loss. *Death Studies, 18*(1), 41-63.

Lasker, J. N., & Toedter, L. J. (2000). Predicting outcomes after pregnancy loss: Results from studies using the Perinatal Grief Scale. *Illness, Crisis and Loss, 8*, 350-372.

Laungani, P. (2000). Death: The final end or a new beginning? Cross-cultural evaluations. In A. L. Comunian & U. Gielen (Eds.), *International perspectives on human development* (pp. 637-662). Zagreb: Pabst Science Publishers.

Lavin, C. G., & Garcia, R. Z. (2005). Diagnostic categorization of post-abortion syndrome. *Actas Espanolas de Psiquiatria, 33*(4), 267-272.

Layne, L. L. (2003). *Motherhood lost: A feminist account of pregnancy loss in America.* New York: Routledge.

Lee, C., & Slade, P. (1996). Miscarriage as a traumatic event: Review of literature and new implications for intervention. *Journal of Psychosomatic Research, 40*, 235-244.

Leff, J. P. (1981). *Psychiatry around the globe: A transcultural view.* New York: Marcel Dekker.

Leppert, P. C., & Pahlka, B. S. (1984). Grieving characteristics after spontaneous abortion: A management approach. *Obstetrics & Gynecology, 64*, 119-122.

Lerman, C., Croyle, R. T., Tercyak, K. P., & Hamann, H. (2002). Genetic testing: Psychological aspects and implications. *Journal of Consulting and Clinical Psychology, 70*(3), 784-797.

Letherby, G. (1993). The meanings of miscarriage. *Women's Studies International Forum, 16*(2), 165-180.

Levies, E. (1976). The management of stillbirth coping with and unreality. *The Lancet, 2*, 619-620.

Levin, B. (1998). Dealing with death grief counseling. *American Journal of Nursing, 98*(5), 69-72.

Lewis, E. (1979). Mourning by the family after a stillbirth or neonatal death. *Arch Dis Child, 54*(4), 303-306.

Lewis, J. A. (2002). Genetics in perinatal nursing: Clinical applications and policy considerations. *Journal of Obstetric, Gynecologic, & Neonatal Nursing, 31*(2), 188-192.

Lieberman, S. (1978). Nineteen cases of morbid grief. *The British Journal of Psychiatry, 132*, 159-163.

Limbo, R. K., & Wheeler, S. R. (1987). *When a baby dies.* LaCrosse, WI: La Crosse Lutheran Hospital.

Lindemann, E. (1944). Symptomatology and management of acute grief. *American Journal of Psychiatry, 101*, 141-148. 。

Lippman, A. (1999). Prenatal genetictesting and screening: Constructing needs and reinforcing inequities. *American Journal of Law & Medicine, 17*(1-2), 15-50.

Loevinger, J. (1976). *Ego development: Conceptions and theories*. San Francisco: Jossey Bass.

Lovell, A. (1983). Some questions of identity: Late miscarriage, stillbirth and perinatal loss. *Social Science Medicine, 17*(11), 755-761.

Lundqvist, A., & Dykes, A. K. (2003). Neonatal end of life care in Sweden: the views of Muslim women. *Journal of Perinatal & Neonatal Nursing, 17*(1), 77-86.

Lundqvist, A., Nilstun, T., & Dykes, A. K. (2002). Experiencing neonatal death: An ambivalent transition into motherhood. *Pediatric Nursing, 28*(6), 621-611.

Luo, L., & Lin, Y. L. (1998). Family roles and happiness in adulthood. *Personality and Individual Differences, 25*(2), 195-207.

Lynne, A. D., & Albert, L. S. (2005). *The last dance: Encountering death and dying* (7th ed.). New York: McGraw-Hill.

Major, B., & Gramzow, R. H. (1999). Abortion as stigma: Cognitive and emotional implications of concealment. *Journal of Personality and Social Psychology, 77*, 735-745.

Maloni, J., & Kutil, R. (2000). Antepartum support group for hospitalized women. *Maternal Child Nursing Journal, 25*(4), 204-210.

Mandell, F., McAnulty, E., & Reece, R. M. (1980). Observations of paternal response to sudden unanticipated infant death. *Pediatrics, 65*, 221-225.

Mander, R., & Marshall, R. K. (2003). An historical analysis of the role of paintings and photographs in comforting bereaved parents. *Midwifery, 19*(3), 230-242.

Mansfield, C., Hopfer, S., & Marteau, T. M. (1999). Termination rates after prenatal diagnosis of Down syndrome, spina bifida, anencephaly, and Turner and Klinefelter syndromes: A systematic literature review. *Prenatal Diagnosis, 19*(9), 808-812.

Martin, T. L., & Doka, K. J. (2000). *Men don't cry ··· women do: Transcending gender stereotypes of grief*. Philadelphia, PA: George H. Buchanan.

Maslow, A. H. (1976). *The farther researches of human nature*. New York: Penguin Book.

May, K. A., & Mahlmeister, L. R. (1990). *Comprehensive maternity nursing* (2nd ed.). Philadelphia, PA: Lippincott.

McCreight, B. S. (2004). A grief ignored: Narratives of pregnancy loss from a male perspective. *Sociology of Health & Illness, 26*(3), 326-350.

McGee, R. F. (1984). Hope: A factor influencing crisis resolution. *Advance in Nursing*

Science, 6(4), 34-44.

McGreal, D., Evans, B. J., & Burrows, G. D. (1997). Gender differences in coping follow-ing loss of a child through miscarriage or stillbirth: A pilot study. *Stress Medicine, 13*(3), 159-65.

Menke, J., & McClead, R. (1990). Perinatal grief and mourning. *Advances in Pediatrics, 37*, 261-283.

Mercer, R., & Ferketich, S. L. (1990). Predictors of parental attachment during early par-enthood. *Journal of Advanced Nursing, 15*(3), 268-280.

Meredith, R. (2000). The photography of neonatal bereavement at Wythenshawe Hospital. *Journal of Audiovisual Media in Medicine, 23*(4), 161-164.

Middleton, J., & Quirk, T. (1990). Grief and loss. In K. Buckley & N. Kulb (Eds.), *High risk maternity nursing manual* (pp. 20-22). Baltimore: Williams & Wilkins.

Miles, M. S., & Crandall, E. K. B. (1983). The search for meaning and its potential for affecting growth in bereaved parents. *Health Values: Achieving High Level Wellness, 7*, 19-23.

Miles, M. S., & Demi, A. S. (1986). Guilt in beaved parents. In T. A. Rando (Ed.), *Pareantal loss of a child* (pp. 97-118). Champaign, IL: Research Press.

Miles, M. S., & Demi, A. S. (1994). Historical and comtemporary. In I. M. Corless (Ed.), *Dying, death, and bereavement* (pp. 83-106). London: Jones and Bartlett.

Miller, M. E. (2000). The mutual influence and involvement of therapist and patient: Co-contributors to maturation and integrity. In P. Young-Eisendrath & E. M. Melvin (Eds.), *The psychology of mature spirituality* (pp. 34-46). London & Philadelphia, PA: Routledge.

Miller, R. (2002). The male patient. In R. B. Gilbert (Ed.), *Health care & spirituality: Listening, assessing, caring* (pp. 129-143). New York: Baywood.

Miller, W. B. (1992). An empirical study of the psychological antecedents and conse-quences of induced abortion. *Journal of Social Issues, 48*(3), 67-93.

Millner, V. S., & Hanks, R. B. (2002). Induced abortion: An ethical conundrum for coun-selors. *Journal of Counseling & Development, 80*(1), 57-63.

Miron, J., & Chapman, J. S. (1994). Supporting: Men's experiences with the event of their partner's miscarriage. *Canadian Journal of Nursing Research, 26*(2), 61-72.

Molleman, E., Pruyn, J., & Knippenberg, A. V. (1986). Social comparison processed among cancer patients. *British Journal of Social Psychology, 25*(1), 1-13.

Moller, D. W. (1996). *Confronting death: Values, institutions and human mortality.* New York: Oxford University Press.

Montigny, F. D., Beaudet, L., & Dumas, L. (1999). A baby has died: The impact of perinatal loss on family social networks. *Journal of Obstetrics, Gynecology & Neonatal Nursing, 28*(2), 151-156.

Morgan, C., Evans, M., Peters, J., & Currie, C. (1997). Suicides after pregnancy (Letter). *British Medical Journal, 314*, 902.

Murphy, F. A. (1998). The experience of early miscarriage from a male perspective. *Journal of Clinical Nursing, 7*(4), 325-332.

Neimeyer, G. J. (1995). The challenge of change. In R. A. Neimeyer & M. J. Mahoney (Eds.), *Constructivism in psychotherapy* (pp. 111-126). Washington, DC: American Psychological Association.

Neimeyer, R. A. (2000). *Lessons of loss: A guide to coping.* Memphis, TN: University of Memphis.

Neimeyer, R. A. (2004). Trauma, loss, and the quest for meaning. 國立台北護理學院生死教育與輔導研究所主辦「悲傷治療與意義重建研討會」宣讀之論文（台北市）。

Neimeyer, R. A. (Ed.) (2001a). Traumatic loss and the reconstruction of meaning. *Innovations in End-of-Life Car, 3*(6).

Neimeyer, R. A. (Ed.) (2001b). *Meaning reconstruction and the experience of loss.* Washington, DC: American Psychological Association.

Neimeyer, R. A., Prigerson, H. G., & Davies, B.(2002). Mourning and meaning? *American Behavioral Scientis, 46*, 235-251.

Neugebauer, R. (2003). Depressive symptoms at two months after miscarriage: Interpreting study findings from an epidemiological versus clinical perspective. *Depression and Anxiety, 17*, 152-161.

Newman, A. (1984). Caring for special babies four coping with grief. *Nursing Time, 80*(6), 32-34.

Ney, P. G., Fung, T., Wickett, A. R., & Beaman-Dodd, C. (1994).The effects of pregnancy loss on women's health. *Social Science Medicine, 38*(9), 1193-1200.

Nuffield Council on Bioethic (2006). *Genetic screening: Ethical issues.* Retrieved from http://www. nuffieldbioethics.org/

Nussbaumer, A., & Russell, R. I. R. (2003). Bereavement support following sudden and unexpected death in children. *Current Paediatrics, 13*, 555-559.

Olds, S. B., London, M. L., & Ladewig, P. A. (1997). *Maternal newborn nursing: A family-centered approach.* Menlo Park, CA: Addison-Wesley.

O'Leary, J., & Thorwick, C. (2006). Fathers' perspectives during pregnancy, postperinatal

loss. *Journal of Obstetric. Gynecologic, & Neonatal Nursing, 35*(1), 78-86.

Olson, D. H., & DeFrain, J. (2000). *Marriage and the family: Diversity and strengths* (3rd ed.). Mountain View, CA: Mayfield.

Osler, M., David, H. P., & Morgall, J. M. (1997). Multiple induced abortions: Danish experience. *Patient Education & Counseling, 31*(1), 83-89.

Ouimette, J. (1986). *Perinatal nursing: Care of high risk mother and infant.* Boston, MA: Jones and Bartlett Publishers.

Parkes, C. M. (1972). *Bereavement: Studies of grief in adult life.* New York: International Universities Press.

Parkes, C. M. (1985). Bereavement. *British Journal of Psychiatry, 146,* 11-17.

Parkes, C. M. (1986). *Bereavement: Studies of grief in adult life* (2nd ed.). Madison, CT: International Universities Press.

Parkes, C. M. (1988). Bereavement as psychosocial transition: Processes of adaptation to change. *Journal of Social Issues, 44*(3), 53-65.

Parkes, C. M. (1996). *Bereavement: Studies of grief in adult life* (3rd ed.). New York: Routledge.

Parkes, C. M., & Weiss, R. S. (1983). *Recovery from bereavement.* New York: Basic Books.

Parkes, C. M., Laungani, P., & Young, B. (Eds.) (1997). *Death and bereavement across cultures.* New York: Routledge.

Parrish, S. (1980). Letting go … new dimensions for assisting bereaved parents. *The Canadian Nurse, 76*(3), 34-37.

Paterson, G. W. (1987). Managing grief and bereavement. *Primary Care, 14,* 403-415.

Peppers, L., & Knapp, R. (1980). *Motherhood and mourning: Perinatal death.* New York: Praeger.

Peppers, L., & Knapp, R. (1985). *How to go on living after the death of a baby.* Atlanta: Peachtree.

Pillsbury, B. L. (1978). Doing the month: Confinement and convalescence of Chinese women after childbirth. *Social Science & Medicine, 12*(1), 11-22.

Pine, V. R., & Brauer, C. (1986). Parental grief: A synthesis of theory, research, and intervention. In T. A. Rando (Ed.), *Pareantal loss of a child* (pp. 59-96). Champaign, IL: Research Press.

Prettyman, R. J., Cordle, C. J., & Cook, G. D. (1993). A three-month follow up of psychological morbidity after early miscarriage. *British Journal of Medical Psychology, 66,* 363-372

Primeau, M. R., & Recht, C. K. (1995). Professional bereavement photographs: One aspect of a perinatal bereavement program. *Journal of Audiovisual Media in Medicine, 18*(1), 33.

Puddifoot, J. E., & Johnson, M. P. (1999). Active grief, despair, and difficulty coping: Some treasured characteristics of male response following their partner's miscarriage. *Journal of Reproductive and Infant Psychology, 17*(1), 89-93.

Radestad, I., Steineck, G., Nordin, C., & Sjogren, B. (1996). Psychological complications after stillbirth: Influence of memories and immediate management: Population based study. *British Medical Journal, 312*(7045), 1505-1508.

Randall, W. L.; & McKim, A. E. (2004). Toward a poetics of aging: The links between literature and life. *Narrative Inquiry, 14*(2), 235-260.

Rando, T. A. (1984). *Grief, dying, and death: Clinical interventions for caregivers.* Champaign, IL: Research Press.

Rando, T. A. (1986). The unique issue and impact of the death of a child. In T. A. Rando (Ed.), *Pareantal loss of a child* (pp. 5-43). Champaign, IL: Research Press.

Rando, T. A. (1991). Parental adjustment to the loss of a child. In D. Papadatou & C. Papadatos (Eds.), *Children and death* (pp. 233-253). New York: Hemisphere.

Rando, T. A. (1995). Grief and mourning: Accommodating to loss. In H. Wass & R. A. Neimeyer (Eds.), *Dying: Facing the facts* (pp. 211-239). Washington, D. C: Taylor & Francis.

Rankin, A. (1998). Post abortion syndrome. *Health Matrix, 7*(2), 45-47.

Reardon, D. C., Ney, P. G., Scheuren, F., Cougle, J., Coleman, P. K., & Strahan, T. W. (2002). Deaths associated with pregnancy outcome: A linkage based study of low income women. *Southern Medical Journal, 95*(8), 834-841.

Righes, G., & Dawson, P. (1998). Lost children, living memories: The role of photographs in process of grief and adjustment among bereaved parent. *Death Studies, 22*(2), 121-140.

Rillstone, P., & Hutchinson, S. (2001). Managing the re-emergence of anguish: Pregnancy loss due to anomalies. *Journal of Obstetric, Gynecologic, & Neonatal Nursing, 30*, 291-298.

Robertson, P. A., & Kavanaugh, K. (1998). Supporting parents during and after a pregnancy subsequent to a perinatal loss. *Journal of Perinatal and Neonatal Nursing, 12*(2), 63-71.

Robinson, M., Baker, L. & Nackerud, L. (1999). The relationship of attachment theory and perinatal loss. *Death Studies, 23*(3), 257-270.

剝奪的悲傷
——新生兒死亡父母親的悲傷與輔導

Rodgers, B. L., & Cowles, K. V. (1991). The concept of grief: An analysis of classical and contemporary thought. *Death Studies, 15*, 443-458.

Rosenblatt, P. C. (1983). *Bitter, bitter tears: Nineteenth-century diarists and twentieth-century grief theories.* Minneapolis, MN: University of Minnesota Press.

Rosenblatt, P. C. (1988). Grief: The social context of private feeling. *Journal of Social Issues, 44*(3), 67-78.

Rosenblatt, P. C. (1993). Cross-cultural variation in the experience, expression, and understanding of grief. In D. P. Irish, K. F. Lundquist & V. J. Nelsen (Eds.), *Ethnic variations in dying, death and grief: Diversity in universality.* Washington, DC: Taylor & Francis.

Rosenblatt, P. C. (2000). *Parent grief: Narratives of loss and relationship.* Philadelphia, PA: Brunner/Mazel.

Rosenblatt, P. C., & Meyer, C. (1986). Imagined interactions and the family. *Family Relations: Journal of Applied Family and Child Studies, 35*, 319-324.

Rosenblatt, P. C., Walsh, R. P., & Jackson, D. A. (1976). *Grief and mourning in cross-cultural perspective.* New Heaven: HRAF Press.

Rubin, R. (1975). Maternal tasks in pregnancy. *Maternal Child Nursing Journal, 4*, 143-153.

Rubin, R. (1984). *Maternal identity and maternal experience.* New York: Springer .

Rue, V. M., Coleman, P. K., & Reardon, D. C. (2004). The context of elective abortion and traumatic stress: A comparison of U. S. and Russian women. *Medical Science Monitor, 10*, 5-16.

Salladay, S., & Cavender, K. (1992). Post-abortion syndrome: Dealing with guilt and grief. *Journal of Christian Nursing, 9*(2), 18-21.

Samuelsson, M., Radestad, I., & Segesten, K. (2001). A waste of life: Fathers' experience of losing a child. *Birth, 28*(2), 124-130.

Sanchez, N. A. (2001). Mothers' perceptions of benefits of perinatal loss support offered at a major university hospital. *Journal of Perinatal Education, 10*(2), 23-30.

Sandelowski, M., & Black, P. B. (1994). The epistemology of expectant parenthood. *Western Journal of Nursing Research, 16*(6), 601-622.

Sanders, C. M. (1980). A comparison of adult bereavement in the death of a spouse, child, and parent. *Omega: Journal of Death and Dying, 10*, 303-321.

Sanders, C. M. (1988). Risk factors in bereavement outcome. *Journal of Social Issues, 44*(3), 97-111.

Sanders, C. M. (1989). *Grief: The mourning after dealing with adult bereavement.* New

York: John Wiley & Sons.

Saxton, M. (2000). Why members of the disability community oppose prenatal diagnosis and selective abortion. In E. Parens & A. Asch (Eds.), *Prenatal testing and disability rights* (pp. 147-164). Washington, D.C.: Georgetown University Press.

Schatz, W. H. (1986). Grief of father. In T. A. Rando (Ed.), *Pareantal loss of a child* (pp. 293-302). Champaign, IL: Research Press.

Schemmer, G., & Johnson, A. (1993). Genetic amniocentesis and chorionic villus sampling. *Obstetrics & Gynecology Clinics of North America, 20*(3), 497-521.

Scheper-Hughes, N. (1985). Culture, scarcity, and maternal thinking: Maternal detachment and infant survival in a Brazilian shantytown. *Ethos, 13*, 291-317.

Schiff, M. A., & Grossman, D. C. (2006). Adverse perinatal outcomes and risk for postpartum suicide attempt in Washington State. *Pediatrics, 118*, 669-675.

Schreiner-Engel, P., Walther, V. N., Mindes, J., Lynch, L., & Berkowitz, R. L. (1995). First-trimester multifetal pregnancy reduction: Acute and persistent psychologic reactions. *American Journal of Obstetrics & Gynecology, 172*(2, Pt. 1), 541-547.

Schwiebert, P., & Kirk, P. (1985). *When hello means good-bye: A guide for parents whose child dies before birth, at birth or shortly after birth*. Portland, OR: Pat Publisher.

Seller, M., Barnes, C., Ross, S., Barby, T., & Cowmeadow, P. (1993). Grief and midtrimester fetal loss. *Prenat Diagn, 13*, 341-348.

Shek, D. T. L. (1996). Perceptions of the value of children in Chinese parents in Hong Kong. *Journal of Psychology, 130*(5), 561-569.

Shneidman, E. S. (1973). *Deaths of man.* New York: Quadrangle.

Silverman, P. R. (1981). *Helping women cope with grief.* Beverly Hills: Sage.

Silverman, P. R., & Worden, J. W. (1992). Children's understanding of funeral ritual. *Omega: Journal of Death and Dying, 25*(4), 319-331.

Slade, P. (1994). Predicting the psychological impact of miscarriage. *Journal of Reproductive and Infant Psychology, 12*, 5-16.

Smith, A. C., & Borgers, S. B. (1988/1989). Parental grief response to perinatal death. *Omega: Journal of Death and Dying, 19*, 203-214.

Sorokin, P. A., Zimmerman, C. C., & Galpin, C. J. (1931). *A systematic sourcebook in rural sociology* (Vol. 2). Minneapolis, MN: University of Minnesota Press.

Stainton, M. C., McNeil, D., & Harvey, S. (1992). Maternal tasks of uncertain motherhood. *Maternal-Child Nursing Journal, 20*(3-4), 113-123.

Stearns, A. K. (1984). *Living through personal crisis*. Chicago: The Thomas Moore Press.

Steeves, R., Kahn, D., Ropka, M. E., & Wise, C. (2001). Ethical considerations in research

with bereaved families. *Family and Community Health, 23*(4), 7583.

Stierman, E. (1987). Emotional aspects of perinatal death. *Clinical Obstetrics and Gynecology, 30,* 352-361.

Stinson, K. M., Lasker, J. N., Lohmann, J., & Toedter, L. J. (1992). Partents' grief following pregnancy loss: A comparison of mothers and fathers. *Family Relations, 41,* 218-223.

Stringham, J. G., Riley, J. H., & Ross, A. (1982). Silent birth: Mourning a stillborn baby. *Social Work, 27*(4), 322-327.

Stroebe, M., & Schut, H. (1999). The dual process model of coping with bereavement: Rationale and description. *Death Studies, 23*(3), 197-224.

Stroebe, W., & Stroebe, M. S. (1987). *Bereavement and health: The psychological and physical consequence of partner loss.* New York: Cambridge.

Sue, D. W., & Sue, D. (1999). *Counseling the culturally different: Theory and practice* (3rd ed.). New York: John Wiley & Sons.

Sullivan-Lyons, J. (1998). Men becoming fathers: 'Sometimes I wonder how I'll cope'. In S. Clement (Ed.), *Psychological perspectives on pregnancy and childbirth* (pp. 227-243). London: Churchill-Livingstone.

Synder, D. J. (1979). The high-risk mother viewed in relation to a holistic model of the childbearing experience. *Journal of Obstetic Gynecologic, & Neonatal Nursing, 8*(3), 164-170.

Talbot, K. (2002). *What forever means after the death of a child.* New York: Brenner-Routledge.

Tangney, J. P. (1995). Shame and guilt in interpersonal relationships. In J. P. Tangney & K. W. Fischer (Eds.), *Self-conscious emotions: The psychology of shame, guilt, embarrassment, and pride* (pp. 114-139). New York: The Guilford Press.

Tercyak, K. P., Johnson, S. B., Roberts, S. F., & Cruz, A. C. (2001). Psychological response to prenatal genetic counseling and amniocentesis. *Patient Education and Counseling, 43,* 73-84.

Thorp, J. M., Hartmann, K. E., & Shadigian, E. (2003). Long-term physical and psychological health consequences of induced abortion: Review of the evidence. *Obstetrical & Gynecological Survey, 58*(1), 67-79.

Turton, P., Hugh, P., Evans, C. D., & Fainman, D. (2001). Incidence, corrlates and predicttors of post-traumatic stress disorder in the pregnancy after stillbirth. *British Journal of Psychiatry, 178,* 556-560.

Ujda, R. M., & Bendiksen, R. (2000). Health care provider support and grief after perinatal loss: A qualitative study. *Illness, Crisis & Loss, 8*(3), 265-285.

Van, P. (2001). Breaking the silence of African American women: Healing after pregnancy loss. *Health Care for Women International, 22*(3), 229-243.

Van, P., & Meleis, A. I. (2003). Coping with grief after loss: Perspectives of African American women. *Journal of Obstetric, Gynecologic, & Neonatal Nursing, 32*(1), 28-39.

Vickio, C. J. (1999). Together in spirit: Keeping our relationships alive when loved ones die. *Death Studies, 23*(2), 161-175.

Wallerstedt, C., & Higgins, P. (1996). Facilitating perinatal grieving between the mother and the father. *Journal of Obstetic, Gynecologic, & Neonatal Nursing, 25*(5), 389-394.

Wallerstedt, C., Lilley, M., & Baldwin. K. (2003). Interconceptual counseling after perinatal and infant loss. *Journal of Obstetric, Gynecologic, & Neonatal Nursing, 32*(4), 533-542.

Wallis, J. (2001). Continuing bonds: Relationships between the living and the dead within contemporary spiritualism. *Motality, 6*(2), 127-145.

Walsh, F., & McGoldric, M. (1988). Loss and the family life cycle. In C. J. Falicov (Ed.), *Family transitions continuity and change over life cycle* (pp. 311-336). N.Y.: The Guilford Press.

Walter, T. (1996). A new model of grief. *Mortality, 1*(1), 7-24.

Walter, T. (1999). *On bereavement:The culture of grief.* Buckingham: Open University Press.

Wertz, D. C., & Fletcher, J. C. (1993). A critique of some feminist challenges to prenatal diagnosis. *Journal of Women's Health, 2*(2). 173-188.

Wheeler, I. (1994). The role of meaning and purpose in life in bereaved parents associated with a self-help group: Compassionate friends. *Omega: Journal of Death and Dying, 28*(4), 261-271.

Wheeler, I. (2001). Parental bereavement: The crisis of meaning. *Death Studies, 25*(1), 51-66.

White-Van Mourik, M. C., Connor, J. M., & Ferguson-Smith, M. A. (1990). Patient care before and after termination of pregnancy for neural tube defects. *Prenat Diagn, 10*, 497-505.

Williams, C., & Bybee, J. (1994). What do children feel guilty about? Developmental and gender differences. *Developmental Psychology, 30*(5), 617-623.

Wilson, A. L., Fenton, L. J., Stevens, D. C., & Soule, D. J. (1982). The death of a newborn

twin: An analysis of parental bereavement. *Pediatrics, 70*, 587-591.

Wilson, R. E. (2001). Parents' support of their other children after a miscarriage or perinatal death. *Early Human Development, 1*, 55-65.

Wolfelt, A. (1996). *Healing the bereaved child: Grief gardening, growth through grief, and other touchstones for caregivers*. Fort Collins, CO: Companion Press.

Wolfelt, A. D. (2007). *My grief rights: Ten healing rights for grieving children*. Retrieved April 16, 2007, from The Center for Loss & Life Transition http://www.centerforloss.com/articles.php?file=grief_rights.php.

Wolff, J., Nelson, P., & Schiller, P. (1970). The emotional reaction to a stillbirth. *American Journal of Obstetrics and Gynecology, 108*, 73-76.

Wood, J., & Milo, E. (2001). Fathers' grief when a disabled child dies. *Death Studies, 25*, 635-661.

Worden, J. W. (1982). *Grief counseling and grief therapy: A handbook for the mental health practitioner* (1st ed.). New York: Springer.

Worden, J. W. (1991). *Grief counseling and grief therapy: A handbook for the mental health practitioner* (2nd ed.). New York: Springer.

Worden, J. W. (2002). *Grief counseling and grief therapy: A handbook for the mental health practitioner* (3rd ed.). New York: Springer.

Worth, N. (1997). Becoming a father to a stillborn child. *Clinical Nursing Research, 6*(1), 71-89.

Young-Eisendrath, P., & Melvin, E. M. (2000). Beyond enlightened self-interest: The psychology of mature spirituality in the twenty-first century. In P. Young-Eisendrath & E. M. Melvin (Eds.), *The psychology of mature spirituality* (pp. 1-7). London: Routledge.

Zachariah, R. (1994). Maternal-fetal attachment: Influence of mother-daughter and husband-wife relationships. *Nursing and Health, 17*, 37-44.

Zeanah, C. H., Danis, B., Hishberg, L., & Dietz, L. (1995). Initial adaptation in mothers and fathers following perinatal loss. *Infant Mental Health Journal, 16*(2), 80-93.

Zinner, E. S. (2000). Being a man about it: The marginalization of men in grief. *Illness, Crisis, and Loss, 8*, 181-188.

Zlotogora, J. (2002). Parental decisions to abort or continue a pregnancy with an abnormal finding after an invasive prenatal test. *Prenatal Diagnosis, 22*(12), 1102-1106.

Znoj, H., & Keller, D. (2002). Mouring parents: Considering safeguards and their relation to health. *Death Studies, 26*(7), 545-565.

國家圖書館出版品預行編目資料

剝奪的悲傷：新生兒死亡父母親的悲傷與輔導 /
　黃菊珍、吳庶深著. -- 初版. --
　臺北市：心理，2008.07
　　面；　　公分. --（輔導諮商；77）
　　參考書目：面
　　ISBN 978-986-191-158-8（平裝）

1. 失落　2. 死亡　3. 心理輔導

176.5　　　　　　　　　　　　　　　　97010667

輔導諮商 77　　**剝奪的悲傷：新生兒死亡父母親的悲傷與輔導**

作　　　者：黃菊珍、吳庶深
責任編輯：郭佳玲
總 編 輯：林敬堯
發 行 人：洪有義
出 版 者：心理出版社股份有限公司
社　　　址：台北市和平東路一段 180 號 7 樓
總　　　機：(02) 23671490　傳　　真：(02) 23671457
郵　　　撥：19293172 心理出版社股份有限公司
電子信箱：psychoco@ms15.hinet.net
網　　　址：www.psy.com.tw
駐美代表：Lisa Wu　 tel: 973 546-5845　 fax: 973 546-7651
登 記 證：局版北市業字第 1372 號
電腦排版：辰皓國際出版製作有限公司
印 刷 者：翔盛印刷有限公司
初版一刷：2008 年 7 月

ISBN 978-986-191-158-8

讀者意見回函卡

No. _____　　　　　　　　　　　　　填寫日期：　年　月　日

感謝您購買本公司出版品。為提升我們的服務品質，請惠填以下資料寄回本社【或傳真(02)2367-1457】提供我們出書、修訂及辦活動之參考。您將不定期收到本公司最新出版及活動訊息。謝謝您！

姓名：＿＿＿＿＿＿＿＿＿　　性別：1□男　2□女

職業：1□教師 2□學生 3□上班族 4□家庭主婦 5□自由業 6□其他＿＿

學歷：1□博士 2□碩士 3□大學 4□專科 5□高中 6□國中 7□國中以下

服務單位：＿＿＿＿＿＿＿＿　部門：＿＿＿＿　職稱：＿＿＿＿

服務地址：＿＿＿＿＿＿＿＿＿　電話：＿＿＿＿　傳真：＿＿＿＿

住家地址：＿＿＿＿＿＿＿＿＿　電話：＿＿＿＿　傳真：＿＿＿＿

電子郵件地址：＿＿＿＿＿＿＿＿＿＿＿＿＿＿＿＿＿

書名：＿＿＿＿＿＿＿＿＿＿＿＿＿＿＿＿＿＿＿＿＿

一、您認為本書的優點：（可複選）

　❶□內容 ❷□文筆 ❸□校對 ❹□編排 ❺□封面 ❻□其他＿＿

二、您認為本書需再加強的地方：（可複選）

　❶□內容 ❷□文筆 ❸□校對 ❹□編排 ❺□封面 ❻□其他＿＿

三、您購買本書的消息來源：（請單選）

　❶□本公司 ❷□逛書局⇨＿＿＿書局 ❸□老師或親友介紹

　❹□書展⇨＿＿書展 ❺□心理心雜誌 ❻□書評 ❼其他＿＿＿＿

四、您希望我們舉辦何種活動：（可複選）

　❶□作者演講 ❷□研習會 ❸□研討會 ❹□書展 ❺□其他＿＿

五、您購買本書的原因：（可複選）

　❶□對主題感興趣 ❷□上課教材⇨課程名稱＿＿＿＿＿＿＿

　❸□舉辦活動 ❹□其他＿＿＿＿＿＿　　　　（請翻頁繼續）

廣 告 回 信
台 北 郵 局 登 記 證
台 北 廣 字 第 940 號

（免貼郵票）

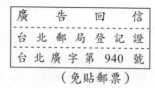

 心理出版社 股份有限公司

台北市 106 和平東路一段 180 號 7 樓

TEL: (02) 2367-1490
FAX: (02) 2367-1457
EMAIL:psychoco@ms15.hinet.net

沿線對折訂好後寄回

六、您希望我們多出版何種類型的書籍

❶□心理 ❷□輔導 ❸□教育 ❹□社工 ❺□測驗 ❻□其他

七、如果您是老師，是否有撰寫教科書的計劃：□有□無

書名／課程：＿＿＿＿＿＿＿＿＿＿＿＿＿＿＿＿＿＿＿

八、您教授／修習的課程：

上學期：＿＿＿＿＿＿＿＿＿＿＿＿＿＿＿＿＿＿＿＿＿

下學期：＿＿＿＿＿＿＿＿＿＿＿＿＿＿＿＿＿＿＿＿＿

進修班：＿＿＿＿＿＿＿＿＿＿＿＿＿＿＿＿＿＿＿＿＿

暑　　假：＿＿＿＿＿＿＿＿＿＿＿＿＿＿＿＿＿＿＿＿＿

寒　　假：＿＿＿＿＿＿＿＿＿＿＿＿＿＿＿＿＿＿＿＿＿

學分班：＿＿＿＿＿＿＿＿＿＿＿＿＿＿＿＿＿＿＿＿＿

九、您的其他意見

＿＿＿＿＿＿＿＿＿＿＿＿＿＿＿＿＿＿＿＿＿＿＿＿＿＿

謝謝您的指教！　　　　　　　　　　　　21077